Walser Smith
Fluchtpunkt 1941

Helmut Walser Smith

Fluchtpunkt 1941

Kontinuitäten der deutschen Geschichte

Aus dem Englischen übersetzt
von Christian Wiese

Philipp Reclam jun. Stuttgart

Titel der englischen Originalausgabe:

The Continuities of German History. Nation, Religion, and Race across the Long
Nineteenth Century. Cambridge [u. a.]: Cambridge University Press, 2008.

Inhalt

Vorwort zur deutschen Ausgabe

Der Fluchtpunkt bezeichnet den Ort eines Gemäldes, der die Proportionen im gesamten Blickfeld gestaltet. Ich verwende den Begriff in diesem Buch als Metapher für das Datum der deutschen Geschichte, das eine besonders starke Wirkung auf die Historikerzunft ausübt. Für Generationen von Historikern, die nach dem Zweiten Weltkrieg zur deutschen Geschichte gearbeitet haben, ob in Deutschland oder im Ausland, bildete das Jahr 1933 diesen Fluchtpunkt. Wie war es möglich, dass Deutschland, ein Land, das hinsichtlich Bildung und Kultur höchste Maßstäbe erfüllte, einer barbarischen Diktatur anheimfiel? Historiker haben die Antwort in Deutschlands illiberaler politischer Kultur, seiner schwachen Mittelschicht, seinen autoritären Traditionen sowie im Übergewicht der antidemokratischen Eliten gesucht. Eine Unzahl von Büchern – auf Deutsch, Englisch, Französisch, Hebräisch und in anderen Sprachen – versuchen die tieferen Gründe für die »Machtergreifung« der Nationalsozialisten zu verstehen. Es war und ist ein äußerst fruchtbares, transnationales Projekt, das detaillierte Geschichten autoritärer Politik und antidemokratischen Denkens, der Wirtschaftsprobleme der Weimarer Republik und des Scheiterns des Versuchs deutscher Politiker, inmitten der Großen Depression eine demokratische Kultur aufrechtzuerhalten, hervorgebracht hat. Wir wissen inzwischen auch sehr viel über die taktischen Manöver zwischen Hitler und anderen Politikern in dem verhängnisvollen Monat, bevor die Macht dem Vorsitzenden der NSDAP übergeben wurde.

Auf Grund dieser Forschungen können wir 1933 als entscheidenden Wendepunkt der deutschen Geschichte deuten, über den Historiker mittlerweile ein angemessenes, wenn auch zwangsläufig unvollständiges Wissen erlangt haben. Ich beginne dieses Buch daher von einem völlig anderen Fluchtpunkt aus: 1941, dem Jahr des Beginns des Völkermordes an den Juden. Bei der Wahl dieses anderen Datums geht es nicht bloß um die Vorlieben eines amerikanischen Historikers, der über die Geschichte des deutschen Antisemitismus geschrieben hat. Der verschobene Fluchtpunkt spiegelt vielmehr ein Faktum der modernen deutschen Geschichtsschreibung wider, wie

sie sich – in Deutschland, den Vereinigten Staaten, Großbritannien
und Israel – in den vergangenen zwei Jahrzehnten entwickelt hat.
Der Schwerpunkt der neueren Forschung liegt nicht so sehr auf
dem Versagen der deutschen Demokratie als vielmehr auf der Verstrickung und Komplizenschaft gewöhnlicher Männer und Frauen –
innerhalb und außerhalb bestehender Bürokratien – im Völkermord. Diese Verstrickung wirft andere Fragen auf als jene, mit
deren Hilfe man zu verstehen versuchte, weshalb ein Teil der deutschen Bevölkerung 1933 die Nationalsozialisten unterstützte oder
weshalb die deutschen Eliten – über ein breites politisches Spektrum hinweg – nicht wirksamer Widerstand leisteten. Stattdessen
geht es in meinem Buch um die Frage nach dem Zusammenbruch
der Mitmenschlichkeit und damit um die Hauptideologien, die dafür verantwortlich waren: Nationalismus, Antisemitismus und Rassismus.

Ich habe ganz bewusst das Jahr 1941 und nicht Auschwitz als
Fluchtpunkt gewählt. Der Unterschied ist nicht allein chronologi-
scher Natur. Weder Hochtechnologie noch ausgeklügelte Organisation kennzeichneten die Morde, die mit den Einsatzgruppen im
Sommer 1941 begannen, und die Massenmorde im ersten Todeslager
– Chelmno – im Dezember desselben Jahres. Es war vielmehr ein
brutales Morden aus nächster Nähe, oder die Juden wurden in einen
Lastwagen eingeschlossen und mit Kohlenmonoxid aus umgeleite-
ten Auspuffrohren umgebracht, bevor ihre Leichen in einer Grube
verscharrt wurden. Anders formuliert: Der Beginn des Völkermords
deutet nicht auf eine hochtechnisierte Modernität, sondern auf eine
mit Methoden des 19. Jahrhunderts ausgeführte Brutalität. Die Zahl
der auf diese Weise ermordeten Juden ist beträchtlich. Bis April
1942 hatten die deutschen Einsatzgruppen – mit ukrainischer, li-
tauischer und polnischer Hilfe und lediglich mit Gewehren und
Maschinenpistolen bewaffnet – bereits mehr als 700 000 Juden umgebracht. Gegen Ende der sogenannten zweiten Welle des Jahres
1942/43 wurden weitere anderthalb Millionen Juden ermordet, insgesamt also 2,2 Millionen – das sind zweimal so viel wie in Auschwitz. In der Tat wurden während der Shoah fast genauso viele Juden
erschossen wie vergast. Und die meisten durch Gas ermordeten Juden starben durch Kohlenmonoxid aus einem fest installierten Mo-

tor. In der »Operation Reinhard«, zu der die Todeslager Treblinka, Sobibor und Belzec gehörten und die nicht mehr als einfache Bahnhöfe und aus Motoren in Räume gepumptes Kohlenmonoxid brauchte, wurden mehr als 1,6 Millionen Juden ermordet. Rechnet man die mehr als 300 000 in Chelmno Ermordeten dazu, dann kommt man auf eine Zahl von annähernd zwei Millionen Toten. Die ermordeten Juden waren die jiddischsprachigen Juden Polens, Russlands, der baltischen Staaten und der Ukraine – Gemeinschaften, die vollständiger vernichtet wurden als jede andere Gemeinschaft in Europa.

1941 als Fluchtpunkt zu wählen heißt, den Völkermord, seine Brutalität und Primitivität in den Vordergrund zu rücken. Dadurch geraten auch die Morde ins Zentrum, an denen weit mehr Menschen aktiv beteiligt waren. Denn bezieht man die Männer des »Deutschen Volksschutzes«, der »Ordnungspolizei« sowie der Wehrmacht ein, steigt die Zahl der unmittelbaren Täter erheblich. Historiker, unterstützt von Forschungen im Bereich der Sozialpsychologie, betonen schon seit langem, dass es möglich war zu morden, ohne ein überzeugter Nationalsozialist oder auch nur ein Antisemit zu sein. Das ist jedoch eine andere Frage als jene, ob dies bei der enormen Anzahl von Tätern auch wirklich der Fall war. Die neuere Forschung hebt die Vielfalt der Motive des Mordens hervor, aber auch dessen ideologische Motivation und das Überwiegen überzeugter Mörder. Dazu kommt die Zahl der Menschen, die wussten, was vor sich ging. Sie ist weit höher, als frühere Generationen von Historikern angenommen haben. Auf Grund der Vielfalt von Kontakten zur Ostfront reichte das Wissen um die Massenerschießungen tief in die deutsche Bevölkerung hinein: Einige Historiker schätzen die Anzahl der Wissenden auf annähernd die Hälfte der erwachsenen Bevölkerung. Dieses Wissen bezog sich, was man nicht nachdrücklich genug betonen kann, auf die Massenerschießungen und nicht auf den – im organisatorischen Detail auf der Wannsee-Konferenz erarbeiteten – Plan, alle Juden Europas zu ermorden. Nur wenige Deutsche, so scheint es, wussten von der Existenz der Massenvernichtungslager. Trotzdem: viele gewöhnliche Deutsche kannten die Methode, mit der mehr als zwei Millionen Juden ermordet wurden.

Das historische Verständnis des Völkermords hat sich in den vergangenen zehn Jahren dramatisch gewandelt. Die Fragen, die dieses neue Wissen mit Blick auf die deutsche Geschichte aufwirft, sind jedoch bisher nicht hinreichend behandelt worden. Diese Fragen sind zudem ganz andere als jene, die sich auf Grund unseres Verständnisses vom Jahr 1933 stellen. Wenn die Verschiebung des Fluchtpunktes von 1941 auf 1933 eine Verschiebung innerhalb der historischen Disziplin bedeutet, dann schärft sie zugleich auch unser Gespür für die Probleme, die sich aus dem veränderten Fluchtpunkt ergeben. War es legitim, dass Generationen von Historikern, die sich mit der deutschen Geschichte auseinandersetzten, 1933 – das Scheitern der Demokratie und den Beginn der Diktatur – als Ausgangspunkt für Fragen hinsichtlich der deutschen Vergangenheit nahmen? Ist es legitim, nunmehr das Jahr 1941 als diesen Ausgangspunkt zu nehmen?

Dieses Buch vertritt die These, dass es legitim und notwendig ist. Die Shoah steht nicht im Mittelpunkt des Buches, und es beansprucht auch nicht, den Völkermord an den Juden zu erklären. Ebenso wenig ist es, wie einige Rezensenten irrtümlicherweise behauptet haben, ein Versuch, die Frage zu beantworten: »Warum Deutschland?« Auch soll nicht behauptet werden, dass das Jahr 1941 die einzige Perspektive ist, von der aus Fragen an die deutsche Vergangenheit zu stellen sind, sondern mein Argument ist, dass 1941 – aus gutem Grund – der Fluchtpunkt ist, der zur Zeit am meisten Wirkkraft hat. Diese Wirkkraft besteht nicht in meinem subjektiven Empfinden, wie über die deutsche Geschichte zu schreiben ist, obgleich die Frage des Fluchtpunkts, d. h. die Frage danach, ob Bevölkerungspolitik, Eugenik, direkt ausgeführte Massenmorde oder die industrielle Maschinerie von Auschwitz im Zentrum stehen sollten, durchaus von Belang und deshalb ein Thema ist, das von Historikern zwangsläufig unterschiedlich bewertet wird. Wie auch immer wir den wesentlichen Charakter des Fluchtpunkts verstehen – er prägt die Disziplin, und zwar in unserem Interesse an Themenbereichen wie Kolonialismus, Biopolitik, Menschenrechte, Minderheitengeschichte, Erinnerung und Gewalt. Die neuere Forschung zur Shoah akzentuiert gewissermaßen den Fluchtpunkt 1941, indem sie die Erkenntnis in den Vordergrund rückt, wie der Historiker Ulrich Herbert betont, dass »der Holocaust vielmehr zu einem ganz erheblichen Teil eine Menschenvernichtung in sehr traditionellen, nachgerade archaischen Formen mit einer entsprechend hohen Zahl von Direkttätern [war].«[1] Dieser neue Schwerpunkt, so möchte ich behaupten, hat zur Folge, dass ganz spezifische Fragen ins Zentrum des Forschungsinteresses rücken. Das Buch, so viel abschließend, ist auch keine Synthese der deutschen Geschichte, die fein säuberlich auf einen Punkt zuläuft; auch das wäre eine – vorschnelle – Missdeutung. Es versteht sich aber – aufgrund des verlagerten Fluchtpunktes in der dargelegten Akzentuierung – als Beitrag zu einer Reihe neuer Untersuchungen zur deutschen und europäischen Vergangenheit. Darüber hinaus zeigt das Buch auf, wie bestimmte Stränge in der deutschen Geschichte zusammenhängen, und versucht diese Stränge über lange Spannen der deutschen und europäischen Geschichte hinweg miteinander zu verknüpfen. Daher der Untertitel der deutschen Ausgabe: »Kontinuitäten der deutschen Geschichte«. Dieser bewusst gewählte Titel, der Haupttitel der englischen Ausgabe, hat bereits kontroverse Diskussionen hervorgebracht.

Er hat einige Leser veranlasst, darin eine neue »Sonderweg-These« oder gar die Rehabilitation der zentralen Thesen von Daniel J. Goldhagen zu sehen. Keine dieser beiden Auffassungen teile ich, auch wenn ich zugestehe, dass hinter diesen Positionen wirkungsmächtige historische Fragen stehen. Die »Sonderwegsthese« zwang uns zu fragen, auf welche Weise die Geschichte des Dritten Reiches in der deutschen Geschichte des 19. Jahrhunderts verankert war – entgegen dem wissenschaftlichen Konsens, der sie weitgehend aus dem Kontext des 20. Jahrhunderts erklärte.[2] Und Goldhagen stellte die eindringliche Frage: Lässt sich die Brutalität gewöhnlicher Deutscher während der Shoah historisch erklären? Nicht die Frage, sondern seine Antwort war verfehlt. Es ist nicht haltbar, den Antisemitismus als exklusives oder besonders virulentes Merkmal Deutschlands vor dem Ersten Weltkrieg zu deuten. Außerdem betrachtete Goldhagen den Antisemitismus isoliert und war daher gezwungen, diesen auf übertriebene Weise zu einem einzigartigen, für die deutsche Gesellschaft zentralen Phänomen zu erheben. Meines Erachtens erlangte der deutsche Antisemitismus diese zentrale Bedeutung

nur im Zusammenspiel mit anderen Ideologien, vornehmlich dem
Nationalismus und einer Form von Rassismus, der in der Erfahrung
der Kolonialherrschaft gründete. Voraussetzung für eine angemessene Reflexion über die Geschichte des Antisemitismus und dessen
Rolle bei der Herausbildung der Mentalitäten, die für die Brutalität
des direkten Mordens während des Genozids verantwortlich waren,
ist, das Ineinandergreifen des Antisemitismus mit diesen anderen
Denkströmungen wahrzunehmen. Wie der Antisemitismus waren
auch diese anderen Strömungen Teil der deutschen Geschichte. Sie
haben außerdem eine unverkennbar europäische Dimension. Das
war Goldhagens dritter Irrtum. Er trug nicht den europäischen,
transnationalen Dimensionen der Mentalitäten des 19. Jahrhunderts
Rechnung, welche die Grausamkeiten des 20. Jahrhunderts hervor-
brachten. Stattdessen stellte er seine Frage und beantwortete sie aus
einer rein nationalen Perspektive. Nicht »Warum Deutschland?«,
fragte er, sondern »Warum die Deutschen?«. Doch nach unserem
Wissen von Jedwabne, wo die polnischen Dorfbewohner eine er-
schütternde Brutalität an den Tag legten, können Historiker die Augen nicht mehr vor der Tatsache verschließen, dass der Tod nicht allein ein »Meister aus Deutschland« war. Dennoch ist es legitim, von
Deutschland auszugehen, da es das Land ist, das den Völkermord in
Gang setzte, und zu fragen, ob die Gedanken und Praktiken, die
zur banalen Grausamkeit der Shoah beitrugen, einzigartig deutsch
waren. Ich vertrete die These, dass diese Gedanken und Praktiken
eine wirkmächtige deutsche Geschichte haben und zu den Kontinuitäten der deutschen Geschichte als solcher gehören. Doch sie
waren, wie ich ebenfalls argumentiere, nicht allein für die deutsche
Geschichte kennzeichnend. Vielleicht mehr als der Fluchtpunkt
1933 zwingt uns der Fluchtpunkt 1941, zentrale historische Fragen
– auch die von Goldhagen aufgeworfenen – neu zu überdenken und
eine breitere, chronologisch tiefer reichende, nuanciertere Sicht zu
vertreten.

Albrecht Altdorfer
Die Vorhalle der Synagoge von Regensburg
Radierung

Einleitung

Am 21. Februar 1519 rissen die Regensburger Bürger die Synagoge
der altehrwürdigen jüdischen Gemeinde nieder, die, wie sich doku-
mentieren lässt, seit etwa dem Jahr 1000 unserer Zeitrechnung in der
Stadt bestand und Regensburg somit damals zur ältesten jüdischen
Gemeinde Deutschlands machte. Wie in vielen deutschen Städten
während des 15. und 16. Jahrhunderts war die Zerstörung der Synagoge ein Vorzeichen der Vertreibung. Als Albrecht Altdorfer das
Innere der Synagoge zeichnete, wusste er, dass die Vertreibung unmittelbar bevorstand, saß er doch in demselben Stadtrat, der den Juden zwei Tage gab, um die Synagoge zu räumen, und fünf Tage, um
die Stadt zu verlassen.[1] Vertreibungsedikte erzwangen es nicht unbedingt, dass die Bürger Synagogen niederrissen, doch man ging gewöhnlich so vor, und die Errichtung christlicher Kirchen auf dem
Schutt jüdischer Gotteshäuser symbolisierte den Sieg des Christentums. Was in Altdorfers Radierung überrascht, ist jedoch das starke
Gefühl architektonischer Dauerhaftigkeit, das durch die massiven
Deckengewölbe noch unterstützt wird. Um die Stabilität der Synagoge hervorzuheben, erhellte Altdorfer die stützenden Wände, die
Gewölbe und die Säule zur Linken mit weit grellerem Licht, als es
der Realismus verlangt hätte. In der Radierung kommt das eigentliche Licht aus einem Fenster, wobei das durch den schützenden
Davidstern fallende Licht einen schwachen Schatten wirft, der über
den Mann, der die Synagoge ein letztes Mal verlässt, hinausweist.
Der Mann schaut uns an, sein Schatten greift nach uns, so als wolle
er uns mit in sein Schicksal einbeziehen. Doch die eigentliche Anziehungskraft der Geschichte geht von der Frau vor ihm aus, welche
die Tür in einen lichtlosen Raum hinein durchschreitet. Für die Juden dieser Gemeinde ist dies, so W. G. Sebald, »die Zeit der Einkehr
der Schatten«.[2]
 Angesichts der von Altdorfer gezeichneten totenstillen Innenräu-
me bedarf es einiger Fantasie, sich das lebhafte Geschrei außerhalb
der Synagoge vorzustellen, dieweil Jubel ihr Niederreißen und die
Zerstörung des weiten Areals begleitete, das das jüdische Viertel be-
deckte. Inmitten dieses Geschreis fiel ein Steinmetz von einem Bal-

ken in der Synagoge, und die Menschen hielten ihn für tot, bis er am nächsten Tag wieder zu sich kam. Erstaunt verkündeten die Menschen, ein Wunder sei geschehen, und errichteten unverzüglich eine hölzerne Kapelle sowie eine Steinsäule, gekrönt von einer Marienstatue mit Jesuskind. Der Papst erteilte einen Ablass für eine Pilgerfahrt zum Ort des Wunders, und Schwärme von Andächtigen begaben sich zu dem Platz, an dem einst die Synagoge gestanden hatte. Sie befanden sich im Zustand religiöser Ekstase – ein Umstand, der die Kritik Martin Luthers hervorrief, der in seinem offenen Brief »An den Adel christlicher Nation« (1520) urteilte, »dass die Menschen, tobend ohne Vernunft, in Haufen wie das Vieh laufen«.[3] Doch Luther prangerte zwar die Pilgerreise nach Regensburg an, ging aber schweigend über die Vertreibung der Juden und die Zerstörung ihrer Gemeinde hinweg. Seine Abneigung sollte allerdings alsbald deutlich zur Sprache kommen. In seiner 1543 – nach der großen Welle von Vertreibungen – verfassten berüchtigten Schrift *Von den Jüden und ihren Lügen* drängte er die Christen, »dass man ihre [der Juden] Synagoga oder Schulen mit Feuer anstecke und was nicht brennen will, mit Erde überhäufe und beschütte, dass kein Mensch einen Stein oder Schlacken davon sehen ewiglich«. »Ihre Häuser«, so riet er zugleich, sollten »zerbrochen oder zerstört werden«.[4] Historiker zitieren diese Worte vielfach als Omen für die Katastrophe des 20. Jahrhunderts, tatsächlich aber beschrieben sie lediglich die allgegenwärtige Praxis einer früheren Zeit. Als Luther diese Sätze formulierte, war die Zahl von Synagogen, die es niederzureißen galt, bereits rapide geschwunden; was blieb, waren nicht Artefakte jüdischen Lebens, sondern Zeichen christlichen Triumphes.

Die Jahre, die zwischen der ersten jüdischen Siedlung in Regensburg und ihrer Zerstörung 1519 vergingen, entsprechen in etwa der Zeitspanne, die uns heute von jener Zerstörung trennt. Es wird viele Leser überraschen, dass Historiker selten in langen Zeiträumen denken, sondern sich stattdessen auf handhabbarere zeitliche Einheiten beschränken, gemessen höchstens in Jahrzehnten, nur selten in Jahrhunderten. Je mehr sie sich der Gegenwart nähern, desto chronologisch kurzsichtiger werden Historiker: Fragen nach Kontinuitäten und Brüchen werden auf die jüngste Vergangenheit begrenzt. Auf dem Gebiet der deutschen Geschichte, einem Thema, bei dem die Katastrophen des 20. Jahrhunderts verständlicherweise das historische Interesse beherrschen, ist dieses Problem besonders ausgeprägt und wird immer dringlicher. Haben die Historiker einst das 19. Jahrhundert von der Frühen Neuzeit losgelöst, so trennen sie nun das 20. Jahrhundert vom Rest der Geschichte. Die Folge ist aus meiner Sicht ein Verständnis deutscher Geschichte, das vor der chronologischen Tiefe und der Betrachtung historischer Zusammenhänge über längere Zeitspannen hinweg zurückscheut.

Ich begann erstmals in Regensburg über diese Fragen nachzudenken, wo wir 2003 wenige Häuser vom Neupfarrplatz entfernt wohnten, einem großen, leeren Platz, in dessen Mitte lediglich die eigentümlich plazierte Pfarrgemeinde steht. Die neue Kirche wurde auf den Ruinen der Synagoge errichtet, deren Inneres Altdorfer so sorgfältig gezeichnet hatte. Zuerst war dort lediglich eine hölzerne Pilgerkirche; später – 1542, als Regensburg eine Zeitlang protestantisch war – wurde das hölzerne Bauwerk in Stein wiedererrichtet und zur ersten protestantischen Kirche in der Stadt. Auch beinahe 500 Jahre später lassen sich die räumliche Fremdheit der Kirche oder die Zwecklosigkeit des Platzes nicht leugnen. 300 Jahre lang wurde der Platz kaum genutzt, außer durch die französischen Besatzer, die dort 1796 ihre Truppenaufstellung übten. Mitte des 19. Jahrhunderts nahmen Kaufleute den Platz an Markttagen in Anspruch, und im 20. Jahrhundert schändeten ihn die Nazis erneut, indem sie dort Bücher verbrannten.

Doch der Schatten fiel erstmals zur Zeit der ersten Zerstörung. Das soll nicht heißen, dass das Jahr 1519 auf 1933 hindeutet oder dass Deutschland sich bereits auf einem Sonderweg befand, und doch hatte ich das Gefühl, dass hier eine – in Stein gemeißelte und in der Architektur offenkundige – Verbindung bestand, von der zu sprechen mich meine Ausbildung als Historiker kaum vorbereitet hatte. Es ist vielleicht bezeichnend, dass Historiker nicht deshalb anfingen, über diese Dinge nachzudenken, weil es die historische Argumentation zu revidieren galt, sondern weil uns der genaue poetische Blick eines W. G. Sebald gezwungen hat, mit neuer Intensität auf die Landschaft der Vergangenheit zu schauen, auf ihre verborgenen Spuren und fortdauernden Schatten.[5]

Das ist das Thema dieses Buches. Ich interessiere mich dafür, auf
welche Weise die Jahrhunderte in der deutschen Geschichte miteinander zusammenhängen, und vor allem dafür, wie es möglich ist,
über historischen Wandel über lange Zeiträume hinweg nachzudenken. Der Versuch ist natürlich nicht völlig neu. Dutzende Bücher
haben die deutsche Geschichte einst als eine Art »Leichenwagen im
Rückwärtsgang« betrachtet und mit dem Wissen in die Vergangenheit geschaut, wie viele Leichen diese angehäuft hatte. Diese Form
der Geschichtsschau, das Gegenteil einer tränenreichen Version der
Geschichte, hat Historiker dazu veranlasst, die gesamte deutsche
Vergangenheit so darzustellen, als sei sie nur ein Vorgeschmack auf
die gewaltsame Gegenwart. »Die Geschichte der Deutschen ist eine
Geschichte der Extreme«, verkündete A. J. P. Taylor im ersten Satz
seines 1944 verfassten Buchs *The Course of German History*.[6] Heutzutage betonen Historiker stattdessen den Trümmercharakter der
Vergangenheit. Frank Tipton etwa stellt an den Beginn seiner *History of Germany* die Gestalt der *Germania* – und zwar nicht die zornige, selbstbewusste Frau, die Wächterin über den Rhein, sondern
jene Installation mit den marmornen, durch Presslufthämmer zerstörten Bodenfragmenten, über die 1993 nach dem Willen Hans
Haackes die Besucher der Biennale in Venedig – desorientiert und
traurig – schreiten sollten.[7]

In der deutschen Geschichte dienen Bilder der Zertrümmerung
und Fragmentierung zunehmend als »Wurzel-Metaphern«, die sich –
dem Philosophen Max Black folgend – als »systematisches Repertoire
von Ideen« definieren lassen, »mit deren Hilfe ein Denker – durch
analoge Ausweitung – irgendeine Sphäre beschreibt, auf die diese Ide-
en nicht unmittelbar und buchstäblich zutreffen«.[8] Die Wurzel-Me-
tapher einer zertrümmerten Geschichte übt großen Einfluss darauf
aus, wie Historiker der deutschen Geschichte die Gegenwart mit der
Vergangenheit und die Vergangenheit der Zeitgeschichte mit früheren
Zeiten verbinden. Einigen Historikern zufolge hat dies sogar den
Charakter »einer neuen Orthodoxie« angenommen.[9]

Die Metapher leitet sich zum Teil von einer allgemeinen postmo-
dernen Einstellung her, die von der »Ungläubigkeit gegenüber
Meistererzählungen« geprägt ist, um mit Jean François Lyotards berühmter Formulierung zu sprechen.[10] In einem tieferen Sinne be-

stimmen Trümmerbilder auch die Zeugnisse über die Shoah, insofern sie auf den Zusammenbruch der Transparenz und die Unmöglichkeit der Erkenntnis verweisen, so als sei der Firnis der Zivilisation ebenso dünn und undurchdringlich wie der Stacheldraht um Auschwitz-Birkenau. Ein ähnliches Bild bestimmte auch Primo Levis Beschreibung des Dr. Pannwitz, der, wie Levi schreibt, ihn mit einem Blick anschaute, den es »zwischen Menschen nie gegeben« hat, und der mehr mit dem Blick gemein hat, der »wie durch die Glaswand eines Aquariums zwischen zwei Lebewesen getauscht wurde, die verschiedene Elemente bewohnen«.[11] Wie in vielen Zeugnissen über die Shoah trennt Glas hier und versperrt paradoxerweise die Möglichkeit menschlichen Verstehens.[12] Zersplittertes Glas macht diese Unmöglichkeit ewig irreparabel. Als Bild hat es etwas unerbittlich Endgültiges, weit mehr als der Verweis auf Ruinen. Ruinen können als Fundament für Neues dienen und, wie die Herkunft des Bildes aus der Romantik nahelegt, Sehnsucht und die imaginative Rekonstruktion von Heimat ermöglichen.

Die Metapher der »zertrümmerten Geschichte« verweist somit darauf, dass die Katastrophe des 20. Jahrhunderts die Verwendung traditioneller historischer Narrative als Instrumente zum Verständnis des Geschehenen ausschließt. Historiker können Geschichten erzählen, doch der Versuch, sie zu einem zusammenhängenden Ganzen zusammenzubinden, nimmt zwangsläufig einen falschen Klang an. In einflussreichen Reflexionen über wichtige Themen der modernen deutschen Geschichte betonen Konrad H. Jarausch und Michael Geyer, letztere sei eine dauerhaft »zerbrochene Geschichte«, die man am besten nicht in Walter Scotts zuversichtlichem Ton, sondern mit Uwe Johnsons »fragmentierter, translokaler und multitemporaler Erzählungsform« erzählen solle.[13] Das mag zutreffen, doch Metaphern des Bruchs und der Trümmer beziehen ihre Überzeugungskraft aus der Erfahrung, und – gelebte, erinnerte, erzählte – Erfahrung ist nicht dasselbe wie Geschichtsschreibung. Geschichtsschreibung versucht zu verstehen, Dinge zusammenzustellen, miteinander in Verbindung zu bringen und auf diese Weise begrenzte Verallgemeinerungen anzubieten, die aufschlussreichere, wenn auch noch immer unvollkommene Aussagen über die Vergangenheit gestatten. Man kann Erfahrung als »zertrümmert« darstel-

len, doch die Geschichtswissenschaft erzählt auf andere Weise (so
auch das chronologisch anspruchsvolle, analytische Narrativ von
Zerbrochener Spiegel).[14] Der Unterschied ist bedeutsam. In seiner
Analyse der im Fortunoff Archiv an der Yale University versammelten Holocaust-Zeugnisse erzählt Lawrence L. Langer die Geschichte einer Tochter, die darum ringt, die Erfahrung ihrer Eltern,
Herr und Frau B., zu verstehen, die das Ghetto Lodz sowie die Lager Auschwitz, Dora-Nordhausen und Bergen-Belsen überlebt haben. »Sie greift auf ein Vokabular der Chronologie und Verknüp-
fung zurück«, schreibt Langer, »während sie ein Lexikon des
Bruchs, der Abwesenheit und des unwiederbringlichen Verlustes
verwenden«.[15] Stehen wir nicht in Wirklichkeit in der Position der
Tochter näher, insofern die Geschichtsschreibung »unser System
von Leitern« ist, die »aus und über den Abgrund« hinausführen?[16]
    Das erfordert eine Geschichtsschreibung, die weniger zuversicht-
lich ist als Walter Scotts Erzählen nahelegt. Sie muss jedoch den Akzent auf die menschlichen Zusammenhänge legen – nicht nur auf die
unmittelbaren Ursachen, sondern auch auf die langfristigere Vorgeschichte, ohne allerdings vorauszusetzen, dass die Kontinuitäten nur
in eine Richtung verlaufen oder dass vergangene Ereignisse zukünftige Katastrophen determinieren. Dieser Versuch historischen Verstehens, der »kumulativ und niemals vollständig« ist, um mit Inga
Clendinnen zu sprechen, bestimmt die Form dieses Buches: der Essay als eine Reihe von Versuchen, Brücken über chronologische
Klüfte hinweg zu errichten.[17]
    Die Essays – buchstäblich Versuche – behandeln eine Reihe von
Fragen, die sich von dem herleiten, was ich als den veränderten
»Fluchtpunkt der deutschen Geschichte« bezeichne. Der erste Essay
– Kapitel 1 – macht geltend, dass ein zentraler Bezugspunkt der deutschen Geschichte, der Fluchtpunkt im in der Malerei verwendeten
Sinne des Begriffs, sich vom Jahr 1933, der Machtergreifung Hitlers,
auf das Jahr 1941 – den Beginn des Völkermords der Shoah – verlagert
hat und dass diese Verlagerung tiefgreifende Implikationen für die
Darstellung der deutschen Geschichte in sich birgt. Der Essay versucht zu verstehen, wie es zu dieser Verlagerung gekommen ist, und
erkundet ihre mögliche Wirkung. In der Malerei zieht ein Fluchtpunkt die Aufmerksamkeit des Betrachtenden auf sich und bestimmt

die relative Größe des Details im Gesamtgemälde. In Analogie dazu bestimmt der Fluchtpunkt in der Geschichtsschreibung die hauptsächliche Blickrichtung einer disziplinären Gemeinschaft, indem er entscheidende Fragen aufwirft und über die Reichweite dessen entscheidet, was zählt. Er leistet dies nicht nur für Ereignisse, die sich in zeitlicher Nähe zu ihm abgespielt haben, sondern auch für jene, die in erheblicher Ferne liegen. In diesem Sinne geben Fluchtpunkte der Geschichtsschreibung Konturen, ob wir das wollen oder nicht. Als Hitlers Machtergreifung 1933 den Fluchtpunkt darstellte, legten Historiker Deutungen des 19. Jahrhunderts vor, die Deutschlands autoritäre Traditionen und illiberale Politik in den Mittelpunkt stellten. Der neue Fluchtpunkt des Jahres 1941 fordert die Historiker der deutschen Geschichte erneut dazu heraus, langfristig zu denken, und dies entgegen einem sich herausbildenden historiographischen Konsens, der Fragen hinsichtlich der Kontinuitäten der deutschen Geschichte auf das kurze, gewalttätige 20. Jahrhundert beschränkt. Der neue Fluchtpunkt 1941 legt zudem unterschiedliche Formen der Kontinuität nahe, da es bei dem, was es zu erklären gilt, nicht um das politische Versagen von Eliten geht, sondern um den Zusammenbruch des Mitgefühls unter gewöhnlichen Menschen.

In Kapitel 2 frage ich nach den Ursprüngen des modernen Nationalismus und versuche dieses Problem vor dem Hintergrund eines frühneuzeitlichen Verständnisses der deutschen Nation zu verstehen. Ich stimme nicht mit Ernst Gellner überein, der behauptete, mit Blick auf den Nationalismus genüge jedes alte Bruchstück einer Nation, um eine Nation zu schaffen, und es seien die Nationalisten, die die Nationen schüfen, nicht umgekehrt. Im Gegenteil, ich argumentiere, dass in Deutschland – wie in Frankreich und England, den Niederlanden und Spanien – die Nation dem Nationalismus vorausging. Die Nationalisten haben die Nationen nicht erfunden, sondern sie in radikal neuer Weise gedeutet. Durch dieses neue Verständnis kam es zur Verlagerung von einem äußeren zu einem inneren Nationalgefühl, von der Nation als Emblem zur Nation als Identität. Es ist, so möchte ich zeigen, die – in einem modernen Verständnis des Menschseins gründende – Erfindung der nationalen Identität, welche die (deutsche) Nation der (deutschen) Nationalisten zu einer wirkmächtigen, revolutionären und unheilvollen Idee machte.[18]

In Kapitel 3 greife ich das Erbe der katastrophalen religiösen Gewalt auf und folge Ernest Renans berühmter Anregung, der zufolge Nationen auch lernen müssen, zu vergessen. Ich vergleiche die innerchristliche Gewalt des Dreißigjährigen Krieges mit der christlich-jüdischen Gewalt der Massaker und Vertreibungen und frage, ob es in der Frühen Neuzeit und bis ins 19. Jahrhundert hinein zu einem Vergessen in dem von Renan gemeinten Sinne gekommen ist. Ich gelange zu der Überzeugung, dass nach dem Dreißigjährigen Krieg, der für die deutsche Bevölkerung den Zweiten Weltkrieg an zerstörerischer Raserei noch überstieg, ein Tuch des Vergessens über diese Erfahrung gebreitet wurde und dass dieses Verdecken nicht Jahrzehnte, sondern mehr als ein Jahrhundert lang andauerte. Als die Deutschen Ende des 18. Jahrhunderts – und mit noch größerem Engagement zu Beginn des 19. Jahrhunderts – den Dreißigjährigen Krieg wiederentdeckten, war dies die Wiederentdeckung einer vergessenen Erfahrung. Umgekehrt nahm die Erinnerung an die Vertreibungen in der deutschen Kultur, insbesondere in den örtlichen Gemeinden, den deutschen Heimatstädten, einen wesentlichen Platz ein. Zu Beginn der Debatten über die jüdische Integration bezog sich die Reaktion auf diese – im Ritual und in ausschließenden Praktiken kodifizierte – Erinnerung zurück. Die Kontinuität zu den Tiefenschichten der Vergangenheit erwies sich als stark; die Geschichte des Ausschlusses der Juden war irritierend – mit dauerhaften Folgen.

Eine solche dauerhafte Folge war das anhaltende Ausbrechen antisemitischer Gewalt. Durch das gesamte 19. Jahrhundert hindurch ging diese Gewalt, die in Kapitel 4 thematisiert wird, mit einer Form antisemitischer Inszenierung einher: Randalierer bedrohten und prügelten Juden, ermordeten sie aber nur in seltenen Fällen. Ich gehe der Frage nach, welche Faktoren dazu führten, dass die antisemitische Gewalt mörderisch wurde, und nähere mich der Problematik, indem ich alle Vorfälle antisemitischer Gewalt sammle und analysiere, die das Eingreifen militärischer Truppen erforderlich machten. Zudem sammle ich diese Vorfälle nicht nur für Deutschland, sondern auch für das gesamte Europa mit Ausnahme des Osmanischen Reichs. Die These ihrer Neuartigkeit vertrete ich vor dem Hintergrund eines ruhigeren 18. Jahrhunderts sowie eines 17. Jahrhunderts, in dem das Töten von Juden inmitten mörderischer Zusammenstöße stattfand, in denen es um andere Gegensätze ging. Dieser Zugang ermöglicht es, den Übergang von der gemeindlichen Gewalt zur im nationalen Sinne definierten Gewalt zu erkennen; er erlaubt uns, zu erkennen, wann und wo der Damm brach, der bis dahin das Morden verhinderte, und er lässt uns die Rolle des Staates beim Eingrenzen sowie bei der Ermutigung und Förderung antisemitischer Gewalt abschätzen.

In Kapitel 5 erkunde ich den Zusammenhang zwischen modernem Antisemitismus und Rassismus, zwischen Rassismus und der Vorstellung der Eliminierung von Völkern sowie zwischen Antisemitismus und jener Art Rassismus, der die Eliminierung forderte. Im langen 19. Jahrhundert erfolgte der Übergang vom Nachdenken über die kulturelle Vernichtung von Völkern zur Konzeption von Vernichtung im physischen Sinne. Der Rassismus – als Theorie wie als Widerspiegelung der Praxis kolonialer Herrschaft – erwies sich als wirkmächtiger Motor dieses erschreckenden Übergangs. Doch Eliminierung im starken Sinne des Wortes, als Völkermord, blieb unvorstellbar, in der breiten Bevölkerung ebenso wie an den Rändern der Gesellschaft, außer dort, wo diese Vorstellung Massenmorde legitimierte, die in kolonialen Kriegen bereits geschehen waren. Das gilt nicht für eliminatorische Experimente, die kurz vor dem Genozid haltmachten, wie Vertreibung, ethnische Säuberungen, Einsperrung in Konzentrationslagern sowie die Schaffung menschlicher Reservate. Politische Publizisten liberaler wie konservativer Provenienz spielten mit diesen Möglichkeiten, wenn auch widerstrebend. Im 19. Jahrhundert war es noch unmöglich zu denken, wie Hannah Arendt mit Blick auf den *univers concentrationaire* des 20. Jahrhunderts geschrieben hat, alles sei möglich.[19]

Dies ist ein Buch über die Kontinuitäten der deutschen Geschichte, darüber, wie sich Ideen und politische Formen über die Grenzen dessen hinweg verfolgen lassen, was Historiker für scharfe Brüche in der Geschichte erachtet haben. Im gewöhnlichen Sprachgebrauch bedeutet Kontinuität, dass etwas nicht unterbrochen ist; in der Geschichtsschreibung meint es, dass Formen von Ideen und Politik über bedeutsame politische Brüche hinweg homolog – d.h. von ähnlicher Größe und in gleichem Verhältnis – bleiben. In diesem Geiste sprach sich Fritz Fischer bekanntlich für die These von den

Kontinuitäten der deutschen Geschichte aus und deutete das anne-
xionistische Programm der deutschen Führung vor dem Ersten
Weltkrieg und zwischen 1914 und 1918 als unmittelbare Vorgeschichte der Hitlerschen Weltherrschaftsvisionen.[20] Unterschiede im
Detail zwischen diesen beiden Annexionsplänen schienen Fischer
unbedeutend im Vergleich zur Ähnlichkeit in der Form insgesamt
zu sein. Diese Kontinuität war zudem durch ein Bündnis der Eliten
begründet: Zu zwei unterschiedlichen Zeitpunkten waren demnach
Führer aus denselben gesellschaftlichen Schichten für Deutschlands
aggressive Politik verantwortlich. Es gibt noch weitere Argumente
für die Annahme einer grundlegenden Kontinuität, vor allem jene,
die Hans Rosenberg und Hans-Ulrich Wehler am triftigsten formuliert haben, indem sie das langfristige Übergewicht der konserva-
tiv-reaktionären Eliten in einer Zeit raschen wirtschaftlichen und
sozialen Wandels betonten.[21] Dieses Verständnis von Kontinuität
postuliert ein hohes Maß an Identität zwischen dem Anfangs- und
Endpunkt des Kontinuums und behauptet nicht bloß, dass sie
strukturelle Wirkkraft ausübte, sondern dass sie als kausale Erklärung zu verstehen sei. Solche mit Verve vorgebrachten Kontinuitätsthesen haben in der deutschen Geschichtsschreibung starken Einfluss entfaltet. Doch sie waren stets auch anfällig für Kritik, die auf
Argumente rekurrierte, die etwas mit Kontingenz zu tun haben:
demzufolge ist die Geschichte offen und mehrwertig, und Ereignisse können Strukturen dramatisch verändern.[22] Diese Kritik brach
die Erklärungskraft der Kontinuitätsthesen und warf wichtige Fragen hinsichtlich des Maßes auf, in dem tiefe Brüche die Kontinuitäten der deutschen Geschichte durchtrennen. Wir werden noch zu
diesen Debatten zurückkehren. Hier genügt es zu sagen, dass sie aus
meiner Sicht weitgehend vorüber sind, allerdings Folgerungen nach
sich ziehen, die vom Standpunkt der Erforschung der deutschen
Geschichte langfristig nicht zufriedenstellend sein können. Auch
eine solche Geschichtsschreibung muss über Zusammenhänge nachdenken, welche die Zeiten miteinander verbinden. Diese Verbindungen erfordern jedoch, dass wir in unserem Denken die unbestreitbaren Zäsuren der deutschen Vergangenheit überschreiten.

Als Ausgangspunkt wähle ich Verbindungen innerhalb der symbolischen Formen der deutschen Geschichte, insbesondere jene For-

men – Nation und Nationalismus, Religion und religiösen Ausschluss, Rassismus und Gewalt –, die eine lange Geschichte haben,
im Mittelpunkt der deutschen Vergangenheit stehen und nicht *per
saltum* in der modernen Welt auftauchten. In diesem Zusammenhang
bedeutet Kontinuität etwas recht Spezifisches.[23] Gemeint ist nicht,
dass Ereignisse von einem Punkt aus zu einem bestimmten Ausgang
hin tendieren oder dass der spätere Punkt lediglich einen Ausgangspunkt wiederholt. Die erste Position wäre teleologisch, die zweite
theologisch, zumindest in dem Sinne, dass ein zirkulares Geschichts-
verständnis sich von christlichen Vorläufern herleitet.[24] Ich behaupte
auch nicht, dass Wandel – von einem bestimmten Punkt aus – hauptsächlich endogen (d.h. nicht von Ereignissen außerhalb des Systems
betroffen) und somit von für Deutschland spezifischen Faktoren bestimmt ist, wie etwa Fritz Fischer meinte. Stattdessen treffe ich zwei
Aussagen über die Kontinuität. Die erste lautet, dass angemessene
Erklärungen der Geschehnisse des 20. Jahrhunderts historische
Reichweite besitzen sollten und diese Reichweite Zeiträume umfas-
sen sollte, die über die Lebenszeit eines Einzelnen hinausgehen. Diese Art der langfristigen Erklärung erfordert es, Ideen, Institutionen
und Politik über aussagekräftige Zeiträume hinweg – sowohl innerhalb als auch jenseits der deutschen Geschichte – in Betracht zu ziehen. Das »jenseits« ist wichtig. Kontinuität meint nicht zwangsläufig
Partikularität, und gerade die wichtigsten Kontinuitäten sind – vom
Standpunkt der Katastrophen des 20. Jahrhunderts aus betrachtet –
nicht für Deutschland spezifisch. Die zweite Aussage hängt mit der
ersten zusammen: Sie lautet, dass es nur mittels der Betrachtung der
Kontinuität der Form – etwa der Nation, der antijüdischen Gewalt
oder des Diskurses über die Vernichtung und ihre Praxis – möglich
ist, präzise die besondere Knickstelle, die bedeutsame Verlagerung
zu erkennen, die späteren Entwicklungen Konturen verleiht.
   Ich kann für diese Betrachtungsweise keine besondere Originali-
tät beanspruchen. Historiker sind gewöhnlich mit der Vorstellung
vom Beharrungsvermögen der Form vertraut – etwa dem fortdauernden Einfluss der spätmittelalterlichen Frömmigkeit in der symbolischen Vorstellungskraft Martin Luthers oder der Befangenheit
der Vorstellungskraft der radikalen Jakobiner bei ihrem Versuch,
neue Begriffe von Gott und der Zeit zu ersinnen.[25] Doch die Be-

tonung einer religiösen Vorstellungskraft der Langfristigkeit, einer *histoire croisée* über die zeitlichen Brüche hinweg, gehört auf dem engeren Gebiet der modernen Historiographie zur deutschen Geschichte nicht mehr zum tradierten Wissen.[26]

Stattdessen haben Prämissen, die im Gefolge der Sonderweg-Debatte gängig geworden sind, zu einer Abwehrhaltung gegenüber der Vorstellung langfristiger Kontinuitäten beigetragen. Die Sonderweg-Debatte und ihr Nachhall stellen zwar nicht den einzigen Grund dafür dar, dass Historiker des modernen Deutschland Abschied vom 19. Jahrhundert nehmen, wie Paul Nolte kürzlich behauptet hat.[27] Doch da die Debatte die Frage auslöste, was Deutschland so besonders machte, führte sie bei den Historikern dazu, sich auf immer dünnere Fäden der Kontinuität zu konzentrieren, wobei Kontinuität als das definiert wird, was in der deutschen Geschichte einzigartig ist und wie diese Einzigartigkeit sich bis zu den Katastrophen Mitte des 20. Jahrhunderts fortsetzte und zu ihnen beitrug. Ich greife dieses Thema im Schlusskapitel mit dem Titel »Die Kontinuitäten der deutschen Geschichte« auf. Dort versuche ich, bedeutsame Kontinuitäten über lange Zeitspannen hinweg zu erkennen, wobei die Shoah das Ereignis ist, das meine Fragen bestimmt. In diesem Schlusskapitel erörtere ich auch den Konsens über die »Modernität« der Shoah und stelle die These auf, dass dieser unseren Blick für die vielfachen tiefen Wurzeln des im nationalsozialistischen Deutschland Geschehenen verstellt.

In diesem Buch betone ich stattdessen breitere Kontinuitäten, in deren Mittelpunkt gewalttätige Ideologien stehen, welche die Wandlungen begleitet haben, die die Vorstellung von Nation, Religion und Rasse durchlaufen haben und die sich durch das lange 19. Jahrhundert hindurchziehen. Diese Wandlungen haben eine spezifisch deutsche Geschichte, bleiben aber mit Europa verwoben. Sie stellen die dicken – statt der dünnen – Fäden der Kontinuität dar. Auch lassen sich diese nicht einfach deshalb beiseitelegen, weil die europäische Geschichte sich in sie hineingefärbt und ihre deutschen Besonderheiten übermalt hat. Im Gegenteil, die breiteren Kontinuitäten beanspruchen unsere Aufmerksamkeit gerade deshalb, weil sie Teil dessen sind, was Alain Finkielkraut als die Geschichte des Verlustes der Menschlichkeit bezeichnet hat.[28]

Kapitel 1
Der Fluchtpunkt der deutschen Geschichte

»Die Ansicht eines Historikers hängt von seiner Perspektive ab.«

Leopold von Ranke

Wenn es um Geschichtsschreibung geht, scheint jeder Studierende zu begreifen, dass letztlich die Person mit dem Gatling-Gewehr bestimmt, wer später sagt, was geschah und wie es geschah. Es gibt allerdings eine fruchtbare Weise, die Frage der historischen Perspektive zu betrachten. Sie leitet sich von der Perspektive in der Malerei her – genauer: vom Schnittpunkt zwischen modernem historischem Denken und der Entdeckung der linearen Projektion.

In der Widmung seines Werks *Il Principe* an Lorenzo de Medici wies Niccolò Machiavelli auf diesen Schnittpunkt hin. 1513 schrieb er:

> [...] denn wie die Landschaftszeichner sich unten in die Ebene stellen, um den Anblick der Berge und der hochgelegenen Orte zu erfassen, und sich nach oben auf die Berge begeben, um die Weite der Niederungen zu überblicken, so muß man Fürst sein, um den Charakter der Völker zu verstehen, und dem Volk angehören, um das Wesen der Fürsten recht zu erkennen.[1]

Die Perspektive eines Beobachters außerhalb des Beobachteten, so deutet Macchiavelli an, bedingt sein Verstehen. Für Macchiavelli hatte der Begriff der Perspektive einen besonderen, mit der Malerei verbundenen Klang. Ungefähr ein Jahrhundert zuvor hatte Filippo Brunelleschi seine berühmten Experimente durchgeführt, die zur Entdeckung der linearen Perspektive führten und die dann Leon Battista Alberti in seiner 1436 veröffentlichten Abhandlung *De Pictura* systematisch ausführte und den Künstlern seiner Zeit zugänglich machte. Die grundlegende Entdeckung besteht darin, dass die Linien eines dreidimensionalen Bildes auf einer flachen Ebene aus der Perspektive des Betrachterauges in einem »Zentralpunkt«

zusammenlaufen.[2] Im Englischen wurde dieses »Zeichen«, wie Alberti es nannte, im Laufe des 18. Jahrhunderts als *vanishing point* bekannt,[3] während man es im Deutschen als »Fluchtpunkt« bezeichnet. Auf mathematisch genaue Weise bestimmt dieser Fluchtpunkt die relative Größe aller Gegenstände des Gemäldes.

Die Idee des Fluchtpunkts legt nahe, dass die Perspektive Erkenntnis sowohl erzeugt als auch begrenzt, und wirft Fragen nach der Struktur des Gemäldes auf.[4] Der Begriff der linearen Perspektive ist natürlich eine Metapher – der Gebrauch eines Gegenstands mit dem Ziel, einen anderen besser zu verstehen. So wie die Liebe keine »rote Rose« (Robert Burns) ist, so ist auch die Geschichte kein Renaissancegemälde mit einem Fluchtpunkt. Doch die Metapher der Malerei ist für die Geschichtsschreibung keine unbekannte und kann uns, sofern es sich nicht einfach um ein Klischee handelt, etwas darüber sagen. Als etwa Voltaire die Kapitel seines Buchs *Das Zeitalter Ludwigs XIV* mit »Fresken der großen Ereignisse der Zeit« verglich, fügte er bezeichnenderweise hinzu: »Die Hauptfiguren stehen im Vordergrund, die Menge im Hintergrund. Wehe den Einzelheiten!«[5] Als die Sozialhistoriker der 1960er und 1970er Jahre umgekehrt davon sprachen, sie wollten das Bild ausweiten, die Menge in den Vordergrund rücken und mit Nachdruck die Einzelheiten des Alltags darstellen, fragten sich die Kritiker der alten Schule, wo denn nun der Mittelpunkt sein solle. Sie hatten mit dieser Frage nicht unrecht. Nimmt man sie ernst, so hilft uns die Metapher der Malerei, über den Ort bedeutsamer Fakten in einem größeren Bild nachzudenken; sie gestattet uns, zu erkennen, was im Vordergrund steht und was sich außerhalb des Blickfelds befindet. Sie zwingt uns zudem, diese Fragen von einem analytischen Standpunkt aus zu betrachten, der nicht zwangsläufig unsere gegenwärtige Perspektive begünstigt oder die Perspektive auf eine vermeintliche politische Ideologie reduziert. Stattdessen verweist die Metapher darauf, dass wir jetzt zwar bestimmte historische Kräfte klarer zu sehen vermögen, der Preis, der dafür zu zahlen ist, jedoch in der zwangsläufigen Blindheit anderen Bereichen gegenüber besteht.

Das hier Gesagte mag selbstverständlich erscheinen, doch es gilt daran zu erinnern, dass die Metapher, die gegenwärtig in der historischen Zunft bestimmt, auf welche Weise wir den Dingen Konturen verleihen, aus der Poesie und nicht aus der Malerei stammt – es ist der Tropus, nicht das Gemälde. Die figurative Differenz hat Folgen für unser Verständnis dessen, was wir tun. Alberti glaubte, die Gesetze der Malerei erwüchsen »aus den Wurzeln der Natur« und Malen bedeute, die von der Natur vorgegebenen Proportionen ganz vom Standpunkt des Betrachters aus zu verstehen.⁶ Alberti und den Malern der mimetischen Tradition zufolge bedeutete das Malen eine »Dreiwege-Abmachung« – zwischen dem Gegenstand, der Wahrnehmung des Gegenstands durch den Maler und den gesellschaftlichen Normen und Kunsttechniken, welche die Darstellung des Gegenstandes durch den Maler bedingen und ermöglichen.⁷ Wie in der Malerei liegt auch in der Geschichtsschreibung der Akzent auf der Abmachung statt dem Aushandeln. Konstruktivistische Darstellungen hingegen bevorzugen die narrative Vorstellungskraft des Historikers gegenüber dem widerspenstigen Material, das er ordnet.

Hayden Whites *Metahistory* stellt nach wie vor den *locus classicus* des narrativen Arguments dar. White reflektiert über »ausgeprägt ›klassische‹ Historiker« – Männer wie Ranke, Michelet, de Tocqueville und Burckhardt – und macht geltend, dass »ihr Status als Modelle historischer Erzählung und Begriffsbildung [...] schließlich von der vorbegrifflichen und spezifischen Natur ihrer Ansicht der Geschichte und ihrer Abläufe abhänge«.⁸ Er zeichnet dann diese poetische Natur in einem Raster ein und unterscheidet verschiedene »Arten von narrativen Handlungsentwürfen«, die auf Affinitäten zu »Arten von Argumentationen« und von »ideologischen Implikationen« verweisen.⁹ Da es sich bei diesen Handlungsentwürfen um mit politischen Ideologien verbundene fiktionale Tropen handelt, räumt die Geschichtsschreibung auf tendenziöse Weise der Fiktion Vorrang vor der Tatsache ein.

Whites Analyse mag uns zwar helfen, Historiker wie Michelet und de Tocqueville, einsame überragende Gestalten aus der Zeit vor dem Zeitalter professioneller Gemeinschaften, besser zu verstehen, doch scheint sie mir irreführend, wenn es um gewöhnliche Historiker geht, die ihre Zeit damit verbringen, wie bekanntlich Jack H. Hexter geschrieben hat, »zwischen 1450 und 1650 Geschriebenes oder von Historikern verfasste Bücher, die auf der Grundlage von

zwischen 1450 und 1650 Geschriebenem beruhen« zu lesen.[10] Hexter deutete damit an, die zentralen Ereignisse der Vergangenheit bestimmten womöglich weit stärker, wie wir die Stunden unserer historischen Arbeit gestalten, als die Themen unserer eigenen Zeit. Bisweilen werden diese Ereignisse – explizit oder implizit – zum
Brennpunkt ganzer disziplinärer Gemeinschaften. In vom Trauma
gezeichneten Geschichten verleihen diese Ereignisse Disziplinen auf
wirksame Weise Konturen und überschatten die narrativen Tropen,
die Historiker womöglich ansonsten anwenden würden.

Solche Ereignisse bezeichnen wir als Fluchtpunkte. Sie sollten
nicht mit Wendepunkten der Geschichte verwechselt werden, obwohl sie auch das sein können. Ein Fluchtpunkt ist ein Mittelpunkt,
der dem gesamten Bild Konturen verleiht, während ein Wendepunkt dort vorliegt, wo sich die Geschichte in die eine statt in die
andere Richtung neigt. Für A. J. P. Taylor etwa stellte der Kriegsbe-
ginn im September 1939 den Fluchtpunkt dar, da sein Werk von den
durch die deutsche Aggression in Europa geschaffenen Problemen
strukturiert wurde. Im Gegensatz dazu war die Revolution von
1848, zumindest mit Blick auf Taylors Deutschland, der Wendepunkt, an dem sich die deutsche Geschichte bekanntlich »nicht
wendete«. Die spätere deutsche Geschichte – ausgehend von Bismarck bis hin zum Jahr 1914 – lief dann auf den Fluchtpunkt des
Jahres 1939 hinaus.

Die an katastrophalen Ereignissen reiche Geschichte des modernen Deutschland veranschaulicht, auf welche Weise Fluchtpunkte
Disziplinen Konturen verleihen. Ob man sie nun im Jahr 1914, 1918,
1933, 1939, 1945 oder 1989 ansiedelt, die Fluchtpunkte der modernen
deutschen Geschichte gehören ins 20. Jahrhundert und bestimmen
unsere Fragen sowie die Themen, die wir diskutieren. Ihre konturie-
rende Wirkung ist nicht bloß eine Frage des metahistorischen Diskurses oder des Großnarrativs. Fluchtpunkte verweisen häufig auf
intensive Debatten über die Wahrhaftigkeit, ja Echtheit teilweise
zentralen dokumentarischen Beweismaterials. Bisweilen rührt die
Vehemenz dieser Debatten aus dem Generationenkonflikt. »Jede Generation schreibt ihre eigene Geschichte«, so George Herbert Meads
denkwürdige Formulierung, und verwendet dabei oft einen neuen
Fluchtpunkt.[11] Heute, nach sehr langer Zeit, nachdem zwischen 1949

und 1989 fast ein halbes Jahrhundert vergangen ist, weicht die Zentralität des Januar 1933 einem anderen Fluchtpunkt: dem Sommer 1941, dem Zeitpunkt, als das Unternehmen Barbarossa begann und der Massenmord der Shoah einsetzte.

Im Folgenden wird untersucht, auf welche Weise der Fluchtpunkt des Jahres 1933 der historischen Disziplin Konturen verliehen hat. Das Kapitel verfolgt sodann die historischen Debatten, welche die Verlagerung von 1933 auf 1941 beflügelten, und vertritt die These, dass die Probleme und Möglichkeiten, welche die Wahl des ersten Fluchtpunkts barg, auch für den zweiten lehrreich sein könnten, insbesondere wenn es um die Shoah geht.

I

Für die Deutschen, die nach der Niederlage im Zweiten Weltkrieg im Lande blieben, machte die Erfahrung des Dritten Reichs eine Neubewertung des gesamten Verlaufs der deutschen Geschichte erforderlich. Es war jedoch nicht selbstverständlich, dass das Jahr 1933 den Fluchtpunkt ihrer Werke bilden sollte. Betrachten wir etwa Friedrich Meineckes *Die deutsche Katastrophe.* 1946 verfasst, als Meinecke bereits 84 Jahre alt und nahezu blind war, ist dies sicherlich die berühmteste historische Reflexion der unmittelbaren Nachkriegszeit. Aus Meineckes Sicht verkörperte das Jahr 1933 den unwiderruflichen Wendepunkt der deutschen Geschichte. Die Katastrophe, »der Abgrund«, war jedoch der Krieg – Hitlers »gewissenlose und ruinöse Ausbeutung der letzten Volkskräfte«.[12] Indem er den verlorenen Krieg zum Fluchtpunkt machte, rückte Meinecke zwangsläufig nicht die Politik, sondern die gescheiterte »Synthese von Geist und Macht« in den Vordergrund.[13] Aus diesem Grund markiert aus seiner Sicht die Entlassung Wilhelm von Humboldts und Hermann von Boyens durch König Friedrich Wilhelm im Jahr 1819 einen wichtigen Wendepunkt der deutschen Geschichte. Diese Entlassung dürfe, so Meinecke, als »ein Sieg der kulturwidrigen über die kulturfähige Seele des preußischen Staates aufgefasst werden«.[14] Die Frage nach dem Gleichgewicht zwischen Kultur und

Macht stand auch im Mittelpunkt der Kritik Meineckes an Bismarck, der allerdings noch die richtige Balance gewahrt habe, wie es für die Staatsmänner vor dem Zeitalter der Demagogen charakteristisch gewesen sei, und prägte sein Bild des Irrationalen in der modernen Politik. Es ist aufschlussreich, dass er letztere als »Massenmachiavellismus« bezeichnete. Schließlich inspirierte diese Diagnose eines verlorenen Gefühls für die richtige Balance Meineckes tiefempfundene, wenn auch leicht ins Lächerliche zu ziehende Empfehlung für eine deutsche Erneuerung: die Schaffung lokaler Goethegesellschaften im ganzen Land.

Im Zusammenhang der Niederlage scheint es bezeichnend, dass zu den ersten Neubewertungen eines deutschen Historikers ein zensiertes Dokument zählt, das tatsächlich das Jahr 1933 zum Fluchtpunkt machte. Dieses 1949 von Ludwig Dehio anlässlich der Übernahme der Herausgeberschaft der *Historischen Zeitschrift* verfasste Dokument war als Vorwort zur ersten Nummer der Zeitschrift gedacht, die nach einer Pause von fünf Jahren wieder erscheinen sollte. Doch der Oldenbourg Verlag betrachtete das »Schuldbekenntnis« als unnötig und lehnte seine Veröffentlichung ab. Das Dokument ist dennoch lehrreich. Für Dehio verkörpert 1933 das Jahr, in dem »etwas bislang Unvorstellbares [...] Wirklichkeit« wurde. Dieses – 1918 antizipierte – »etwas« war eine Tatsache der Kultur-, nicht der Politikgeschichte, und Burckhardt, nicht Ranke, lieferte das konzeptionelle Instrumentarium für das Verständnis dessen, was Dehio als »die Erfahrung von der Zerbrechlichkeit der christlich humanen Kulturpersönlichkeit im Mechanismus der totalen Zivilisation« bezeichnete.[15] Dehios Sprache hatte zwar nach wie vor den Beigeschmack der Polemik des Ersten Weltkriegs, doch er siedelte den Fluchtpunkt unmittelbar im Zentrum eines zivilisatorischen Gemäldes an. »Unsere Katastrophe ist ja nur ein Ausschnitt aus der Krise des Abendlandes, ja der Welt«, schrieb er.[16] Allerdings entwarf er das Vorwort aus einer nationalen Perspektive, von der »Klage eines Volkes« her, das »zwischen halber Befreiung und halber Zernichtung[!]« schwankte – gemeint waren natürlich die Deutschen.[17]

Im Gegensatz dazu siedelten die deutschen Historiker im Exil den Fluchtpunkt unzweideutig im Jahr 1933 an und besaßen ein

anderes Empfinden für die größeren Zusammenhänge. Deuteten
Meinecke und Dehio die deutsche Katastrophe als Teil einer Katastrophe des Westens, so argumentierten die deutschen Historiker im
Exil, Deutschland habe sich von den Werten des Westens abge-
wandt. Das hätten sie nicht klarer zur Sprache bringen können. In
seinem 1960 veröffentlichten Buch *The Mind of Germany* bot Hans
Kohn, wie er schrieb, »eine vorläufige Antwort auf die eine Frage,
auf der ein Großteil der Faszination der deutschen Geschichte beruht: wie es zur Entfremdung Deutschlands vom Westen gekommen ist«.[18] Laut Kohn begann die Divergenz mit dem Vorläufer des
radikalen Nationalismus, Johann Gottlieb Fichte, und wurde vom
Philosophen der Macht, Friedrich Nietzsche, am besten verstanden.
In seinem einflussreichen Essay »Der deutsche Idealismus in sozialgeschichtlicher Beleuchtung« folgte Hajo Holborn einer ähnlichen
Argumentation, wenn er den Schwerpunkt auf »die Frage der ursprünglichen Absonderung Deutschlands von Westeuropa und
Amerika« legte.[19] Wie Kohn verortete Holborn die Divergenz »im
Zeitalter des deutschen Idealismus, ein Begriff, unter dem die gesamte große geistige Bewegung Deutschlands von ungefähr 1700–
1840 verstanden werden soll«.[20] Das Ende des deutschen Idealismus
wiederum markierte die entscheidende chronologische Abgrenzung
zwischen dem zweiten und dritten Band seiner monumentalen
Deutschen Geschichte der Neuzeit.[21]
     Was an den ins Exil getriebenen Historikern, von denen viele bei
Meinecke studiert hatten, beeindruckt, ist ihr Bewusstsein dafür,
dass die Größe der deutschen Katastrophe ein Geschichtsverständ-
nis mit Tiefenschärfe erfordere. Die bedeutenden Gestalten verfass-
ten allesamt Bücher über frühere Perioden: Hans Kohn über die
Ursprünge der Idee des Nationalismus, Holborn über Ulrich von
Hutten und Hans Rosenberg über den Ursprung des preußischen
Feudalismus, den er im 17. Jahrhundert ansiedelte. Da sie stark von
liberal-demokratischen Einstellungen geprägt waren, rückte ihr
Blickwinkel den epischen Kampf zwischen Links und Rechts in den
Mittelpunkt, der in den miteinander verflochtenen Bereichen der
Ideen und der Politik ausgefochten wurde und in der Katastrophe
endete. Hans Rosenberg etwa wies mit charakteristischem Nach-
druck darauf hin. In einem Nachtrag zu seinem Buch *Bureaucracy,*

Aristocracy and Autocracy. The Prussian Experience 1660–1815 bezog er sich auf »die langwierige Gegenrevolution in Deutschland, [die] von den alten herrschenden Gruppen auf brillante Weise durchgeführt« worden sei.[22] Diese Gegenrevolution, welche die gesellschaftliche und politische Macht festschrieb, bedeutete den Untergang der Weimarer Republik, die dem auf die 1870er Jahre zurückgehenden konservativen »Bündnis mit den Führern der Großindustrie« zum Opfer fiel.[23]

Diese unheilige Allianz bildet auch den Dreh- und Angelpunkt eines deutschen Werks, das die radikale Umgestaltung der deutschen Geschichtsschreibung in der Bundesrepublik anstieß: Fritz Fischers 1961 veröffentlichtes Buch *Griff nach der Weltmacht*. Die Sensation, die Fischers Arbeit auslöste, ist schwer zu überschätzen. In unserer Zeit hat lediglich Daniel J. Goldhagens *Hitlers willige Vollstrecker* eine vergleichbare Atmosphäre historischer Leidenschaft ausgelöst.[24] Doch es war, ungeachtet seiner Entdeckung des annexionistischen Septemberprogramms Bethmann-Hollwegs, nicht so sehr die Kühnheit der Archivarbeiten Fischers, die beeindruckte und erzürnte. Vielmehr trug Fischer dadurch zur Beschleunigung von Clios Puls bei, dass er gewagte Kontinuitätslinien vom Dritten Reich zurück ins Kaiserreich zog. Er behauptete, 1914 – wie 1939 – habe die zivile Führung Deutschlands Krieg gewollt, der Krieg sei – 1914 wie 1939 – mit dem Ziel eines bisher unerkannt gebliebenen Maßes an kontinentaler Hegemonie und Weltmacht geführt worden, und ein mächtiges Bündnis ziviler Eliten – in der Agrarwirtschaft wie in der Industrie – habe diese Ziele gefördert, um den repressiven Status quo zu bewahren. Kontinuität, geheimes Einverständnis der Eliten, innenpolitische Strategie und Expansion nach außen – das war der Fanfarenstoß für einen Angriff auf die gesamte nationale Tradition der deutschen Geschichtsschreibung. Im Zuge der Debatte wurden Fischers Positionen immer radikaler. In seinem Buch *Krieg der Illusionen*, das er 1969 publizierte, vertrat er die These, Deutschland trage nicht nur die Hauptverantwortung, sondern die alleinige Verantwortung für den Krieg.[25]

Fischer zufolge ließ die Erfahrung des Dritten Reichs das Jahr 1914 erneut in seiner besonderen Bedeutung hervortreten und verlieh dem Datum den Charakter eines verschobenen Fluchtpunkts.

1908 geboren, gehörte Fritz Fischer zu jenen, die zu jung gewesen waren, um im Ersten Weltkrieg zu kämpfen, doch – im Falle Fischers gerade einmal – alt genug, sich an den Verlust und Schmerz zu erinnern, die er mit sich brachte. Seine Karriere als Historiker, die er zunächst im Bereich der Theologie begonnen hatte, lief erst während des Dritten Reichs an, wo sie eine nur allzu gewöhnliche Mischung aus Konformität und rassistischer Haltung offenbarte. 1933 wurde er Mitglied der SA Hitlers und stand theologisch den »Deutschen Christen« nahe; 1936 promovierte er in Geschichte und trat 1937 der NSDAP bei.[26] Zwei Jahre später erhielt er ein Stipendium des »Reichsinstituts für Geschichte des neuen Deutschlands«, das damals unter der Leitung Walter Franks stand, des mächtigsten und wichtigsten Vertreters der nationalsozialistischen Geschichtsschreibung. 1941 freute sich Fischer darauf, Vorträge zu halten, und zwar über Themen wie »Das Eindringen des Judentums in Kultur und Politik Deutschlands in den letzten 200 Jahren« sowie »Das Eindringen des jüdischen Blutes in die englische Oberschicht«.[27] Stattdessen wurde er 1942 – auf Empfehlung Franks – zum außerordentlichen Professor für Geschichte an der Universität Hamburg ernannt. Gelitten hat Fischers Karriere eindeutig nicht. Nach seiner Einberufung geriet er in amerikanische Kriegsgefangenschaft, aus der er im Februar 1947 entlassen wurde, um noch im Mai desselben Jahres wieder auf seine alte Stelle eingesetzt zu werden.[28]

Fischers Erfahrung seines aktiven Gehorsams während des Dritten Reichs und dann der amerikanischen Kriegsgefangenschaft muss eine tiefgreifende Wirkung gehabt haben, denn irgendetwas veranlasste ihn zu einer vollständigen Kehrtwendung von seinen früheren Auffassungen. 1949 übte er auf dem ersten Historikertag im Nachkriegsdeutschland scharfe Kritik an protestantischen Lehren vom Gehorsam gegenüber dem Staat. Ausgehend von einer ausgeprägten Sonderweg-These glaubte Fischer, in Deutschland hätten sich die konservativen Kräfte von Thron und Altar im Laufe des 19. Jahrhunderts der protestantischen Religiosität bemächtigt und Ungehorsam gegenüber dem Staat zur Sünde erhoben, während im Westen der Missbrauch von Macht als moralische Schande gegolten habe. »Von einem solchen Aspekt her«, so folgerte Fischer freiheraus, »stellt sich die Geschichte der Beziehung von Religion und Po-

litik im protestantischen Deutschland des 19. Jahrhunderts als ein
einziger Fehlweg dar«.[29]

Fischers These von der deutschen Schuld am Ersten Weltkrieg erschien ein Jahrzehnt später.[30] Die Daten sind vor allem deshalb von
besonderer Bedeutung, weil sie zeigen, dass die nachfolgende Fi-
scher-Debatte vom Generationskonflikt bestimmt war. Fischers
wichtigste Kritiker gehörten einer Generation an, bei welcher der
Erste Weltkrieg als tatsächliche Lebenserfahrung nachwirkte. Ob
Gerhard Ritter (Jahrgang 1888), Hans Rothfels (Jahrgang 1891)
oder Egmont Zechlin (Jahrgang 1896) – sie alle hatten während des
Ersten Weltkriegs gedient, und diese Prüfung gewann für ihre Perspektive als Historiker zentrale Bedeutung. Unter seinen prominenten Kritikern konnte allein der 1910 geborene Karl Dietrich Erdmann als Angehöriger der Generation Fischers gelten.[31] Ob nun seine prominenten Schüler, wie Helmut Böhme (Jahrgang 1936) und
Dirk Stegmann (Jahrgang 1941) oder Historiker wie Hans-Ulrich
Wehler (Jahrgang 1931) und Volker Berghahn (Jahrgang 1938) – sie
alle waren zu jung, um im Zweiten Weltkrieg eine Rolle gespielt zu
haben, und sie reiften in der Zeit einer bedeutenden Ausweitung des
deutschen Universitätssystems zu Wissenschaftlern heran. Gegen
die deutsche nationalistische Tradition der Geschichtsschreibung
ergriffen sie instinktiv Partei für Fischers Schlussfolgerungen mit
Blick auf Politik und Diplomatie, auch wenn sie selbst stärker an
den strukturellen Ansätzen interessiert waren, die ihnen Halt gegeben hatten.

Ein Merkmal des Fluchtpunkts besteht darin, dass er das Ge-
sichtsfeld auf wirksame Weise strukturiert – und zwar bis hin zur
Verzerrung. In der nachfolgenden Debatte gingen die Verzerrungen
sowohl von den Anhängern Fischers als auch von seinen Kritikern
aus; sie spiegelten sich in interpretierenden Synthesen wie in Detailstudien wider, ja sogar in der Darbietung der Dokumente selbst.
Das Schicksal der Tagebücher Kurt Riezlers, eines zentralen Doku-
ments aus der Feder des persönlichen Sekretärs Bethmann-Hollwegs in der Reichskanzlei, mag diesen Punkt veranschaulichen. Unmittelbar nach dem Zweiten Weltkrieg hatte Hans Rothfels – ein
Jude, aber deutsch-national durch und durch – Riezlers Bruder von
einer Veröffentlichung abgeraten, da die Tagebücher dem nationalen

Bild der Deutschen schaden könnten. 25 Jahre später veröffentlichte Karl Dietrich Erdmann die Tagebücher in Deutschland, auch wenn bald deutlich wurde, dass Riezlers Eintragungen während der Juli-krise lediglich aus summarischen Bemerkungen bestanden. Noch problematischer war, dass die Eintragungen aus der Zeit zwischen dem 7. Juli und dem 14. August 1914 auf einer anderen Sorte Papier geschrieben waren als das übrige Tagebuch und ein Chemiker be-hauptete, dieses Papier sei erst nach dem Ersten Weltkrieg produ-ziert worden.[32] Die Verzerrungen in Fischers Lager waren niemals ähnlich spektakulär – möglicherweise ein wichtiger Grund dafür, dass die Forschung überwiegend der Meinung ist, Fischer habe den Sieg davongetragen. Einer seiner begeisterten Anhänger verglich Fi-schers Arbeit sogar mit »Thukydides' Werk über den großen Pelo-ponnesischen Krieg in der Antike«.[33] Dennoch hatten auch die An-hänger der Fischer-These Schwierigkeiten, den Nachweis dafür zu führen; allerdings begingen sie gewöhnlich nur Unterlassungssün-den, insofern sie auf der Grundlage mangelnden – nicht aber faden-scheinigen – Beweismaterials argumentierten.

Ein Beispiel dafür bietet Volker Berghahns differenzierte Erklä-rung der Tirpitzschen Sammlungspolitik, des Kerns einer bewussten Strategie, die gesellschaftlichen Probleme mittels einer aggressiven Flottenaufrüstung zu lösen, die dazu dienen sollten, die Spannungen zwischen Deutschland und England zu verschärfen. Die Brillanz der Interpretation beruhte auf der Verflechtung von Innen- und Au-ßenpolitik, mit der sie das historiographisch konservative Beharren auf dem Primat der letzteren untergrub. Berghahn versuchte zu zei-gen, wie das Bündnis aus Eisen und Roggen – durch den Bau von Kriegsschiffen für ersteres und die Errichtung von Schutzzöllen für letzteren – eine großangelegte Strategie unterstützt habe, die darauf zielte, die Arbeiterklasse für sich zu gewinnen (in Wirklichkeit aber ärmer zu machen) und auf diese Weise den Einfluss des Sozialismus auf Deutschlands Arbeiterklasse zu verringern. Das war eine – be-wusste, von Geiz bestimmte, bösartige – soziale Strategie der Eliten. Allerdings fehlte, wie Geoff Eley geltend gemacht hat, der notwen-dige Beweis – etwa ein Dokument mit Ausführungen des Innenmi-nisters Johannes Miquel oder des Marinestaatssekretärs Alfred Tir-pitz über die gemeinsame Strategie.[34]

Aus heutiger Sicht scheint uns die Kritik, die Geoff Eley, David Blackbourn und Richard J. Evans an der »Bielefelder Schule« geübt haben, vornehmlich die vermeintliche Vorherrschaft des alten Regimes in einem Zeitalter rascher Industrialisierung und des Aufstiegs des Bürgertums zu betreffen. Man kann sie jedoch auch – vor allem im frühen Werk Geoff Eleys – gegen den Strich lesen: als Rankeschen Angriff auf die von der Fischer-These verursachten Verzerrungen der Perspektive. Wo Fischer ein »Bündnis der Eliten« erblickte, postulierte Eley die Bedeutung der neuen Männer der Rechten, etwa von Leuten wie August Keim, dem Vorsitzenden des Alldeutschen Verbands und Organisator des Flottenvereins sowie des Deutschen Wehrvereins, einem »Mann der Gewalt«.[35] Obwohl er einem funktionalistischen Ansatz, der Ideologie als bloße Widerspiegelung von Interessen verstand, äußerst kritisch gegenüberstand, beharrte Eley auf einer anderen Art der Kontinuität und ersetzte eine Elite (die agrarische, konservative) durch eine andere (die kapitalistische, bürgerliche). Er bewahrte damit die Integrität des auf der Polarität von Links und Rechts beruhenden Verständnisses von Politik, das dem Interpretationsgebäude sein Fundament verleiht. Zwar überschätzte Eley den Einfluss der neuen Politiker (vor allem im Flottenverein und auf der lokalen Ebene), doch seine Analyse war fein auf die Sprengkraft der Massenpolitik abgestimmt; sie ergab Sinn, wenn auch nicht vom verschobenen Fluchtpunkt von 1914 aus, sondern mittels eines veränderten Verständnisses des Jahres 1933.[36]

II

Dass die Eliten im Zentrum des Bildes stehen sollen, scheint für 1914 offensichtlich und auch für 1933 angebracht. Doch die wichtigste frühe historische Detailstudie zum Untergang der ersten deutschen Demokratie stellte die verhängnisvollen letzten Monate der Weimarer Republik nicht als Folge eines unheiligen geheimen Einverständnisses der Machteliten dar, sondern vielmehr als die eines »Machtvakuums«. Es handelt sich dabei um Karl Dietrich Brachers 1955 erschienenes Buch *Die Auflösung der Weimarer Re-*

publik. Der Politologe Bracher beschrieb die Regierung unter Brünings Kanzlerschaft, die seit dem Frühjahr 1930 als Präsidialkabinett agierte, als den ersten Schritt zum Zusammenbruch der Republik. Aus seiner Sicht war dieser Schritt zudem noch nicht durch den Druck der großen Depression oder die Einschränkung politischer Optionen gerechtfertigt. Die Eliten – insbesondere die Präsident Paul von Hindenburg nahestehenden Agrar- und Militäreliten – waren eindeutig daran beteiligt. Die Verschlechterung der Lage höhlte die Fähigkeit dieser Eliten aus, die Ereignisse zu kontrollieren, und die geschwächten Säulen der Demokratie hielten nicht länger stand.[37] Die deutsche Regierung wurde daraufhin zur offenen Bühne für den Kampf der unterschiedlichen Gruppierungen, aus dem schließlich die Nationalsozialisten siegreich hervorgingen. Bracher ließ seiner monumentalen Studie 1960 sein Buch *Die nationalsozialistische Machtergreifung* und 1969 die Studie *Die deutsche Diktatur* folgen, die erste ernsthafte Synthese der Forschung zum Dritten Reich.[38] Der Akzent des dritten Buchs lag, wie der Titel nahelegt, nicht auf den Eliten, sondern auf der breiteren Öffentlichkeit. Das Dritte Reich sei am präzisesten als Diktatur des Volkes über das Volk zu kennzeichnen, nicht als Diktatur Hitlers oder Diktatur der NSDAP. Außerdem identifizierte Bracher den Antisemitismus als zentrale Doktrin Hitlers und des Regimes, nicht etwa den Willen zur Macht oder einen teuflischen Zerstörungstrieb. »Den Kern«, schrieb Bracher über Hitlers Zentralschlüssel zur Geschichte und Politik, hatten stets »Antisemitismus und Rassenwahn« gebildet.[39]

Deutsche Historiker konnten sich nur schwer für Brachers Sicht der Dinge erwärmen. Werner Conze, der – wie wir heute wissen – in die mörderische Bevölkerungspolitik des Dritten Reichs verstrickt gewesen war, trat Bracher mit der Behauptung entgegen, Hindenburgs Ernennung Heinrich Brünings als Präsidialkanzler sei der einzige Weg gewesen, die Demokratie zu retten. Zudem sei Brüning, als ihn Hindenburg im Mai 1932 zum Rücktritt gezwungen habe, »hundert Meter vor dem Ziel« gewesen.[40] Diese Debatte, die nach der Veröffentlichung der Memoiren Brünings 1970 ihre Fortsetzung fand, lockte zunehmend Fachargumente hinsichtlich des Zustands der Wirtschaft in den frühen Jahren der Depression hervor; sie blieb dennoch in den 1970er Jahren und bis in die frühen 1980er Jahre hinein ein zentrales Thema der zeitgenössischen Geschichtsschreibung.[41]

Brachers zweites Argument, am Fluchtpunkt habe ein Machtvakuum bestanden, war noch entscheidender und noch schwerer zu akzeptieren, implizierte es doch, dass – abgesehen von dem unheilvollen Einfluss der Hindenburg nahestehenden Agrar- und Militärführer – im entscheidenden Augenblick kein »strukturelles« Bündnis der Eliten bestanden habe. In seinem schmalen Band *Bündnis der Eliten* versuchte Fritz Fischer dennoch zu zeigen, dass führende Agrar- und Industriekreise bei Hitlers Machtergreifung im Januar 1933 eine Schlüsselrolle gespielt hätten.[42] Charakteristischerweise führte er die »Industrie« und die »Landwirtschaft« als solche an – Strukturen, nicht individuelle Menschen brachten Hitler an die Macht. Als Ausdruck einer bestimmten Denkweise maskierte diese Art des Schreibens auch einen Mangel an echten Beweisen. Die Dürftigkeit der Beweise wird in David Abrahams Versuch sichtbar, auf empirischem Wege nachzuweisen, dass Brachers Machtvakuum eine Illusion sei; wirklich, so glaubte Abraham, war das Bündnis der Industrie- und Agrareliten, das der Republik den Dolchstoß versetzte und Hitler zur Macht verhalf. Nach anfänglichen positiven Besprechungen tauchten Fragen zu Abrahams Quellen auf.[43] Die nachfolgende Debatte, die häufig irrtümlicherweise als Methodenstreit zwischen konservativen und marxistischen Historikern – oder zwischen »Positivisten und Konzeptualisten« – dargestellt worden ist, drehte sich um Abrahams verworrene statistische Beweisführung und um falsch transkribierte Dokumente.[44] Wie der Zufall es wollte, haben die großen Wirtschaftsbosse die NSDAP in den entscheidenden Monaten gerade nicht entscheidend unterstützt. Kein geheimes Einverständnis zwischen Eisen und Roggen gab den Ausschlag – die Nationalsozialisten, die keineswegs auf die finanzielle Unterstützung der Großunternehmen angewiesen waren, brachten die Mittel vielmehr weitgehend durch ihre eigene Basisarbeit auf.[45]

Die These vom Bündnis der Eliten erwies sich als die wahre Illusion. Es war in gewisser Hinsicht eine Illusion der Linken, doch es ist wohl interessanter zu untersuchen, welche Perspektiven ihretwegen verstellt wurden. Hier drängt sich die Wirksamkeit einer unabhängigen populistischen Politik auf, aber auch der destabilisierende Einfluss der nationalistischen Ideologie und die brutalisierenden Folgen des Kolonialismus sowie des Krieges.

Die von einer allzu schematischen, auf der These vom Gegensatz zwischen Links und Rechts beruhenden Deutung der Elitenpolitik geschaffenen Probleme haben tiefe Spuren in der modernen deutschen Geschichtsschreibung hinterlassen. In gewisser Weise war diese Interpretation bereits in der von den Emigranten vorgelegten Synthese präsent, da diese sich auf die hohe Politik sowie die großen Ideen konzentrierten und darauf beharrten, die Wurzeln der deutschen Katastrophe lägen in den lange zurückreichenden Kampflinien zwischen der politischen Linken und Rechten. Eckart Kehr folgend, rückte etwa Hans Rosenberg das Gründungsjahrzehnt des Deutschen Kaiserreichs in den Vordergrund, da in den 1870er Jahren die Entscheidung im Kampf zwischen den beiden großen Protagonisten des 19. Jahrhunderts – der konservativen Reaktion und dem liberalen Fortschritt – gefallen sei. Die Entscheidung, so meinte Rosenberg, sei zu Ungunsten des letzteren ausgefallen – in diesem Zusammenhang komme der Puttkamer-Säuberung große Bedeutung zu. Der preußische Innenminister hatte angeblich die liberalen Beamten aus der Bürokratie entfernt und somit den Beginn dessen markiert, was die zweite Gründung des Deutschen Kaiserreichs auf der Grundlage illiberaler Schutzzölle, des Antisemitismus und des Antisozialismus werden sollte.

Doch 1981 wiesen Margaret Lavinia Anderson und Kenneth D. Barkin überzeugend nach, dass eine vollständige Reinigung niemals stattgefunden und sich die Reinigung, sofern es sie überhaupt gegeben habe, unmittelbar gegen katholische und nicht gegen liberale Beamte gerichtet habe.[46] Rosenberg reagierte mit einem äußerst gereizten, ungewöhnlich scharfen Brief an Kenneth Barkin, in dem er den jungen Gelehrten warnte, eine Veröffentlichung des Artikels werde seinem Ansehen ernsthaften Schaden zufügen.[47] Vielleicht war Rosenberg übermäßig auf den Schutz seines Freundes Eckart Kehr bedacht, der 1933 auf tragische Weise umgekommen war. Glaubt man Felix Gilberts Memoiren, so war Kehr »der geborene Führer« einer Kohorte von Studenten Meineckes, deren prominentestes Mitglied Rosenberg später werden sollte.[48] Doch die Thematik betraf auch die Bedeutung und zentrale Rolle des Kulturkampfs bei der Gründung des Kaiserreichs. Rosenberg betrachtete – wie viele in der Generation der Emigranten – den Kulturkampf als Manifestation der Intoleranz; als solche verkörperte er einen Verrat an den liberalen Grundsätzen, nicht einen Ausdruck derselben. Die Emigranten maßen den deutschen Liberalismus an einem idealistischen Maßstab und sahen häufig persönliches Versagen, wo eigentlich die Annahme struktureller Zwänge angebrachter gewesen wäre, oder politische Verfehlung, wo die betreffende Haltung eher den deutschen Liberalismus widerspiegelte, »wie er eigentlich gewesen«.[49]

Die Historiker der Emigrantengeneration hatten zudem kaum ein Gespür dafür, in welchem Maße der radikale Nationalismus eher aus dem liberalen als aus dem konservativen Lager erwachsen war und eher von modernen Fachexperten als von den vormodernen Eliten bestimmt wurde. Diese Blindheit führte wiederum zu einer Unterschätzung der rassistischen, ja eliminatorischen Ideen, die dem liberalen Imperialismus innewohnten. Historiker, die sich mit der deutschen Geschichte befassen, verbinden diese Linie der Kritik mit Geoff Eley und David Blackbourn sowie dem Aufkommen der postkolonialen Kritik. In anderer Gestalt war das Argument jedoch längst präsent gewesen. Als Hannah Arendt 1951 ihr Buch *The Origins of Totalitarianism* (dt.: *Elemente und Ursprünge totaler Herrschaft*, 1955) veröffentlichte, konzentrierte sie sich auf Antisemitismus und Imperialismus als bedeutsame Vorläuferbewegungen des modernen Totalitarismus. Für seine Brillanz gepriesen und wegen seiner Eklektik getadelt, fand das Werk ein gemischtes Echo in Fachzeitschriften und positive, wenn auch vorsichtige Bewertungen in populäreren Organen.[50] Abgesehen von Hans Kohn und H. Stuart Hughes in den Vereinigten Staaten sowie Golo Mann in Deutschland fand sich kein wichtiger Historiker der deutschen Geschichte zu einer Rezension bereit.[51] Zum Teil hängt dieses Desinteresse mit Arendts Fluchtpunkt – dem Universum der Konzentrationslager – zusammen. Zum Teil, so könnte man spekulieren, begegnete man dem Buch auch deshalb mit Schweigen, weil Arendt das Dritte Reich nicht als Folge der konservativen Lähmung des deutschen Liberalismus zu betrachten vermochte. Stattdessen, so

Arendt, müsse man das nationalsozialistische Regime als Apotheose der Massengesellschaft und als Versagen der Mittelschichten, ja als Auslöschung der Klassen angesichts dieser Apotheose verstehen. Arendts Buch passte somit schlecht in die um den politischen Kampf zwischen Liberalen und Konservativen kreisende Synthese der Emigranten. Die totalitäre Herrschaft entwertete »alle veralteten politischen Differenzierungen von Rechts bis Links«, behauptete sie: Den »politisch wesentlichen Maßstab für die Beurteilung von Ereignissen in unserer Zeit« liefere vielmehr die Frage, »ob sie einer totalen Herrschaft dienen oder nicht«.[52]

Arendts Werk, dessen sich rasch die Konservativen des Kalten Krieges bemächtigten, stieß auch in Deutschland auf taube Ohren, vor allen bei den um 1930 geborenen Historikern – einschließlich Hans-Ulrich Wehler, Hans und Wolfgang J. Mommsen, Heinrich August Winkler, Gerhard A. Ritter und Helmut Berding. Sie hatten ihre Jugend im Dritten Reich verbracht, auch wenn ihre prägende politische Erfahrung jene der deutschen Nachkriegsgesellschaft und der transatlantischen Partnerschaft war. Hans-Ulrich Wehler hat diese – seine – Generation als »Generation 1945« bezeichnet und damit angedeutet, ihr intellektueller Horizont sei nicht nur durch das Dritte Reich, sondern auch durch die der »Stunde null« inne-wohnenden Möglichkeiten bestimmt. Viele von ihnen hatten die Vereinigten Staaten besucht und enge Kontakte zu den Historikern der Emigrantengeneration geknüpft, vor allem zu Hans Rosenberg, aber auch zu Hajo Holborn, Dietrich Gerhard und Felix Gilbert. Später pflegten sie enge Beziehungen zu einer Generation von in Amerika geborenen Deutschlandhistorikern, die an die Stelle der Emigranten getreten waren, sowie mit in Deutschland geborenen, aber in Amerika ausgebildeten Historikern wie Klaus Epstein, Hans Gatzke, Peter Gay und Fritz Stern, welche die Disziplin ebenfalls stark prägten. Und schließlich arbeiteten die Historiker der »Gene-ration 1945« – weit stärker als ihre Vorgänger – an einem gemeinsa-men intellektuellen Projekt mit führenden Figuren in Nachbarwis-senschaften, insbesondere der Soziologie, zusammen, vor allem mit jenen, die – wie Jürgen Habermas, M. Rainer Lepsius und Ralf Dah-rendorf – ihr Verständnis der »deutschen Frage« teilten, die – in Dahrendorfs Formulierung – folgendermaßen lautete: »Warum hat das Prinzip der liberalen Demokratie in Deutschland so wenig Freunde gefunden?«[53]

Wie alle Historiker der deutschen Geschichte wissen, sind es die führenden Figuren der deutschen »Generation 1945«, welche die Geschichtsschreibung zur kritischen Disziplin fortentwickelt haben, die sich von Meineckes Geistesgeschichte hin zu einer breiteren und tieferen Gesellschaftsgeschichte verlagerte. Wie für die Emigranten war auch für die »Generation 1945« das Jahr 1933 eindeutig der Fluchtpunkt – »das Jahr«, wie Paul Nolte in seinem eleganten, ihr gewidmeten Aufsatz betont, das »fast immer der Bezugspunkt der Geschichten dieser Generation« blieb.[54] Auch sie entwarfen ein ganz bestimmtes Bild der Vorgeschichte von 1933. Wie Ludwig Dehio betrachteten sie das Jahr 1933 als »Zivilisationsbruch«, doch anders als die ältere Generation verstanden sie diesen nicht in einem europäischen Sinne. Vielmehr verorteten sie ihn, wie die Emigranten, unmittelbar in Deutschland und verstanden ihn als deutsches Problem.

Ihre transatlantischen Beziehungen führten paradoxerweise zu einer zunehmend nationalen Erklärung des Jahres 1933. Doch diese Erklärung beruhte darauf, dass Deutschland das Spiegelbild der erfolgreichen liberal-demokratischen Entwicklung in den Vereinigten Staaten und in Großbritannien darstellte. Es hätte die Schärfe dieses Spiegelbildes verwischt, hätte man zu genau auf den amerikanischen Rassismus, die zivilisatorische Katastrophe des Sklavenhandels oder auf das beschränkte Wahlrecht in den Vereinigten Staaten zur Zeit Jim Crows sowie Englands vor und sogar nach der zweiten Reformgesetzgebung geschaut. Auch aus diesem Grund ergab Hannah Arendts *Elemente und Ursprünge totaler Herrschaft* für sie keinen Sinn. Ihrem Postulat zufolge stellte der europäische (und vor allem der englische) Imperialismus den Wendepunkt einer vor allem durch den »Verwaltungsmassenmord« an »überflüssigen Völkern« gekennzeichneten Geschichte dar. Der Imperialismus, zugleich Apotheose und Sterbeglocke des Nationalstaats, sei das Bindeglied zwischen dem 19. und dem 20. Jahrhundert. Arendt widmete ihre Aufmerksamkeit zu einem erheblichen Teil (immerhin ein Drittel des Buchs) der Analyse der Frage, wie die Juden in der europäischen Gesellschaft zu ohnmächtigen Parias und – als solche – zum Ziel nationalistischer Verfolgung geworden seien. Weshalb die Juden zu den Hauptopfern des Totalitarismus in seiner deutschen Gestalt wurden, ist demnach die Ausgangsfrage ihres Buchs. Arendts Antwort, ungeachtet ihrer Analyse des Stalinismus, orientierte sich an Westeuropa, wobei der Akzent stark auf der Dreyfus-Affäre lag, die sie als Generalprobe für die spätere Vernichtung verstand. Nicht zuletzt verkörperte der Totalitarismus Arendt zufolge eine neuartige politische Form, nicht die Politik eines Landes wie Deutschland, sondern den politischen Ausdruck einer Erfahrung: Einsamkeit, Entwurzelung, Überflüssigkeit.

III

Dass die Shoah für Historiker, die sich mit der deutschen Geschichte befassen, bis vor kurzem nicht im Mittelpunkt des Interesses stand, ist keine neue Erkenntnis. Wie Leser der bedeutenden Lehrbücher vergangener Generationen, etwa jener Hajo Holborns oder Gordon Craigs, ohne weiteres zugestehen werden, hat die Shoah dort gerade einmal einen Kurzauftritt: In Holborns dreibändigem Werk nimmt sie eine Seite ein, während sie in Craigs Buch *Deutsche Geschichte 1866–1945* nicht ein einziges Mal erwähnt wird. Bei den deutschen Historikern der Nachkriegszeit, die in Deutschland geblieben waren, ist das Schweigen ebenso unüberhörbar. »Niemand, der [Meineckes] *Die deutsche Katastrophe* liest, würde jemals etwas über Zwangsarbeit, Konzentrationslager, Massenerschießungen, Todesfabriken und die Ermordung von sechs Millionen Juden erfahren«, bemerkte Lucy Dawidowicz vor über zwei Jahrzehnten.[55] Populäre Werke, die der Shoah eine zentrale Rolle einräumten, wie Sebastian Haffners *Anmerkungen zu Hitler*, ließen durchblicken, die »bei weitem« größere Katastrophe habe die Deutschen betroffen – das Volk, das von Hitler verraten worden sei und »über sieben Millionen« verloren habe, »mehr als die Juden und die Polen«.[56] Doch das Widerstreben, tiefer in das Labyrinth der Frage hinabzusteigen, auf welche Weise sich das Morden in Wirklichkeit abgespielt habe, beschränkte sich nicht allein auf Nichtjuden. Als Raul Hilberg 1959 das Manuskript seines Werks *The Destruction of Eu-*

ropean Jewry bei der Princeton University Press einreichte, wurde es abgelehnt. Das anonyme Gutachten vertrat angeblich die Auffassung, Gerald Reitlinger, Hans G. Adler und Leon Poliakov hätten bereits alles geschrieben, was es zu der Thematik zu sagen gebe. Die Gutachterin war, wie Hilberg Jahrzehnte später herausfand, Hannah Arendt.[57]

Dank Nicolas Bergs Buch *Der Holocaust und die westdeutsche Geschichtswissenschaft* besitzen wir nunmehr eine detaillierte Geschichte des verquälten Verhältnisses der Historiker der Bundesrepublik zur Shoah. Dazu gehört, dass sie das Dritte Reich in erster Linie als deutsche, nicht als jüdische Katastrophe betrachteten, dass sie sich weigerten, die historische Arbeit von Überlebenden der Shoah als »objektive« Forschung anzuerkennen, dass sie über den Vernichtungsprozess schrieben, als seien individuelle Deutsche – gewöhnliche oder sonstige – nicht daran beteiligt gewesen, dass sie die Auseinandersetzung mit der Shoah durch die Faschismustheorie verdunkelten und dass sie das Thema in den »kritischen« 1970er Jahren fast ganz ausblendeten.[58] Erst in den 1980er Jahren führte eine Reihe von Ereignissen einen wesentlichen Wandel herbei. Im engeren Sinne gehörten dazu die Ausstrahlung der Miniserie »Holocaust« im deutschen Fernsehen im Januar 1979, die Debatte über Ronald Reagans Besuch auf dem deutschen Soldatenfriedhof in Bitburg (auf dem auch Mitglieder der Waffen-SS liegen), die Gründung des US Holocaust Museum in Washington und die Begleiterscheinungen des »Historikerstreits« in Deutschland. In einem weiteren Sinne spielte auch die postmoderne Konzentration auf Identität, Kultur und Erfahrung, Selbstbestimmung und Opferhaltung eine wichtige Rolle in dem Prozess, in dessen Verlauf die Shoah in den Vordergrund historischer Forschung trat. Dieser wesentliche Wandel förderte ein stärkeres Augenmerk auf die tatsächlichen Einzelheiten der Shoah, ließ aber zugleich die Gewissheit schwinden, mit einem einzigen Narrativ – wie der Modernisierungsthese oder der These von Deutschlands Abwendung von den Werten des Westens – die Ungeheuerlichkeit der fraglichen Verbrechen erklären zu können.

Wie zu erwarten, rief die Akzentuierung der Shoah als Fluchtpunkt eine intensive historiographische Debatte über die Legitimität

und Wahrhaftigkeit der Dokumente hervor. Wir wissen heute, dass
Martin Broszat, der von 1972 bis zu seinem Tod 1989 als Direktor
des Münchner Instituts für Zeitgeschichte fungierte, die dokumentarischen Editionen Joseph Wulfs abgelehnt und als »bloß journalis-
tisch« abgetan hat.[59] Wulf, ein Überlebender von Auschwitz, hatte
eine der frühesten und umfassendsten Sammlungen von Dokumenten der Shoah – insbesondere zu den Ghettos in Warschau und
Lodz – zusammengestellt. Während Broszat auf der Notwendigkeit
beharrte, die Strukturen der Verfolgung zu erforschen, plädierte
Wulf vergeblich dafür, auch jüdische Zeugnisse heranzuziehen. Es
handelt sich dabei keineswegs um einen Einzelfall, denn jüdische
Historiker wie Leon Poliakov und Hans G. Adler wurden auf ähnliche Weise marginalisiert. Berg zufolge sind Broszats Widerstreben,
diese Zeugnisse zu berücksichtigen, sowie seine Vorliebe für »Prozesse« und »Strukturen« auf seine eigene Verstrickung im Dritten
Reich zurückzuführen. 1944 hatte Broszat sich um die Mitgliedschaft in der NSDAP beworben, diese Tatsache jedoch ein Leben
lang geheimgehalten.

Doch Broszats Vorliebe für »Prozesse« und »Strukturen« spiegelte nicht bloß eine individuelle Neigung wider, sondern die Einstellung einer ganzen Generation, und viele der Historiker, die sie teilten, wie etwa der 1930 geborene Hans Mommsen, waren schlicht zu
jung, als dass sie im Dritten Reich eine aktive Rolle hätten spielen
können. Der 1926 geborene und somit etwas ältere Broszat gehörte
dennoch zu der Generation westdeutscher Historiker, für die das
Jahr 1933 der Fluchtpunkt blieb: Das Problem bestand nicht darin,
die Motive einzelner Täter zu erklären, sondern darin, eine Erklärung für den Zusammenbruch der deutschen Kultur in jenem entscheidenden Jahr und für die Verführungskraft zu finden, die das
Regime auf gewöhnliche Bürger ausübte.[60]

Es ist dieses Interesse, das Broszats Leitung eines bedeutenden
alltagsgeschichtlichen Projekts zum Thema »Bayern in der NS-
Zeit« zugrunde lag. Dieses »Bayern-Projekt«, wie man es nannte,
das auf eine Geschichte von unten zielte, brachte zwischen 1977
und 1983 drei dicke Bände hervor, die dreißig Einzelstudien umfass-
ten. An internationalen Maßstäben gemessen, erwies sich diese Forschung als bahnbrechend, da sie viel von der abstrakten Theorie

über die Grenzen des Totalitarismus konkret umsetzte. Sie war zudem verständlich, eine wahre *histoire humaine*, und verkörperte insofern einen bedeutsamen Bruch mit einer Sozialgeschichte der Elitenpolitik.[61] Und schließlich signalisierte das Bayern-Projekt eine Verlagerung des Fluchtpunkts vom Jahr 1933 auf die ersten sechs Jahre des Regimes. Gewiss hatten bereits andere Forscher diesen Boden beackert, doch erstmals lag hier nun ein konzentrierter, finanziell hinreichend geförderter Versuch vor, die Sozialgeschichte gewöhnlicher Deutscher im Dritten Reich zu verstehen.

Doch das Bayern-Projekt im besonderen und die neue »Alltagsgeschichte« im allgemeinen warfen auch Probleme auf. »Wo sind all die Nazis hin?«, fragte Peter Fritzsche bezeichnenderweise die neue Forschung, die dazu neigte, sich auf die »Resistenz« zu konzentrieren, nicht ohne Schärfe.[62] Broszat hatte »Resistenz« als jegliche »wirksame Abwehr, Begrenzung, Eindämmung der NS-Herrschaft« definiert, unabhängig von deren Motivation oder Ursprung.[63] Das hatte zwar die heilsame Wirkung, dass die Analyse auch einfache Akte gegen das Regime in Betracht zog, führte jedoch leider zugleich dazu, dass die Rolle der Deutschen, welche die Naziherrschaft unterstützt hatten, heruntergespielt wurde. Broszat selbst betrachtete das Problem als eines, bei dem es auf den Blickwinkel ankam. In seinem »Plädoyer für die Historisierung des Nationalsozialismus« argumentierte er wie folgt:

Die Schwierigkeit der Historisierung der nationalsozialistischen Zeit besteht, vor allem, immer noch darin, dies zusammenzusehen und gleichzeitig auseinanderzuhalten: das Nebeneinander und die Interdependenz von Erfolgsfähigkeit und krimineller Energie, von Leistungsmobilisation und Destruktion, von Partizipation und Diktatur.[64]

In Broszats »Plädoyer« standen Erfolg, Leistung und Teilnahme des Volkes auf der einen, kriminelle Energie, Zerstörung und Diktatur auf der anderen Seite. Die Historisierung, die das Ziel verfolgte, das Dritte Reich weniger fremd erscheinen zu lassen, erforderte, sich auf jene Aspekte seiner Geschichte zu konzentrieren, um es den Menschen, die es miterlebt hatten, ebenso verständlich zu machen wie den Nachgeborenen. Das führte jedoch zu einem grundsätzlicheren Problem, das Saul Friedländer in seinem Briefwechsel mit Martin Broszat im Jahr 1987 ansprach.[65] Broszats Historisierung, so machte Friedländer zu Recht geltend, verliere den kriminellen Charakter des Regimes aus dem Blick, und diese – bereits für die Zeit zwischen 1933 und 1939 problematische – Abstumpfung sei angesichts der Shoah nicht vertretbar. Die Möglichkeit einer unschuldigen historischen Erkenntnis, so deutete Friedländer an, sei – vom Fluchtpunkt von 1941 aus betrachtet – vom Massentod überschattet.

Die Perspektive war der springende Punkt. So wie in seiner Auseinandersetzung mit Wulf Anfang der 1960er Jahre beharrte Broszat darauf, die Geschichte sei zwar »aus der Perspektive der Opfer nationalsozialistischer Verfolgung unverständlich«, doch wenn man dies absolut nähme, würde das »wesentliche Zugänge der geschichtlichen Erkenntnis versperren und auch der historischen Gerechtigkeit kaum Genüge tun«.[66] Entgegen der »mythischen Erinnerung« der Opfer und ihrer Nachfahren, die zu einer »vergröberten Geschichtserinnerung« führe, drängte Broszat auf ein rationales Verständnis des Dritten Reichs. Diesem Verständnis des Problems zufolge gab es zwei miteinander unvereinbare Perspektiven: eine deutsche, komplexe, auf Nuancierung beharrende, und eine jüdische, vermeintlich moralisierende, zur Schwarz-Weiß-Malerei führende. Die Gestalt des Zuschauers veranschaulicht das Problem: Von der einen Perspektive aus betrachtet, ist er ein Mensch, der vom Alltäglichen aufgezehrt wird, aus der anderen Perspektive ein passiver Komplize des Mordens.

Das Problem, einmal erkannt, lässt sich kaum meistern, wenn die Historiker von den Fluchtpunkten ausgehen, die der Forschung zur deutschen Geschichte in der Nachkriegszeit Kontur verliehen haben. Wir sind hier weit entfernt von der Behauptung des geheimen Einverständnisses der Eliten, aus dem die Fischer-These ihre argumentative Kraft bezog. Ebenso weit entfernt sind wir von den Problemen der liberalen Demokratie, welche die Emigranten beschäftigten und die kritische Vorstellungskraft der Generation von 1945 in Anspruch nahmen. Und auch des Problems der Zuschauer kann man sich nicht ohne weiteres auf dem Wege der systemischen Kritik entledigen. »Unglücklich das Land, das Helden nötig hat«, lässt Bertolt Brecht Galileo sagen. Doch der literarische Kontext macht deutlich, weshalb die Analogie der Zuschauer irreführend ist. Galileo möchte anders denken als handeln. Ob das auch für den Zuschauer zutrifft, ist nicht klar. Und doch ist der Zuschauer zugleich Gegenstand geschichtlicher Kräfte, und historisches Verstehen verlangt daher, dass auch seine Erfahrung des Totalitarismus erklärt wird. In diesem Augenblick beginnt der einfache Fluchtpunkt zu versagen, denn hier liegen – wie Broszat andeutete und Friedländer verstand – zwei historische Narrative vor. Sie können niemals den gleichen Mittelpunkt haben und lassen sich nicht isoliert betrachten, so als handle es sich um völlig voneinander abgegrenzte Wirklichkeiten.

Schreibt man über die Täter, so tritt das Problem in noch schärferen Konturen zutage. Seit der »Phase der zweiten Verdrängung«, wie Ulrich Herbert die deutsche Geschichtsschreibung in den 1970er Jahren nennt,[67] gibt es einen Strom neuer Arbeiten über die Täter der Shoah, aus dem im Gefolge von Daniel J. Goldhagens *Hitlers willige Vollstrecker* ein wahrer Sturzbach wurde. Doch selbst ohne das »Goldhagen-Phänomen« wäre der Umfang der neuen Forschung bemerkenswert gewesen. Eine Generation von Historikern, die zur deutschen Geschichte arbeiten (darunter meine eigene, die Generation der um 1960 Geborenen), hat mittlerweile eine Reihe detaillierter lokaler und regionaler Studien veröffentlicht, die zeigen, auf welche Weise sich das Morden tatsächlich vollzog. Einige – wie Christian Gerlach und Mark Roseman – haben den Zeitpunkt der Befehle und die Modalitäten der Planungen in Berlin untersucht.[68] In der Zusammenschau bieten diese Arbeiten ein detailliertes Bild eines Mordapparats mit einem breiten Spektrum von Tätern, deren Teilnahme am Völkermord unterschiedlich motiviert war.[69] In Verbindung mit den Studien von Christopher Browning, Omer Bartov, Peter Longerich und anderen hat dieses kollektive wissenschaftliche Vorhaben einen neuen Fluchtpunkt entworfen. Wie frühere Fluchtpunkte wirkt sich dieser auch auf das Gesamtbild aus.

Ein Vergleich zweier synthetischer Darstellungen der Herrschaft Hitlers – Karl Dietrich Brachers *Die deutsche Diktatur* (1969) und

Michael Burleighs *Die Zeit des Nationalsozialismus. Eine Gesamt-darstellung* (2000) – mag den Wandel veranschaulichen. Bei Bracher nimmt der Krieg eins von neun Kapiteln ein, der Mord an den Juden elf von 502 Seiten. Bei Burleigh ist die Aufgliederung nicht so klar, doch der Krieg nimmt etwa vier der zehn Kapitel in Anspruch; daneben gibt es ein eigenes Kapitel »Leben in einem Land ohne Zukunft: Deutsche Juden und ihre Nachbarn 1933–1939«, das mehr als 70 Seiten umfasst, und ein mehr als 112seitiges Kapitel unter dem Titel »Der Rassenkrieg gegen die Juden« (insgesamt hat das Buch 1080 Seiten).[70] Stellte Bracher Themen wie Staat und Partei sowie die Rolle der Kirchen ins Zentrum, so widmet Burleigh seine Aufmerksamkeit der Eugenik und Euthanasie. Daraus ergeben sich sehr unterschiedliche Bilder des Nationalsozialismus, wobei das eine die Politik, das andere die Gewalt betont. Die beiden Bücher unterscheiden sich auch, was den chronologischen Verlauf betrifft. Da Brachers Fluchtpunkt das Jahr 1933 ist, widmet er beinahe die Hälfte des Buchs den Ereignissen, die zur »Machtergreifung« führten, und bietet zudem eine scharfsinnige Analyse der unterschiedlichen Stränge der deutschen und europäischen Geschichte (einschließlich des Antisemitismus), die zur deutschen Diktatur beigetragen haben. Burleigh, dessen Fluchtpunkt das Jahr 1941 ist, lässt sein Buch im August 1914 beginnen. Als verheerende Katastrophe ohne tiefe Wurzeln ist das Dritte Reich aus seiner Sicht eine Erscheinung des 20. Jahrhunderts und mehr ein Zeichen seiner Zeit als ein Ausdruck des Ortes, an dem es stattfand. Einfach ausgedrückt, hat Burleighs »Gesamtdarstellung« die Verbindung des Nationalsozialismus mit den Tiefenstrukturen der deutschen und europäischen Vergangenheit zertrennt.

Burleigh ist nicht der einzige, der das Dritte Reich als Phänomen des 20. Jahrhunderts darstellt. Ein auffälliges Ergebnis des veränderten Fluchtpunkts besteht darin, dass der Erste Weltkrieg in den Vordergrund rückt – und zwar auf Grund der von ihm verursachten Brutalisierung der Menschen, des Charakters seines extremen Nationalismus und der virulenteren Form des Antisemitismus, den er hervorgebracht hat. Aus Ian Kershaws Sicht etwa hat der Antisemitismus in den Jahren zwischen 1916 und 1923 entscheidend neue Formen angenommen.[71] Einen bedeutenden Platz nimmt der Erste

Weltkrieg auch im Werk Omer Bartovs ein, der seinen Essay »The European Imagination in the Age of Total War« mit dem fesselnden Satz einleitet: »Einer der erstaunlichsten Aspekte der Darstellung der Schlachtfelder in der Literatur zum Großen Krieg besteht darin, in welchem Maße sie Berichten über den Holocaust ähneln.«[72] Selbst Richard J. Evans, dessen wichtigste Publikationen sich mit dem 19. Jahrhundert befassen, befindet sich bereits auf Seite 92 des ersten Bandes seines bemerkenswerten Buchs *Das Dritte Reich* im Jahr 1914 – und das nach seiner rhetorischen Frage: »Ist es falsch, mit Bismarck zu beginnen?«[73] Die Revolutionen von 1989 haben diese Tendenz wohl noch zusätzlich beschleunigt und zu neuen, auf das »kurze 20. Jahrhundert« (Hobsbawm) zentrierten Periodisierungen geführt, in denen der »neue Dreißigjährige Krieg« einen wichtigen Platz einnimmt. Doch auch wenn das »kurze 20. Jahrhundert«, wie Charles Maier überzeugend geltend gemacht hat, zum »moralischen Narrativ« geworden ist, das die spektakulären Greueltaten betont, die seinen Kern ausmachen, ist ihr Nutzen als erklärendes Paradigma weniger plausibel.[74]

In diesem Zusammenhang haben nur wenige Historiker – unter ihnen Daniel J. Goldhagen – auf das 19. Jahrhundert zurückgegriffen, um eine echte Erklärung zu finden. Doch Goldhagens historische Reichweite überschritt seine Auffassungsgabe, so dass die Anfangskapitel seines Buchs voller Vereinfachungen, Irrtümer und Zerrbilder sind. Indem er die kleinsten Beweissplitter verallgemeinerte, übermalte er die geistige Prädisposition der Deutschen im 19. Jahrhundert mit einem breiten, dicken Pinselstrich des eliminatorischen Antisemitismus, den er als spezifisches Kennzeichen Deutschlands verstand. Das Zusammenspiel der nationalen Begrenzung mit dem undifferenzierten Kausalitätsverständnis hindert Goldhagen daran, eine plausible Interpretation dessen vorzulegen, was das wahrhaft Originelle, ja Bahnbrechende seines Buchs ist: seine Erforschung der Grausamkeit gewöhnlicher Menschen. Ihm geht es nicht um den Sadismus der psychisch Gestörten, sondern um den vollkommenen Zusammenbruch jeglichen Gefühls für das Menschsein anderer, und dieser Zusammenbruch lässt sich historisch nachvollziehen.[75] Dass Goldhagens Vorwort von einem wissenschaftlichen Standpunkt aus der Teil seines Werks ist, der am meisten zu beanstanden ist, wirft si-

cherlich ein Licht auf die Qualität seiner historischen Vorstellungskraft. Zugleich könnte dies etwas darüber aussagen, was Historiker –
angesichts der Kontur gebenden Kraft des Fluchtpunkts – nicht ohne
weiteres zu verstehen vermögen. Aufschlussreich ist hier der Vergleich mit Christopher Brownings Buch *Ganz normale Männer*. In
seinem mit feinerem historischen Pinsel entworfenen und zu Recht
gerühmten Werk verzichtet Browning darauf, die Grausamkeit der
Männer historisch zu begründen. Stattdessen beruft er sich auf zeit-
lose sozialpsychologische Erklärungen, in deren Mittelpunkt der
Anpassungsdruck der Männer eines mit Mord beauftragten Poli-
zeibataillons steht, und macht somit ein Ereignis des 20. Jahrhunderts zum Fluchtpunkt, ohne auf die historische Tiefenschärfe zu
achten.[76]

Wie sollte diese Tiefenschärfe aussehen? Das ist eine wichtige
Frage. Denn sollte meine Metapher des Fluchtpunkts überzeugen,
so bedeutet das, dass man ohne Kenntnis des Problems schwerlich
eine deutsche Geschichte des 19. Jahrhunderts zu schreiben vermag.
Einige Themen – wie etwa der Antisemitismus – werden hier im
Vordergrund stehen.[77] Doch in dem Bild, das sich daraus ergibt,
kann es nicht nur um den Antisemitismus gehen, wie Goldhagen
meinte, oder auch nur um die spezifisch deutsche Vorgeschichte der
Katastrophe des 20. Jahrhunderts, wie die Emigranten, die Generation von 1945 und Goldhagen glaubten. Vielmehr lässt der neue
Fluchtpunkt breitere Themen in den Vordergrund treten: wie es
dazu kam, dass die Menschheit sich selbst als geteilt und einige Teile
als weniger menschlich als andere verstand, wie die Einrichtung der
Sklaverei und Rassenvorurteile zur Vorgeschichte dieser menschlichen Neigung werden konnten, wie Rasse und Nation im Laufe des
18. und 19. Jahrhunderts zunehmend als dauerhafte Merkmale, als
Symbole unaufhebbarer Differenz verstanden wurden und wie diese
Merkmale die Versklavung sowie die kulturelle und physische Vernichtung ganzer Völker rechtfertigten.

Hierbei handelt es sich um Ereignisse des 19. Jahrhunderts sowie
vorhergehender Jahrhunderte. Es sind deutsche, aber nicht ausschließlich deutsche Ereignisse. Und sie sagen etwas über die umfassendere Geschichte des Wertes des Lebens aus. Als solche zeugen
sie nicht so sehr von der Zerstörung der Vernunft, sondern vom Zu-

sammenbruch des mitmenschlichen Gefühls.[78] Dies ist eine Geschichte der Gefühle, die zugleich fragt, wie sie funktionierten und wie sie sich auflösten. Es ist eine Geschichte jenseits der Identität. Und es ist eine Geschichte, der es darum geht, wie es – um mit William Wordsworths Worten aus dem Jahr 1800 zu reden – dazu kam, dass das moderne Leben »die charakteristischen Kräfte des Geistes abstumpfte« und es auf diese Weise auf einen »Zustand beinahe brutaler Dumpfheit« reduzierte. Nicht zuletzt ist es auch eine Geschichte des Sehens, der Wahrnehmung des Schmerzes anderer Menschen.[79]

Nicht auf der Tiefenschärfe zu beharren, auf der Notwendigkeit, die Geschichte des 19. Jahrhunderts in die Geschichte des 20. Jahrhunderts und die längere Dauer der Vergangenheit in den kürzeren Augenblick der Katastrophe zu integrieren, wäre, wie vorherige Generationen von Historikern der deutschen Geschichte verstanden haben, ein Versagen der Vorstellungskraft. Dies würde ein Verlust unserer Fähigkeit bedeuten, die Geschichte hinreichend zu erklären.

Kapitel 2
Vom Spiegel zur Lampe
Deutungen der Nation vor der Zeit des Nationalismus

»Es muss noch weiter getrieben werden: die Seele muss ihr eigener Verräter und ihr eigener Befreier werden, muss zur einen Tätigkeit, der Spiegel muss zur Lampe werden [...].«

William H. B. Yeats

In einer 1528 unter dem Titel »Erklärung des neuen Sonneninstruments« veröffentlichten, wenig bekannten Schrift versuchte der Kartograph und Kosmograph Sebastian Münster, seine Landsleute für eine gemeinsame Anstrengung zu gewinnen, welche die »verborgenen Zierden« ihres »gemeinsamen deutschen Vaterlands« offenbaren und ein Werk schaffen sollte, »in dem man sehe würdt gleich als eym Spiegel ganz Teuschland«.[1] Der Spiegel sollte Deutschlands »landschaften, stätten, merckten, dörffern, mercklichen schlössern und klostern, bergen, wälden, wässern, seen, fruchtbarkeyten, eigenschaften, art, handtierung, merklich geschicht und antiquitäten« zeigen, »so noch an etlichen Orten gefunden werden«.[2] Doch da ein Mensch alleine »die deutsche Nation [nicht] mit rechter Observierung beschreiben« könne, sei es notwendig zusammenzuwirken.[3] Aus Münsters Sicht bedeutete »mit rechter observierung« durch Beobachtung und Vermessung, und um seinen Mitarbeitern – den führenden Humanisten seiner Zeit – dabei zu helfen, zeichnete Münster eine regionale Karte der Gegend um Heidelberg, wo er damals lehrte. Trotz ihrer unauffälligen Erscheinung war dies die erste Karte, die Visierlinien verwendete, um Dreiecke zu bilden, von denen aus Münster Winkel zu den von ihm dargestellten Ortschaften ausmessen konnte, um dann die Entfernungen zu ihnen zu schätzen. Münsters Methode, eine primitive Form der Dreiecksvermessung, stellte einen kleinen, aber bedeutenden Schritt in Richtung geographischer Präzision dar.

In der Folge verbrachte Münster achtzehn Jahre damit, Beweise zu sammeln, Messungen durchzuführen, Handschriften zu sammeln und andere Humanisten eindringlich darum zu bitten, Geschichten, Topographien und Karten ihrer Regionen und Städte beizusteuern. Das Werk wuchs schon bald über die Grenzen der Nation hinaus, wurde erstmals 1544 unter dem Titel *Cosmographia* veröffentlicht und 1550 erheblich überarbeitet; danach erlebte es bis 1628 neunzehn weitere Auflagen und wurde in 50000 Exemplaren in deutscher sowie 10000 Exemplaren in lateinischer Sprache verbreitet. Zudem wurde es ins Französische, Italienische, Tschechische und Englische übersetzt.[4] Hat der neue, weite Blickwinkel dazu geführt, dass die moderne Forschung die nationale Bedeutung der *Cosmographia* übersehen hat, so ließ sich der aufmerksamere Zeitgenosse Jean Bodin nicht so leicht irreführen: Er bezeichnete sie als »*Germanographia*«, da mehr als die Hälfte ihrer über tausend Seiten der Beschreibung Deutschlands gewidmet waren.[5]

Die *Cosmographia* war außerdem mit einer erstaunlichen Anzahl von Landkarten ausgestattet, was eine verhältnismäßig neue Erscheinung war: Die erste Deutschlandkarte wurde im Jahr 1500 von einem Nürnberger Uhrmacher namens Erhard Etzlaub mit dem Ziel hergestellt, Pilgern zu helfen, den Weg nach Rom zu finden, die zweite im Jahr 1515 von dem Lothringer Kartographen Martin Waldseemüller, besser noch bekannt für seine Weltkarte von 1507, in der die »neuen Inseln« erstmals als vierter Teil der Erde erscheinen und als »Amerika« bezeichnet werden. Das 16. Jahrhundert war das erste große Zeitalter der deutschen Kartographie, wobei die *Germania*-Karten Teil einer allgemeinen kulturellen Blüte waren. Um 1650 gab es – akribischen Versuchen zufolge, den Umfang früher *Germania*-Karten zu schätzen – 130 solche Karten, ja sogar 270, wenn man die unterschiedlichen Varianten mitzählt, die allerdings allesamt auf sieben grundlegenden Karten beruhten.[6]

I

Noch bevor eine als Fortsetzung des verinnerlichten Selbst verstandene deutsche Nation existierte, gab es eine Nation, die durch die äußeren Sinne, insbesondere das Sehen und Hören, wahrgenommen

wurde. Die Nation des Selbst, die genau der Bedeutung des Begriffs
»nationale Identität« entspricht, war ein Erzeugnis des späten 18.
und des frühen 19. Jahrhunderts. Es ist die Nation Herders und
Fichtes, und in der Identitätsphilosophie des letzteren wird bereits
die breite Palette von Gefahren sichtbar, die der politischen Doktrin
des modernen Nationalismus innewohnen. Die Nation der Sinne ist
ebenfalls eine Nation, doch sie besteht – buchstäblich – außerhalb
des Selbst, insofern das Sehen, wie Johannes Kepler 1604 schrieb,
»durch das Bild des gesehenen Dinges, das sich auf der konkav ge-
krümmten Netzhautfläche bildet« zu erklären ist.[7] Ähnlich waren
auch der Klang der Sprache und die Rhythmen der »Muttersprache« (wie Luther die Landessprache nannte) nicht der Weg zur Seele
des Volkes, sondern ein Mittel der Kommunikation. Luther übersetzte die Bibel schließlich nicht, um eine Nationalsprache zu schaffen, sondern um es gewöhnlichen Menschen zu erleichtern, mit
Gott zu kommunizieren.

Diese Einteilung in zwei Kategorien von Nationen – eine äußere
und eine innere – verortet die erstmalige Entdeckung der deutschen
Nation eindeutig im 16. Jahrhundert und legt nahe, es habe zwei
solche Entdeckungen gegeben: Die eine hängt mit den für die Renaissance charakteristischen Formen des Sehens zusammen, die andere mit der Suche der Spätaufklärung nach dem Mittelpunkt der
Nation in ihrer Dichtung und Sprache.

Man kann von Dichotomien sprechen: zwischen Sehen und Hören, Malerei und Dichtung, außen und innen. Diese Dichotomien
offenbaren jedoch zugleich, in welchem Maße unser Verständnis
von Nationen nach wie vor an das gebunden ist, was John H. Parry
das »zweite Zeitalter der Entdeckungen« genannt hat (gemeint ist
damit die systematische Erkundung des Pazifiks, doch man kann
diese treffende Bezeichnung auch für die wissenschaftliche Forschung im 18. Jahrhundert in einem allgemeineren Sinne verwenden).[8] In Deutschland setzte diese Forschung mit Herder ein. Jede
nationale Kultur habe ihre eigene Vorstellung vom Guten, Wahren
und Schönen, so Herder, und diese wunderbare Vielfalt beeinträchtige nicht etwa den Fortschritt der Menschheit, sondern bilde dessen wesentliche Vorbedingung. Nicht auf dem »täuschenden, trostlosen Wege [seiner] politischen und Kriegsgeschichte« könne man

zur Seele eines Volkes vordringen, sondern allein durch seine Dichtung, d. h. durch seine Sprache.[9] »Mittels der Sprache«, so Herder,
»wird eine Nation erzogen und gebildet«.[10] Hier scheint das Vokabular des »Bauens« als nähere Bestimmung für »gebildet« angemes-
sener als das der Entdeckung, auch wenn zu bedenken ist, dass das
romantische Projekt des Sammelns von Märchen, Mythen, Legenden und Sprüchen des »Volkes« und die philologische Arbeit der
historischen Erforschung der deutschen Sprache noch in ihren Anfängen stehen. Und obgleich man diese Arbeit als Leistung der reinen Imagination betrachten könnte, handelte es sich dabei dennoch
auch um eine wissenschaftliche Rekonstruktion imposanten Ausmaßes sowie um eine Reise in eine exotische, seltsame und fremde Heimat – die Vergangenheit als ein anderes Land, das nichtsdestoweni-
ger das eigene war.[11]
Was wäre, wenn man das Element der Suche in der nationalen
Imagination betonte und die These verträte, Nationen würden im
selben Maße entdeckt wie erfunden? Man würde dann die Anstrengung hervorheben, deren es bedurfte, um die Nation zu finden, sie
zu erblicken, zu kartographieren, ihre Städte und ihre Natur darzustellen, sie zu beschreiben und ihren »Schwerpunkt« zu verstehen,
wie Herder es nannte. Das sind keine Kleinigkeiten, doch zuzulassen, dass die Akzente so verteilt werden, entspricht – wie die Historiker wissen – nicht der konventionellen Ansicht. Diese besagt vielmehr, dass Nationalisten Nationen machen, denken oder erfinden,
und sie verlegt die nationalistische Erfindung der Nation in die verhältnismäßig jüngere Vergangenheit. Sofern es sich beim Nationalismus um eine Lehre handelt, »die sich zu Beginn des 19. Jahrhunderts in Europa entwickelte«, wie Elie Kedourie behauptet hat, und
sofern es »nicht die Nationen sind [...], die Staaten und Nationen
hervorbringen, sondern der Nationalismus«, wie bekanntlich Ernest
Gellner behauptete, so müssen die Nationen im 18. oder 19. Jahrhundert entstanden sein, denn die Nationen können nicht den Nationalisten vorausgehen, die sie ersonnen haben.[12]
Meine These lautet, dass diese Argumentationskette in den Kategorien des »zweiten Zeitalters der Entdeckung« gefangen bleibt und
dem Wort Vorrang vor dem Bild, dem Klang und der Sprache vor
dem Sehen und dem Raum sowie der Innerlichkeit vor der Äußer-

lichkeit einräumt und die Nation als Fortsetzung des Selbst deutet – im Gegensatz zu dem, was die Kunsthistorikerin Svetlana Alpers als additive Weise bezeichnet, die Welt zusammenzusetzen.¹³ Herder ist auch hier der Angelpunkt. Er führte seine *Ideen zur Philosophie der Geschichte der Menschheit* mit dem atemberaubenden Satz ein: »Unsre Erde ist ein Stern unter Sternen.«¹⁴ Auch er bediente sich einer additiven Art und Weise, die Welt zusammenzusetzen: Nationen existieren wie auf Karten – »jedes Volk an Ort und Stelle« oder »wie Gewächs (in jenem großen Garten)«, so schrieb er in seinen *Briefen zur Beförderung der Humanität*.¹⁵ Das ist kein Echo auf den Kosmopolitismus seiner Zeit, sondern auf eine ältere Art und Weise, über die Nation nachzudenken und von zusammenlebenden Nationen zu sprechen.

Diese ältere Denkweise stammt aus dem 16. Jahrhundert, als Nationen, so wie sie sich auf Karten fanden, nur im Zusammenhang anderer Nationen gedacht werden konnten. Sebastian Münster war nicht der einzige, der Nationen auf diese Weise deutete. Die erste, 1512 von Johannes Cochläus verfasste Beschreibung Deutschlands findet sich im Anhang zu einer klassischen Abhandlung über die Geographie der Welt. Diese Darstellung, die *Brevis Germanie Descriptio*, war selbst ein Kommentar zur »Romweg-Karte« aus dem Jahr 1500, in der die Nation keineswegs als über allen Dingen stehend vorgestellt wurde, sondern Ausgangspunkt einer Pilgerfahrt nach Rom war.¹⁶ Dieser Imperativ, die Beschreibung der Nation in den Zusammenhang der Darstellung anderer Nationen zu stellen, ist für die Entdeckungen des 16. Jahrhunderts zentral, sei es in kosmographischen Werken, unter denen das Sebastian Münsters lediglich das spektakulärste war, oder in der Tradition der Kartographie von Waldseemüller bis Gerhard Mercator, dessen winkeltreue Projektion nach wie vor bestimmt, wie wir die Welt wahrnehmen.

Die frühen Karten legten die Umrisse Deutschlands so fest, wie es Humanisten in ganz Europa taten – von der Maas bis zur Weichsel und von den Alpen bis zum *Mare Germanicum*. Doch Deutschland war, wie die Abwesenheit jeder ernsthaften Erörterung über den Verlauf seiner Grenzen zeigt, eine kulturelle, keine politische Nation. Selbst bei den akribischsten Kartographen des 16. Jahrhunderts bleiben Deutschlands Grenzen unbestimmt und werden, wenn überhaupt, farbig dargestellt (oft von Assistenten in den Werkstätten der Kartographen gezeichnet, bisweilen nach den Launen von Gönnern). Erst in Matthias Quads Atlas aus dem Jahr 1604 begannen gepunktete Linien auf europäischen Karten Landesgrenzen zu kennzeichnen.[17] Und selbst bei Quad deuten diese gepunkteten Linien weniger auf die Beständigkeit denn auf die Durchlässigkeit der Grenzen hin.

Das Erfordernis der Dauerhaftigkeit ist das Erzeugnis einer späteren Zeit, als die Nation mit dem absolutistischen Staat zusammenfiel und diesem an der genauen Abgrenzung der Souveränität lag. Die Nation des 16. Jahrhunderts kannte keine solche Präzision. Mit einer Fülle von Messinstrumenten und komplizierten Berechnungen für Projektionen und Dreiecksvermessungen bewaffnet, maßen Geographen die Entfernung zwischen Städten und Ortschaften, den Verlauf von Flüssen und die Gestalt von Küstenlinien. Im Gegensatz dazu werden Grenzen auf eine Art und Weise erörtert, als komme es auf den genauen Verlauf gar nicht an. In der *Brevis Germanie Descriptio* etwa schreibt Cochläus über die Schlesier, ihre Sprache sei »zum großen Teil deutsch, nur daß jenseits der Oder auch die polnische gebraucht wird«. »Daher«, behauptete er, »ist dort die Grenze Deutschlands nach Osten«.[18] Umgekehrt ist Trier eine deutsche Stadt, älter als Rom, doch »rechnen die meisten [die Stadt] mehr zu Frankreich als zu Deutschland, obwohl sich die Einwohner der deutschen Sprache bedienen«.[19]

Ein halbes Jahrhundert später hatte sich diese allgemeine Situation – trotz einer Revolution der Kartographie – nicht radikal verändert, auch wenn die Kartographen weit größere Fertigkeiten im Bereich der nationalen Darstellung erlangt hatten. Tilemann Stellas 1566 auf Lateinisch verfasste Denkschrift *Von der landeskundlichen und geschichtlichen Beschreibung von ganz Deutschland* veranschaulicht dieses neue Können. Der Schüler des Reformators Philipp Melanchthon malte sich seine Darstellung Deutschlands in zwei Teilen aus: als Karte Deutschlands, die dessen Ortschaften und Städte verzeichnete und Wege genau beschrieb, sowie in Gestalt von Darlegungen, »in denen Deutschland als ganzes und wissenswerte Einzelheiten erschöpft erklärt werden«. Die Karte sollte ein großes Format haben und Ortschaften und Regionen, Berge, Flüsse, Wälder, Heilquellen und Minen genau abbilden. Und das Ganze sollte, wie wir aus einer unabhängigen Quelle erfahren, durch nahezu hundert eigene regionale Karten unterschiedlicher Größe und Formate ergänzt werden.[20] Insgesamt war dies somit das ehrgeizigste auf Deutschland konzentrierte kartographische Projekt des gesamten 16. Jahrhunderts.

Auch Stella befasste sich mit Grenzen. »Die Begrenzung, welche Deutschland auf den vier Seiten haben wird«, so schreibt er, »werden sein im Osten Königsberg in Preußen und Wien in Österreich, im Süden Venedig und Trient, im Westen Calais, im Norden Kolding in Jütland und die dänische Hauptstadt Kopenhagen«.[21] Moderne Historiker, die an Deutschlands instabile Mischung aus nationalem Streben und Macht gewöhnt sind, dürften diese Grenzen bedenklich finden – doch Chauvinismus spielte bei der Verteidigung der Karte kaum eine Rolle. Leider können wir nur indirekt auf die Motivation schließen – nämlich aus einem Brief, in dem Herzog Johann Albrecht von Mecklenburg von Maximilian II. die Erneuerung eines königlichen Privilegs für Stella erbat. Die Karte, schrieb Albrecht, »ein solch Werck Gott zu Preiß und ehrenn angefangen und gemaint ist, der als gütiger Schöpfer aller ding in und aus seinem geschöpf dessen ebengebildt in der Landtaffel zur Anschauung und betrachtung vorgemalt ist«.[22] Albrecht beschreibt die Karte sodann als »Gemälde« der »Deutsch Nation so itziger Zeit die fürnembste herberge der liebenn Christenheit« sei und ihre Obrigkeit, Helden und Künstler preise.[23] Die Karte beschreibt im wesentlichen Deutschlands Städte und Ortschaften, die Stätten von Zivilisation und Kultur, und diese Stätten bilden zugleich die Markierungspunkte für die darauf verzeichneten Grenzen. Es handelt sich dabei nicht im strengen Sinne um durch Sprache definierte Grenzen, vielmehr stellen sie die äußeren Grenzen eines Kreises dar, der – wie bei einem Kompass – um ein Zentrum herum gezeichnet ist. Anders formuliert: sie bilden den Rahmen des Bildes.

Obwohl Stella mindestens achtzehn Jahre lang an seinem Projekt arbeitete, wurde es nie vollendet. Um das Jahr 1560 legte er allerdings eine frühere Fassung der Germania-Karte vor, die Abraham Ortelius für sein berühmtes Theatrum *Orbis Terrarum* aus dem Jahr 1570, den ersten gedruckten Atlas, zwar zur Kenntnis nahm, jedoch nicht verwendete. Bezeichnenderweise fühlte sich Ortelius genötigt, die Frage der Grenzen zu klären. »Das gegenwärtige Deutschland werden wir wirklichkeitsgemäß begrenzen nach der Sprache, welche die deutsche ist«.[24]

Die Nation im Zusammenhang der ganzen Welt zu sehen, wie es ein Atlas gestattet, wurde zu einer wirkmächtigen Tradition und erfreute sich bis weit ins 17. Jahrhundert hinein eines erheblichen öffentlichen Zuspruchs. Ihr Meisterwerk war jedoch gleichbedeutend mit ihrem Ende. Gemeint ist Matthäus Merians *Topographia Germaniae*, ein zwischen 1642 und 1655 veröffentlichtes, aus sechzehn Bänden bestehendes Kompendium, das Deutschlands Städte und Ortschaften beschrieb, und zwar größtenteils durch elegante Kupferstiche.[25] Die in Merians gewandtem Stil gehaltenen Stiche vermittelten das Bild einer idyllischen Harmonie, und das genau in dem Augenblick, in dem Deutschland von den Zerstörungen des Dreißigjährigen Krieges heimgesucht wurde. Der Text, der die Kupferstiche begleitete, stammt von dem bedeutenden Geographen und Reiseschriftsteller Martin Zeiller, der glaubte, man müsse das Land gesehen haben, um es beschreiben zu können. Mit ihren 1568 Beschreibungen und über tausend Kupferstichen wurde die *Topographia Germaniae* eine riesige pointilistische Darstellung des »gantzen Deutschland«, wie es Merian nannte. Das Projekt, das von Protestanten wie Katholiken gleichermaßen begrüßt wurde, erfreute sich der Unterstützung der Bewohner von Städten und Ortschaften im gesamten Reich. Der *Topographia Germaniae* eignete in der Tat etwas zutiefst Irenisches. Die meisten topographischen Werke der Frühen Neuzeit stammen, wie jüngst Wolfgang Behringer betont hat, von religiösen Dissidenten, die den Versuch unternahmen, einen religiösen Raum zwischen den konfessionellen Lagern zu finden. Der religiösen Dogmatik und der durch sie verursachten katastrophalen Gewalt setzten die topographischen Arbeiten, unter denen Merians Werk entscheidende Bedeutung zukommt, ein dauerhaftes Bild einer Nation im Ruhezustand entgegen.[26]

Historiker haben diese Denkmäler der Nation weitgehend missachtet – ein Zeugnis dafür, dass unsere Disziplin die visuell ausgerichteten Disziplinen ignoriert, und für das, was Richard J. Evans als die »seltsame Abneigung« des Historikers gegenüber Karten be-

zeichnet hat.[27] Diese Abneigung ist besonders bemerkenswert, wenn
es um die Erforschung der Nationen geht. Die bedeutenden Klassiker dieses Forschungsbereichs, sei es von Carleton Hayes, Hans
Kohn, Karl Deutsch, Ernest Gellner, Elie Kedourie oder Eric Hobsbawm, kommen vollständig ohne Karten oder deren Erörterung aus.
In seinem bahnbrechenden Buch *Imagined Communities* (1983, dt:
Die Erfindung der Nation, 1988) berücksichtigte Benedict Anderson
Karten erst in der zweiten Auflage und das auch nur, um zu betonen,
die Kartographie sei zum Instrument der imperialistischen Beherr-
schung des Raums geworden. Die Spezialliteratur zu Deutschland
hat hier kaum mehr darauf geachtet.[28] Eine neuere gelehrte Studie
zur Entstehung der deutschen nationalen Identität erstreckt sich
über mehr als fünfhundert Seiten, doch an keiner Stelle findet der
Leser eine Karte oder eine Erörterung über die Herstellung von
Landkarten. Das Register weist keinen Kartographen auf.[29]

II

Diese Lücke ist aufschlussreich, deutet sie doch darauf hin, dass
Historiker noch immer das im 18. Jahrhundert entwickelte Verständnis, demzufolge die Sprache etwas »Innerliches« ist, ins 15.
und 16. Jahrhundert zurückprojizieren. In der früheren Periode war
die Sprache wichtig, doch als etwas dem Selbst gegenüber Äußerliches, das zwar symbolisch für die Nation steht, sie aber nicht kon-
stituiert. Zwar assoziieren wir Sprache gewöhnlich mit Klang und
somit mit unserem Hörsinn, es ist jedoch die Analogie des Sehens,
die uns hilft, den Ort der Sprache in den Nationen des frühneuzeitlichen Europa zu verstehen.

Den Schlüssel bietet die Revolution des Buchdrucks. Dieser, so
Walter J. Ongs These, stand am Anfang des umfassenden Wandels
von einer vorrangig mündlichen Kultur, die in der Literatur durch
die als Gedächtnishilfe dienende feststehende Wendung, Formel, er-
wartete Kennzeichnung charakterisiert wird, zu Sprachgemeinschaf-
ten, die auf der Schrift beruhten, in denen Wörter dazu gedacht waren, auf einer Seite angeordnet zu werden, und in denen das Schrei-

ben eher analytisch und abstrakt denn aggregativ und lebensnah war. Dieser Wandel läuft Ong zufolge auf eine Sinneswelt hinaus, die – selbst was das Wort betrifft – vom Sehen beherrscht ist.[30] Zum Teil geht es dabei darum, auf welche Weise der Buchdruck die Sprache verfestigte.[31] In einem tieferen Sinne verweist Ong auf die kognitiven Möglichkeiten, die das geschriebene Wort dem Leser bietet, einschließlich der Fähigkeit, nachträglich zu überprüfen, zu redigieren und sich auf bestimmte Passagen und spezifische Aspekte zu konzentrieren, und zwar mit einem besonderen Augenmerk auf Stil und Genauigkeit. Mit der gedruckten Seite lösten sich die Wörter von ihren Verfassern und entwickelten ein Eigenleben: Sie konnten nun analysiert und auseinandergenommen, widerlegt und verbessert sowie mit Bildern versehen werden, wie es tatsächlich in einer großen Zahl von Genres des 16. Jahrhunderts geschah – vom Volksbuch über die Flugschrift und die illustrierte Bibel bis hin zu den bedeutenden kosmographischen Werken jener Zeit.

Der Wandel setzte jedoch nicht erst mit dem Buchdruck ein. Geschrieben hatte man in Deutschland natürlich bereits vorher, und im Jahrhundert vor Gutenberg hatte es die weitere Verbreitung von Papier vielen Gelehrten gestattet, ihre eigenen Schreiber zu sein.[32] Der Buchdruck verschaffte der Sprache jedoch eine neue Dauerhaftigkeit, bot ihrer raschen Veränderung Einhalt und verlangsamte den Verfall und die Zerstreuung neuer Erkenntnisse. Auch brachte er Ideen einer breiteren Leserschaft nahe, nicht nur in den Städten, sondern auch in den Dörfern, wo der gebildete Vorleser an die Stelle des Geschichtenerzählers trat, dessen Tätigkeit auf dem Gedächtnis beruhte.[33] Dieser breite gesellschaftliche Wandel – von der ursprünglichen Oralität, die es erforderte, Wissen im Kopf zu behalten, zum Wort auf der Buchseite, das man sehen und lesen konnte – gestattete neue »kognitive Stilformen« und neue Verbindungen in Raum und Zeit, auch wenn am Mündlichen orientierte Denkgewohnheiten weit in das Zeitalter des Sehens hinein Bestand hatten. Zu diesen neuen Stilformen gehörten sowohl die Vorliebe für das Zählen als auch ein zunehmend genaues, gleichmäßiges Verständnis von Zeit und Ort. Das Gleiche gilt für das neue Verständnis der Nation, die als zweidimensional und Teil eines Kontinents wahrgenommen wurde. Innerhalb dieser äußerlich erkennbaren Nation

nahm die Landessprache einen wichtigen Platz ein, und zwar als
Kennzeichen von Ähnlichkeit, als kommunikatives Medium, als etwas, das Stolz hervorrief, sowie als Sinnbild der Nation.

Doch während der gesamten Frühen Neuzeit blieb die Verdingli-
chung der Landessprache als des Wesens der Nation praktisch undenkbar. Es gab teilweise Ausnahmen: die unbekannten »Oberrhei-
nischen Revolutionäre«, die 1495 glaubten, Adam sei ein »deutscher
Mann« und sein altes Germanisch die »Ursprache« gewesen, sowie
der stets fantasievolle Conrad Celtis, der überzeugt war, die Drui-
den hätten die germanischen Stämme in den Höhlen des Harzes
Griechisch gelehrt und der modernen deutschen Sprache auf diese
Weise ein klassisches Erbe vermittelt. Luther mied solche Spekulationen allerdings, da er sehr wohl verstand, dass Gott sich dem
Menschen auf Hebräisch und Griechisch offenbart hatte und Lateinisch die Sprache war, in der sich das Christentum unter den heidni-
schen Völkern Europas verbreitet hatte.[34] Dennoch pries Luther das
Deutsche als eine die Wahrheit vermittelnde Sprache. »Ich danck
Gott, das ich in deutscher Zungen meynen Gott also höre und fin-
de«, schrieb er in seinem Vorwort zu *Theologia Deutsch*.[35] Die Muttersprache brachte die Menschen Gott näher, nicht der Nation als
solcher.[36] Das erste Werk, das ausdrücklich Luthers Beitrag zur Prägung einer sich herausbildenden deutschen Sprache hervorhob, war
Johann Clajus' – bezeichnenderweise lateinische – grammatische
Abhandlung aus dem Jahr 1578.[37]

Das 16. und 17. Jahrhundert bildeten eine großartige Epoche der
Grammatik, in der – einer Schätzung zufolge – Grammatiken für
nicht weniger als dreiundsechzig Sprachen verfasst wurden.[38] Nur
wenige dieser Grammatiken wurden in der Landessprache geschrieben, die sie zu kodifizieren trachteten, und ihre vorrangige Motivation bestand nicht darin, die eigene Sprache, sondern darin, andere
Sprachen zu verstehen. Das Lateinische blieb die erste Sprache der
meisten Grammatiken, gefolgt vom Spanischen und Portugiesi-
schen. Die Entdeckung neuer Welten erwies sich als wichtigster Anstoß für die explosionsartige Entstehung neuer Grammatiken, wobei die ersten grammatischen Darlegungen über die asiatischen und
amerikanischen Sprachen sehr genau der Abfassung der ersten europäischen Grammatiken folgten. Es ist lehrreich, diese umfassendere

Dimension zu bedenken, die Analogien zur Welle kartographischer Arbeiten seit dem Jahr 1492 aufweist. Die Entdeckungen verstärkten die »erste sozio-linguistische Revolution«, wie der französische Sprachwissenschaftler Daniel Baggioni die linguistische Verfestigung der bedeutenden nationalen Sprachen Westeuropas im Laufe des 16. und 17. Jahrhunderts genannt hat. Diese »Verfestigung«, die auf den ersten literarischen Erzeugnissen in den Landessprachen beruhte, wurde von den frühen grammatischen Werken, rhetorischen Handbüchern, Orthographien, Lexika und Wörterbüchern weiter vorangetrieben. Es bedurfte sodann eines langen Weges von den ersten Stabilisierungsversuchen zur tatsächlichen Verfestigung und einer noch längeren Zeitspanne von der Verfestigung bis zur erfolgreichen Standardisierung, die in Deutschland erst Ende des 18. Jahrhunderts erfolgte. Wie Eric Blackall gezeigt hat, musste der Prozess der Verfestigung der deutschen Sprache zudem einige Rückschläge hinnehmen, insbesondere in den fünfzig Jahren zwischen dem Ende des Dreißigjährigen Krieges und dem Zeitalter Leibniz' um das Jahr 1700.[39]

Im 17. Jahrhundert erlebte das von religiösen Streitigkeiten zerrissene, vom Krieg verwüstete und von wirtschaftlichen Katastrophen bedrängte Deutschland auch die Schaffung der ersten Sprachprogramme, die stärker durch nationales Denken denn durch religiöse Impulse motiviert waren. Die »Fruchtbringende Gesellschaft«, die 1617 in Weimar gegründet wurde, um die deutsche Sprache zu reinigen und die deutsche Literatur zu fördern, ist das berühmteste Beispiel dafür. Dieser Gelehrtenkreis unternahm echte Schritte zur Verfestigung der Sprache. Aus der gewissenhaften Sammlung und Transkription eines Georg Henisch etwa erwuchs das erste bedeutende einsprachige Lexikon. Das von Henisch 1616 in Augsburg veröffentlichte detaillierte, umfangreiche, sorgfältig auf die rhetorischen Details und Variationen lexikalischer Konnotation achtende Werk *Teutsch Sprach und Weißheit* war eine Meisterleistung, die einzig durch Henischs Tod zwei Jahre nach Erscheinen des ersten Bandes eingeschränkt wurde, der nur bis zum Buchstaben »F« gelangte. In der lateinischen Widmung pries Henisch die männlichen, onomatopoetischen Merkmale und die Anciennität der deutschen Sprache. »Ist unsere [Sprache] hingegen«, schrieb Henisch, »ohne jegliche Zweifel ursprünglich und eine der ersten, die aus der Sprachverwirrung bei dem vergeblichen Versuch, den Turm zu Babel zu erbauen, entstanden sind«.[40] Henisch war zudem Humanist. Worte, so glaubte er, waren dazu geeignet, die Welt zu beschreiben, man musste sie nur präzise verwenden.

Genauigkeit bedeutete präzises Widerspiegeln, selbst im Bereich des Klangs. Das Deutsche, so die Reformer, beruhte auf einer einsilbigen Tonalität, und da einzelne Silben aus der Natur stammten, wurden sie zum Instrument einer beinahe vollkommenen Mimesis. »Daß unser Mund so mancherley Thöne und Aussprüche in sich so kürtzlich formen und mit einem deutlichen stets unterschiedenen Geklange hervor zugeben vermag«, sei das größte Wunder der Natur, schrieb Justus Georg Schottelius, der Verfasser des überaus einflussreichen Werkes *Teutsche Sprachkunst* (1641).[41] Wie Henisch und die Dichter der Gesellschaft der »Pegnitzschäfer« war Schottelius vor allem an den onomatopoetischen Kennzeichen des Deutschen interessiert, die es klingen ließen, »als ob es [ein Ding] gegenwärtig da wäre«.[42] Oder wie es Georg Philipp Harsdörffer formulierte: Die deutsche Sprache »redet mit den Zungen der Natur [...] Sie donnert mit dem Himmel, sie blitzet mit den schnellen Worten, strahlet mit dem Hagel, sausset mit den Winden [...]« und so weiter.[43] Diese Erkenntnis war mit einem kulturellen Patriotismus vermischt, der in – im Verlaufe des Dreißigjährigen Krieges immer kämpferischere – Bemühungen um eine Reinigung der Sprache überging. 1644 entwickelte Georg Philipp Harsdörffer in seiner *Schutzschrift für die deutsche Spracharbeit* ein Programm, das dazu dienen sollte, dass »die Hochteutsche Sprache in ihrem rechten Wesen und Stande ohne Einmischung fremder ausländischer Worte auf das möglichste und thunlichste erhalten werde«.[44]

Das Hören ist ein Sinn wie das Sehen, und was auffällt, ist das Maß, in dem das Nachdenken über die Nation und der Klang der Sprache in der Tat zusammengefunden hatten, und sei es nur im Denken eines kleinen Kreises von Gelehrten und Dichtern vielfach aristokratischer Herkunft. Für sie war der Klang der Sprache zu einem positiven Merkmal Deutschlands geworden, ähnlich dem visuellen Ergötzen an seinen Bergen und Flüssen. Hans Just Winkelmann etwa führte mehr als fünfzig Adjektive auf, welche die Überlegenheit der deutschen Sprache beschrieben, darunter »angenehm«, »weitläufig«, »reich«, »kräftig«, »majestätisch« und »geschmückt«.[45] Hier ist weder vom »Wesen« die Rede, noch geht er davon aus, dass die Nation – auf irgendeine elementare Weise – auf der Sprache beruht. In seiner Widmung an den Erzherzog von Österreich pries Henisch die deutsche Sprache – neben seinem Loblied auf andere deutsche Beiträge zur Kultur wie den Kanon und die Druckerpresse, zwei Erfindungen, die buchstäblich für Deutschland sinnbildlich waren. Als Sinnbild, etwas Äußerliches, das für Deutschland steht – genau so verstanden sie das Verhältnis von Sprache und Nation. Und diese Sprache galt es – wie den Verlauf der Flüsse und die Höhe der Berge – noch zu erforschen, in ihrer Vielfalt zu erkunden und gemäß der Regeln zu strukturieren, die eine genauere Beschreibung der dinglichen Welt und einer größeren Übereinstimmung mit ihr gestatteten.

III

»Es muss noch weiter getrieben werden«, schrieb William Butler Yeats, »die Seele muss ihr eigener Verräter und ihr eigener Befreier werden, muss zur einen Tätigkeit, der Spiegel muss zur Lampe werden«.[46] In seiner brillanten Erläuterung von Yeats' Darstellung dieses erkenntnistheoretischen Wandels in der westlichen Kultur beschreibt ihn Meyer H. Abrams als den von einer Kunst, welche die Natur »dort draußen« widerspiegelt, zu einer Kunst, die aus dem Dichter selbst hervorströmt. »Der Übergang«, schreibt er, »ist der von der Nachahmung zum Ausdruck, vom Spiegel zum Brunnen, zur Lampe und verwandten Analogien«.[47] Um den andauernden und grundlegenden Charakter des Wandels zu begreifen, muss man sich Abrams zufolge den Übergang von Leon Battista Alberti (»Wie anders könnte man die Malerei beschreiben als dadurch, dass dem Original ein Spiegel vorgehalten wird wie in der Kunst?«)[48] über John Locke (aus dessen Sicht der Geist, eine »*tabula rasa*«, der *camera obscura* glich – »wenn die in einen solchen dunklen Raum hineingelangenden Bilder nur dort bleiben würden«)[49] und Gotthold Ephraim Lessing (dem zufolge Malerei und Dichtung unterschiedliche mimetische Sphären darstellen, wobei erstere die Dinge darstellt, die in der Natur nahe beieinanderliegen, letztere dagegen, was in der Zeit aufeinanderfolgt) bis hin zu William Wordsworth (für den Dichtung das »spontane Überfließen machtvoller Gefühle« war)[50] und John Stuart Mill (dem zufolge »alle Dichtung [...] den Charakter eines Selbstgesprächs« hat).[51] Als Übergang von einem äußerlichen zu einem innerlichen Verständnis von Kultur, von der Malerei als einer grundlegenden Metapher zur Dichtung und Sprache als konstitutivem Analogon, verschaffte der Wandel in einem tiefen Sinne neuen Möglichkeiten Kontur. Man ist versucht, mit Michel Foucaults *Die Ordnung der Dinge* von einem erkenntnistheoretischen Bruch zu reden, der die Vergangenheit für die Gegenwart unverständlich macht. Weniger ambitioniert, aber vielleicht präziser, könnten wir den Spiegel und die Lampe, Abrams folgend, als erklärende Analogien verstehen, die Erkenntnis nicht nur illustrieren, sondern konstitutiv für sie sind. Solche Analogien, so Abrams, »liefern das Grundschema und die wesentlichen Strukturelemente jeder Literaturtheorie bzw. jeder Theorie überhaupt«.[52]

Der Übergang erfolgte im europäischen Kontext der Spätaufklärung, doch seine Anfänge in Deutschland lassen sich genauer auf die späten 1760er Jahre datieren, und zwar zwischen dem Erscheinen von Lessings *Laokoon* (1766) und Herders Kritik in der ersten seiner unter dem Titel *Kritische Wälder* veröffentlichten Betrachtungen im Jahr 1769. Lessing hatte sich gegen die – etwa in Horaz' Formel *ut pictura poesis* (»es ist mit der Poesie wie mit der Malerei«) formulierte – konventionelle Vorstellung ausgesprochen, der zufolge die Dichtung der Malerei gleiche, eine Vorstellung, mit der jeder Schüler im 18. Jahrhundert auf Grund des Sprichworts »Die Malerei ist eine stumme Poesie und die Poesie eine redende Malerei« vertraut war.[53] Lessing zielte auf eine Trennung von Dichtung und Malerei, und zwar nicht mit Blick auf ihren gemeinsamen Zweck der Imitation, sondern hinsichtlich der Mittel, die ihnen zur Verfügung standen, um eine imitierende Wirkung zu erzielen. »Poesie und Malerei, beide sind nachahmende Künste«, schrieb Lessing in einem frühen, unveröffentlichten Entwurf, »beider Endzweck ist, von ihren Vorwürfen die lebhaftesten sinnlichsten Vorstellungen in uns zu erwecken. [...] Die Malerei braucht Figuren und Farben in dem Raume. Die

Dichtkunst artikulierte Töne in der Zeit. Jener Zeichen sind natürlich. Dieser ihre sind willkürlich«.[54] Indem er darauf beharrte, Malerei und Dichtung unterschieden sich nicht ihrem Zweck nach, sondern in ihren Mitteln, befreite Lessing die Poesie, wie später Goethe
in *Dichtung und Wahrheit* geltend machte, von der Tyrannei einer
verarmten Weise des Schauens.[55] Seine Behauptung, die Zeichen der
Malerei seien natürlich, jene der Dichtung hingegen willkürlich, verrät allerdings das bleibende Gewicht der mimetischen Tradition.
Kurz – er ging nicht weit genug, und es war dieses Zögern, das Herder kritisierte. Die Dichtung, so erklärte Herder, wirke nicht mittels
ihrer physischen Präsenz, sondern durch ihre Kraft, Sinn zu vermitteln, und diese Kraft wohne den Worten selbst inne. »Die Poesie«, so
Herder, »wirkt durch Kraft – durch Kraft, die einmal den Worten
beiwohnt, durch Kraft, die zwar durch das Ohr geht, aber unmittelbar auf die Seele wirket«.[56] Das Wesen der Dichtung liegt also nicht
in ihren mimetischen Fähigkeiten, sei es mit Blick auf das räumliche
Beieinander oder das zeitliche Nacheinander, sondern in ihrer Fähigkeit, uns zu bewegen. Da dieser Gedanke heutzutage Allgemein-
gut ist, vergisst man leicht, wie neu er in den 1760er Jahren war und
welchen konzeptionellen Bruch die Abwendung von der mimetischen Tradition nach sich zog. Um die Auswirkung dieser Wendung auf das Nachdenken über die Nation verstehen zu können,
muss man betonen, dass das Wesen der Dichtung aus Herders Sicht
nach wie vor in ihrer Fähigkeit lag, etwas zwischen Menschen zu
vermitteln, sie also nicht – wie aus Sicht der späteren Romantiker –
ein Ausdrucksmittel des fühlenden »Ich« war. Anders formuliert:
Das Wesen der Dichtung ist hier noch nicht das Selbstgespräch. Vielmehr besteht ein entscheidender Zusammenhang zwischen dem
Sich-Ausdrücken eines Dichters und der Seele seiner Leser. Diese
Verbindung wurde zur Quelle der Faszination, die von der Tradition
der Barden ausging, in der ein Dichter – oder ein Korpus von Poesie
– die Seele einer Nation zum Ausdruck brachte.[57]

Diese Tradition ergab nur im Zusammenhang der Herausbildung
des modernen Selbst einen Sinn – eines Selbst, das nicht durch äußere
soziale Beziehungen und die Rolle definiert wurde, die ein spezifischer Mensch kraft seines Charakters zu spielen hatte, sondern durch
innere Tiefe und durch die Vorstellung, wie Charles Taylor in seiner

bemerkenswerten Studie zu dieser Thematik formuliert hat, dass diese innere Tiefe die Stimme persönlicher Wahrheit darstelle.[58] Der Übergang von einem äußeren zu einem inneren Verständnis des Selbst ist die vielleicht dramatischste Entwicklung in der Geschichte des Denkens des 18. Jahrhunderts, und die Geschichtswissenschaft ist erst jetzt im Begriff, ihre Folgen für ein breites Spektrum des gesellschaftlichen Lebens zu erforschen. Einige – wie Dror Wahrman – datieren dabei die Entstehung einer neuen Identitätsordnung erst auf das Ende des Jahrhunderts.[59] Das hier formulierte Argument ist bescheidener: Die Tradition der Barden führte eine Vorstellung von Authentizität ein (d. h. von einer Dichtung, welche die echten Werte und Gefühle eines Volkes zur Sprache bringt), die nur dann in sich geschlossen ist, wenn die Nation – wie das Selbst – innere Tiefe besitze.

Es ist natürlich innerhalb der Historiographie zur deutschen Geschichte völlig üblich, Herder an den Anfang einer neuen Art und Weise des Nachdenkens über die Nation zu stellen. Für Generationen von durch die Ideengeschichte geprägten Historikern war Herder der Gründer eines in einem humanistischen Kontext ersonnenen kulturellen Nationalismus. Hans Kohn etwa widmet Herder in seinem Meisterwerk *Die Idee des Nationalismus* eine ausführliche Erörterung, die sich durch ein fein abgestimmtes Bewusstsein der Tatsache auszeichnet, dass Herders Denken das ganze Maß an Paradoxie verkörperte, das der modernen Idee der Nation innewohnte.[60] Der von Kohn und früheren Generationen gesetzte Akzent war nicht falsch, auch wenn die in den 1980er Jahren einsetzende zweite Welle von Studien zum Nationalismus dazu tendierte, den Einfluss bestimmter nationalistischer Intellektueller herunterzuspielen. »Was Herder über das Volk dachte«, so behauptete Eric Hobsbawm munter, »kann nicht als Beleg für das Denken der westfälischen Bauern dienen«.[61] Man kann es jedoch dazu benutzen, die Anfänge eines erkenntnistheoretischen Wandels zu ermessen, der einen tiefgreifenden Einfluss darauf hatte, wie man in der Moderne über Nationen dachte. Dieser Wandel, so meine These, stellt einen Übergang von der Äußerlichkeit zur Innerlichkeit und, was die Sinne betrifft, vom Sehen zum Hören dar. Herder hat mehr als jeder andere Denker theoretische Überlegungen über diesen Wandel angestellt und die Sprache zu seinem Dreh- und Angelpunkt erhoben.

In seiner 1772 veröffentlichten *Abhandlung über den Ursprung der Sprache* vertrat Herder die These, die Sprache mache das Wesen des Menschlichen aus. Tiere, so argumentierte er, lebten in einer ganz spezifischen Umwelt, in welcher der Instinkt ausreiche und Verstehen für das Überleben nicht wesentlich sei; die Menschen dagegen, die sich durch Freiheit auszeichneten, lebten in der Welt, in der bloßer Instinkt nicht hinreiche. Herder zufolge ist die Sprache die reflektierende Tätigkeit, die uns gestattet, zu verstehen und uns in der Welt zurechtzufinden. Er betont den kumulativen Charakter dieser reflektierenden Aktivität sowie seine soziale Dimension, nämlich als Mittel, anderen Wissen einzupflanzen und die Seele zu berühren.

Von Anfang an brachte Herder die Sprache mit dem Wirken der Seele in Zusammenhang und vollzog damit eine Abwendung von der Tradition, Sprache als ein äußerliches Kommunikationsmittel oder bestenfalls als mimetische Widerspiegelung unserer Vernunft zu verstehen, wie dies noch bei Lessing der Fall gewesen war. Historiker haben diesen Wandel gewöhnlich auf Herders Pietismus zurückgeführt – eine protestantische Frömmigkeitsbewegung, welche die subjektive Erfahrung Christi betonte, d.h. des »Christus in uns« anstatt des »Christus für uns«, wie es der Theologe und Religionswissenschaftler Gottfried Arnold im 17. Jahrhundert formulierte.[62] Der Wandel hatte jedoch auch mit einem neuen Verständnis der Sinne zu tun. In seinem 1778 veröffentlichten Essay »Übers Erkennen und Empfinden in der menschlichen Seele«, behauptete Herder, die »Klarheit des Auges« hasse oft die »tiefe Innigkeit des Ohrs.«[63] Dennoch beharrte er darauf, die Sinne könnten lediglich »in sich empfinden«. Es ist wichtig zu erkennen, dass Herders Bild dessen, wie dies funktioniert, aus der Biologie stammt – aus Albrecht von Hallers Vorstellung, der zufolge Organismen auf äußere Anreize mit Selbstkontraktion und Ausdehnung reagieren. Haller definierte diese Eigenschaft als »Reizbarkeit«, was man in diesem Zusammenhang vielleicht eher als Empfindsamkeit wiedergeben könnte. Herder verallgemeinert dieses Bild sodann und begründet darauf die Vorstellung eines inneren Selbst, das aktiv auf seine Umwelt reagiert. Die innere Reaktion ist entscheidend.[64] Herder bezeichnete sie als inneren Sinn. Sein Medium ist die Sprache, und da man Sprache kultivieren kann, gilt dies auch für die Sinne. Dieses Kultivieren bildet den Kern dessen, was Herder als Humanität erachtete: »Je mehr man diese innere Sprache eines Menschen stärket, leitet, bereichert, bildet: desto mehr leitet man seine Vernunft und macht das Göttliche in ihm lebendig«.[65]

Für Herder war die innere Sprache die Muttersprache, und zum ersten Mal – zumindest in der deutschen Geschichte – wurde diese nicht auf Grund ihrer lobenswerten Merkmale oder ihrer Anciennität verteidigt, ja nicht einmal weil sie es erlaubte, das Wort Gottes zu verstehen, sondern weil sie die natürlichste Sprache war, die Sprache von Eltern und Kindern. Dem Unterschied kommt höchste Bedeutung zu und er ist allein im Zusammenhang der Vorstellungen über die Kindheit denkbar, die sich nach der Veröffentlichung von Jean Jacques Rousseaus epochemachendem Werk *Emile oder Über die Erziehung* durchsetzten, das eine »natürliche Erziehung« der Kinder auf der Grundlage einer genauen Beobachtung ihrer ersten Eindrücke, Laute und Versuche der Interaktion mir ihrer Umwelt forderte. Wie Rousseau wollte Herder die natürlichen Empfindungen vervollkommnen und kehrte zu diesem Zweck wiederholt zum Bild des Herdes zurück.[66]

Der Klang des Herdes war nicht Prosa, sondern Poesie. Heutzutage erscheint Poesie beinahe als Antithese zur alltäglichen Sprache, doch Herder hielt echte Poesie für »eine Gabe an die Menschheit, an alle Völker [...], und nicht etwa das private Erbgut einiger vornehmer und gebildeter Menschen«.[67] Entgegen den Maßstäben Lessings pries Herder die Sprache der »Straßen, und Gassen und Fischmärkt«.[68] So wie Gedichte die innere Stimme des Barden zu erkennen gäben, meinte er, brächten die ungeschulten Melodien der gewöhnlichen Leute jene der Nation zur Sprache. Herder fragte nicht, ob die Lieder genau, sondern ob sie echt seien, nicht ob sie die Sorgen des Volkes, sondern ob sie seine Seele widerspiegelten. Das war der »zur Lampe gewordene Spiegel« in seiner nationalen Wölbung.

Von Beginn an ist in Herders Schriften eine Spannung festzustellen, und zwar jene zwischen seiner Begeisterung für das Ursprüngliche und seinem Beharren auf dem Kultivieren, der »Bildung«. »Bildung« konnte man jedoch nicht von außen auferlegen, es galt sie vielmehr mit dem inneren Sinn des Volkes in Einklang zu bringen. Das traf auf alle Nationen zu. Anders als die Grammatiker der Renaissance oder die Gelehrten der »Fruchtbringenden Gesellschaft« verfügte Herder für die Annahme, das Deutsche sei anderen Sprachen überlegen, nicht über eine vernünftige Grundlage. Die deutsche Sprache war nur für die Deutschen besser, so wie das Polnische für die Polen. Was Herder anprangerte, war die Aufzwingung fremder Sprachen auf unterworfene Völker und die unterwürfige Neigung, insbesondere der Oberschichten, in der Sprache der Mächtigen statt jener der Machtlosen zu sprechen. Herders antifranzösische Tiraden sind häufig als Ausdruck einer anhaltenden deutschen Frankophobie angeführt worden, doch ihr eigentlicher Kontext war in Wahrheit Herders Abscheu gegenüber der kulturellen Wirkung imperialer Herrschaft.

Herder verflocht Sprache und Nation, Sprache und Humanität auf eine Weise miteinander, die die Sprache nicht nur zum Sinnbild entweder der nationalen Identität oder der Humanität, sondern zu ihrem konstitutiven Element erhob: »Allein durch Sprache werden Nationen geschaffen, allein durch eine gemeinsame Sprache gelangen Menschen zur Menschlichkeit«.[69] Sprechen und Hören, das Gehör anstelle des Auges, der Klang anstelle des Sehens, wurden zum Ort des Empfindens der Nation – sie banden ihre Mitglieder aneinander, und zwar nicht nur als durch vereinfachte Kommunikation definierte Gesellschaft, sondern als Gemeinschaft, die sich durch Sympathie auszeichnete: »Wer in derselben Sprache erzogen ward, wer sein Herz in sie schütten, seine Seele in ihr ausdrücken lernte, der gehört zum Volk dieser Sprache«.[70]

Herders starkes Gespür für die Nation als von der Sprache konstituierte Gemeinschaft wurde rasch zum Allgemeinbesitz. »Wo eine besondere Sprache angetroffen wird«, schrieb Fichte, »auch eine besondere Nation vorhanden ist«.[71] »Die wahre Heimat«, verkündete Wilhelm von Humboldt, »ist eigentlich die Sprache«.[72] Und mit Schleiermachers Worten: »Nur eine Sprache sitzt im Menschen ganz fest: einer gehört er nur ganz an«.[73] Nationen gab es schon vor dem 18. Jahrhundert, und die Sprache war nur eines von zahlreichen ihrer Merkmale. Doch vor der erkenntnistheoretischen Wende – vom Spiegel zur Lampe, von der Mimesis zum Ausdruck, von außen nach innen – vermochte die Sprache noch nicht Nationen als solche zu konstituieren, wie es sich die deutschen Nationalisten vorstellten. Nationalisten schufen keine Nationen, wie Ernst Gellner dachte, doch sie konnten die Nationen auf eine vollkommen andere erkenntnistheoretische Grundlage stellen. Und das taten sie: Sie verstanden sie neu.

IV

Ich habe die These vertreten, die zentrale Unterscheidung sei jene zwischen einer als äußerlich und einer als innerlich wahrgenommenen Nation. Erstere ging mit der Revolution im Buchdruck und dem Vorrang des Sehens einher, letztere betonte den Klang als Weg zur inneren Seele und zum Mittelpunkt der Nation. Die zuerst genannte Form der Nation wurde erstmals im »Jahrhundert des Staunens«, wie Stephen Greenblatt die hundert Jahre nach Kolumbus' Landung auf dem amerikanischen Kontinent bezeichnet hat, entdeckt, untersucht, vermessen, kartographiert und beschrieben.[74] Herder, der zwei Jahrhunderte später schrieb, bleibt deshalb bemerkenswert, weil er weiterhin diese Verwunderung ausstrahlte, doch schon bald wurde die Wendung nach innen politisiert, und die in Herders Schreiben und unablässigem Sammeln fortdauernde »additive Weise des Weltverständnisses« wich einer weit radikaleren, konstruktivistischeren Erkenntnislehre, die von der Annahme ausging, unsere Kategorien und Empfindungen seien Erzeugnisse des menschlichen Geistes.

Ausgangspunkt des neuen Nationalismus ist Fichte, und zwar nicht auf Grund seiner vielzitierten, jedoch nur selten (und damals von kaum jemandem) gelesenen *Reden an die deutsche Nation*, sondern weil er der Nation eine völlig neue philosophische Grundlage gab – jenseits der Sinne. Er war der erste deutsche Intellektuelle, dessen umfangreiches Werk nach der Französischen Revolution entstand, und die neue Welt der Möglichkeiten, welche die Ereignisse in Frankreich selbst nach dem Terror des Jahres 1794 verhießen, bildete fortan den Hintergrund seines Denkens. Doch für Fichte gab es noch einen weiteren Kontext, der für die deutsche Generation der 1790er Jahre insgesamt entscheidend war: die Philosophie Immanuel Kants. Zwei Erkenntnisse Kants waren für Fichte, der mit einem anonymen Essay hervorgetreten war, den die literarische Öffentlichkeit fälschlicherweise für einen Aufsatz aus der Feder des Meisters hielt, bestimmend – der eine betraf die Erkenntnislehre, der andere die Freiheit.

Die Einsicht hinsichtlich dessen, was wir erkennen können, stammt aus Kants 1781 veröffentlichter *Kritik der reinen Vernunft*. Vereinfacht gesprochen, behauptete Kant, der Geist könne die Welt der Erscheinungen ohne die Hilfe präexistierender Kategorien nicht vollständig verstehen – mit der Folge, dass die Welt niemals durch die Sinneswahrnehmung verstanden werden könne, selbst wenn außerhalb des Geistes eine unabhängige Sphäre von »Dingen-an-sich« bestünde. Doch für Fichte muss »es noch weiter getrieben werden«, um mit Yeats zu sprechen, da sich Kants notwendige Unterscheidung zwischen den Dingen, wie sie sich darstellen, und den Dingen, wie sie sind, als unhaltbar erwiesen habe. Extreme Skepsis – die Behauptung der Unmöglichkeit jeglicher Erkenntnis – war eine denkbare Reaktion, doch Fichte drängte in die entgegengesetzte Richtung und behauptete, in der Sphäre der praktischen Vernunft gebe es kein »Ding-an-sich«, sondern lediglich ein sie konstruierendes »Ich«. Das ist der Ausgangspunkt seiner *Wissenschaftslehre*, die erstmals 1794 veröffentlicht, aber im Verlauf der folgenden zwei Jahrzehnte mehrfach überarbeitet wurde.

Fichtes *Wissenschaftslehre* steht in klarem Gegensatz zu einer Auffassung, welche die Sinne als Spiegel der Natur versteht, ebenso wie zu Herders Verständnis der Seele als einer Quelle des Tiefsinns und Sitzes des Einfühlungsvermögens, die von innen heraus auf den wahren Stoff und die Intersubjektivität der äußeren Welt reagiert. Fichte beginnt vom entgegengesetzten Ende aus. »Ich soll in meinem Denken vom reinen Ich ausgehen«, schrieb er, »und dasselbe absolut selbstthätig denken, nicht als bestimmt durch die Dinge, sondern als die Dinge bestimmend«.[75] Das ist das konstruktive Element der Identität.[76] Das »Ich« setzt sein Gegenteil, das »Nicht-Ich«, und diese beiden Sphären, die des »Ich« und des »Nicht-Ich«, bleiben getrennt, wobei das »Ich« – und nicht die Welt – handelt. Fichte betrachtete seinen Durchbruch als großartigen Augenblick

der Freiheit, weil er dem Kraft verlieh, was er als »produktive Einbildungskraft« bezeichnete.[77] Die Parallele zu den Ereignissen jenseits des Rheins war mehr als bloß zufällig. Fichte behauptete, es sei
der französische Freiheitskampf gewesen, der seine Erkenntnislehre
inspiriert habe. »Wie jene Nation die politische Fessel des Menschen
zerbrochen hat«, schrieb er auf dem Höhepunkt des Terrors im Jahr
1794, »so reißt das meinige der Theorie den Menschen los von den
Ketten der Dinge an sich, und ihres Einflusses«.[78]

Es ist verlockend, das »Ich« in Fichtes Philosophie direkt mit der
Nation im modernen Nationalismus in Verbindung zu bringen.
Doch Mitte der 1790er Jahre war diese Verbindung noch nicht of-
fenkundig, und Fichte war ein Philosoph, der zunächst über die
Menschheit und dann erst über die Nation im besonderen nach-
dachte.[79] Dieser Akzent auf der Menschheit beruhte auf Fichtes
Ethik und diese wiederum auf Kants Verständnis der absoluten
Freiheit, die zur Übereinstimmung der freien ethischen Entschei-
dung des Einzelnen mit den Bedürfnissen der umfassenderen Gemeinschaft führe. Dieses Freiheitsverständnis war, wie bekanntlich
Leonhard Krieger argumentiert hat, nicht darin begründet, dass die
Handlungen von Menschen, die ihre eigenen Interessen verfolgten,
von einer unsichtbaren Hand gelenkt wurden. Es beruhte vielmehr
auf Selbstreflexion, auf der aus dem Pietismus stammenden Vorstellung, der zufolge Menschen, die in sich selbst hineinschauen, nicht
Eigenliebe, sondern das moralische Gesetz entdecken, und nach der
dieses moralische Gesetz eine Tatsache der Vernunft sowie eine Vorbedingung der Freiheit darstellt.[80] Kants kategorischer Imperativ –
»Handle so, dass die Maxime deines Willens jederzeit zugleich als
Prinzip einer allgemeinen Gesetzgebung gelten könne« – bringt in
praktischer Hinsicht die ethische Einsicht des Einzelnen mit dem
kollektiven moralischen Gesetz in Einklang und definiert die vollkommene Freiheit als deren Übereinstimmung. Für Fichte, der
Kants *Kritik der Praktischen Vernunft* erstmals 1790 las, lösten der
Imperativ und sein philosophischer Beweis so etwas wie eine Be-
kehrungserfahrung aus, die ihn, wie er an einen Freund schrieb, in
»eine neue Welt« erhob – »über alle irdischen Dinge«.[81] Während
der gesamten 1790er Jahre arbeitete Fichte daran, diese beiden Sphären – individuelle und kollektive Sittlichkeit – zusammenzuführen.

Den Bezugsrahmen seines Denkens hinsichtlich dieses Projekts bildete jedoch nicht die Nation, sondern der Staat, und zwar kein spezifischer Staat, etwa Preußen, sondern ein abstrakter Staat.

Fichte befasste sich mit diesem Problem in seiner *Sittenlehre* von 1798 und in seiner Schrift *Der geschlossene Handelsstaat* von 1800, bei der es sich um eine radikale Utopie handelt. Allerdings handelte es sich um eine Utopie, welche die Humanität, nicht die Nationalität im Blick hatte. Fichte zufolge ließ sich Humanität in erster Linie durch eine begrenzte Gemeinschaft erlangen, und diese begrenzte Gemeinschaft, die lediglich ein Minimum an internationalem Handel und Reiseaustausch (mit Ausnahme von Gelehrten und Künstlern) zuließ, brauchte einen Staat – zudem einen Staat, der mit Gewalt Sittlichkeit durchzusetzen vermochte.[82] Fichte überbrückte diese offenkundige Kluft zwischen seiner Philosophie der individuellen Freiheit und der Notwendigkeit staatlichen Zwangs, indem er die Rolle des Intellektuellen akzentuierte, der imstande sei, die moralische Freiheit zu erkennen und das universale Recht auf andere in der Gemeinschaft anzuwenden. In dem Maße, in dem die geschlossene Handelsgemeinschaft tugendhafter werde, verringere sich die Notwendigkeit des Zwangs und der Staat verschwinde.[83]

Es gilt, Fichtes Entdeckung und unmissverständliche Bejahung des Staates in den Zusammenhang der folgenden drei intellektuellen Elemente zu stellen: seiner radikalen erkenntnistheoretischen Deduktion des konstruktiven »Ich« im Gegensatz zu Kants »Dingen-an-sich«, seinem an Kant geschulten Beharren darauf, vollkommene Freiheit ergebe sich erst durch die Verschmelzung des individuellen moralischen Gesetzes mit dem kollektiven Willen, und seiner Bereitschaft, dem Staat (bis zu dessen Verschwinden) die Macht einzuräumen, Sittlichkeit zu prägen und durchzusetzen.

Um die Wende zum 19. Jahrhundert hatten sich nur wenige eine politische Haltung zu eigen gemacht, die der politischen Nation Vorrang vor der Kulturnation einräumte oder das deutsche Volk vor die deutschen Staaten stellte.[84] Gewiss hatten die bekannten Frühromantiker – insbesondere Friedrich Schlegel und Hölderlin – Gedichte auf die Nation verfasst, doch ihre Verse waren Mahnungen, den Mantel kultureller Führung zu ergreifen. 1805 hatte Ernst Moritz Arndt den ersten Teil seiner Kampfschrift *Geist der Zeit* ver-

fasst, eine fulminante Schmährede gegen Napoleon, feige deutsche
Fürsten und die Unwägbarkeiten des Zeitalters. Doch dieses Buch –
mitsamt seiner heftigen Rhetorik – stand völlig alleine da. Für viele
deutsche Intellektuelle erwies sich nicht das anbrechende neue Jahrhundert, sondern der Zusammenbruch von 1806 als entscheidende
Zäsur. In diesem Jahr entwarf Turnvater Jahn seine Schrift *Deutsches Volkstum* und Arndt den zweiten Teil von *Geist der Zeit*.
Kleist war angesichts der Nachrichten von Jena und Auerstedt dem
Zusammenbruch nahe, steckte seine Energie jedoch bald in sein
Schauspiel *Die Hermannsschlacht*, dessen Visionen von Veränderung bringender Gewalt und eines eroberten, von Fremden entvöl-
kerten Lands die dunkelsten Seiten des Nationalismus vorwegnah-
men.[85] Das ist zugleich der Kontext von Fichtes nationalistischen
Schriften, eines Werks, dessen Bedeutung nicht so sehr in seinem
unmittelbaren Einfluss als in der darin geleisteten philosophischen
Grundlegung des Nationalismus lag.

Angesichts der vorliegenden Quellen scheint es, als habe Fichte
seine Verurteilung Napoleons erstmals im Winter 1805 zum Ausdruck gebracht, bald nach Napoleons Sieg über die Österreicher in
der Schlacht von Austerlitz.[86] Im Sommer des darauf folgenden Jahres fragte er sich, wann er ins Geschehen eingreifen solle.[87] In einem
auf August/September 1806 datierten Brief an Karl August von
Hardenberg äußerte er sich zu der verbreiteten, aber schädlichen
Auffassung, »daß jeder Mann von Talent zu einer bestimmten heil-
losen Parthey sich hinneige«, was sich als Hinweis auf die Partei
deuten lässt, die Napoleon unterstützte.[88] Zu diesem Zeitpunkt hatte sich Fichte bereits entschlossen, die breitere Öffentlichkeit einzu-
schalten. Im Juni hatte er einen seiner *Patriotischen Dialoge* verfasst,
in dem er erstmals mit scharfer philosophischer Feder die Unterscheidung zwischen Staat und Nation, Preußen und Deutschland
traf. Fichte ließ seinen ersten Redner – »A« – auf traditionelle Weise
über die Vaterlandsliebe reden und den zweiten Redner – »B« – ers-
terem neue Wege des Denkens und Fühlens entgegenhalten.

A: Ich will kein Deutscher seyn. Ich bin ein Preuße, und noch
dazu ein patriotischer Preuße.
B: Nun verstehen Sie mich nur Recht. Die Absonderung des

Preußen von den übrigen Deutschen ist künstlich, gegründet
auf willkührliche, und durch das Ohngefähr zu Stande ge-
brachte Einrichtungen; die Absonderung des Deutschen von
den übrigen Europäischen Nationen ist begründet durch die
Natur.[89]

Für Fichte gehörten zur natürlichen Trennung Sprache und Charakter, und es ist bezeichnend, dass »A« ersteres versteht, nicht aber
letzteres. Fichte grenzte den Nationalismus, den er »Patriotismus«
nannte, zudem vom Kosmopolitismus ab. Der Kosmopolitismus
wolle das Ziel der Humanität durch die Menschheit erreichen, der
Patriotismus dagegen sei »der Wille, daß dieser Zweck erreicht werde zu allererst in derjenigen Nation, deren Mitglieder wir selber
sind, und daß von dieser aus Erfolg sich verbreite über das ganze
Geschlecht«.[90]

Der Ton blieb gemäßigt, doch die Niederlage bei Jena veränderte
Fichtes Vorstellung. »Was ich für die eigentliche Aufgabe meines
Lebens halte, eine vollkommen klare Darstellung der Wissenschaftslehre, war nicht vollendet«, schrieb er am 18. Oktober, wenige Tage
nach der preußischen Niederlage, in einem Brief an Hardenberg.
Doch Fichte beschloss nun, das »große Interesse unserer Tage in
Schrift, und falls ich könnte, in lebendiger Rede, den Deutschen an
das Herz zu legen, und die patriotische Teilnahme daran höher zu
entflammen«.[91] Der Brief signalisierte Fichtes Hinwendung zum
Nationalen. Im Laufe des darauffolgenden Jahres verfasste Fichte
eine Reihe kurzer Essays, die sein nationales Empfinden vertieften
und seine vorherigen philosophischen Einstellungen damit verbanden. Der bemerkenswerteste dieser Essays ist ein Fragment mit dem
Titel *Die Republik der Deutschen zu Anfang des zweiundzwanzigsten Jahrhunderts*. Zur Zeit seiner Abfassung – zwischen dem Herbst
1806 und dem Frühjahr 1807 – gab es in der Geschichte des deutschen Nachdenkens über die Nation nichts Vergleichbares.

Der aus einzelnen Seiten, Paragraphen, gelegentlich nur aus dahin-
gekritzelten Sätzen bestehende Essay skizzierte Fichtes nationale
Utopie und verlegte sie um dreihundert Jahre in die Zukunft. Im
zweiundzwanzigsten Jahrhundert werde, so Fichte, die deutsche Nation – infolge des Verrats der Fürsten – seit langer Zeit von der Land-

karte verschwunden sein und nun von einer neuen Generation, die
weniger selbstsüchtig sei als die gegenwärtige, dazu lernbegieriger,
tapferer und männlicher, wieder zum Leben erweckt werden. Der
Staat werde, wie der Titel nahelegt, eine Republik sein, doch eine Republik mit einem »Protektor«, der von einem Senat gewählt und einem sich selbst konstituierenden inneren Kreis von Ratgebern sowie
einem gewählten Rat von Honoratioren unterstützt wird. Entscheidungen über Fragen hinsichtlich Krieg und Frieden sowie Kolonien
und Außenpolitik werde der »Protektor« treffen. Für Fragen der
Bildung, Kultur, Justiz, der militärischen Vorbereitung und Finanzen
werde ein Statthalter zuständig sein. Das zentrale Ziel des Staates bestehe darin, die gebildetste Bürgerschaft der Welt zu schaffen.

Der von Fichte beschriebene Staat ist ein deutscher Staat und seine Grenzen sind ausdehnungsfähig, wenn auch unklar. Sie erstre-
cken sich von der Nordsee und dem Baltischen Meer bis zur Me-
mel, zur Weichsel und zur Warthe sowie südlich bis hin nach Böhmen, Mähren und Österreich und reichen bis nach Venedig und
Triest (um den deutschen Zugang zur Adria sicherzustellen). Auch
die Insel Gibraltar müsse deutsch werden.[92] Helvetien gehört zu
Deutschland, und ebenso der Oberrhein, obwohl unklar bleibt, ob
das auch für Straßburg gilt, das sich seit 1681 in französischer Hand
befand.[93] Im Innern ist die Republik der Deutschen nach historischen Regionen gegliedert, nicht nach dynastischen Staaten – allerdings mit der bezeichnenden Ausnahme Brandenburg-Preußens.
»Es ist ein Hauptgrundsatz«, schreibt Fichte, »daß nur Deutsche
Bürger seyn können«. Er betont dies im Zusammenhang einer Bemerkung über Polen, die in den vergangenen drei Jahrhunderten
»größtentheils Deutsche geworden [seien], die übrigen hat man aus-
wandern laßen nach Russland«.[94] Dasselbe Schicksal habe die Juden
getroffen, die »entweder verschmolzen oder ausgewandert« seien,
darunter viele in einen »höchst intereßanten Staat in Palästina«,
während die Gebliebenen alle »Mitglieder der neuen Kirche« geworden seien.[95]

Diese neue Kirche ist eine Nationalkirche, die geistige Heimat aller freien, gebildeten Männer und Frauen. Die anderen christlichen
Konfessionen – Katholiken, Calvinisten und Lutheraner – existieren
zwar weiterhin, doch sie schwinden allmählich dahin, dieweil im-

mer mehr Menschen freiwillig einer Kirche des »allgemeinen Christentums« beitreten. Die Bibel ist das Buch des »allgemeinen Christentums« und Christus der größte Lehrer, doch seine Autorität beruht rein auf der freien moralischen Einsicht der einzelnen Mitglieder der Kirche. Die Kirche feiert jeden Sonntag Gottesdienst, und diese Gottesdienste sind bezeichnend.

Nachdem sie sich im Kirchhof versammelt haben, treten die Versammelten in den Saal, wo sie der Priester, ein Friedensrichter, erwartet. Die Wände sind mit Waffen behangen, dem »Grundsymbol des Bürgerthums«, und jeder Mann trägt eine (denn alle Männer über zwanzig sind bis zu ihrem Tode Soldaten). Der Gottesdienst beginnt mit dem Gedenken an die vor kurzem Verstorbenen. Die eingeäscherten, in Urnen begrabenen Toten sind entsprechend ihrem Dienst an der Nation aufgereiht, wobei die Urnen derer, die im Krieg gefallen sind, einen Ehrenplatz erhalten, gefolgt von denen, die der Nation mit Rat gedient haben, und jenen die »als guter Hausvater, gute Hausmutter friedlich gelebt, brave Kinder dem Vaterland gezeugt und erzogen, [ihren] Mitbürgern Liebes und Gutes erwiesen«.[96] Es gibt auch noch eine vierte Kategorie, wahrscheinlich für diejenigen, die weder der Nation gedient noch Kinder geboren haben – ihre Asche wird in nicht gekennzeichnete Urnen gefüllt. Danach werden die Neugeborenen eingesegnet. Die »ältesten und würdigsten Frauen« nähern sich dem Altar mit den Neugeborenen auf dem Arm. Wenn das Kind an der Reihe ist, gesegnet zu werden, tritt die Frau mit dem Kind auf dem Arm (nicht die Mutter) vor und der Name des Kindes wird genannt und in das Bürgerbuch eingetragen. Dann legt der Prediger dem Kind die Hand auf und spricht folgende Worte, welche die Gemeinde wiederholt: »Wir nennen Dich […] zum Zeichen dafür, daß wir, und durch uns das gesamte Vaterland der deutschen Nation Dich anerkennen, als *ein der Vernunft fähiges Wesen, als theilhaftig aller Rechte unseres Bürgerthums, als Miterben des ewigen Lebens, welches auch wir erhoffen«.*[97]

Der Einfluss des französischen Beispiels ist offenkundig, wobei die Nachahmung christlicher Praktiken – ungeachtet des Atheismus Fichtes – besonders auffällt.[98] Sosehr Fichte in seiner Erkenntnislehre versucht hatte, die in der Französischen Revolution errungene

Freiheit auf die Sphäre des Geistes zu übertragen, sosehr lag ihm nun daran, »Sakralität zu übertragen«, um der Nation Sinn zu stiften und ein Ritual zu geben.[99] Es war eine von der Geschichte getrennte Nation. Die Vernunft, so glaubte Fichte, könne Deutschlands nunmehr drei Jahrhunderte altes Problem der religiösen Spaltung überwinden. Er hegte keinerlei Interesse an den von Herder gepriesenen geschichtsschweren, erdverbundenen Bauern. Stattdessen rückte Fichte den konstruktiven Aspekt einer neuen deutschen nationalen Identität in den Mittelpunkt, einer Identität, die – zumindest teilweise – von den Erfordernissen der Zeit oder dem Gewicht früherer kultureller Prägung losgelöst war. Auch darin wird Fichtes Affinität zur Spätphase der Französischen Revolution offenkundig, vor allem zu den in sich geschlossenen Aspekten der Revolution, die es, um mit David Bell zu sprechen, den Revolutionären gestatteten, »sich Formen harmonischen menschlichen Zusammenlebens vorzustellen, deren Ordnungsprinzipien sich nicht von irgendeiner Wesenheit oder Autorität außerhalb der menschlichen Gemeinschaft selbst herleiteten«.[100]

Dieser in sich geschlossene Aspekt, welcher der von Fichte in seiner *Wissenschaftslehre* postulierten Identität von Ich = Ich ähnelt, ermöglichte es ihm, die Nation als projizierten Raum für Identität zu denken. Der Raum war nicht leer, sondern enthielt ein Netz von Unterscheidungen. Geburt und Bildung sorgten für Gleichheit, doch Geschlechtszugehörigkeit und Opfer teilten den Raum neu ein, indem sie von zwei Motiven kündeten, die für die nachfolgende Geschichte von Nationen und Nationalität entscheidend wichtig werden sollten, und buchstäblich Männlichkeit mit Tod und Weiblichkeit mit Geburt gleichsetzten.[101] Männern, die als Intellektuelle oder Soldaten Opfer für die Republik erbracht haben, wird der höchste Ehrenplatz zuteil – auf diese Weise verflocht Fichte männliche Vernunft mit männlicher Gewalt. Bei dieser Verflechtung ging es jedoch nicht um Aggression gegen Fremde: Die Waffen der Männer, so Fichte, sollen lediglich die Gemeinschaft schützen. Dieser Aspekt verdient es, betont zu werden. Für Fichte zählt – anders als für Arndt – nicht der Hass gegen die Fremden, sondern allein die Gemeinschaft als Produkt vermeintlich freier Individuen. Dass die Gemeinschaft – so etwa Fichtes Vision in *Der geschlossene Handels-*

staat – gegen Außenseiter abgeschottet wird, hängt nicht etwa mit
der ethnischen Minderwertigkeit anderer zusammen, sondern damit, dass die Deutschen als Gefäß der Vernunft für die Menschheit
insgesamt verstanden werden, so wie es die französischen Revolutionäre in den 1790er Jahren für sich in Anspruch nahmen. Dennoch übt die nationale Gemeinschaft, die eine unmittelbare Beziehung zwischen dem Individuum und der Nation voraussetzt, jene
Art der Kontrolle über den Einzelnen aus, die spätere Schrecken ah-
nen lässt. Fichtes Vorschläge hinsichtlich der Todesstrafe etwa sehen
die härteste Bestrafung für Feigheit und Desertion vor, und diese
Härte besteht nicht allein im Justizmord, sondern auch darin, dass
die Spuren des Betroffenen ausgelöscht und sein Land der Erde zu-
rückgegeben werden sollten.[102] In Fichtes Nation gibt es Gleichheit,
und zwar nicht nur vor dem Gesetz, sondern auch mit Blick auf Bil-
dungschancen, aber es gibt auch das Opfer, das über die Bedingungen für die Teilhabe an der Nation und die Möglichkeiten des Ausschlusses aus ihr bestimmt.

Fichtes *Reden an die deutsche Nation*, die er von Dezember 1807
bis März 1808 in vierzehn Vorlesungen in der Rotunde der Akademie der Wissenschaften in Berlin hielt, bringen den erkenntnistheoretischen Radikalismus seiner frühen Jahre mit der nationalen Wende von 1806 zusammen und verkörpern eine signifikante Abkehr
von früheren Traditionen des Nachdenkens über die Nation. Da die
Reden bereits Gegenstand eines erheblichen Aufwands an genauer
wissenschaftlicher Prüfung gewesen sind und Fichtes andere Schriften oft zu Unrecht überschatten, mag es genügen, hier die zentralen
Motive hervorzuheben: die Kritik an der Verderbtheit des vorangegangenen Zeitalters, das Beharren darauf, zu den »Heilmitteln« gehöre die »Bildung zu einem durchaus [...] neuen Selbst«, die zentrale Rolle der Bildung in diesem Zusammenhang, und die Betonung,
die auf diese Weise neu geschaffene Person werde eher nach der Liebe zum Guten als nach der Eigenliebe streben. Des weiteren vertrat
Fichte die These, eine Nation werde definiert durch ein Band der
Brüderlichkeit, eine organische Einheit, »in der kein Glied eines anderen Gliedes Schicksal für ein ihm fremdes Schicksal hält«, der
Adel eines Menschen liege nicht in seiner edlen Herkunft, sondern
in der Bereitschaft, sich für sein Volk zu opfern, und das einzig

wahre Ziel des Volkes sei die Freiheit in dem Sinne, dass es seinem inneren moralischen Gesetz (und der Konvergenz dieses Gesetzes mit dem Gesetz der Gemeinschaft) folge. Der den Deutschen angemessene Staat sei eine Republik, und der Staat habe nunmehr einen höheren Auftrag: die Nation, der er untergeordnet sei, zu schützen, zu erziehen und ihr zu dienen.[103]

Fichte verließ den empirischen Boden früherer Konzepte nationaler Identität, und seine Erkenntnislehre prägt jede Facette der neuen Nation. Als erstes ist die Ablehnung der äußeren Sinne zu nennen. Das soll mit der frühesten Erziehung beginnen. In der neunten Rede trifft Fichte die Unterscheidung ausdrücklich:

> In der Regel galt bisher die Sinnenwelt für die rechte, eigentliche, wahre, und wirklich bestehende Welt, sie war die erste, die dem Zöglinge der Erziehung vorgeführt wurde; von ihr erst wurde er zum Denken, und zwar meist zu einem Denken über diese, und im Dienst derselben angeführt. Jenes Vermögen, Bilder, die keineswegs bloße Nachbilder der Wirklichkeit seyen, sondern die da fähig sind, Vorbilder derselben zu werden, selbstthätig zu entwerfen, wäre das erste, wovon die Bildung des Geschlechts durch die neue Erziehung ausgehen müßte.[104]

Fichte wird nicht müde zu betonen, dies werde eine nationale Erziehung zur Liebe zum Vaterland sein, doch die empirische Welt sei dabei nur nebensächlich. Dass ein Volk »innerhalb gewisser Berge und Flüsse« wohne, mache keine Nation aus, vielmehr gebe es »ein weit höheres Naturgesetz«, das die Idee eines Volkes in sich berge.[105]

Diese Idee beruht auf der Sprache. In Anschluss an August Wilhelm Schlegel vertrat Fichte die Auffassung, die Deutschen besäßen eine von den Verfälschungen späterer Vermischung relativ unbeeinträchtigte »Ursprache«.[106] Das bedeute, dass die Deutschen – im Gegensatz zu anderen europäischen Nationen, deren Sprache vom Lateinischen verdorben worden sei – noch mit der Stimme ihrer Vorfahren sprächen und der Geist dieser Vorfahren noch durch sie spreche. Fichte argumentiert hier ganz anders als die frühen Humanisten, von denen einige – etwa Conrad Celtis – schlicht das Alter des Deutschen im Vergleich zum Lateinischen betonten. Fichte schlägt auch einen anderen Kurs ein als die »Fruchtbringende Gesellschaft«, deren Mitglieder die besondere Eignung der deutschen Sprache für die Beschreibung der Natur priesen. Auch unterscheidet er sich von Herder, der glaubte, allen Sprachen würden besondere Eigenschaften innewohnen. Aus Fichtes Sicht war nur das Deutsche eine »Ursprache« geblieben, da nur die Deutschen an ihren ursprünglichen Siedlungsorten geblieben seien und die lateinische Welt sie nicht zu erobern vermocht habe. Ihre Freiheitsliebe habe ihnen also ermöglicht, ihre Sprache zu bewahren, und diese Freiheitsliebe, das Herzstück dessen, was es bedeute, deutsch zu sein, sei über Jahrhunderte hinweg tradiert worden und erst in der Gegenwart in den Hintergrund getreten. Doch da die Sprache – ungeachtet der gegenwärtigen Verfälschungen – geblieben sei, seien gerade die Deutschen imstande, die neue Bildung in sich aufzunehmen und sich selbst, wenn sie es denn wollten, zu einem neuen Menschengeschlecht zu formen.

Die Nation reichte zurück in vorgeschichtliche Zeiten, erstreckte sich jedoch endlos in die Zukunft. Das 16. Jahrhundert kannte bereits die enge Verbindung von Zeit und Raum in den zweidimensionalen Darstellungen der Oberfläche der Erde. In Sebastian Münsters erster veröffentlichter Landkarte etwa teilte ein Bild der deutschen Nation einen dichtgedrängten Raum mit hochkomplizierten Skalen, die es dem Benutzer der Landkarte gestatteten, Sonnenaufgang und -untergang, die gegenwärtige Stellung des Tierkreises und der herrschenden Planeten, das Osterdatum und die verbliebenen Tage zwischen Weihnachten und Fastenzeit zu berechnen. Die sakrale Zeit drängte sich in den nationalen Raum, doch das Religiöse blieb von entscheidender Bedeutung. Ende des 18. Jahrhunderts, um die Zeit Herders, gewann die historische Zeit Vorrang und wurde die Innerlichkeit, wenn es um die Betrachtung der Kultur der Nationen ging, unter dem Aspekt ihrer Ursprünge und ihrer Entwicklung verstanden, wobei die lineare Zeit und die kausale Folge das Narrativ bestimmten. Doch für Herder war es wichtig zurückzuschauen – er läutete damit eine Zeit ein, in der der Historismus zur herrschenden Form der Forschung wurde. Fichte dagegen schrieb, insofern die Französische Revolution den Zeitgenossen ein »explosives Zeitgefühl« hinterließ, wie es Peter Fritzsche genannt hat, in einer Zeit un-

geheurer zeitlicher Beschleunigung und Brüche.[107] Er nahm dieses
»explosive Zeitgefühl« vollständig in sich auf, und die Vergangenheit seiner fernen, vorgeschichtlichen Deutschen diente als imagi-
niertes Eden, das ein neues Jerusalem präfigurierte. Diese Zukunfts-
orientierung war nicht bloß eine Angelegenheit der Politik und des
Krieges, d. h. der unbestreitbaren Tatsache, dass Deutschland geteilt
und niedergeworfen dalag. Sie war zugleich eine Folge der Fichte-
schen Erkenntnislehre und ihrer Abkehr von den Sinnen. »Jenes
Vermögen, Bilder, die keinesweges bloße Nachbilder der Wirklichkeit seyen, sondern die da fähig sind, Vorbilder derselben zu werden, selbstthätig zu entwerfen, wäre das erste, wovon die Bildung
des Geschlechts durch die neue Erziehung ausgehen müsste«, forderte er in seiner zweiten Rede.[108]

»Man konnte sie [die *Reden*] nicht ohne Ergriffensein und Begeisterung anhören«, berichtete der Schriftsteller Karl August Varnhagen von Ense 1832 in seinen Memoiren.[109] Doch die unmittelbare
Wirkung der *Reden* war begrenzt – sie erreichten zwar viele bedeutende Intellektuelle und Staatsmänner, darunter Baron vom Stein
und Friedrich Gentz, bis Ende des Jahres 1808 waren aber lediglich
600 Exemplare verkauft worden.[110] In jedem Fall erfreuten sich
Fichtes philosophisch komplexe *Reden* niemals der Massenpopula-
rität, die die großen Vereinfacher der Zeit genossen, etwa Ernst Moritz Arndt, dessen Pamphlete Auflagen zwischen 10 000 und 80 000
Exemplaren erlebten.[111] Fichtes *Reden* fanden westlich der Elbe nur
wenig Anhänger und noch weniger südlich des Mains.[112] Zwar weisen zeitgenössische Briefwechsel, die von den französischen Besatzungstruppen zensiert wurden, tatsächlich eine ganze Anzahl von
Hinweisen auf ihre Wirkung auf, doch letztlich ist die kanonische
Zentralität der *Reden* für den frühen deutschen Nationalismus eher
Legende als historische Realität.

Diese Legende gewann in den 1860er Jahren an Kraft, als die be-
stimmende Macht des Staates unter deutschen Nationalisten zum
Glaubensartikel aufstieg. Das 100jährige Jubiläum der Geburt Fichtes bot den äußeren Anlass dazu, doch die innere Triebkraft stammte von einer Generation von Nationalisten, für die Preußen der
Staat war, der die Nation einigen und seine nationale Kultur prägen
würde. Der bedeutendste dieser Männer war Heinrich von Treitsch-

ke, dessen 1862 veröffentlichter Essay »Fichte und die nationale
Idee« das spätere Bild Fichtes als des Mannes, dessen *Reden* die nationale Leidenschaft angeheizt habe, fest im Bewusstsein verankerte.
An die Stelle Fichtes, des Begründers eines erkenntnistheoretischen
Systems, stellte Treitschke den Nationalisten, der die Macht des
Staates begriff, die Nation zu schaffen.[113] Treitschke war ein sorgfäl-
tiger, brillanter Leser und hatte Fichtes gesammelte Werke sowie
seine postum veröffentlichten Essays, Fragmente und Briefe allesamt gelesen. Er zwängte Fichtes Denken jedoch in den engen Rahmen der Nationalpolitik der 1860er Jahre und bezeichnete Fichte
sogar »als den ersten namhaften Verkündiger jener Ideen, welche
heute Deutschlands nationale Partei bewegen«.[114] Worauf es ankam,
war die Art und Weise, in der Fichte Nation und Staat miteinander
vermählte. Dabei bedauerte Treitschke allenfalls die Bescheidenheit,
mit der Fichte diese Ehe bis ins zweiundzwanzigste Jahrhundert
hinausschob. In der Zeit der zweiten Fichte-Renaissance, etwa um
das Jahr 1910, wurde Fichtes Verbindung zu den Prämissen und zur
Kultur der frühen Romantik in gewissem Maße neu hergestellt, aber
das Gleiche galt auch für seine Theorie, der zufolge die Deutschen
im Besitz der einzigen »Ursprache« waren. Für Fichte bedeutete
das, dass die Deutschen einen vorrangigen Zugang zur Wahrheit besaßen, der es ihnen gestattete, den »Ausländer [...] vollkommen, sogar besser, als [dieser] sich selbst [zu] verstehen«.[115] Anders formuliert: Fichte wurde erst in den Dienst der Machtpolitik, dann in jenen der Kulturpolitik gezwungen. In beiden Fällen wurde Fichte
von der eigenen Gegenwart aus gelesen. Die moderne Forschung ist
diesem Ansatz weithin gefolgt und hat, wie es Anthony J. LaVopa
überzeugend formuliert hat, »durch die Vexierbrille moderner Ideologien auf ihn zurückgeschaut«.[116]

V

Die Hauptvexierbrille war der Nationalismus selbst, allerdings nicht
in dem überkommenen Sinne, dem zufolge die Historiker – wie die
Nationalisten – glauben, Nationen seien so alt wie die Zeit. Das

Problem stellt sich heute weit subtiler dar und betrifft gewissermaßen die Erkenntnislehre der Nation. Im Gefolge Fichtes ist es für
Historiker zur unumstößlichen Annahme geworden, Nationen sei-
en erfundene oder vorgestellte Erscheinungen und dieser Prozess, in
dem nationalistische Intellektuelle eine zentrale Rolle spielen, habe
auf dem Scheitelpunkt der Moderne stattgefunden – Nationen seien
also erstmals Ende des 18. Jahrhunderts gedacht worden.

»Nicht die Nationen sind es, die Staaten und Nationen hervorbringen, sondern der Nationalismus«, so lautet Ernest Gellners
denkwürdige Behauptung, mit der er die Kausalitätsreihenfolge um-
kehrte, indem er den Nationalismus von der Geschichte der Nationen ablöste. Bezeichnenderweise führte Gellner als Beweis ein fikti-
ves Beispiel an, das mitteleuropäische Land Ruritanien, das Ende des
19. Jahrhunderts in den Romanen Anthony Hopes Berühmtheit erlangte.[117] Doch so trefflich Gellners Analyse für seine imaginäre Nation auch sein mag, so verliert sie doch an Überzeugungskraft, wenn
es um europäische Nationen geht, die spätestens seit dem 16. Jahrhundert bereits »entdeckt« – erkundet, beschrieben und kartographiert – worden waren. Die kulturellen Erzeugnisse der ersten Entdeckung waren keine Massenerzeugnisse (was schon durch die Tatsache der begrenzten Lese- und Schreibfähigkeit ausgeschlossen ist),
doch ihr Vorhandensein lässt sich nicht einfach auf ein Ensemble
von »willkürlichen historischen Erfindungen«, von »kulturellen Fetzen und Flicken« reduzieren, bei dem, wie Gellner formulierte, »jeder beliebige alte Fetzen und Flicken […] die gleichen Dienste getan« hätte.[118]

Das Problem beschränkt sich nicht auf Gellner. Selbst in Benedict
Andersons *Die Erfindung der Nation* existiert die frühneuzeitliche
Nation nur im Zustand des Nicht-Vorhandenseins. Angesichts von
Andersons überaus anregender Darlegung, nach der Nationen kulturelle Formationen besonderer Art sind, muss dies überraschen.
Doch Anderson akzeptiert die »objektive Modernität« von Nationen als Tatsache und schließt dabei die Betrachtung anderer Formationen aus – eine Folge seiner Definition der Nation als »eine vorgestellte, eine imaginierte Gemeinschaft […], zugleich begrenzt und
souverän«. Als politische Definition passt dies in das Zeitalter Fichtes, mit Einschränkungen auch auf jenes Herders, doch nicht auf die

Zeit, in der Sebastian Münster dachte und schrieb. Eine Definition, so gilt es zu erinnern, beweist nicht die »objektive Modernität« der Nation, vielmehr umschreibt sie lediglich die Blickrichtung. Andersons politische Definition konkurriert zudem mit seinem berühmten kulturellen Ansatz, der dazu auffordert, Nationen als Gemeinschaften zu verstehen, die »durch die Art und Weise« unterschieden werden, »in der sie vorgestellt werden«.[119] Doch dann müssen wir die Nation erst als Spiegel, danach als Lampe und erst dann als etwas verstehen, das eine Identität von Individuum und Nation postuliert und diese Identität als Frage politischer Souveränität darstellt. Weiterhin darauf zu beharren, Nationen seien vorgestellt statt wahrgenommen, postuliert statt gegeben, erfunden statt vorgefunden, würde heißen, in einem erkenntnistheoretischen Koordinatennetz gefangen zu bleiben, das erstmals von Fichte entworfen wurde. Prosaischer formuliert würde es bedeuten, dass der moderne Nationalismus auch weiterhin unsere Wahrnehmungen der Nationen bestimmt. Der moderne Nationalismus, der weit davon entfernt war, Nationen zu schaffen oder zu erfinden, hat sich von früheren Wahrnehmungen der Nationen verabschiedet: einem Verständnis als Nationen unter anderen Nationen, so wie sie auf Landkarten zu finden sind und wie sie sich, wenn auch nur kurz, Herders Deutung der Humanität zufolge darstellen.

Kapitel 3

Religiöse Gewalt und nationale Zugehörigkeit

Der Dreißigjährige Krieg und das Massaker an Juden im sozialen Gedächtnis

Wir sind doch nunmehr gantz / ja mehr denn gantz verheeret!
Der frechen Völcker Schar / die rasende Posaun
Das vom Blutt fette Schwerdt / die donnernde Carthaun
Hat aller Schweiß / und Fleiß / und Vorrath auffgezehrt.

Andreas Gryphius, 1636

Die gleißnerische Neu-Liebe zur Kristlichen Religion – Gott verzeye mir meine Sünde! –, zum Mittelalter, mit seiner Kunst, Dichtungen und Gräueln, hetzen das Volk zu dem einzigen Gräuel, zu dem es sich noch, von den alten Erlaubnißen erinnert, aufhezen läßt! Judensturm.

Rahel Varnhagen von Ense, 1819

Der Wille des einzelnen begründet eine Nation, nicht die scheinbar klaren Fakten der Rasse, der Sprache oder der natürlichen Grenzen – so die Botschaft Ernest Renans in seiner berühmten, 1882 an der Sorbonne gehaltenen Rede zum Thema »Qu'est-ce qu'une nation?«. Eine Nation ist ein tägliches Plebiszit, das waren seine denkwürdigen Worte an das Publikum. Er erinnerte zudem daran, dass eine Nation, sofern sie eine solche sein wollte, auch einer gemeinsamen Vergangenheit »von Anstrengungen, Opfern und Hingabe« bedürfe. Leiden vereine ein Volk mehr als Freude, kollektive Trauer sei wertvoller als eine Folge von Triumphen. Doch so wie es diese gemeinsame Vergangenheit zu erinnern gelte, so müsse man sie auch vergessen.[1] Dank eines größeren wissenschaftlichen Gespürs für die Problematik der Erinnerung hat Renan in jüngster Zeit erneut an Bedeutung gewonnen. Doch die Art der Erinnerung und des Vergessens, die Renan meinte, war sehr spezifisch – es ging um traumatische religiöse Gewalt: die Bartholomäusnacht des Jahres 1581 und die Massaker an den Albigensern im Südfrankreich des 13. Jahrhunderts.[2]

Wie Frankreich wurde auch Deutschland trotz eines Erbes katastrophaler religiöser Gewalt zur Nation. Man könnte sogar sagen, es sei stärker in Mitleidenschaft gezogen gewesen als Frankreich. Der Dreißigjährige Krieg, der als religiöser Konflikt begonnen hatte, verwüstete ganze deutsche Provinzen, vor allem in der Diagonale der Zerstörung, die sich von der baltischen Küste aus durch Pommern, Mecklenburg, Teile Sachsens, Thüringen und die Pfalz hindurch bis nach Württemberg zog und in manchen Regionen die Bevölkerung um die Hälfte, in anderen um beinahe zwei Drittel dezimierte. Städte wie Magdeburg und Augsburg, Nürnberg und Nördlingen, die ähnlich stark verwüstet worden waren, gewannen ihren früheren Glanz nie wieder zurück. Zwar lässt sich die Zahl der Toten des Dreißigjährigen Krieges nicht mit Gewissheit bestimmen, doch Forscher schätzen die Bevölkerung der Vorkriegszeit in den deutschen Teilen des Reichs auf etwa 16 Millionen und nach dem Krieg auf 11 Millionen Menschen.[3] In Prozenten gerechnet war der Dreißigjährige Krieg für die deutsche Bevölkerung demnach verheerender als der Zweite Weltkrieg. Und inmitten dieser Verwüstung erwies sich das Leid der Zivilbevölkerung als besonders grauenvoll, wie die einfühlsamen Radierungen aus dem scharfen Griffel Jacques Calots, die den Mord an Zivilisten im Elsass zeigen, ebenso bezeugen wie Andreas Gryphius' Gedicht »Tränen des Vaterlands«.

Auch für die Juden war Deutschland der Ort katastrophaler religiöser Gewalt. Diese Gewalt hatte mit den Verwüstungen des Ersten Kreuzzugs im Jahr 1096 begonnen und fand ihre Fortsetzung in den Rindfleisch-Massakern von 1298 und der Geißel der Armleder-Bewegung und ihrer Armee von »Judenschlägern« zwischen 1336 und 1339. Ein Jahrzehnt später führten christliche Ängste im Zusammenhang mit der Pest zu einem Morden in rasender Geschwindigkeit, das eine jüdische Gemeinde nach der anderen verwüstete. Danach klang die Gewalt gegen Juden ab, ohne jedoch ganz zu verschwinden. Zwischen 1350 und 1550 erlebten mindestens vierzig Prozent der schätzungsweise 1038 jüdischen Siedlungen in den deutschen Landen entweder Massaker oder Vertreibungen. Infolgedessen verschwanden Juden aus den meisten deutschen Städten.

Bedeutende jüdische Gemeinden blühten weiterhin in Frankfurt, Worms, Prag und Wien.⁴ Doch in den großen Zentren des mittelalterlichen Judentums – Straßburg, Basel, Augsburg, Mainz, Nürnberg und Regensburg – sowie in zahllosen anderen Ortschaften und Städten signalisierte die Abwesenheit von Juden eine Geschichte katastrophaler Gewalt.

Damit Gewalt im Renanschen Sinne vergessen werden kann, muss sie – sei es als Brudermord oder als Tragödie – zunächst eingeräumt, beziffert und betrauert werden, und zwar in einem Zusammenhang, der die Menschlichkeit der Betroffenen anerkennt. Diese Anerkennung ist eine grundlegende Bedingung. Doch das kollektive Gedächtnis löscht nur zu leicht die Merkmale der Leidenden aus oder macht Leiden unsichtbar. Das wird deutlich, wenn man das Schweigen bedenkt, das nach der Shoah immer mehr an Macht gewann, oder die komplexe Geschichte des Opfergefühls, das die Erinnerung im Nachkriegsdeutschland kennzeichnete.⁵ Diese Beispiele weisen noch auf einen weiteren Aspekt der Erinnerung hin – ihre relationale Dimension, das subtile Zusammenspiel zwischen der Erinnerung der eigenen und dem Vergessen der fremden Opfer.

Katastrophale religiöse Gewalt – unter Christen wie zwischen Christen und Juden – war, so mein Argument, von gegenläufigen Geschichten des Erinnerns und Vergessens begleitet. Die Argumentation beruht auf drei Thesen. Die erste lautet, der Gewalt des Dreißigjährigen Krieges sei ein umfassendes, mindestens ein Jahrhundert andauerndes Vergessen gefolgt. W. G. Sebald definierte diese Art des Vergessens, das er als »kollektive Amnesie« bezeichnete, als Mittel zur »Verschleierung einer auf keinen Begriff mehr zu bringenden Welt«, als »stillschweigend eingegangene und für alle gleichermaßen gültige Vereinbarung«, der zufolge der »wahre Zustand der materiellen und moralischen Vernichtung, in welchem das ganze Land sich befand«, nicht beschrieben werden dürfe.⁶ Sebald sprach von einer Amnesie, die Deutschland in den letzten Jahren des Zweiten Weltkriegs sowie in den Jahren unmittelbar danach befallen habe. Wie Historiker wissen, lässt sich Sebalds Erkenntnis nicht einfach dreihundert Jahre zurückprojizieren. Wir können jedoch fragen, wie die Deutschen die Gewalt, die ihre Vergangenheit bestimmt hat, abwechselnd erinnert und vergessen haben. Die zweite These betrifft die katastrophale Gewalt, die Juden im Mittelalter und in der Frühen Neuzeit erlitten haben. Weder Christen noch Juden haben diese Gewalt vergessen. In der christlichen Welt wurden die Ereignisse, die die Gewalt auslösten oder rechtfertigten, zum Teil einer materiellen Kultur, die den Ausschluss von Juden markierte und feierte – am auffälligsten erfolgte dies in der Form von Kapellen, die auf den Trümmern niedergerissener Synagogen errichtet wurden. Auch die Juden erinnerten diese Gewalt. Sie dokumentierten die Verwüstung in Memorbüchern und erzählten sie als Teil der Liturgie nach. Nicht zuletzt standen diese gegenläufigen Erinnerungen in einer kontrapunktischen Beziehung zueinander. Das ist sicher das spekulativste Argument, doch wie wichtig es ist, die beiden Stränge miteinander in Berührung zu bringen, wird am deutlichsten im Übergang zur Moderne sichtbar – um 1800, als der Nationalismus auf die Möglichkeiten der Erinnerung zurückgriff und sie zugleich verwandelte. Die Christen erinnerten und vergaßen nunmehr ihre Gewaltgeschichte. Christen und Juden erinnerten, wenn auch auf unterschiedliche Weise, die Gewalt, die zwischen ihnen geherrscht hatte. Doch wenn sie Deutsche sein wollten, war es den Juden – zumindest bis zum Ende des 19. Jahrhunderts – nur gestattet zu vergessen.

I

Zu Beginn des Dreißigjährigen Krieges beklagten Lutheraner, Calvinisten und Katholiken jeweils ihre eigenen Toten. Am Ende der Katastrophe beweinten sie nicht etwa einander, sondern die Tatsache, dass so viele Menschen auf beiden Seiten getötet worden waren, so viele Ortschaften und Städte in Ruinen lagen und »aller Schweiß und Fleiß und Vorrath auffgezehrt« war.[7] Das Trauern vollzog sich im Kontext einer »imaginierten Gemeinschaft«, deren Nation-Sein, Gryphius' »Vaterland«, bereits durchschimmerte – insbesondere auf der lutherischen Seite, aber auch sonst. Dieses nationale Empfinden, das in die Bilder und Botschaften der Zeitungen sowie in die illustrierten deutschen Flugblätter und Pamphlete eingezeichnet wurde, welche die Dauer des Krieges und die von ihm verursachte Zerstörung beklagten, erhellte auch die Verhandlungen und die ratifizierten Dokumente dessen, was Zeitgenossen einen »Teutschen Frieden« nannten.[8]

Die Dokumente des Westfälischen Friedens erinnern uns daran, dass es in Deutschland selbst in einer Zeit vollkommener Zerrissenheit möglich war, »kulturelle Artefakte« zusammenzustellen, die in ihrer grundlegenden Morphologie auf einen nationalen Rahmen verwiesen. Dieser Rahmen war auf Frieden und die Fähigkeit zur Vergebung angewiesen. Am Anfang des Friedensvertrags steht die Verkündung eines »christlichen, allgemeinen, immerwährenden Friedens« (Artikel 1). Anschließend gebietet er, zu vergessen, um Vergebung zu ermöglichen. »Beiderseits sei immerwährendes Vergessen und Amnestie all dessen, was seit Anbeginn dieser Unruhen an irgendeinem Ort und auf irgendeine Weise von einem oder andern Teil, hüben und drüben, feindlich begangen worden ist« – so Artikel 2 des Friedensvertrags zwischen dem Heiligen Römischen Reich und dem König Frankreichs sowie ihren jeweiligen Verbündeten.[9] »Vielmehr sollen alle und jede hin und her, sowohl vor dem Kriege als auch im Kriege, mit Worten, Schriften oder Taten zugefügten Beleidigungen, Gewalttaten, Feindseligkeiten, Schäden und Unkosten ohne alles Ansehen der Personen oder Sachen dergestalt ganzlich abgetan sein, daß alles, was deshalb der eine vom andern fordern könnte, in immerwährendem Vergessen begraben sein soll.«[10] Das Vergessen erlaubte, dass sich die Glut der Feindschaften abkühlte, doch zugleich kennzeichnete es die Landschaft Deutschlands, und sei es nur dadurch, dass etwas fehlte. In den lutherischen Teilen des Landes wurden keine Merkzeichen errichtet, die an den Krieg erinnerten, und in den katholischen Ländern gab es lediglich Mariensäulen.[11] Für den Krieg an sich, die Katastrophe, die er bedeutete, den Verlust, die Ungerechtigkeiten, die zerrissenen Familien und verwüsteten Städte, fehlte es in Deutschland weitgehend an Erinnerungsstätten.[12] Zwischen der Mitte des 17. und dem Beginn des 19. Jahrhunderts war Deutschland, wie es der Friedensvertrag gebot, eine Landschaft aus »immerwährendem Vergessen«.

Das Beharren auf dem Vergessen, das zunächst einmal eine kulturelle Verfügung war, hatte zugleich politische und religiöse Auswirkungen. Der Westfälische Friede gab den lutherischen Teilen des

Reichs, abgesehen von den Kronländern und Bayern, den Status quo des 1. Januars 1624 zurück und forderte deshalb, dass die Veränderungen, die in den vergangenen vierundzwanzig Jahren stattgefunden hatten, aus dem Gedächtnis gelöscht würden.[13] Auch erkannte der Friedensvertrag lediglich drei christliche Konfessionen an und weitete seinen Aufruf zum Vergessen somit nicht auf christliche Minderheiten wie die Wiedertäufer, Mennoniten und Quäker aus. Für die deutsche Religionsgeschichte hatte der Friedensvertrag weitreichende Bedeutung. In Folge der Bestätigung des Prinzips *cuius regio, eius religio* bestimmten die Fürsten des Heiligen Römischen Reichs, welche Religion in ihrem Staat jeweils die herrschende Stellung einnahm, und vertrieben häufig ganze Bevölkerungsgruppen, wie etwa die Salzburger Protestanten, um religiös homogene Zonen zu schaffen.[14] Gleichzeitig bemühte sich der Staat um die soziale Disziplinierung seiner Untertanen, wobei kein Bereich – weder Schule noch Militär, Bürokratie, Familie oder Geschlechtsbeziehungen – unberührt blieb.[15] Diese Prozesse erzwungener religiöser Konformität und sozialer Disziplinierung waren jedoch niemals vollständig, und der Friede selbst verlangte Umsicht und Toleranz. Zudem wurde der Westfälische Friede, wie Nationalisten wie Johann Gustav Droysen später unablässig beklagten, durch merkwürdige Zugeständnisse ausgehöhlt, durch Fälle, in denen der Glaube sich um der Versöhnung willen der Geschichte beugte.[16]

So wurde etwa die religiöse Vielfalt Oberschlesiens durch den Friedensvertrag gerettet.[17] Die Herzogtümer von Brieg, Liegnitz und Münsterberg-Oels blieben, ebenso wie die Stadt Breslau, Inseln des Katholizismus, auf denen Protestanten ihre Religion nicht ausüben durften. Auf dem Land hingegen gestattete es der Kaiser, in Jauer, Glogau und Schweidnitz protestantische Kirchen zu bauen. Die »Friedenskirchen«, wie man sie nannte, sind Denkmäler, aber nicht des Krieges, sondern der Möglichkeit zur Versöhnung. Die Friedenskirche von Schweidnitz etwa, ein bemerkenswerter Fachwerktempel mit einem glockenlosen Turm, beschwört eine synkretistische Mischung aus katholischen Bildern und der lutherischen Verehrung des Wortes herauf. Die 1656 – unmittelbar außerhalb der Stadtmauern – gebaute Kirche hatte über 6000 Gemeindemitglieder und musste bald ausgebaut werden, so dass sie 7500 Mitgliedern

Platz bot. Auch wenn sie sich heute hinter knorrigen Bäumen und rostigen Eisentoren vor der Geschichte verbirgt, umgeben von den verwilderten Gräbern deutscher Familien, die seit dem Exodus von 1945 nicht länger dort leben, zeugt die Friedenskirche von Schweidnitz trotz allem von einem bemerkenswerten Geist der Versöhnung.

Ein ähnliches Zeugnis der Achtung vor den Juden sucht man dagegen vergebens. Stattdessen gibt es Kirchen, die auf den Trümmern zerstörter Synagogen errichtet wurden, und Merkzeichen, die die angeblichen Verbrechen der Juden dokumentierten: die Gräben, in denen man sie verbrannt hatte, und die Wunder, die geschehen waren, nachdem man sie vertrieben hatte. In Bayern scheinen solche Merkzeichen besonders allgegenwärtig gewesen zu sein. Man erblickte sie in der Darstellung einer Hostienschändung in Heiligenstatt nahe Altötting oder in der Pilgerkirche in Ipfhofen, die an der Stelle errichtet worden war, wo Juden angeblich die Hostie durchstochen und, als sie blutete, in einen Graben geworfen hatten. In München legte die Heiliggrabkirche Zeugnis vom jüdischen Ritualmord ab, denn man hatte sie auf den Ruinen der Synagoge einer jüdischen Gemeinde erbaut, die sich angeblich dieses Verbrechens schuldig gemacht hatte. Und in Deggendorf, dem Schauplatz einer vermeintlichen Hostienschändung im Jahr 1337, ließ ein Bild im Presbyterium der Gnadenkirche die Gemeindemitglieder wissen, die Juden seien »von denen Christen aus rechtmäßigem Gott gefälligen Eifer ermordet und ausgereutet [sic]« worden.[18] Die Beispiele ließen sich endlos vermehren. In Passau bauten Christen die Salvatorkirche an der Stelle, an der einst eine Synagoge gestanden hatte; sie war im Gefolge der Vertreibung von 1478, die auf den Vorwurf einer Hostienschändung hin erfolgt war, niedergerissen worden. In Nürnberg errichteten Gemeindemitglieder die Liebfrauenkirche im Gefolge der Vertreibung von 1499 auf den Trümmern der zerstörten Synagoge (während in der Kirche St. Lorenz mit jüdischen Grabsteinen ein neues Treppenhaus gebaut wurde). Und im nahe gelegenen Regensburg steht die Gemeindekirche fremd inmitten eines riesigen, leeren, funktionslosen Platzes, der aus dem Schutt von Gebäuden geschaffen wurde, die einst Heimat einer der größten mittelalterlichen jüdischen Gemeinden in Deutschland gewesen waren.[19] Im Verlauf der lokalen Restaurationsarbeiten in den 1980er Jahren wurde zudem

deutlich, dass viele Regensburger Bürger des 16. Jahrhunderts die
Außenwände ihrer Häuser aus jüdischen Grabsteinen – Trophäen
der Vertreibung – gemauert hatten. Viele dieser Merkzeichen existieren zwar nicht mehr (so sind etwa die Treppen aus jüdischen Grabsteinen in der Lorenzkirche in Nürnberg 1917 zusammengebro-
chen), doch sie waren in ganz Bayern Teil frühneuzeitlicher Stadtbilder und schmückten sakrale Orte ebenso wie profane Häuser.
Einige davon gibt es nach wie vor. In der Kirche St. Kassian in Regensburg stellt ein Deckenfresko aus dem 18. Jahrhundert in allen
Einzelheiten dar, wie ein Wunder geschah, als die Christen die Synagoge niederrissen: Es zeigt schattenhafte, verschlagene Juden, die
von dem Ort fliehen, einer davon mit einem Messer bewaffnet, das
er benutzt hatte, um die heilige Hostie zu durchbohren.

Die bayrische Landschaft erwies sich zwar als besonders reich an
Erinnerungen an die angeblichen Verbrechen der Juden und ihre
nachfolgende Vertreibung, war damit jedoch keineswegs allein. Im
Bereich des heutigen Baden-Württemberg, für das eine genaue Studie zum Schicksal mittelalterlicher Synagogen vorliegt, ist das Zeugnis nicht weniger erschreckend. Von vierunddreißig mittelalterlichen Synagogen wurden zwölf in säkulare Gebäude umgewandelt
und mindestens neun in Kirchen oder Kapellen umgebaut; für neun
weitere Synagogen besitzen wir keinerlei Informationen darüber,
auf welche Weise sie benutzt wurden, und für vier weitere liegen
keine Zeugnisse über ihre Zerstörung vor.[20] Die bemerkenswertes-
ten Fälle finden sich entlang des dünnen Streifens mittelalterlicher
jüdischer Kultur, die einst im nördlichen Baden in den Ortschaften
entlang des Mains ihre Blüte erlebte – zugleich die Heimat von Ritter Arnold III. von Uissigheim, besser bekannt als der berüchtigte
König Armleder, der 1336 die mit seinem Namen verbundenen
Massaker in Gang setzte. Jahrhundertelang verehrten ihn Christen
in der Dorfkirche von Uissigheim, wo Armleder begraben lag, und
glaubten, von seinem Grab gingen Wunder aus. Im nahe gelegenen
Lauda erzählt eine aufrüttelnd gemalte Votivtafel in der auf den
Trümmern der mittelalterlichen Synagoge erbauten Heiligblutkapel-
le die Geschichte, der zufolge ein Jude die Hostie gestohlen, nach
Hause genommen, »auf sein Tisch gelegt und mit einem Messer darin gestochen« habe – »daraus kam das Blut reichlich geflossen«.[21]

Die erstmals 1683 geschaffene, dann 1791, 1882 und 1956 restaurierte Tafel erinnert die Gemeindemitglieder auch daran, dass ihre Kirche genau dort stehe, wo die Hostienschändung erfolgt sei. Ähnlich verkündet die Marienkapelle in Wertheim noch heute: »Anno Domini 1447 ist hie zerbrochen und verstört eine Judenschule und angehoben diese Kapelle.«[22]

Auch wenn sich das Phänomen der Umwandlung von Synagogen in Kapellen vornehmlich auf Süddeutschland, das Herz der spätmittelalterlichen deutschen Kultur, konzentriert, besitzt es doch eine allgemeinere mitteleuropäische Dimension und reichte vom rheinischen Neuss über das mährische Olmütz bis hin nach Neuenkirchen nahe Wien. Den Forschungen Hedwig Röckeleins zufolge waren mindestens sechzehn der auf den Trümmern niedergerissener Synagogen errichteten Kapellen Maria geweiht.[23] Häufig erklärte ein Text den Kirchenbesuchern, dort habe einst eine Synagoge gestanden (so etwa in Würzburg). In Rothenburg ob der Tauber mahnte ein Prediger, »diese Synagoge zu weihen und Andacht zu der Mutter Gotts, der Jungfrau raine Maria da zu suchen«.[24] Die Tafel an der Rothenburger Kapelle stand zudem nicht alleine da. In Rothenburg wurde das Niederreißen der Synagoge angeblich von Wundern begleitet, und die neue Kapelle entwickelte sich bald zu einem Wallfahrtsort, der eine so große Schar von Frommen anzog, dass die Priester durchschnittlich fünf Messen am Tag halten mussten.[25]

Die Kennzeichnung der Gewalt der Vertreibungen stand am Ende einer langfristigen Veränderung des christlich-jüdischen Verhältnisses. Die neue Zeit, die sich durch eine dramatische Zunahme der Verbreitung abscheulicher Bilder – wie etwa der »Judensau« – auszeichnete, brachte die *de facto* und *de jure* bestehende Marginalisierung der Juden zum Ausdruck.[26] Das war nicht immer so gewesen. Im Spätmittelalter hatten Juden oft in denselben Straßen gelebt wie die Christen, so etwa in Nürnberg, wo sich die Stadträte über die fortdauernden persönlichen Berührungspunkte zwischen Christen und Juden beklagten, vor allem wenn sie sich in Glücksspielen, sexuellen Beziehungen und der christlichen Teilnahme an jüdischen Hochzeitszeremonien und Purimfeiern manifestierten.[27] Häufig lebten Juden, wie etwa in Köln und Trier, in Judenvierteln mitten im Stadtzentrum. In Köln verlief die Judengasse unmittelbar hinter

dem Rathaus; allerdings baute der Stadtrat bald nach der Vertreibung von 1423 seine Kapelle genau an der Stelle, wo einst die Synagoge gestanden hatte, und feierte zwischen 1450 und 1809 dort die
Messe unter Stefan Lochners berühmtem (heute im Dom befindlichen) »Altarbild der Stadtpatrone«.[28]

Umgekehrt begegnen wir dem ersten geschlossenen Ghetto erst
im Jahr 1462 – in Frankfurt am Main, wo es als Alternative zur Vertreibung diente.[29] Der gelbe Fleck wurde erst im 15. Jahrhundert ein
übliches Kennzeichen – zum Teil deshalb, weil davor der spitze Hut
Juden hinreichend von den Christen unterschieden hatte.[30] Danach
wurde der gelbe Fleck zunehmend zur alltäglichen Praxis, bis er in
der Polizeiordnung von 1530 festgeschrieben wurde, die verfügte:
»Ein gelber Ring auf dem Mantel oder Hut, nicht verdeckt, soll von
Juden zu deren Identifizierung jederzeit öffentlich getragen werden«.[31] In der Spätzeit des Mittelalters begann die ernsthafte räumliche Marginalisierung der Juden, die nun an den Rand der christlichen Gesellschaft verbannt wurden. Diese Verbannung erfolgte im
Kontext eines allgemeinen Rückgangs der jüdischen Bevölkerung in
den deutschen Landen, der dazu führte, dass sie um 1600 nur noch
etwa 0,2 Prozent der deutschen Bevölkerung ausmachte, wobei die
meisten Juden nun in kleinen Dörfern oder auf dem Lande lebten.
Christliche Stadtbewohner begegneten ihnen, wenn überhaupt, nur
noch auf den Marktplätzen oder Landstraßen.[32]

II

Erinnerungsorte sind nicht mit Gedächtnis identisch, auch wenn in
einer Zeit, in der noch nicht alle lesen konnten, visuelle Merkzeichen katastrophaler Gewalt das Bewusstsein der Menschen weit
stärker prägten als die gelehrten Abhandlungen, die Historiker als
Beweis anzuführen pflegten. Das hängt zum Teil mit dem materiellen Charakter der Merkzeichen zusammen. Gemälde, Skulpturen,
Bilder oder Teile davon vermittelten oder entstellten, wie die Bilder-
stürmer des 16. Jahrhunderts wohl verstanden, etwas von dem
Göttlichen. Sie besaßen Macht und waren selbst Gegenstand von

Verehrung. Mit den Worten Caroline Walker Bynums: »Für einen mittelalterlichen Pilger, Theologen, Schankwirt oder Markgrafen bildete das Material, der Stoff, der Gegenstand den – mächtigen, gefährlichen – Mittelpunkt von allem.«[33] Das Material, vor allem wenn es dem Rang der Reliquie nahekam, stellte einen Weg dar, Gott zu begegnen und vergangene Ereignisse in der Gegenwart neu zu erleben. In einer Zeit der mechanischen oder sogar elektronischen Reproduktion von Bildern haben das einmalige Artefakt bzw. die Reliquie viel von ihrer Faszination eingebüßt. Doch in früheren Zeiten, als das Prinzip »Den Dingen wohnt bereits alles inne« (William Carlos Williams) schon einen alles durchdringenden Teil der Kultur ausmachte, fiel diese Unmittelbarkeit mit noch größerer Intensität ins Auge. »Sich auf die Gegenstände zu konzentrieren heißt vielmehr, den Schmerz und die Gefahr zu sehen, die darin gegenwärtig sind«, so wiederum Bynum: »Das Blut ist noch da.«[34]

Damit Erinnerung über lange Zeitspannen hinweg kollektiv lebendig bleibt, muss sie jedoch auch einstudiert, inszeniert und auf diese Weise kodiert werden.[35] Das ist keine neue Erkenntnis. Bereits im 19. Jahrhundert unterschied Henri Bergson zwischen Gedächtnis als Erinnerung und als Gewohnheit.[36] Ersteres lässt sich mit Hilfe von Texten aufspüren, etwa wenn Goethe in *Dichtung und Wahrheit* erinnert, er habe in seiner Jugend auf dem Frankfurter Brückenturm ein Bild der von den Nadeln der Juden durchbohrten Kindesleiche des Simon von Trient gesehen.[37] Das Gedächtnis als Gewohnheit muss dagegen inszeniert werden. In der Frühen Neuzeit kodierten Gedächtnisfeiern und heilige Feste das kollektive Gedächtnis, indem sie mit Hilfe von Ritualen Denkgewohnheiten prägten. Mittels Wiederholung, Formalisierung von Bewegung und Sprache verstärkte das Ritual – wenn auch auf asymmetrische Weise – die Erinnerung.

Auch hier sind Vergleiche lehrreich. In den Jahren unmittelbar nach 1648 wurde das »Wunder von Westfalen« weithin, wenn nicht überall, als großartiges Ereignis gefeiert. Diese durch feierliche Gottesdienste, aufwendige Hofbälle, großzügige Festmahle, kostenlosen Wein und spektakuläre Feuerwerke gekennzeichneten »Friedensfeste« sollten beeindrucken. In einer Welt, die stiller und dunkler war als die heutige, stellten die Feierlichkeiten eindrucksvolle Ereignisse dar, die die alltägliche Routine durchbrachen. Es war zudem eine an Bildern ärmere Zeit, in der selbst in behaglichen Häusern kaum einmal ein Bild die Wände schmückte. Aus diesem Grund schien, so die These von Historikern wie Bernd Roeck, die Grenzlinie zwischen dem Normalen und dem Außergewöhnlichen besonders ausgeprägt, so dass letzteres einen andauernden, tiefen Eindruck hinterließ.[38]

Zeitgenössische Darstellungen verstärkten dieses Gefühl eines großartigen, lebhaften, strahlenden Spektakels und hoben seinen Gegensatz zum Leiden des Krieges hervor. »Der Mordflammen ungeheuer / Dienet zu den Freudenfeuer«, dichtete Georg Philipp Harsdörffer, »Und was uns im Krieg verletzt / Nunmehr in dem Fried ergetzt«.[39] Im bedeutendsten Prosawerk jener Zeit, der erstmals 1668 veröffentlichten Geschichte des *Simplicissimus*, betonte Hans Jakob Christoffel von Grimmelshausen diesen Gegensatz, indem er den Frieden als Sieg Gottes über Luzifer darstellte. Als Luzifer ein Flugblatt erhielt, das den Frieden verkündete, und vernahm, wie im Namen dieses Friedens das »Gloria in excelsis« und das »Te Deum Laudamus« gesungen wurden, wurde er von solchem Zorn ergriffen, dass »er mit den Hörnern wider die Felssen [lief] daß die gantze Hölle darvon zitterte«.[40] Weniger fantasiereich, aber ebenso wirksam deuteten Pastoren den Krieg und das Leiden, das er mit sich gebracht hatte, als Strafe Gottes und führten als Beweis dafür den Kometen von 1618 an, der die kommende Katastrophe verheißen habe.[41] Solche übernatürlichen Erklärungen, die sich aus heutiger Sicht leicht als Aberglaube abtun lassen, verzichteten zumindest auf irdische Schuldzuschreibungen und hatten – im Vergleich zu den rachsüchtigen Predigten späterer Jahrhunderte – die Wirkung, Feindschaft zu mildern und Frieden zu bewahren. Nicht zuletzt achteten die örtlichen Organisatoren besonders auf die Kinder, die – so hoffte man – den Wert des von Gott geschenkten Friedens schätzen würden. In Augsburg und Dinkelsbühl wurde das Kinderfest sogar das zentrale, ja maßgebliche Element der Friedensfeierlichkeiten.

Den detaillierten Forschungen Claire Gantets zufolge gab es zwischen 1648 und 1660 204 solche »Friedensfeste«, davon 181 im Reich und davon wiederum 108 in Süddeutschland. Sie konzentrier-

ten sich vor allem auf Franken, Württemberg und Schwaben, auf
Lutheraner mehr denn auf Katholiken und vor allem auf solche Lutheraner, die in religiös gemischten Regionen lebten.[42] In Coburg
und Augsburg wurden daraus jährliche Feiern, die in Coburg bis in
die 1850er Jahre begangen wurden und in Augsburg sogar noch
heute stattfinden. Natürlich ist es schwierig herauszufinden, was genau die Menschen empfanden, wenn sie an diesen Friedensfesten
teilnahmen. Es wäre durchaus möglich, dass – wie bei vielen modernen Erinnerungsveranstaltungen – die Beanspruchung durch den
Alltag die emotionale Reaktion erschöpfte. Aus Detailstudien zur
Kommunion im Augsburg des späten 17. und frühen 18. Jahrhunderts wissen wir, dass das Friedensfest – neben Ostern, Pfingsten
und Weihnachten – zu den am inbrünstigsten begangenen heiligen
Tagen des Jahres zählte.[43] Flugblätter und Bilder, die im Zusammenhang mit dem Fest gedruckt wurden, erfreuten sich besonderer Beliebtheit, und viele Familien feierten den Anlass mit einem aufwen-
digen Festmahl.[44]

Feiern waren zu keiner Zeit in dem Sinne integrierend, dass daran
andere religiöse Gruppen beteiligt gewesen wären, oder schlicht
ausgedrückt: Protestanten feierten nur selten gemeinsam mit Katholiken. Das galt selbst für Städte, in denen religiöse Parität herrschte.
Anstatt religiöse Gruppen zusammenzuführen, förderten die Friedensfeste vielmehr die »unsichtbaren Grenzen« zwischen den Konfessionen. In Augsburg etwa trugen die Feste zur Verinnerlichung
einer religiösen Identität bei, die, wie Etienne François formuliert
hat, »sich von der Person nicht mehr trennen ließ und gleichsam
zum Wesen eines jeden Augsburger Bürgers gehörte«.[45] Vielleicht
bildete Augsburg eine Ausnahme. Im Gegensatz zu fast allen anderen Städten des Reichs feierte Augsburg sein »Friedensfest« nicht
am Datum der Unterzeichnung des Friedensvertrags, sondern am
8. August, also jenem Tag, an dem Rudolf II. im Jahr 1629 als erste
Maßnahme des katholischen Restitutionsedikts die lutherischen
Pastoren aus der Stadt vertrieben hatte. Doch selbst wenn man
Augsburg als Ausnahme betrachtet, gilt es einzuräumen, dass die
Friedensfeste im allgemeinen nahezu ausschließlich lutherisch waren
und dem Zweck der Stärkung lutherischer konfessioneller Identität
dienten.[46] Das mag auch auf Stralsund zutreffen, das von 1648 bis

1815 zu Schweden gehörte. Hier gedachte die lutherische Gemeinde mit einem jährlichen Gottesdienst ihrer Befreiung von der Belagerung durch Wallenstein im Jahr 1628.[47]

Gedenken – gemäß Bergsons tieferem Verständnis als »Gewohnheit« – gab es demnach nur in wenigen Städten des Reichs.[48] War der Dreißigjährige Krieg also in dem Sinne »vergessen«, in dem Renan den Begriff verstanden wissen wollte? Das ist eine schwierigere Frage, deren detaillierte Erforschung noch in ihren Anfängen steckt. Doch es liegen sicher Hinweise darauf vor, dass sich eine Art Vergessen über die katastrophale Gewalt breitete, die den Krieg begleitet hatte. Konrad Repgen zufolge wurden zwischen 1670 und 1748 keinerlei Bücher konkret über den Dreißigjährigen Krieg geschrieben, auch wenn nach seiner Untersuchung zumindest drei weitere Titel aufgefunden worden sind.[49] Die 1748 erschienenen Bücher hingen konkret mit der Jahrhundertfeier des Westfälischen Friedens zusammen, die eine Anzahl von Städten begingen, gewöhnlich indem sie Münzen prägten oder Oden komponieren ließen.[50] Zu diesen Büchern zählten eine lateinische Vortragsreihe eines Professors der Braunschweiger Universität, eine katechismusähnliche Fibel für die Augsburger Schulkinder und eine kurze, aber ernsthafte Studie zur Geschichte des Krieges.[51] Danach erschien erst 1758–60 wieder ein größeres Werk, als im Zusammenhang mit dem Siebenjährigen Krieg der lutherische Pastor und Lehrer Eberhard Rambach ein vierbändiges Werk über den Dreißigjährigen Krieg und den Westfälischen Frieden aus der Feder eines französischen Jesuiten übersetzte und ergänzte.[52] Noch zwei Jahrzehnte vergingen, bevor weitere Werke entstanden. Offenbar trat der Dreißigjährige Krieg erst Ende des 18. Jahrhunderts wieder in das Bewusstsein einer breiteren Schicht der Bevölkerung.

Bewirkt wurde dies durch Friedrich Schillers zwischen 1790 und 1792 verfasste *Geschichte des Dreißigjährigen Krieges* und vor allem durch seine *Wallenstein*-Trilogie, die 1798/99 in Weimar uraufgeführt wurde und 1800 als Buch erschien. Erstmals seit dem 17. Jahrhundert interpretierte ein bedeutender Autor den Dreißigjährigen Krieg als religiösen Kampf für »die deutsche Freiheit«, wobei heldenhafte Männer die Bühne beherrschten.[53] Schillers Geschichte folgte weitgehend den Informationen der zu Unrecht vergessenen elfbändigen *Geschichte der Deutschen* aus der Feder des aufgeklärten katholischen Historikers Michael Ignaz Schmidt.[54] Sie profitierte zudem enorm von dem veränderten Kontext der 1790er Jahre, als das Reich – wie im frühen 16. Jahrhundert – in einer tiefen Krise steckte und die Möglichkeit einer Revolution mehr als nur in der Luft lag.[55] »Zerfallen sehen wir in diesen Tagen / Die alte feste Form«, schrieb Schiller im Vorwort zum *Wallenstein* über den 150jährigen Frieden, der auf die »dreißig jammervollen Kriegsjahre« gefolgt war.[56] Bezeichnenderweise widmete Schiller dem Westfälischen Frieden in seinem historischen Werk lediglich eine Seite und überließ die Geschichte seiner Aushandlung »einer anderen Feder«.[57]

Allerdings wurde das Thema von keiner anderen Feder aufgegriffen. Die komplizierten Bestimmungen des Friedensvertrags schienen in dem Jahrzehnt, das zum merkwürdigen Ende des Heiligen Römischen Reichs führte, hinfällig zu sein. Im Gefolge des Napoleonischen Krieges interessierte die jungen Intellektuellen zudem die Erfahrung des Dreißigjährigen Krieges, welche die Nation zerrissen hatte, weit mehr als der darauffolgende Friede. Zwar thematisierten vereinzelte wissenschaftliche Arbeiten den Westfälischen Frieden, doch die zweite Hundertjahrfeier des Friedensvertrags im Jahr 1848 verging unbemerkt, und lediglich eine Ortschaft – Dinkelsbühl – hielt inne, um sie zu begehen.[58] Einem Europa der Nationen konnte der nicht-nationale Friede von 1648 kaum als Vorbild dienen.

Im Bereich der Literatur hatte in der Frühen Neuzeit eine ähnliche Periode des ausgedehnten Vergessens mit Blick auf den Dreißigjährigen Krieg eingesetzt. Diese Behauptung kann keine absolute Gültigkeit beanspruchen, doch das Schicksal von Grimmelshausens *Simplicissimus* mag als Maßstab für das herrschende Vergessen dienen. Der erstmals 1668 veröffentlichte (auf der Titelseite allerdings auf das Jahr 1669 datierte) mutigste Roman über den Krieg wurde 1683 neu aufgelegt und als »aus dem Grabe der Vergessenheit erstanden« angepriesen.[59] Als das Buch 1713 erneut veröffentlicht wurde, hatte sein Ruhm bereits nachgelassen, und als man es 1785 neu auflegte, stutzte man es auf 180 Seiten zurecht, begrenzte seinen anstößigen Realismus und glättete seine eckigen Kanten.[60] Es war zudem nicht mehr Teil des literarischen Kanons. Die 1700 erschienene zweite Auflage von Daniel Georg Morhofs *Unterricht von der Teutschen Sprache und Poesie* erwähnt den *Simplicissimus* nicht, obwohl das Buch einen der frühesten Versuche darstellt, die deutsche Literatur im europäischen Kontext zu verankern. In seinem *Versuch einer critischen Dichtkunst* (1730), einem programmatischen Beispiel des Stils der Frühaufklärung, erwähnt Johann Christoph Gottsched den *Simplicissmus* im Zusammenhang der seinerzeit »bekannten und beliebten« Schelmenromane, hat aber kaum etwas darüber zu sagen.[61] Vielleicht am aufschlussreichsten ist Zedlers gewaltiges *Großes vollständiges Universal-Lexicon aller Wissenschafften und Künste*, das zwischen 1731 und 1750 in vierundsechzig Bänden erschien. Es berichtet über *Simplicissimus* mit der Aussage »Dieses Wort findet man bey den Titeln verschiedener Bücher als einen erdichteten Rahmen vorgesetzet« und verweist auf die Ausgabe von 1713.[62] Diese Liste ließe sich noch erweitern um den knappen Eintrag für Samuel Greifensohn (den vermeintlichen Namen des Verfassers, dessen Identität erst 1834 aufgedeckt wurde) in Christian Gottlieb Jöchers ansonsten gründlichem *Allgemeinen Gelehrten-Lexikon* aus dem Jahr 1750.[63] Dort heißt es über Greifensohn: Er stammte »aus Hirschfeld, lebte im vorigen Jahrhunderte, und war in seiner Jugend Musketier. Mehr ist von ihm nicht bekannt, ob er gleich verschiedenes geschrieben hat«, darunter auch »den Simplicissimus, einen zu seiner Zeit beliebten Roman«.[64]

Das war eindeutig eine andere Zeit, und es blieb den Dichtern der Romantik vorbehalten, den *Simplicissimus* wiederzuentdecken. Ludwig Tieck stieß die neue Würdigung an, als er in seinem *Journal 1789* den Stil und die satirische Schlagkraft des *Simplicissimus* pries, insbesondere seine Fähigkeit, »das ganze Leben« darzustellen. »Aber kein Mensch ließt jetzt das alte vergessene Buch«, klagte Tieck.[65] Das sollte sich in den darauffolgenden Jahren ändern. Clemens Brentano, Achim von Arnim und Joseph von Eichendorff waren eifrige Leser des *Simplicissimus*. Auch Goethe las ihn – erstmals im Jahr 1809.[66] Ein Jahrzehnt später, nach der Katastrophe der Napoleonischen Kriege, verkündeten Schriftsteller und Kritiker, der *Simplicissimus* sei wahre deutsche Literatur, ein Buch voller »Gesundheit, Derbheit und Wahrhaftigkeit« und ein »überaus treues Naturgemälde der Greuel und Schändlichkeiten des dreysigjährigen Krieges«.[67]

Nicht zuletzt senkte sich auch in der Kunst ein ähnliches Vergessen über den Dreißigjährigen Krieg, das eine signifikante Verlagerung von einer intensiven Betrachtung der Gewalt des Krieges zur Blindheit gegenüber seiner Brutalität dokumentiert.[68] Heutzutage prägen Jacques Callots sorgfältig inszenierte, aber bewegende Radierungen *Les misères et les malheurs de la guerre* unsere visuelle Vorstellung der Schrecken des Krieges des 17. Jahrhunderts, insbesondere der häufig blutigen, gewöhnlich ungleichen Konfrontation zwischen Soldaten und Zivilisten. Doch es gab noch weitere Künstler, deren scheinbarer Realismus noch weit irritierender war, darunter der anonyme Monogrammist C.R. (möglicherweise Christian Richter), außerdem Rudolf Meyer aus Zürich und Hans Ulrich Franck. Francks Sammlung von fünfundzwanzig Kriegsszenen, deren Reihenfolge und Datierung unsicher ist, kommt der Brutalität der Kriegszeit am nächsten. Seine Radierungen stellen uns – vor einem minimalistischen Hintergrund – genau in den Augenblick hinein, in dem die Gewalt geschieht, und gestatten wenig Fluchtmöglichkeiten oder Trost.[69] Diese zornige, mutlose Stimmung verwandelte sich mit dem Frieden: Von den 1640er bis zu den 1660er Jahren zeichneten Künstler – vor dem Hintergrund einer Blüte von Religion, Kunst und Wissenschaft sowie der Rückkehr der Bauernschaft zur Gabe des Landes – kunstvolle Allegorien auf Jupiters Triumph über Mars.[70] Selbst diese allegorisch versüßten Motive, die Mitte des 17. Jahrhunderts in zahllosen Flugblättern populär wurden, verschwanden danach weitgehend aus dem Blick. Erst mit Francisco Goyas Zyklus *Los desastres de la guerra* aus dem frühen 19. Jahrhundert, der erst 1863 veröffentlicht wurde, sollte wieder Wut die Art und Weise prägen, in der Künstler die Gewalt der Schlacht darstellten und Soldaten im Augenblick des Mordens einfingen.[71] Doch Goya blieb ein Einzelfall. In Deutschland griffen Historienmaler den Dreißigjährigen Krieg auf, die weniger zornig und eher bereit waren, die Klischees der heroischen Schlacht wiederzugeben. Daniel Chodowiecki, ein polnischer Hugenotte, der zeit seines Lebens in Berlin lebte, war vielleicht der erste von ihnen – er veröffentlichte in den 1790er Jahren vier Drucke über das Thema. Ihm folgte Friedrich Georg Weitsch mit seinem Ölbild *Gustav Adolph vor Berlin*. Das 1800 auf der Berliner Kunstausstellung vor-

gestellte Bild wurde auf Geheiß von König Friedrich Wilhelm III.
gemalt, um mit der Kunst dem »Vaterland« zu dienen.[72]

Tatsächlich begannen die Deutschen erst im Gefolge des Nationalismus in den Jahrzehnten nach den Befreiungskriegen des Dreißigjährigen Krieges zu gedenken. Merkzeichen und Denkmäler entstanden und wurden eingeweiht, Kapellen wurden gebaut und Kreuze auf
den Schlachtfeldern von Breitenfeld und Lützen errichtet. In Lützen
erinnerte eine Legende daran, ein Kavallerist und dreizehn Bauern
hätten einen Felsen aufgestellt, um zu markieren, wo Gustav Adolf
tot zu Boden gestürzt war; tatsächlich erhielt der berühmte Schwedenstein seine Inschrift »G. A. 1632« erst im Jahr 1803.[73] In Perlach,
einem südöstlichen Stadtteil Münchens, kennzeichnete ein ähnlicher
»Schwedenstein« den Ort, an dem angeblich 1632 der schwedische
General Gustav Carl Horn gefallen war. Der Stein war jedoch ein
Produkt der Fantasie des 19. Jahrhunderts. Als 1899 eine Kommission
die Angelegenheit untersuchte, kam sie zu dem Schluss, Horn sei keineswegs 1632 in Perlach getötet worden, sondern fünfundzwanzig
Jahre später in Schweden gestorben und in jedem Fall in Stockholm
begraben.[74] Der als »Schwedenstein« bezeichnete 418 Meter hohe
Hügel in der Westlausitz hat eine ähnliche Geschichte; vor seiner Um-
benennung im Jahr 1832 hatte er Gickelsberg geheißen. Es stimmt,
dass man in Deutschland eine Fülle von Merkzeichen finden kann, die
an den Dreißigjährigen Krieg erinnern, nicht zuletzt die allgegenwärtigen Tilly- und Wallenstein-Straßen. Diese sind jedoch höchstwahrscheinlich spätere Namengebungen, Produkte des 19., wenn nicht des
20. Jahrhunderts. Das gleiche kann man von den Festen sagen, etwa
den »Wallensteintagen« in Stralsund, welche die Befreiung der Stadt
von der erbarmungslosen Belagerung durch den General im Jahr 1628
feiert. Die Feiern stammen aus den Anfängen der preußischen Zeit, als
man Stralsund infolge des Wiener Kongresses Schweden und Däne-
mark entrissen hatte. Andere Feierlichkeiten, wie die Memminger
Wallensteinspiele, begannen erst in den 1980er Jahren.

Ob sich der Dreißigjährige Krieg in der Sprache einnistete und auf
diese Weise in Erinnerung blieb, ist schwerer festzustellen. Über
hundert militärische Begriffe aus romanischen Sprachen, insbesondere dem Französischen, fanden zwischen 1575 und 1648 Eingang in
die deutsche Sprache.[75] Noch aufschlussreicher sind vielleicht die

Begriffe, die von der zivilen Erfahrung des Krieges künden, wobei vor allem die Präsenz der schwedischen Truppen in der topographischen Vorstellung verankert blieb. Namen wie »Schwedenacker« bezeichnen Orte, an denen schwedische Soldaten beerdigt wurden, während der Begriff »Schwedengeld« sich auf die in verschiedenen folkloristischen Überlieferungen erwähnte Möglichkeit bezieht, dass Gustav Adolfs Soldaten ihre Beute begraben hatten. Daneben gibt es in Deutschland eine Reihe von »Schwedenschanzen« und »Schwedenstraßen«, wo die Armeen des Königs aus dem Norden angeblich durchmarschierten. Der berüchtigte »Schwedentrunk«, eine Foltermethode, bei der Soldaten Dorfbewohnern einen Beutel mit Kot und Urin die Kehle hinunterdrückten, bis diese ihre versteckten Wertgegenstände herausrückten, scheint ein mündlich weitertradierter Teil der Volkserinnerung zu sein.[76] Eine Anzahl lokaler Legenden berichtet von kleinen Wundern: etwa von dem feuerfesten Kreuz der Kapelle von Saulgau, das die Schweden vergeblich zu verbrennen versuchten, oder von Ellwangen, wo in der Palastkapelle ein Marienbild einen Schweden, der es verunstalten wollte, mit schrecklichen Pocken niederstreckte.[77] Bei einigen »Schwedensteinen« und Feldkreuzen kann es sich auch um echte Grabstätten handeln.

In jedem Fall kann man zu dem vorläufigen Schluss gelangen, dass der Dreißigjährige Krieg in der Kultur des gedruckten Buchs aus der Erinnerung herausfiel, in der Volkskultur dagegen vielleicht Nebenwege fand. Beide Thesen bedürfen der weiteren Forschung, da die Historiographie des Gedächtnisses, das sich für das Studium des 19. und 20. Jahrhunderts als so fruchtbar erwiesen hat, mit Blick auf die Frühe Neuzeit weniger entwickelt ist. Im 19. Jahrhundert erhielt die Erinnerung an den Dreißigjährigen Krieg eine neue Bedeutung und wurde durch die Erfahrung eines kontinentalen Krieges sowie das Aufkommen des Nationalismus verwandelt. Stand im 18. Jahrhundert noch der Westfälische Friede an erster Stelle, so trat nunmehr der eigentliche Krieg – seine zerstörerische Kraft, seine Helden und die von ihm ausgelösten Leidenschaften – in den Mittelpunkt des Interesses.

Mit seiner Hinwendung zum Krieg und seiner Abwendung vom Frieden erwies sich der neue Nationalismus besonders für die deutschen Protestanten als attraktiv, namentlich in Sachsen und Preußen, wo die napoleonische Herrschaft tiefere Wunden hinterlassen hatte. Eine überproportionale Anzahl früher deutscher Nationalisten stammte aus dieser Region (grob gesprochen, dem Dreieck zwischen Elbe, Oder und der zu Schweden gehörenden Insel Rügen). Dazu zählten Ernst Moritz Arndt und Turnvater Jahn, Johann Gottlieb Fichte und Jakob Friedrich Fries, darüber hinaus die Dichter Heinrich von Kleist und Theodor Körner.[78] Die Anschauungen dieser kleinen Gruppe von Intellektuellen verkörperten nicht die Gefühle aller Preußen und Sachsen, geschweige denn der Deutschen im Rheinland, südlich des Mains oder in den österreichischen Landen.[79] Wie die historische Forschung heutzutage erkannt hat, war es zumeist nicht der Nationalismus, der den enormen, vielgestaltigen Widerstand gegen die napoleonische Herrschaft beflügelte.[80] Doch die frühen deutschen Nationalisten schufen die Voraussetzungen für eine Diskursverlagerung, was das Nachdenken über die Nation betraf, und obgleich man nicht von einer soziologischen Tiefenwirkung dieses Wandels sprechen kann, verkörperte er dennoch neue Möglichkeiten. Sein Einfluss auf regionale Eliten war zudem ausgeprägter, als die Forschung bisher zugestehen wollte.[81]

In diesem Zusammenhang stellte die Neudeutung des Dreißigjährigen Krieges tatsächlich eine echte Wende dar, ein neues Narrativ, das von der Prämisse einer verlorenen nationalreligiösen Einheit ausging. Aus der Sicht deutscher Nationalisten, vor allem der Protestanten, rückte dies Gustav Adolf neu in den Mittelpunkt und ließ sein Eingreifen als Teil eines umfassenderen religiösen und nationalen Kampfes gegen die Feinde der deutschen Einheit erscheinen. Gustav Adolf wurde, wie Kevin Cramer gezeigt hat, »zum Herzstück eines nationalen Narrativs, das auf der Idealisierung jener protestantisch-deutschen Tugenden beruhte, die dreihundert Jahre lang Rom und Frankreich getrotzt hatten«.[82] In diesem Sinne wurde die »Wiederentdeckung« des Krieges Teil einer religiös inspirierten Deutung der deutschen Vergangenheit. Diese auf der Figur Isaaks und somit der Idee des Opfers beruhende Interpretation postulierte, das Leiden des Krieges sei die Erfüllung eines Bundes zwischen Gott und seinem erwählten Volk. »Der Bund«, so Cramer, »verhieß nationale Geschlossenheit – nicht nur durch die Einigung, sondern durch den Aufstieg zu einer europäischen und zur Weltmacht«.[83]

III

Die im 19. Jahrhundert entwickelte Neudeutung des Dreißigjährigen Krieges sollte nicht den Blick für das Vergessen verstellen, das ihr vorangegangen war. Was die Gewalt gegen Juden betrifft, so trat in der christlichen Welt dagegen kein solches Vergessen ein. Hier gab es Kontinuität, aber auch Wandel. Es geht dabei nicht um ein moralisches Argument, sondern um den Hinweis auf einen strukturellen Aspekt. Im Zusammenhang der Vertreibungen, als in den deutschen Städten und Ortschaften weniger Juden lebten, gewann das Gedenken an gewaltsame Episoden noch zusätzlich an Popularität, statt an Bedeutung zu verlieren. Am vollständigsten wissen wir über das Deggendorfer Fest Bescheid, da der Bischof von Regensburg in den 1980er Jahren eine Studie in Auftrag gab, die herausfinden sollte, ob der Vorwurf der Hostienschändung, der als Rechtfertigung für die Ermordung aller jüdischen Männer, Frauen und Kinder in Deggendorf im Jahr 1337 gedient hatte, der Wahrheit entsprach. Die bemerkenswerte theologische Dissertation, die sich daraus ergab, kam zu dem Schluss, der Vorwurf habe keinerlei Grundlage, und zeigte die Struktur der Wallfahrten und der Frömmigkeit auf, von denen Deggendorf mehr als vier Jahrhunderte lang profitiert hatte.[84] Für unsere Zwecke besonders relevant ist die Tatsache, dass der Vorwurf der Hostienschändung offenbar erst dreißig Jahre nach dem Massaker aufkam, es sich also – in diesem Sinne – um eine Erfindung handelte, die das Morden rechtfertigte. Die Legende, der zufolge die Hostie ihre Form bewahrte, obwohl sie sich in jüdischer Gewalt befand, gewann zudem erst im 16. Jahrhundert an Wirksamkeit; Feste in ihrem Namen kamen dann in der Barockzeit auf. Während die Christen in Deutschland Versöhnung einübten und in ihrem Vergessen des verheerenden Wütens des Dreißigjährigen Krieges übereinstimmten, strömten immer mehr christliche Pilger nach Deggendorf, um das Wunder zu feiern. Im 18. Jahrhundert schwankte die Zahl der Pilger pro Jahr zwischen 20 000 und 60 000. Anlässlich des 400jährigen Jubiläums des Wunders bzw. des Massakers im Jahr 1737 zählten die kirchlichen Behörden die bemerkenswerte Zahl von 140 000 Pilgern. Die Gedenkfeier gehörte somit zu den populärsten Andachten Süddeutschlands. Im 19. Jahrhundert ließen die Zahlen zwar nach, aber nicht signifikant, was darauf hindeutet, dass die Macht des Wunders und die Faszination des Dramas ungeachtet der fortschreitenden Säkularisierung auch weiterhin Scharen von Pilgern anlockten. Die Anziehungskraft war zudem durchaus nicht lokal begrenzt – vielmehr zogen Pilger aus weiten Bereichen Bayerns, Böhmens und Niederösterreichs nach Deggendorf.[85] Für Deggendorf blieb die Wallfahrt bis weit ins 20. Jahrhundert hinein eine bedeutende Einkommensquelle, und zwar bis 1991, als ihr der Regensburger Bischof ein Ende setzte.

Deggendorf war jedoch kein Einzelfall. Der Kult des Heiligen Simon von Trient, der 1475 angeblich von Juden ermordet worden war, zog während der gesamten Frühen Neuzeit und bis ins 19. Jahrhundert hinein eine große Zahl von Pilgern an; sein Grab in der Trienter Peterskirche blieb Andachtsort, bis Papst Paul VI. eine Untersuchung des Kults anordnete und ihn 1965 schließlich verbot.[86] Das Gleiche gilt für den Anderl-von-Rinn-Kult in dem österreichischen Dorf nahe Innsbruck, wo sich eine im 17. Jahrhundert erfundene und ins 15. Jahrhundert rückdatierte Ritualmordlegende erheblicher Beliebtheit erfreute. Die Dorfbewohner inszenierten sogar Darstellungen des Mordes mit geschnitzten Figuren blutrünstiger jüdischer Mörder.[87] Das wohl berühmteste dieser religiösen Dramen war das Endinger Judenspiel, das den »Ritualmord« an einer Familie in einer Kleinstadt am Kaiserstuhl im Jahr 1462 inszenierte. Das erstmals 1610 aufgeführte Spiel bot ein jüdisches Geständnis, Wunder und die Verbrennung von Juden auf dem Scheiterhaufen dar.[88] Fromme Katholiken aus der Umgebung strömten nach Endingen, um sich das Spiel anzuschauen, und die Reliquien der ermordeten Familie wurden zu einem beliebten Wallfahrtsort.[89]

Diese Beispiele stammen aus den katholischen Regionen Deutschlands. In den Teilen, die entweder protestantisch geworden oder zeitweilig unter protestantischen Einfluss geraten waren, war die Erinnerung an diese Ereignisse bereits im 16. Jahrhundert ausgelöscht worden. Doch das Gedächtnis hat – wie die Geschichte – »viele listige Kanäle«, so dass die Dezimierung der jüdischen Gemeinschaft auch in der Frühen Neuzeit ein Akt blieb, dem ein positiver Wert zugeschrieben wurde und der sichtbare Folgen zeitigte. Das gilt vor allem für die lokale Ebene. Sebastian Münsters *Cosmographia*, ein ausuferndes Werk, das die ganze Welt zu beschreiben beanspruchte, enthält zahlreiche Lokalgeschichten humanistischer Gelehrter, die versuchten, den Ruhm ihres jeweiligen Heimatorts zu mehren. Das erstmals im Jahr 1544 und dann 1550 in vielfach erweiterter dritter Auflage erschienene Buch enthält narrative Beschreibungen des Mordes an den Juden von Speyer, Worms und Mainz während des Ersten Kreuzzugs, Geschichten über die Zerstörung der jüdischen Gemeinde in Nördlingen 1290 sowie Berichte über die Armleder-Massaker im Oberelsass 1337 und eine zweite Welle von Morden im Jahr 1349, zur Zeit der Pestepidemie.[90] Da die *Cosmographia* großartig gezeichnete Stadtbilder ihr Eigen nennt, erzählt sie auch über die Architektur der örtlichen Ghettos – etwa die »Judentürme« in Meißen und Straßburg und den »Judenplatz« in Würzburg. Über das böhmische bzw. heute tschechische Eger teilt die *Cosmographia* mit: »Es ist zu Eger ein alte Kirch unser Fraue genannt, die ist vor Zeiten ein Judenschul gewesen«, und ein »Mordgäßlein, darinn die Juden erwürgt und geschlagen seind worden«.[91]

Im 17. Jahrhundert diente Matthäus Merians mehrbändige *Topographia Germaniae* als vergleichbare Quelle lokalen Wissens. Aus ihren Darlegungen erfahren wir über Rothenburg ob der Tauber und wie 1404 zu Ehren der Jungfrau Maria auf dem Milchmarkt eine Kapelle gebaut wurde, wo zuvor eine »Judenschul« und ein »Seel-Haus« gestanden hatten. Sie berichtet außerdem, bereits 1397 seien die Juden am Karfreitag »verjagt und verbrennt« worden, man habe ihren Friedhof beschlagnahmt und für die Christen benutzt sowie ihre Kapelle fortgenommen und nach der Heiligen Jungfrau umbenannt. Nachdem sie 1520 erneut geweiht worden waren, wurden der Friedhof und die Kapelle während eines Bauernaufstands zerstört.[92] Auch mit Blick auf Regensburg hat die *Topographia Germaniae* vieles über das lokale Gedächtnis zu sagen. Sie informiert uns nicht nur ausführlich über die jüdische Gemeinde, »dass sie und ihre Vorältern bei 1800 Jaren neben den Teutschen allhie gewohnt haben«, sondern erzählt auch über ihre Synagoge, »so gar berühmbt war, von fernen Orthen viel Juden hierher kommen«, sowie über ihre Zerstörung im Jahr 1519 und die nachfolgende Vertreibung der Juden. Außerdem behauptet die *Topographia*, dort sei »ein Stein in der Gassen […] aufgerichtet« worden, »wo man nach S. Cassian gehet, zum Gedächtniß ihrer Ausrottung«.[93] In Überlingen, so die *Topographia*, gedachten die Bürger der Verbrennung aller Juden im Jahr 1332 – nach einem angeblichen Ritualmord – mit der öffentlichen Verlesung einer in der Stadtordnung aufgenommenen Resolution, der zufolge »man zu ewiger Zeit keine Juden mehr eynlassen sole«.[94]

Der Überlinger Fall deutet auf einen wichtigen Kanal hin, durch den die Erinnerung in der Frühen Neuzeit weitertradiert wurde, nämlich die Stadtordnungen, denen Judenverordnungen hinzugefügt wurden. Überall in den Städten und Territorien des zersplitterten Deutschland beschrieben diese Judenverordnungen in akribischen Einzelheiten Vorschriften der Trennung: wo die Juden leben durften, wann sie die Mauern der Stadt zu verlassen hatten, wie viel sie für einen Tagesbesuch bezahlen mussten und ob es erforderlich war, dass sie von einer Wache begleitet wurden. Darüber hinaus regelten sie im Detail, wann Juden ihre Waren verkaufen, wann sie Gottesdienst feiern und unter welchen Bedingungen sie mit Christen verkehren durften. Im Jahr 1585 galt die Judenverordnung Hessen-Darmstadts als verhältnismäßig liberal. Sie führte dreizehn Artikel auf, die den jüdischen Gottesdienst, das Verkaufen von Waren, die Zinsnahme, Disputationen mit Christen, jüdischen Handel sowie Geschenke an Beamte begrenzten und bestimmten, dass ein Jude, der »ein Christweib oder Jungfraw schändet oder beschleft«, »am Leben bestraft« werden solle.[95] In Köln legten diese Verordnungen auch noch zweihundert Jahre später das örtliche »Judenprivileg« fest, das Juden zwang, eine Gebühr für das Betreten der Stadt zu zahlen, diese Gebühr täglich neu zu begleichen, besondere Kleidung zu tragen, sich von einem rotgewandeten Wächter begleiten zu lassen und lediglich speziell festgelegte Orte aufzusuchen.[96] Wie die Vorschriften für Bettler und Mitglieder ehrloser Berufe wie Henker, Totengräber und Abdecker durchdrangen diese Verordnungen das soziale Gewebe des örtlichen Lebens mit einem klar strukturierten Raumgefühl, indem sie die Grenzen zwischen getrennten Gemeinschaften innerhalb der Stadtmauern sorgsam absteckten.[97] Zudem bekundeten sie »eine obsessive Bemühung um das Vermeiden körperlicher Berührung«.[98] In dem Maße, in dem das öffentliche Recht zur verinnerlichten Ordnung wurde, wurden

Überschreitungen – in dem von Mary Douglas beschriebenen Sinne – als Verunreinigung empfunden und rührten an die grundlegende Ordnung des Lebens.

Juden verinnerlichten diese Ordnung, indem sie – durch Rezitation und Ritual – die Gewalt erinnerten, die ihre Gemeinschaft getroffen hatte.[99] In Worms etwa rezitierte die Gemeinde am siebten Tag des Pessachfests Gebete für die Märtyrer des Jahres 1096 und zündete zu ihren Ehren Kerzen an.[100] In Frankfurt am Main erinnerte ein »zweites Purim« an die fehlgeschlagene Fettmilch-Revolte von 1614, einen antijüdischen Krawall, der damit geendet hatte, dass der Rädelsführer Vincent Fettmilch geviertelt und gehenkt wurde. Am 20. Adar, kurz nach dem Purimfest, lauschten die Frankfurter Juden einem jiddischen Lied namens *Megillas Vintz*, das an die Revolte erinnerte.[101] Mit seiner Fülle biblischer Anspielungen brachte das Lied die Geschichte der Rettung Esters und der Verurteilung Hamans mit der Hinrichtung Vincent Fettmilchs und der Rückkehr der jüdischen Gemeinde ins Frankfurter Ghetto in Zusammenhang.[102] Frankfurt war wohl die einzige große Gemeinde in den deutschen Landen, die dauerhaft ein »zweites Purim« feierte. Einige im 12. Jahrhundert verfasste Klagelieder für die Märtyrer der Massaker von 1096 überlebten jedoch in der jüdischen Liturgie und wurden auch weiterhin am 9. Aw gesungen, dem Gedenktag, der an die Zerstörung der zwei antiken Tempel in Jerusalem erinnert und beide Ereignisse in einem sakralen Narrativ zusammenbindet.[103] Einige Trauerlieder erwähnen die Namen zerstörter Gemeinden, wie Mainz, Worms und Speyer.[104] Andere erinnern an stärker lokale und neuere Ereignisse – etwa an die Vertreibung der Juden aus Wien im Jahr 1669. Nicht alle Katastrophen waren jedoch von Christen verursacht: ein Trauerlied beklagte die Opfer der Pest, die 1713 Prag heimgesucht hatte.

Auf Grund der überlieferten Memorbücher kann man vermuten, dass diese Klagelieder für die Religiosität eine wichtige Rolle spielten. Das Mainzer Memorbuch aus dem 12. Jahrhundert wurde zum Vorbild, das bei vielen anderen Nachahmung fand – etwa jenen aus Fürth (1592), Trier (1662) und Bonn (1727). Ende des 18. Jahrhunderts gab es überall Memorbücher, alleine 150 in Bayern.[105] Oft wurden in ihnen auch neuere Ereignisse aufgenommen, so etwa im

Memorbuch von Oberemheim, das Darstellungen der Ermordung von Juden durch entlassene Soldaten der Armee Ludwigs XIV. nach der Schlacht von Nancy im Jahr 1698 enthielt.[106] Andere reichten länger in die Vergangenheit zurück. Das Mannheimer Memorbuch enthielt ein Gebet für die im Jahr 1349 Ermordeten, während das Memorbuch der jüdischen Gemeinde Mindens Gebete für die Opfer der durch Hostienschändungsvorwürfe ausgelösten Verfolgungen in Sternburg (Mecklenburg) 1492 und in der Mark Brandenburg 1510 aufführte.[107] Die Klagelieder in der deutsch-jüdischen Tradition der Frühen Neuzeit erreichten zwar niemals die gleiche poetische Kraft wie die Klassiker früherer Zeiten oder die Trauerlieder, die die spanischen Juden in der Zeit nach der Vertreibung von 1492 verfasst hatten.[108] Die Memorbücher stellten jedoch die Fortdauer der Erinnerung an die Gewalt sicher. Jedes Jahr werden die Namen der Ermordeten in der Reihenfolge der Städte vorgetragen, in denen sie gelebt hatten, und der gewaltsamen Ereignisse, die sie das Leben gekostet hatten.[109]

IV

In der deutschen Geschichte bestimmten die katastrophale religiöse Gewalt und ihre Überwindung die Möglichkeiten der Gemeinschaft. Auf der einen Seite gab es das Vergessen der einen unter Anerkennung der anderen. Das war die zentrale Geschichte der Erinnerung an den Dreißigjährigen Krieg. Auf der anderen Seite gab es die mit der Leugnung der vollen Menschlichkeit des anderen verbundene Erinnerung – so im Falle der christlichen Gewalt gegen die Juden. Diese Gegenüberstellung ist natürlich eine Konstruktion des Historikers, doch sie sagt auch etwas darüber aus, was vorstellbar war.[110] Die eine Geschichte erzählt von der Gewalt als Geißel und dem Frieden als Befreiung von ihr. Die andere dagegen erzählt von der Gewalt als einem gerechten Akt, der wiederinszeniert werden kann. In der einen Geschichte kultivierten die Deutschen Merkzeichen, die an katastrophale Gewalt erinnerten, in der anderen errichteten sie sie in Stein. Unter Christen fielen die Ursachen der Gewalt dem Vergessen anheim und die Kränkungen wurden begraben – zumindest versuchte man dies. Was die christlich-jüdische Begegnung betraf, so erinnerten, reinszenierten und ritualisierten die Christen die Wunder, welche die Gewalt begleitet hatten, und hielten die Begegnung in den »Judenverordnungen« der Stadtordnungen fest. »Das Wesen einer Nation«, schrieb Renan, besteht darin, »daß alle Individuen vieles miteinander gemein haben und auch, daß sie viele Dinge vergessen haben«.[111] Trifft dies zu, so ermöglichte es das Erbe der katastrophalen religiösen Gewalt Christen in allen deutschen Landen um das Jahr 1800, sich eine Gemeinschaft – selbst eine nationale Gemeinschaft – mit anderen Christen, nicht aber mit Juden vorzustellen.

Die Geschichte steht jedoch nicht still, und das 19. Jahrhundert verwandelte diese Beziehungen, indem es Kontinuität zu dem einen Komplex von Erinnerungen herstellte, den anderen hingegen radikal umformte. Der Nationalismus – nicht nur das Nationalgefühl – spielte bei beiden Veränderungen eine zentrale Rolle. Das hängt damit zusammen, dass der Nationalismus, um mit Clifford Geertz zu reden, versuchte, »beständige kulturelle Formen aus ihrem spezifischen Kontext« hervorzuholen und sie »zu allgemeinen Loyalitäten zu erweitern und zu politisieren«.[112] Hinsichtlich der Geschichte von Christen und Juden bedeutet das, dass örtliche Traditionen der Exklusion auf eine nationale Ebene erhoben wurden und sich im Zuge dieses Prozesses das Vokabular veränderte. Im Laufe des 19. Jahrhunderts wich die lokale, religiöse Sprache, wenn auch nur langsam, nationalen und politischen Diskursen, wobei das Zusammenspiel des Vokabulars das hervorstechendste Merkmal des antijüdischen Gefühls blieb. Erst im 20. Jahrhundert, im Zusammenhang des Krieges, wurde der deutsche Antisemitismus – als von einer breiten Schicht getragenes Gefühl – überwiegend national, politisch und mörderisch. Erstmals gedacht wurden diese Möglichkeiten jedoch während des Übergangs von der Frühen Neuzeit zur Moderne.

Gedacht wurden sie zudem im Kontext der Herausbildung national-religiöser Ideen, in deren Zusammenhang deutsche Nationalisten die alttestamentliche Vorstellung des erwählten Volkes aufgriffen und die Nation nach dem Vorbild konfessioneller Gemeinschaften deuteten, so dass politische und persönliche Identität eins wurden und die Grenzen scharf und deutlich hervortraten. Diese vorgestellte heilige Nation (oder eine säkulare Version derselben), in deren Mittelpunkt eine imaginierte national-religiöse Gemeinschaft stand und die die Gewalt des Opfers – im zweifachen Sinne des Wortes – betonte, sollte mit der Zeit eine exklusive Logik schüren, die sich mit besonderer Heftigkeit gegen die Juden wandte, und apokalyptische Visionen der Nation hervorrufen, die auf eine endgültige zerstörerische Katastrophe hinausliefen.[113]

V

Die nachfolgende Geschichte bringt uns zu den religiösen Gegensätzen des 19. Jahrhunderts. Diese Gegensätze verschärften sich in den 1830er Jahren und erneut während der liberalen Ära der 1860er Jahre und gipfelten im Kulturkampf. Nachdem der Dreißigjährige Krieg zunächst im Zusammenhang der Revolution und der Befreiungskriege gedeutet worden war, geriet er nun in die Turbulenzen religiöser Polemik, so dass kaum ein Thema – seien es die Ursachen des Krieges, die Rolle Gustav Adolfs und Albrecht von Wallensteins, das Trauma von Magdeburg oder die Dimension des Gemetzels – davon unberührt blieb. Protestantische Historiker und Theologen verglichen die deutsche Nation während des Dreißigjährigen Kriegs mit dem biblischen Isaak und interpretierten das Opfer im Sinne einer nationalen Eschatologie. Die Katholiken waren dieser Deutung gegenüber nicht abgeneigt, setzten jedoch andere Akzente. Während etwa die Protestanten Gustav Adolf als Befreier betrachteten, verglichen ihn die Katholiken mit Napoleon und stellten ihn als Gestalt von weltgeschichtlicher Bedeutung dar, die darauf bedacht war, das traditionelle Gefüge des Heiligen Römischen Reichs um einer säkularen Idee willen zu zerstören. Betonten die Deutschen in der Frühen Neuzeit den Frieden, so hoben sie nun die katastrophalen, ja apokalyptischen Merkmale des Krieges hervor. Gustav Freytag, dessen *Bilder aus der deutschen Vergangenheit* die Deutung als Katastrophe populär machten, behauptete, Deutschland habe zwischen zwei Drittel und drei Viertel seiner Bevölkerung verloren. Und auch Heinrich von Treitschke vertrat in seiner *Deutschen Ge-*

schichte im Neunzehnten Jahrhundert die Ansicht, der »gräuelvolle Krieg« habe »zwei Drittel der Nation [...] dahingerafft«.[114] Diese mit schaurigen Berichten über Vergewaltigungen, Plünderungen und Kannibalismus ausgeschmückte Darstellung als Katastrophe fand sodann Eingang in historische Romane, vaterländische Gedichte und nationalistische Lieder. Der Historiker Kevin Cramer hat diesen dramatischen Wandel der Erzähltradition neuerdings in allen Einzelheiten beschrieben und auf dessen prägende Bedeutung für das Denken der Deutschen über den Krieg bis weit ins 20. Jahrhundert hinein hingewiesen. Doch trotz all der vom 19. Jahrhundert hervorgebrachten historischen Polemiken und konfessionellen Gegensätze blieb der Dreißigjährige Krieg eine nationale Tragödie, welche die Zugehörigkeit derer beglaubigte, die gelitten hatten. Ja, sie machte dieses Leiden, so Cramer, zu einem Beweis der Erwählung der Deutschen, zu einem Zeugnis für einen besonderen Bund mit Gott.[115]

Die christliche Erinnerung an antijüdische Gewalt nahm dagegen eine völlig andere Wendung und zeugte von einer größeren Kontinuität zur Vergangenheit. Das tritt klar zutage, wenn man die anfängliche Reaktion auf die Emanzipation betrachtet, welche die Juden zu Bürgern machte, und bedenkt, welche Möglichkeiten für eine kritische Reflexion über die gewaltsame Vergangenheit zur Verfügung standen.

Die Emanzipation der Juden erfolgte im Zusammenhang der deutschen Niederlage und der Hoffnung auf eine nationale Wiedergeburt. Es stimmt zwar, dass sich die anfängliche Diskussion aus einer von Christian Wilhelm von Dohms Abhandlung *Über die bürgerliche Verbesserung der Juden* (1871) ausgelösten Debatte heraus entwickelte. In Wirklichkeit ging die Emanzipation jedoch von Paris aus. Als 1795 französische Truppen das Rheinland besetzten, beseitigten die französischen Verwaltungsbeamten sofort die besonderen Vorrechte der Städte. In Köln wetterte der französische Generalkommandant gegen die dort herrschende Intoleranz Protestanten wie Juden gegenüber.[116] 1797 hatten die Franzosen die Unabhängigkeit Kölns aufgehoben und die Juden zu Bürgern erklärt, die das Recht hätten, zu leben, wo sie wollten. Während der folgenden zehn Jahre erfolgte die Emanzipation in Städten von Aachen bis

Worms unter Androhung von Waffengewalt, und diese Erfahrung wiederholte sich, als die napoleonischen Truppen weitere Teile Deutschlands besetzten oder inoffiziell unter Kontrolle brachten. Während sich die meisten Deutschen an die napoleonische Herrschaft anpassten, zerfiel im Zuge dieses Prozesses die Autonomie der Ortschaften und Städte.[117] Tatsächlich fielen die Ghettos und die den Juden auferlegten endlosen Beschränkungen durch Waffengewalt. Das Rheinland und Westfalen gerieten unter die unmittelbare Herrschaft Napoleons und seiner Familie, doch auch Baden, die Hansestädte und Frankfurt am Main bekamen die Bedrohung durch seine Truppen zu spüren, und dieser Druck bestimmte das Tempo der Emanzipationsgesetzgebung. Auch in Preußen schuf die militärische Niederlage die Voraussetzungen für durchgreifende Reformen. Hardenbergs »Judenedikt« von 1812 wäre ohne diesen Zusammenhang undenkbar gewesen. Die Reform verlieh den Juden Wohnrecht und Berufsfreiheit und machte sie zu »Einländern« und »Bürgern«, wenn auch nicht ohne Einschränkungen.[118]

Die über das halbe Land verteilten Truppen Napoleons bestimmten auch die öffentliche Debatte. Die erste Phase dieser Debatte kreiste um Karl W. F. Grattenauers fulminante Abhandlung *Wider die Juden* (1803), die jahrhundertalte Schlagworte wiederholte und in der Forderung gipfelte, man solle den Juden die Staatsbürgerschaft verweigern.[119] Grattenauers Pamphlet, von dem 13 000 Exemplare in sechs Auflagen gedruckt wurden, löste eine Flut von mindestens sechzig eigenständigen Flugschriften und Artikeln aus, der erst eine strenge preußische Zensuranordnung Einhalt gebot.[120] Die Debatte, die einen überwiegend antijüdischen Ton annahm, schenkte nationalen Argumenten kaum Beachtung. Doch 1816, als die Debatte in die zweite Runde ging, gewann die nationale Rhetorik entscheidende Bedeutung, und Fragen hinsichtlich der Stellung der Juden in Deutschland vermischten sich mit einem von Feindschaft gegen die Franzosen trunkenen neuen Nationalismus. Ernst Moritz Arndt, der während der Befreiungskriege »Haß gegen die Fremden, Haß gegen die Franzosen« predigte, erwies sich als aufschlussreiche Übergangsfigur. 1814 hatte er die Auffassung vertreten, die »Juden als Juden« passten »nicht in diese Welt [...] hinein« und seien »ein durchaus fremdes Volk«.[121] Das war seine theoretische Haltung. In der Praxis beschränkte er seine boshaften Bemerkungen auf ausländische Juden aus Osteuropa und mahnte, sie »unter keinem Vorwande und mit keiner Ausnahme« aufzunehmen.[122] Aus Arndts Sicht beruhte die Nation auf einer christlich-germanischen Grundlage, und Juden stellten darin ein fremdes Element dar. Doch er verabscheute die »Härte und Grausamkeit [...] womit sie im Mittelalter behandelt worden« seien, und auch jetzt dürfe man sie nicht »in das Meer und die Wüste treiben«.[123] Stattdessen, so machte er geltend, sollten die Deutschen einheimischen Juden Schutz als »teutsche Landsleute« gewähren und ihnen die »Vortheile der bürgerlichen Gesellschaft« anbieten, soweit dies mit den Interessen des Staates in Einklang stünde.[124]

Arndt zählt zu den ersten, die die jüdischen Rechte ausdrücklich im nationalen Sinne verstanden, wobei er der Nation, die als politisches Gebilde noch gar nicht bestand, ein auf Gemeinschaft basierendes Vokabular aufpfropfte. Das Schwanken zwischen diesen beiden Begrifflichkeiten war jedoch nicht allein für ihn kennzeichnend. Vielmehr prägte es die frühen Debatten über Staatsbürgerschaft, insofern es in diesen Debatten auch um die Übertragung einer Reihe von Rechten und Privilegien (einschließlich der Armenfürsorge und des Rechts, ein Gewerbe auszuüben) von der Gemeindeebene, wo sie seit dem Mittelalter gelegen hatten, auf einen zentralen Staat ging.[125] Das waren nicht bloß abstrakte Angelegenheiten: Sie betrafen vielmehr materielle Streitfragen, die – insbesondere nach der wirtschaftlichen Rezession von 1816 – nicht so sehr weitere Debatten, sondern eine breite Reaktion darauf auslösten.

Die nachfolgende Debatte begann mit Friedrich Rühs' Pamphlet *Die Rechte des Christenthums und des deutschen Volks*, das erstmals 1815 als Zeitschriftenartikel erschienen war. »Jedes Volk, das sich in seiner Eigenthümlichkeit und Würde zu behaupten und zu entwickeln wünscht, muß alle fremdartigen Theile, die es nicht innig und ganz in sich aufnehmen kann, zu entfernen und auszuscheiden suchen«, verlangte der Berliner Geschichtsprofessor und beschuldigte die Juden zugleich, »nicht blos ein Volk«, sondern »zugleich einen Staat« zu bilden, also einen Staat im Staate.[126] Hier wandte sich die erstmals von Arndt formulierte Sprache des Nationalismus nach innen. Rühs denkt über die Möglichkeit der Vertreibung nach, scheut jedoch vor der Maßnahme zurück. »Jetzt«, so schrieb er, »würde es allerdings grausam seyn, wenn man sie ganz und gar vertreiben oder mit Gewalt unterdrücken wollte«. Stattdessen schlug er Sondergesetze vor, die das Verhältnis der Juden zu den Deutschen regeln sollten. Auch befürwortete er eine Beschränkung der Einwanderung sowie eine Erleichterung der Bedingungen für eine Konversion. Die Juden sollten in diesem Sinne »ein geduldetes Volk« sein.[127]

Dem Heidelberger Philosophen Jakob Friedrich Fries ging Rühs nicht weit genug. Fries, ein Anhänger Kants und Fichtes, ein Nationalist, der – nicht zuletzt durch die Burschenschaftsbewegung – erheblichen Einfluss auf die deutsche Jugend ausübte, wandte sich gegen »allgemeine Menschenliebe«, die in den vergangenen vierzig Jahren »besonders preußische Gelehrte« dazu gebracht habe, »die Fürsprecher der Juden zu machen [...] gegen den Widerwillen, der sie im Volke verfolgt« habe.[128] Dieses erhabene Gefühl beruhe auf Missverständnissen: erstens auf dem Missverständnis, Christen hätten Juden jenseits dessen, was ohnehin Teil der rauhen, brutalen Atmosphäre vergangener Zeiten gewesen sei (wobei Juden mehr als andere häufig von Schutzbestimmungen profitiert hätten), ungerechterweise verfolgt, und zweitens auf einer Verwechslung der Kategorien von »Juden« und »Judenschaft«. »Nicht den Juden, unsern Brüdern«, so Fries, »sondern der Judenschaft erklären wir den Krieg«.[129] So wie die Pest sei die »Judenschaft [...] ein Überbleibsel aus einer ungebildeten Vorzeit, welches man nicht beschränken, sondern ganz ausrotten soll«.[130] Erstmals in der Moderne verwendete ein Intellektueller mit Blick auf das Judentum – in ausdrücklichem Gegensatz zu Dohms Vokabular der »bürgerlichen Verbesserung« – den Begriff »Ausrottung«.[131] Dabei wollte Fries nicht etwa Juden töten, sondern ihre vermeintlich schädlichen Merkmale ausmerzen. Auch an anderer Stelle des Textes benutzte er das Wort »ausrotten«, wenn er verlangte, dass »diese Kaste mit Stumpf und Stiel ausgerottet werde«.[132]

Der Text klingt wie ein Widerhall der nationbildenden Anstrengungen der Französischen Revolution, die laut Aussage des Historikers David A. Bell »eine starke politische und geistige Einheit gleichgesinnter Bürger« voraussetzte.[133] Aus Sicht der deutschen Nationalisten des frühen 19. Jahrhunderts erforderte diese »starke politische und geistige Einheit« die bedingungslose Assimilation der Juden und die vollkommene Ausrottung des Judentums. Fichte hatte in seinem »Beitrag zur Berichtigung der Urtheile des Publikums über die französische Revolution« (1793) bereits eine ähnliche Position vertreten und in einer Fußnote bemerkt, er sehe, um den Juden Bürgerrechte zu geben, »kein Mittel als das, in einer Nacht ihnen alle die Köpfe abzuschneiden, und andere aufzusetzen, in denen auch nicht eine jüdische Idee sey«. Da dies aber nicht möglich sei, wäre es sinnvoll, »ihnen ihr gelobtes Land zu erobern, und sie alle dahin zu schicken«.[134] Fichte schrieb diese Worte vor seiner nationalistischen Phase. Sie verdanken sich nicht deutschen nationalen Ideen an sich, es gilt sie vielmehr im Kontext der französischen Debatte über den Unterschied zwischen Menschenrechten (die Fichte auch für Juden forderte) und Bürgerrechten (die Juden zu verleihen er für undenkbar hielt, solange sie Juden blieben) zu verstehen.[135] Doch Fichte übertrug seine früheren Ideen in seinem Fragment *Die Republik der Deutschen, zu Beginn des zwei und zwanzigsten Jahrhunderts* (1807) auch auf die Nation und stellte Juden wie Polen vor die Wahl zwischen radikaler Assimilation und Vertreibung.

Auch Fries' radikale Haltung resultierte aus einer – bereits in der jakobinischen Phase der Französischen Revolution offenkundigen – Trennung zwischen dem Anspruch auf Menschlichkeit und jenem auf Staatsbürgerschaft. Juden konnten demnach gemäß dem Diktat der Menschlichkeit Schutz genießen, auch wenn sie nicht Teil der Gemeinschaft waren (und Anspruch auf Staatsbürgerschaft besaßen). Außerdem war die Gemeinschaft – in diesem Fall die Nation – verpflichtet, sich selbst vor dem angeblich schädlichen Einfluss der Juden zu schützen. Fries drängte auf einen Stop der jüdischen Einwanderung, eine Erleichterung der Bedingungen für die Auswanderung, eine engere Kontrolle der Heiratsgepflogenheiten, die Verbannung vom Lande (wo der jüdische Einfluss besonders schädlich sei) und strenge Vorschriften mit Blick auf das jüdische Wohnrecht. Anders als Rühs, der daran festhielt, Juden könnten »ein geduldetes Volk« sein, reflektierte Fries über den Staat in einem rein säkularen Sinne und vertrat die Ansicht, er könne nicht eine »Rasse im Volk« dulden, »welche nie zu vollem Bürgerrechte gelangen kann«. Es könne nicht um Toleranz gehen, sondern allein um vollständige Assimilation, und wenn Assimilation unmöglich zu erreichen sei, müsse Vertreibung die Lösung sein. »Wenn unsere Juden nicht [...] mit den Christen zu einem bürgerlichen Verein verschmelzen können«, schrieb er, »so sollten sie bey uns aller Bürgerrechte verlustig erklärt werden, und man sollte ihnen, wie einst in Spanien, den Schutz aufsagen, sie zum Lande hinausweisen«.[136] Somit kehrte Fries zum spätmittelalterlichen und frühneuzeitlichen Konzept der Vertreibung zurück, das er nun – wie Arndt – der Nation aufpfropfte.

Rühs und Fries verkörperten zwei unterschiedliche Stränge eines Diskurses (der eine romantisch, der andere an Fichte orientiert), der sich in einer Reihe von zwischen 1816 und 1819 veröffentlichten Pamphleten und Artikeln hinzog. Beide Stränge fanden auch Eingang in ein im Mai 1919 von Thomas August Scheuring verfasstes Pamphlet, das sich gegen die Rückkehr der Juden nach Würzburg aussprach und mit zu den Hep-Hep-Unruhen beitrug.[137] Diese ersten über lokale Unruhen hinausgehenden antijüdischen Ausschreitungen in den deutschen Landen seit dem Mittelalter fanden in Städten und Ortschaften statt und konzentrierten sich ausdrücklich auf die jüdische Überschreitung der in früheren Zeiten festgelegten Grenzen. Wir werden diese Ausschreitungen im Zusammenhang mit der antisemitischen Gewalt in der deutschen und europäischen Geschichte des langen 19. Jahrhunderts näher beleuchten. Hier mag es genügen, das Zusammenspiel zwischen den gelehrten Debatten und dem Volksprotest festzuhalten. In diesem Zusammenspiel kehrte das Erbe antisemitischer Gewalt mitsamt seiner verinnerlichten Ausschlussvorschriften – als mit dem modernen Nationalismus vermischte soziale Erinnerung – zu seinem Ausgangspunkt zurück und verwandelte lokale Trennungsvorschriften in einen breiteren Diskurs. Doch 1819 war das Verhältnis zwischen nationalistischer Ideologie und lokaler Gewalt nicht kausaler Natur. Die Randalierer von Würzburg reagierten auf die konkreten Folgen der Emanzipationsgesetzgebung, nicht auf Scheurings nationalistische Argumente. Im Zentrum antijüdischer Gewalt standen nicht etwa nationalistische Einstellungen als solche, sondern nach wie vor der Anspruch der Gemeinschaft auf das Recht, Juden einzuschränken. Dabei handelte es sich um im Spätmittelalter und in der Frühen Neuzeit erworbene Gemeinschaftsrechte. In diesem Sinne war die vom Volk ausgehende Gewalt von 1819 rückwärtsgewandt, auch wenn der Diskurs der Elite, der sie legitimierte, auf unheilverkündende Weise in die Zukunft wies.

VI

1818 veröffentlichte Leopold Zunz seine Schrift »Etwas über die rabbinische Literatur«, ein grundlegendes Dokument der Wissenschaft des Judentums. Darin legte er dar, dass die Verlockungen der säkularen deutschen Kultur den Niedergang der hebräischen Literatur bedeuten würden, und die Philologie, die geduldige Rekonstruktion und Interpretation von Texten, der Schlüssel zur Bewahrung der jüdischen Vergangenheit sei.[138] Doch als Zunz zurückschaute, entdeckte er, dass die Tradition, die er zu retten hoffte, voller Klagen war. In seiner bedeutendsten Monographie – *Die Synagogale Poesie des Mittelalters* (1855) – versuchte er daher, den flehentlichen, verzweifelten Ton dieser mittelalterlichen und frühneuzeitlichen Trauerbekundungen zu erklären.[139] Um dies zu erreichen, wurde er zum Historiker und führte ein Vorkommnis antijüdischer Gewalt nach dem anderen auf. Selbst nach der Shoah, mitsamt unserem bestürzend zynischen Wissen darum, was unter Menschen möglich ist, ist die Dringlichkeit, mit der er schreibt, atemberaubend. Für Zunz war die Wissenschaft ein wirksames Mittel der Erinnerung gegen das Vergessen.[140]

Für deutsche Nationalisten stellte diese gegen das Vergessen gerichtete Erinnerung jedoch ein Problem dar. Gerade die Tatsache, dass Juden nicht vergessen hatten, wurde schließlich zum Beweis dafür, dass sie niemals vollständig als Deutsche gelten könnten. Gewiss kann man hier keine pauschalen Verallgemeinerungen vornehmen, da das 19. Jahrhundert eine Zeit ungeheurer Widersprüche war. Allgemein trifft dies jedoch auf die maßgeblichen deutschen Nationalisten zu, insbesondere nach der Gründung des Deutschen Kaiserreichs, das den Juden 1871 die volle Emanzipation gewährte. Und es gilt für den einflussreichsten Intellektuellen der Zeit, Heinrich von Treitschke. Im November 1879 veröffentlichte er in den *Preußischen Jahrbüchern* seinen berühmten Artikel »Unsere Aus-

sichten«, der den sogenannten »Berliner Antisemitismusstreit« auslöste. Die »Narben vielhundertjähriger christlicher Tyrannei« seien
»sehr tief eingeprägt«, stellte er fest, und auf Grund dieser Narben
stünden die (polnischstämmigen) deutschen Juden »erfahrungsge-
mäß dem europäischen und namentlich dem germanischen Wesen
ungleich fremder gegenüber« (als die sefardischen Juden).[141] Als Beweis führte er Heinrich Graetz' Geschichte der Juden an, ein Standardwerk zur jüdischen Geschichte, das voller »fanatischer Wuth«
gegen das Christentum und »wider die reinsten mächtigsten Vertreter germanischen Wesens« sei.[142] Als zentrales Dokument der
»zweiten Gründung« des Deutschen Reiches bewegte sich Treitschkes Artikel in der beunruhigenden Grauzone zwischen integralem
Nationalismus (»denn wir wollen nicht, daß auf die Jahrtausende
germanische Gesittung ein Zeitalter deutsch-jüdischer Mischkultur
folge«) und einem grundsätzlichen Rassismus (»es wird immer Juden geben, die nichts sind als deutsch redende Orientalen«).[143]

Die Antwort, insbesondere von jüdischen Autoren, erfolgte um-
gehend. In Berlin hielt Moritz Lazarus gerade einmal zwei Wochen
nach dem Erscheinen von Treitschkes Aufsatz eine Rede mit dem
Titel »Was heißt national?«, in der er – gegen Treitschkes Betonung
des Blutes – die kulturelle Dimension der Nation, ihre Verwurzelung in der Sprache und in einem subjektiven Zugehörigkeitsgefühl
hervorhob. Lazarus' im Ton milde gehaltener Essay war ein an Herder orientierter Lobpreis auf die deutsche Nation. Gemeinsam mit
Heymann Steinthal hatte Lazarus 1859 die *Zeitschrift für Völkerpsy-
chologie und Sprachwissenschaft* gegründet, in der die beiden – jüdischen – Herausgeber für ein kulturelles Verständnis der Nation im
Sinne der Integration von Individuen in ein größeres Kollektiv eintraten.[144] Dieses – alles andere als homogene – Kollektiv beziehe seine Stärke aus seiner Pluralität.[145] Entgegen der Sichtweise der von
Treitschke und Heinrich von Sybel herausgegebenen bekannten –
staatszentrierten – Zeitschrift *Die Preußischen Jahrbücher* befürworteten Lazarus und Steinthal einen kulturellen Nationalismus,
der unverkennbar ein Vorläufer von Renans Definition der Nation
als eines sich täglich wiederholenden Plebiszits war.

Diese Vorläuferrolle wird deutlicher als gewöhnlich von Historikern angenommen. Erstens muss Renans Rede von 1882 (»Was ist

eine Nation?«) bekanntlich vor dem Hintergrund des Kampfes zwischen Deutschland und Frankreich um Elsass-Lothringen verstanden werden. Deutet man die Nation als tägliches Plebiszit, so darf man mit Gewissheit annehmen, dass die Bevölkerung dieser Provinzen für Frankreich gestimmt hätte – insofern war sie französisch. Die Referenzen im Text stützen diese Interpretation unmissverständlich. Renan kritisiert eine germanische Theorie, der zufolge das »Recht des Germanentums über eine solche Provinz [...] stärker [ist] als das Recht der Einwohner dieser Provinz über sich selbst«.[146] Zudem hatte Renan viele der Argumente, die er 1882 vorbrachte, erstmals 1871 in einem Briefwechsel mit David Friedrich Strauß geäußert, der – wie Renan – eher für seine historische Darstellung *Das Leben Jesu* bekannt war als für seine Deutung der Nationalität. Im Schatten der Demütigung Frankreichs und erzürnt über den Verlust Elsass-Lothringens, betonte Renan, die »Individualität jeder Nation« bestehe »ohne Zweifel in ihrer Rasse, Sprache, Geschichte und Religion, aber auch in etwas viel Greifbarerem, in dem gegenwärtigen Einverständnis, in dem Willen zum Zusammenleben der verschiedenen Provinzen eines Staates«.[147] Die Stoßrichtung des Vortrags von 1882 liegt jedoch vor allem im Angriff auf die Verwechslung von Rasse und Volk. Das aber verweist auf einen zweiten, chronologisch näherliegenden Kontext: die Welle des Antisemitismus, die sich durch Europa wälzte – von den Pogromen im zaristischen Russland über den deutschen Antisemitismusstreit von 1879 bis 1882 bis hin zu der vom aufgeblasenen General Boulanger ausgelösten Krise in Frankreich. Ein weiterer Vortrag, der im darauffolgenden Jahr vor dem Cercle Saint Simon gehalten wurde und den Titel »Das Judentum als Rasse und Religion« trug, unterstreicht die Bedeutung dieses Kontexts. Auch dort sprach sich Renan gegen eine Verwechslung der Begriffe aus und legte dar, das Judentum habe zwar als nationale Religion begonnen, mit der Zeit jedoch so viele verschiedene ethnische Beimischungen erhalten, dass diese Kennzeichnung nicht länger angemessen sei. Das 19. Jahrhundert, so folgerte er, sei das Jahrhundert gewesen, in dem die Ghettomauern niedergerissen worden seien, und sie wieder zu errichten hieße, den Fortschritt der Menschheit aufzuhalten.[148]

Die Verbindung zwischen den deutschen Debatten, die Renan genau verfolgte, und den Formulierungen in »Was ist eine Nation?«

könnte in der Tat wörtlich sein. Den postum veröffentlichten Memoiren von Moritz Lazarus zufolge (die zugegebenermaßen von seiner Frau Nahida und einem Schüler, Alfred Leicht, zusammengestellt wurden und daher des ungenierten Lobes voll sind) hatte dieser Renan eine Abschrift seines Vortrages »Was heißt national?« von 1880 gegeben. Über Lazarus' in Paris lebenden Neffen, der ihm das Manuskript persönlich überreicht hatte, antwortete Renan angeblich, er sei mit dem Denken Lazarus' und Steinthals »völlig vertraut«, und »die Judenfrage, die für alle Denker hohes Interesse habe«, beschäftige ihn »lebhaft wegen der schrecklichen Bewegungen, die verschiedentlich ausgebrochen seien«.[149] Doch Renan erwähnt Lazarus an keiner Stelle seines Vortrags »Was ist eine Nation?«, obwohl sich derselbe, wie es in Lazarus' Memoiren heißt, »völlig auf Lazarus' ›Was heißt national?‹ gründet«.[150]

Doch unabhängig davon, ob Renans Idee, die Nation sei ein tägliches Plebiszit, eine Frage des Willens und der Kultur, eine subjektive und keine objektive Erscheinung, auf Lazarus basiert oder nicht – neu war sie 1882 nicht. Sie hatte ihren Ursprung, wie Siegfried Weichlein überzeugend gezeigt hat, in einer von den 1860er bis zu den 1870er Jahren europaweit geführten Debatte über nationale Statistik, in deren Verlauf sich die Befürworter eines subjektiven Verständnisses – vom ungarischen Liberalen Joseph Eötvös bis zum deutschen Publizisten Julius Fröbel oder zum Württemberger Gustav Rümelin – für eine Vorstellung der Nation aussprachen, die jener des späteren Renan bemerkenswert ähnlich war. »Mein Volk sind diejenigen, die ich als mein Volk ansehe«, schrieb Rümelin 1872, »die ich die meinen nenne, denen ich mich verbunden fühle durch unlösbare Bande«. Im Zusammenhang dieser Debatte stand die Vorstellung einer »Kulturnation« im Gegensatz zu objektiven Kriterien nationaler Zuschreibungen, seien es Geographie, Rasse oder Religion.[151]

Die Stimme Lazarus' und der mitteleuropäischen Intellektuellen, die für den Begriff einer auf subjektiven statt objektiven Kriterien beruhenden Kulturnation eintraten, erinnert uns daran, dass die gängige Auffassung, der zufolge es zwischen einer deutschen – auf Ethnizität und Rasse beruhenden – Idee der Nation und einer auf Kultur und Wille beruhenden französischen Vorstellung zu unterscheiden gilt, nicht vollständig haltbar ist, da beide Vorstellungen in jeder der beiden politischen Kulturen vorhanden waren.[152] Ob Kultur oder Ethnizität zum Maßstab erhoben wurden, hing letztlich nicht von einer nationalen Tradition ab, sondern von der jeweiligen Sichtweise und Politik. Für Juden hing es auch von dem spezifischen Erbe katastrophaler Gewalt ab, die zu vergessen man von ihnen forderte.

Sichtbar wird dies in der zweiten Antwort auf Heinrich von Treitschke aus der sarkastischeren Feder Heinrich Graetz' und der darauf folgenden Debatte. Hatte Lazarus den Antisemitismus kaum erwähnt, so verteidigte Graetz konsequent sein Heraufbeschwören des mittelalterlichen Antisemitismus, der »tausendfachen, blutigen, unbarmherzigen Verfolgungen« – bestritt allerdings, diese hätten Narben hinterlassen, die es den Juden unmöglich machten, Deutsche zu sein. »Ich hatte es nicht mit der Gegenwart, sondern mit der Vergangenheit zu thun«, behauptete er und erinnerte seinen Historikerkollegen daran, dass die Vergangenheit zu vergessen nicht bedeuten dürfe, sie auszulöschen.[153] Treitschkes Antwort auf Graetz ist aufschlussreich: »Kann ein Mann, der also denkt und schreibt, selber für einen Deutschen gelten?«, fragte Treitschke. »Nein, Herr Graetz ist ein Fremdling auf dem Boden ›seines zufälligen Geburtslandes‹, ein Orientale, der unser Volk weder versteht noch verstehen will«.[154] Des weiteren behauptete Treitschke, Graetz trete für eine Nation innerhalb der Nation ein, und meinte daher, hier gebe es »nur ein Mittel: Auswanderung, Begründung eines jüdischen Staates irgendwo im Auslande«.[155]

Die Korrespondenz zeigt, dass es im Grunde um Erinnerung und Vergessen ging, wenn auch nicht so einfach, wie Renan annahm. Im Zusammenhang der Kriterien des integralen Nationalismus war das Auslöschen der Erinnerung – Vergessen ist ein Euphemismus dafür – für die Minderheit nicht eine Frage des Willens, ein tägliches Plebiszit, sondern das *sine qua non* der Zugehörigkeit. 1882 empfanden gewiss viele jüdische Intellektuelle so und distanzierten sich daher von Graetz.

Doch danach nimmt die Geschichte eine komplizierte, wenn auch einseitige Wendung. Dank der starken Zunahme jüdischer Bibliotheken, Lesegesellschaften und Buchklubs erreichten Graetz' Schriften, ungeachtet seiner Kritiker, ein immer breiteres jüdisches Publikum, so dass er zum beliebten Nestor der jüdischen Geschichtsschreibung wurde. Diese Wendung verursachte und signalisierte einen Wandel der deutsch-jüdischen Sicht der Verfolgungen der Vergangenheit. Im frühen 19. Jahrhundert, während der Gründungsjahre der Wissenschaft des Judentums, hatten jüdische Historiker auf diese Verfolgungen verwiesen, um den großen Gegensatz zwischen der Moderne und der Frühen Neuzeit hervorzuheben. In der zweiten Hälfte des 19. Jahrhunderts dagegen ging es ihnen, wie Nils Roemer geltend gemacht hat, mehr darum, Mitleid mit den Juden der Vergangenheit auszulösen und so mittels geschichtlicher Erinnerung eine jüdische Identität zu stärken.[156]

Das war für die komplexe Beziehung zwischen Christen und Juden in Deutschland ein historisch wichtiger Augenblick. Nichtjüdische Historiker in Deutschland griffen dies jedoch nicht auf, und es sollte beinahe noch ein Jahrhundert – mit zwei Weltkriegen und dem Holocaust – dauern, bis sie die Frage nach der Verfolgung der Juden ohne irgendeinen anklagenden Beiklang ansprachen. Das gilt selbst für höchst nachdenkliche Werke wie etwa Friedrich Meineckes 1946 veröffentlichtes Buch *Die deutsche Katastrophe*, vielleicht das erste Werk eines Historikers, das den Versuch unternahm, die Trümmer der Vergangenheit aufzulesen. Meinecke schrieb der nationalsozialistischen Ablehnung des Christentums große Bedeutung zu, widmete aber dem Problem des Antisemitismus in der Vorkriegszeit nur einen Abschnitt und schob die Schuld daran den Juden zu, die »mancherlei Anstoß erregt« hätten.[157] Unter den bedeutenden deutschen Historikern der frühen Nachkriegszeit schrieb einzig und allein Martin Broszat direkt über die Thematik – in einer Dissertation von 1953, die aber unveröffentlicht blieb.[158] Doch 1969 veröffentlichte Karl Dietrich Bracher sein Buch *Die deutsche Diktatur*, eine synthetische Geschichte, die die Verbrechen des Dritten Reichs nicht als Unfall der deutschen Geschichte zu erklären versuchte, sondern als deren Folge. Und erstmals gab es damit ein bedeutendes Werk, das die Judenverfolgung und die Geschichte des Antisemitismus ins Zentrum einer synthetischen, wenn auch scharf urteilenden deutschen Geschichte als solcher stellte. Auch wenn Brachers *Die deutsche Diktatur* damals kritisiert wurde, weil es die strukturelle Wirkung des Kapitalismus nicht hinreichend gewichtete, erhellte das Buch doch die tiefgreifenden Kontinuitäten der deutschen Geschichte und trug dazu bei, einen lange überfälligen Wandel in der Geschichts- und Erinnerungskultur Deutschlands anzustoßen.[159]

Kapitel 4

Vom Spiel zur Handlung

Antijüdische Gewalt in der deutschen und europäischen
Geschichte des langen 19. Jahrhunderts

I

Die von Historikern lange Zeit ignorierte Geschichte antijüdischer
Gewalt hat neuerdings ein erheblich gesteigertes wissenschaftliches
Interesse erfahren.[1] Diese neue Forschung, die zur Erhellung sowohl mittelalterlicher als auch moderner Erscheinungsformen antijüdischer Gewalt beigetragen hat, gestattet es, die Tradition der Gewalt in Begriffe zu fassen und nach ihren Mustern sowie ihrer Bedeutung zu fragen. Wie aus der interpretierenden Kulturforschung
bekannt, ist Gruppengewalt, so entsetzlich sie auch sein mag, fast
nie sinnlos, sondern stets Ausdruck von etwas Bedeutsamem und
bietet dem Historiker einen der vielversprechendsten, wenn auch
desillusionierendsten Zugänge zur Vorstellungswelt des Volkes.
Ähnlich eröffnet das Sprechen, das sich im Kontext von Gewaltakten vollzieht (eine besondere Kategorie des Sprechakts), den Weg zu
einer Kulturgeschichte des Antisemitismus, der sowohl dessen dia-
chrone Dimension als auch seinen zeitgenössischen Kontext ernst
nimmt.

Die Historiker beginnen gerade erst, die Geschichte der antisemitischen Gewalt zu rekonstruieren. Die Antisemitismusforschung ist
zwar ein reiches Forschungsgebiet, neigte aber bisher dazu, das Problem der Gewalt zu übersehen. Dort, wo sie es nicht ignoriert hat,
hat sie sich zudem darauf konzentriert, die Ursachen der Gewalt zu
erklären, anstatt – im anthropologischen Sinne – die Bedeutung und
den Sinn gewaltsamer Handlungen und Worte wahrzunehmen. Bis
vor kurzem galt dies sogar für wichtige Ereignisse, welche die Nation vor die Zerreißprobe stellten, wie etwa die Dreyfus-Affäre. 1998
konnte Pierre Birnbaum in der Einleitung zu seinem Buch *The Anti-Semitic Moment* schreiben:

Viel ist über die Dreyfus-Affäre bekannt: die Macht der Propaganda, der Einfallsreichtum der Künstler und Schriftsteller, der Rausch der Presse, die Leidenschaft der Politiker und das Ausmaß des Vorurteils, das sogar unabhängig von den Institutionen der republikanischen Regierung Bestand hatte. Fast nichts ist dagegen bekannt über die Straßen, die Demonstrationen, Paraden und Märsche, den Lärm oder die brennenden Bilder während der Affäre. Nichts ist bekannt über den lautstarken, außer Kontrolle geratenen Pöbel, sein Geschrei, seine Schlagworte, seine Lieder, oder über seine sporadischen Angriffe auf Kaufleute, die Juden waren oder für Juden gehalten wurden, oder über die Wut, mit der ihre Geschäfte zerstört oder die Türen der Synagogen aufgebrochen wurden.[2]

Das von Birnbaum erkannte Problem beschränkt sich keineswegs nur auf die französische Geschichtsschreibung, auch wenn jene sich lange Zeit mit dem Problem kollektiver Gewalt auseinandersetzte, ohne über die Rolle nachzudenken, die darin antijüdische oder ethnische Gewalt spielte.[3] Die Historiographie zu Osteuropa sieht da kaum anders aus, obwohl heute für das Russische Reich und für Polen gute Studien über die Pogrome vorliegen. Denn selbst diese Studien sprechen nur selten ernsthaft die symbolische und theatralische Dimension von Massengewalt an und untersuchen kaum, um mit William H. Hagen zu sprechen, »die ritualisierten Formen, mit denen Gewalt inszeniert wird, die sozialen und kulturellen Skripte, denen sie folgte, und die Botschaften, die sie vermittelte«,[4] Noch unbefriedigender ist die Situation mit Blick auf Rumänien, die frühneuzeitliche Ukraine, ja sogar hinsichtlich der Geschichte der österreichisch-ungarischen Monarchie. Überblickt man die neue Forschung und ergänzt sie durch zeitgenössische Berichte, so tritt allerdings ein umfassenderes Bild antijüdischer Gewalt zutage.

Was folgt, ist ein vorläufiger Versuch, dieses Bild für das gesamte lange 19. Jahrhundert zu skizzieren. Um die Konturen antijüdischer Gewalt zu erkennen, gilt es diese jedoch zunächst in ihren frühneuzeitlichen Kontext einzuordnen: Erst dann kann man die Veränderungen, die stattfanden, nachvollziehen und ihre Affinität – aber auch ihren Unterschied – zu dem Massenmord ermessen, der sich während der Shoah ereignete. Diese Veränderungen sind, so meine These, dreifacher Natur. Der erste Wandel ist der von einer antijüdischen Gewalt, in deren Zentrum die Gemeinde stand, die ihr behauptetes Recht verteidigte, Juden auszuschließen, zu antijüdischer Gewalt aus nationalistischen Beweggründen, die in der Anschuldigung gipfelten, Juden seien Volksverräter. Letztere Behauptung, die – was antijüdische Gewalt (im Gegensatz zu bloßer Polemik) betrifft – Ende des 19. Jahrhunderts in der europäischen Gesellschaft aufkam, trug die Möglichkeit und bald auch die Realität mörderischer Gewalt in sich. Der Übergang vom angedrohten zum tatsächlichen Mord, vom Wort zur Tat, von der Sprache zum Handeln, vom begrenzten zum blutigen Ritual, stellt den zweiten großen Wandel in der Geschichte der antijüdischen Gewalt dar. Während des Großteils der Frühen Neuzeit und bis weit ins 19. Jahrhundert hinein drohten antijüdische Krawallmacher mit Mord und beschworen die Massaker der Vergangenheit herauf, doch nur selten überschritten sie die Schwelle zum tatsächlichen Mord. Ende des 19. und erst recht zu Beginn des 20. Jahrhunderts änderte sich dies dramatisch. Weshalb? Die Antwort lautet, dass sich das ›Skript‹ der antijüdischen Gewalt veränderte und diese Veränderungen zum Teil mit der nationalen Rechtfertigung von Gewalt, zum Teil mit dem allgemeineren Kontext der Gewalt zu tun hatten, in dem die Massaker stattfanden. Die mörderische Wende, die der Kischinew-Pogrom markiert, leitete – zunächst in Russland, nach dem Ersten Weltkrieg auch in Mitteleuropa – eine Zeit ein, in der die rituellen Grenzen antijüdischer Ausschreitungen ständig durchbrochen wurden – bis hin zum Massenmord. Ermöglicht und dann gefördert wurde die mörderische Wende durch den Staat. Dies ist der dritte wichtige Wandel, der sich während des langen 19. Jahrhunderts vollzog. Während des Großteils der Frühen Neuzeit sowie des 19. Jahrhunderts hielten die europäischen Staaten antijüdische Gewalt durch den Einsatz bewaffneter Kräfte unter Kontrolle. Erwiesen sich Staaten als unfähig, diese Kontrolle auszuüben, folgten gewöhnlich Gewaltausbrüche apokalyptischen Ausmaßes. Ein noch entscheidenderer Schritt in der modernen Geschichte antijüdischer Gewalt vollzog sich schließlich, wenn Staaten antijüdische Gewalt für ihre eigenen Zwecke ausnutzten. Dann brachen alle Dämme.

II

Was ihre Dauer und Intensität betrifft, war die antijüdische Gewalt eine neue Erscheinung, auch wenn sie der Form nach eine archaische Art und Weise des Protests darstellte. Ende des 18. Jahrhunderts war antijüdische Gewalt signifikanten Ausmaßes schon ein Jahrhundert lang – oder länger – kein zentraler Teil der christlich-jüdischen Beziehungen im nördlichen Mitteleuropa mehr gewesen. »In dem philosophischen [18.] Jahrhundert kommen die blutigen Verfolgungen allmählich außer Gebrauch«, räumte Leopold Zunz in seinem 1854 verfassten Werk *Die Synagogale Poesie des Mittelalters*, einer leidenschaftlichen Nacherzählung jüdischer Gewalt, ein.[5] Was Deutschland betrifft, so hätte er die Geltung seiner Erkenntnis noch ausweiten können. Eine der letzten großen antijüdischen Unruhen hatte 1614 in Frankfurt am Main stattgefunden. Was als Reaktion der Zünfte auf die Wirtschaftspolitik des Stadtrats begonnen hatte, entwickelte sich rasch zu einem gewaltsamen Aufstand, in dessen Verlauf Randalierer die Judengasse plünderten. Der sogenannte »Fettmilch-Aufstand« führte jedoch nicht zu einem Massaker, sondern endete damit, dass Juden in christlichen Häusern Zuflucht fanden und der Rädelsführer, ein Bäcker namens Vincent Fettmilch, gehenkt wurde. Ein vergleichbarer Vorfall in Worms endete auf ähnliche Weise.[6] Danach kam es während des Dreißigjährigen Krieges zwar sporadisch zu Fällen antijüdischer Gewalt, an denen plündernde Soldaten beteiligt waren, doch sie sind nur schwer von dem äußerst verbreiteten Los der Untertanen des gesamten Reichs inmitten des verheerendsten Krieges zu unterscheiden, der jemals auf deutschem Boden ausgefochten wurde. Eine Welle antijüdischer Gewalt begleitete auch die türkische Belagerung Wiens in den Jahren 1683/84. Die gewaltsamste Episode aber ereignete sich 1683 im Zusammenhang der Kuruc-Kriege, als Soldaten in Ungarisch Brod einfielen und alle Juden der Stadt niedermetzelten.[7] Auch in den Jahrzehnten danach kam es zu sporadischen Gewaltausbrüchen. So wissen wir etwa von Plünderungen jüdischen Eigentums in den landwirtschaftlichen Gegenden um Bamberg im Jahr 1699 sowie von einem ähnlichen Vorfall 1772 in der Gegend um Kronach im Frankenwald. In beiden Fällen führten antijüdische Exzesse zu Angriffen auf Adelsgüter und zum Eingreifen örtlichen Militärs.[8] Daneben gibt es vereinzelte Berichte über eine »Atmosphäre der Gewalt« in der Osterwoche, und gelegentlich entluden sich diese Spannungen in gewaltsamen »Exzessen«, wie etwa im fränkischen Schwabach in den Jahren von 1727 bis 1729.[9]

Die Gewalt im frühen 19. Jahrhundert war auch im übrigen Europa außerhalb der osmanisch beherrschten Gebiete eine neue Erscheinung. Allerdings gilt es wichtige Einschränkungen zu machen. Die erste betrifft Polen. Die katholische Vorherrschaft im frühneuzeitlichen Polen ging mit der ständigen Herabwürdigung von Juden einher. In Flugschriften, Predigten, theologischen Traktaten und in der sakralen Kunst verunglimpfte die Kirche die Juden und machte sie zum offensichtlichen »Anderen« einer polnischen national-religiösen Identität.[10] Zudem wurde das christlich-jüdische Verhältnis im polnisch-litauischen Doppelreich von einer großen Zahl von Ritualmordbeschuldigungen und -prozessen belastet. Zwischen 1574 und 1787 ließen polnische Gerichte etwa zweihundert bis dreihundert Juden wegen solcher vermeintlicher Verbrechen auf hochöffentliche und grauenvolle Weise hinrichten.[11] Vielleicht besteht zwischen diesen in hohem Maße inszenierten, öffentlich vollzogenen Justizmorden und dem Ausbleiben von Volksgewalt gegen Juden ein Zusammenhang. Letzteres lässt sich jedoch auch durch den Schutz der Juden seitens des polnischen Adels sowie die Schwäche der Städte und Ortschaften im polnisch-litauischen Doppelreich erklären.[12] Im Zentrum des einzigen wichtigen Vorfalls antijüdischer Gewalt im 18. Jahrhundert, der Warschauer Ausschreitungen vom Mai 1790, stand genau diese Spannung zwischen den »traditionellen« Rechten der Städte und Zünfte, die Juden auszuschließen, und der Macht der *Szlachta* sowie der Präsenz der Juden in einer urbanen Wirtschaft.[13] Die Warschauer Krawalle blieben allerdings ein »isoliertes Ereignis«.[14]

Die zweite Einschränkung betrifft Italien, wo die Juden seit dem 16. Jahrhundert in Ghettos eingesperrt und zusammengedrängt worden waren. In dem Maße, in dem sich die Gegenreformation durchsetzte, verschärfte sich die antijüdische Politik ebenso wie die allgemeine Atmosphäre der Gewalt, so dass es in der Osterwoche verbreitet zu physischen Angriffen kam.[15] Größere Gewaltausbrü-

che scheinen allerdings seltener gewesen zu sein. Der verheerendste
Vorfall ereignete sich 1684 in Padua, als Pöbel die jüdische Gemeinde auf das Gerücht hin angriff, die Juden von Buda hätten den Türken geholfen. Danach kam es erst in den 1790er Jahren wieder zu
Gewalt in größerem Ausmaß. Volksunruhen gegen die jansenisti-
schen Reformen schlugen rasch um und wandten sich in der Toskana und in Florenz gegen die Juden; in Livorno endeten sie in gewaltsamen Auseinandersetzungen zwischen Demonstranten und einer vierhundert Mann starken regulären Armeeeinheit.[16] Dann, als
Napoleon 1799 seine Besatzungstruppen abgezogen hatte, kam es
zu einer Reihe antijüdischer Ausschreitungen, in deren Verlauf von
der katholischen *Viva-Maria*-Bewegung angestachelte Italiener
Hunderte vermeintlicher *Giacobini* niedermetzelten und die Judenviertel mehrerer Städte stürmten, darunter jene von San Savibo und
Arezzo. Die Gewalt erreichte auch Siena, wo Randalierer zehn Juden schlugen und auf einem Scheiterhaufen auf dem zentralen Platz
verbrannten. Ein 1882 veröffentlichter Bericht über dieses Massaker
aus der Feder Enzo Antonio Brigidis dokumentiert wahrscheinlich
den erstmaligen Gebrauch des griechischen Begriffs *holocaustos* für
die Verbrennung von Juden im Sinne eines Brandopfers.[17] Das Massaker von Siena war jedoch weniger aus diesem Grunde unheilver-
kündend, als vielmehr deshalb, weil es darauf hindeutete, dass Blutvergießen dort möglich war, wo sich die staatliche Autorität – in
diesem Fall die auf dem Rückzug befindlichen französischen Truppen – als schwach erwies.[18]

Die wichtigste und bemerkenswerteste Ausnahme im Hinblick
auf antijüdische Gewalt, was die im allgemeinen ruhigen Jahre betrifft, war allerdings die Ukraine, wo der von Bogdan Chmelnicki
angeführte Aufstand gegen die polnische Obrigkeit im Jahr 1648
Anlass zum massiven Judenmord gab. Jüdische Chroniken beschreiben lebhaft die Massaker und stellen sie als grundlegende jüdische
Erfahrung im Osteuropa der Frühen Neuzeit dar. Neuere, auf sorgfältig tabellarisch geordneten demographischen Daten beruhende
Untersuchungen legen jedoch nahe, dass die Massaker nicht so allgegenwärtig waren wie zuvor angenommen und dass viele Juden
überlebten. Dennoch beläuft sich die Anzahl der ermordeten Juden
auf etwa 20 000, d. h. die Hälfte der jüdischen Bevölkerung.[19] Diese

Massaker gingen mit Massenmorden an Polen einher, die bei den
Ukrainern als Verbündete der Juden galten, und die Chroniken der
Kosaken konzentrieren sich auf die Polen als Hauptfeinde, nicht auf
die Juden. So traumatisch die Massaker auch für die jüdische Bevölkerung gewesen sein mögen, so sind sie doch im größeren Zusammenhang des Konflikts zwischen dem polnischen Adel und der Elite der Kosaken im Grenzgebiet des polnisch-litauischen Doppel-
reichs sowie der Unfähigkeit des Reichs zu verstehen, letztere in
eine stabile politische Ordnung zu integrieren.[20] Die jüdischen
Gemeinden in der Ukraine wurden zudem während des gesamten
18. Jahrhunderts von den Überfällen und Aufständen der Haida-
maks heimgesucht, die in den Blutbädern von 1734, 1750 und 1768
gipfelten. Auch hier führten Raubzüge und Grenzkonflikte zu verheerenden Massakern an Polen und Juden.[21] Wo der Staat kein Gewaltmonopol besaß, lauerte die Gefahr von Brutalität und Mord.

Die blutigen Ereignisse im ukrainischen Grenzgebiet standen im
Gegensatz zu der relativen Ruhe im gesamten übrigen Europa.[22] In
Europa, das von den Kriegen, die es im 17. Jahrhundert zerrissen
hatten, erschöpft war, entstanden im 18. Jahrhundert stehende Armeen, die Volksgewalt aus Sicht der Beteiligten erheblich gefährli-
cher machten. Diese Armeen gingen mit dem Machtzuwachs dynas-
tischer Staaten einher – einer Macht, die zu Lasten der Ortschaften
und Städte, d. h. der historischen Heimat antijüdischer Gewalt, ging.
Die relative Ruhe war allerdings nicht allein auf die Machtverhältnisse zurückzuführen; sie deutete vielmehr zugleich auf zunehmend
disziplinierte Untertanen und die allmähliche Einschärfung der
Herrschaft des Gesetzes hin. Das Widerstreben, Wut in Form von
Gewalt zum Ausdruck zu bringen, war ein zentraler Teil dieses
Disziplinierungs- und Selbstdisziplinierungsprozesses, und obgleich
unser Verständnis der Geschichte der Emotionen noch in den Anfängen steckt, sind Spekulationen über ihre Verbindung mit dem
Phänomen antijüdischer Gewalt zulässig.[23] Auf einer prosaischeren
Ebene bot die Vorherrschaft der Territorialstaaten mit ihrem mer-
kantilistischen Wirtschaftssystem gute wirtschaftliche Gründe dafür,
die jüdischen Gemeinden zu beschützen und sogar die Ansiedlung
von Juden zu fördern. »Zwischen 1570 und 1713«, so hat Jonathan
Israel überzeugend geltend gemacht, »war die Erholung der euro-

päischen Judenheit auf den im Wesentlichen säkularen Druck der *raison d'état* und des Merkantilismus zurückzuführen«.[24] Nicht ein Sinneswandel in den Ortschaften und Städten, sondern ein europaweiter politischer Wandel stand am Anfang der Periode relativer Stabilität, ließ die Blüte einer begrenzten Anzahl jüdischer Gemeinden zu und begrenzte die christlich-jüdische Gewalt auf sporadische Ausbrüche ohne schlimmere Folgen. Bezeichnenderweise trat Johann Andreas Eisenmenger, dessen *Entdecktes Judentum* (1713) die bissigste antijüdische Abhandlung jener Zeit war, weder für eine physische Schädigung noch die Vertreibung der Juden ein. Eine hinreichend degradierte und demütige jüdische Gemeinschaft, so glaubte er, war ein positiver Beweis für die Wahrheit des Christentums.[25]

Die Bedeutung der »Hep-Hep«-Krawalle, die 1819 durch Deutschland fegten, ist nur vor diesem Hintergrund eines relativen Friedens zwischen Christen und Juden zu ermessen. Als erster großer Ausbruch anhaltender antijüdischer Gewalt in Deutschland seit den Vertreibungen des Spätmittelalters bilden die »Hep-Hep«-Krawalle den Ausgangspunkt für prägende Vorfälle signifikanter antijüdischer Gewalt in der modernen europäischen Geschichte.

Definieren wir »signifikant« im Sinne von Gewalt, die das Eingreifen des Militärs notwendig machte. Das ist zwar ein subjektiver Maßstab, doch er spiegelt gleichermaßen den Willen und die Fähigkeit von Staaten wider, Ordnung zu bewahren und Juden zu schützen, und offenbart die Vehemenz antijüdischer Gewalt. Es ist jedoch eine bemerkenswerte, kaum untersuchte Tatsache der Militärgeschichte des 19. Jahrhunderts, dass die europäischen Staaten, einschließlich Russlands, regelmäßig Truppen entsandten, um antijüdische Ausschreitungen zu beenden, die auf jüdisches Eigentum und Menschenleben abzielten. Insgesamt zeigen diese Vorfälle ein Muster auf, das es Historikern gestattet, den weiteren Zusammenhang antijüdischer Gewalt zu erkennen. Wir können auf diese Weise beginnen, Vorfälle antijüdischer Gewalt im langen, rebellischen 19. Jahrhundert miteinander zu verbinden und über die Beziehung zwischen diesen Vorkommnissen und jenen des durch katastrophale Gewalt gekennzeichneten 20. Jahrhunderts nachzudenken.

III

Die »Hep-Hep«-Krawalle brachen im August 1819 aus und breiteten sich schließlich auf über vierzig Städte und Ortschaften aus. Die damals herrschende Rezession und die Verarmung der Handwerker heizten die Ausschreitungen sicher zusätzlich an, doch Konjunkturschwankungen waren für die Groß- und Kleinstädte Europas nichts Neues. Neu war die verbreitete Gewalt gegen Juden, die den Verdruss des Volkes über die Rückkehr der Juden in die Städte widerspiegelte, die sie vertrieben und zumindest bis zu den Napoleonischen Kriegen ein ausgeklügeltes System von Vorschriften und Verordnungen bewahrt hatten, die die Bewegung und das Verhalten von Juden innerhalb der Stadtmauern regelten. Bei den »Hep-Hep«-Krawallen handelte es sich demnach um den ersten Aufstand in Deutschland, der sich gegen die Emanzipation und vor allem gegen jene Vorschriften richtete, die lokale Privilegien antasteten.

Deutlich wird dies vor allem, wenn man bedenkt, in welch erheblichem Maße die Randalierer konkrete Symbole einer zerfallenden Ordnung lokaler Exklusion angriffen. In Würzburg, wo die Unruhen zuerst ausbrachen, griff wütender Pöbel zunächst das Haus der Familie Hirsch an, der ersten Juden, die seit der Vertreibung von 1492 das Ansiedlungsrecht erworben hatten. Danach wandte sich die Menge jüdischen Geschäften zu, die an Schildern erkennbar waren.[26] Nach den Vertreibungen des 17. Jahrhunderts durften Juden in Würzburg zwar ihre Waren lagern, sie aber nicht offen verkaufen oder anpreisen. Als diese Bestimmungen 1816 ihre Geltung verloren, wurden die Schilder Symbole für das Ende des Zeitalters des Ausschlusses, und drei Jahre später griffen Randalierer sie voller Leidenschaft an. In Frankfurt am Main wählten die Randalierer, die die Gewalt in Würzburg nachahmten, ähnlich präzise eine Reihe hochsymbolischer Ziele aus. Am 10. August, eine Woche nach den Würzburger Ausschreitungen, vertrieben Randalierer Juden von der Hauptpromenade und griffen weitere Juden im Postamt an. Die Promenade war vor allem nach 1796, als die Ghettomauern während eines französischen Angriffs auf die Stadt gefallen waren, zu einem Symbol des Widerstands gegen die jüdische Integration geworden. Juden genossen plötzlich einen freieren Zugang zur Stadt, wobei die

Promenade bis 1806 der letzte verbotene Ort der Stadt blieb. Auch
das Postamt war Juden unzugänglich gewesen – einzig ein besonderer »jüdischer Postbote« durfte Briefe zum Ghetto bringen. Nach
ersten Scharmützeln in der Nacht des 8. August eskalierten die
Frankfurter Ausschreitungen, als Hunderte von Männern in das Judenviertel eindrangen, Fenster zertrümmerten und Juden zusam-
menschlugen.[27] Als die Stadträte erkannten, dass sie die Situation
nicht unter Kontrolle zu bringen vermochten, riefen sie die Bürger-
wehr zu Hilfe, und nach drei Tagen hatte das Militär den Krawallen
ein Ende bereitet. Zwar war es zu erheblichen Zerstörungen von Eigentum gekommen, es hatte jedoch keine Todesopfer gegeben.

Die Unruhen hatten in den Städten Süd- und Mitteldeutschlands
begonnen, wo antijüdische Ausschlusspraktiken eine besonders
lange Tradition hatten, breiteten sich aber rasch nach Norden aus.
Die Preußen beeilten sich, die antijüdische Gewalt zu beenden,
doch in Hamburg, damals Heimat der größten jüdischen Gemeinde
Deutschlands, kam es zu einem signifikanten Gewaltausbruch. Wie
in Würzburg und Frankfurt begannen die Hamburger Unruhen mit
Angriffen auf die symbolischen Orte, die den christlichen Einwohnern vorbehalten gewesen waren – in diesem Fall die Kaffeehäuser,
von denen Juden bis 1798 ausgeschlossen gewesen waren. Junge
Leute betraten die Kaffeehäuser, forderten die Juden auf zu verschwinden und griffen einige von ihnen körperlich an, darunter
auch einen jüdischen Mann, der, so heißt es, eine Tapferkeitsmedail-
le aus den Befreiungskriegen trug.[28] Nach dem Tumult in den Kaf-
feehäusern bewarfen Randalierer jüdische Häuser außerhalb des
traditionellen jüdischen Viertels mit Steinen; erst danach weitete
sich die Gewalt auf die Hamburger Juden im allgemeinen aus.[29] Der
Hamburger Senat reagierte mit militärischem Eingreifen, so dass
die Gewalt innerhalb einer Woche abklang. Viele Juden waren inzwischen ins nahe gelegene Altona geflohen, das damals zu Däne-
mark gehörte, wo die Juden 1814 die volle Emanzipation erhalten
hatten; darauf kam es bald auch in Kopenhagen zu Unruhen, weil
die Hamburger Juden sich dort gerüchteweise niederlassen wollten.
Das Militär unterdrückte auch diese Krawalle.

Entsprangen diese Ausschreitungen abermals einer ansonsten ruhigen Geschichte deutsch-jüdischer Beziehungen? Die Konzentra-

tion der Randalierer auf die Kommunalrechte erzählt eine andere
Geschichte und deutet auf eine Kontinuität zu früheren Zeiten hin.
Robert von Friedeburg hat diese Kontinuität detailliert herausgear-
beitet. Im Falle Hessens, so seine These, beruhten die antijüdischen
Proteste auf einer Tradition bäuerlicher Politik, in deren Zentrum
die Gemeinschaft stand. Dieser »kommunale Antisemitismus«, wie
er ihn nennt, reichte bis ins 18. Jahrhundert zurück und bezog seine
Kraft aus dem lokalen Widerstand gegen die Wiederzulassung von
Juden in den Städten nach Jahrhunderten der Vertreibung. Friedeburg vermeidet es sorgfältig, eine unmittelbare Verbindung zu behaupten, da die Territorialstädte, anders als die Reichsstädte, gewöhnlich nicht das Recht besaßen, Juden auf eigenen Beschluss hin
zu vertreiben.[30] In diesem Sinne bedeuteten die Forderungen der
frühneuzeitlichen Gemeinden eine einfallsreiche Methode, das Problem der Reintegration der Juden in Deutschlands Städten mit der
Frage traditioneller Körperschaftsrechte in Zusammenhang zu bringen. Das brachte die frühneuzeitlichen Gemeinden in einen beständigen Konflikt mit den Territorialherren und bildete zugleich den
Hintergrund der Entstehung eines kommunalen Antisemitismus,
der sich tendenziell auch gegen den Staat richtete.[31]

Die lokale Thematik der Reintegration stand im Hintergrund der
größeren antijüdischen Unruhen der ersten Hälfte des 19. Jahrhunderts und verlieh der Abneigung des Volkes gegen die Emanzipationsgesetzgebung ihre emotionale Triebkraft. Dabei richtete sich der
Zorn der Stadtbewohner vor allem auf jenen Teil der Gesetzgebung,
der es den Juden gestattete, an zuvor verbotenen Orten zu leben
und am Gemeindeleben teilzunehmen, wo sie bis dahin ausgeschlossen gewesen waren. Man kann sich die Dimension dieser Problematik leichter vorstellen, wenn man bedenkt, wie spät viele Städte in
Mitteleuropa Juden als mit Rechten ausgestattete Bürger wieder zu-
ließen. Augsburg, Köln, Nürnberg und Straßburg beherbergten erst
Ende des 18. Jahrhunderts wieder eine jüdische Gemeinde, auch
wenn etwa im Falle Nürnbergs die nahe gelegene jüdische Gemeinde von Fürth für einen regen Verkehr in die Stadt sorgte. In den
Ortschaften und Städten der Region um den Bodensee, wie etwa
Ravensburg, Lindau, Schaffhausen, Überlingen und Konstanz, waren Juden erst seit den 1860er Jahren ansässig – eine zum Teil noch

immer andauernde Folge der Vertreibungen im Gefolge eines Ritualmordprozesses in Ravensburg im Jahr 1431. In Tübingen lebten erst seit 1848 wieder Juden, in Naumburg seit 1859, in Rothenburg ob der Tauber seit 1870 und in Passau erst Ende des 19. Jahrhunderts. Diese Liste ließe sich mit Leichtigkeit erweitern, und zwar nicht nur um Städte, die Teil des Deutschen Reichs wurden. Colmar ließ erst nach der Französischen Revolution wieder Juden zu, in Graz, Trient oder Zürich lebten erst Ende des 19. Jahrhunderts wieder Juden, die böhmische Stadt Eger hatte erst 1848 wieder eine jüdische Gemeinde, Olmütz erst in den 1860er Jahren und Budweis nicht vor der zweiten Hälfte des 19. Jahrhunderts.[32] Einige Städte – wie Bremen und Lübeck – wurden zur Zeit der französischen Besatzung gezwungen, Juden aufzunehmen, vertrieben sie aber danach wieder.[33] Nach der »Befreiung« von der französischen Herrschaft versuchte der Kölner Stadtrat die Reichweite der Emanzipationsgesetzgebung zu beschränken, die Napoleon der Stadt aufgezwungen hatte. Nach 1815 lehnte Preußen, zu dem Köln nunmehr gehörte, eine Duldung dieser Überbleibsel rheinischer Ausschlusspraktiken allerdings ab.[34]

Es war diese örtliche Tradition des *non tolerandis Judaeis*, die die Bürger der Städte auf die Straßen trieb. Selbst in den Städten und Ortschaften, die bereits im Verlauf des 17. und 18. Jahrhunderts wieder Juden zugelassen hatten, blieb es bei einer Vielzahl von Beschränkungen, die zu einer zentralen Säule des gemeindlichen »Wir-Gefühls« in Abgrenzung zu den »Anderen« geworden waren. Die Auflösung dieser kommunalen Privilegien, Gesetze und Rechte löste die erste Welle der signifikanten antijüdischen Unruhen des 19. Jahrhunderts aus und stellt die Verbindung zwischen den umfassenderen Gewaltausbrüchen der ersten Hälfte des 19. Jahrhunderts und früheren Formen des gemeindlichen Antisemitismus dar. Die »Hep-Hep«-Krawalle von 1819 bezogen ihren Sinn genau aus diesem Zusammenhang. In Rothenburg ob der Tauber etwa brachte die »verschworene Bürgerschaft« öffentlich zum Ausdruck, »dass die hiesigen Betrüger [gemeint waren die Juden] binnen 8 Tagen die Stadt räumen« sollten – »oder es wird ein Feuer kommen«.[35] In Fulda war auf einem Flugblatt zu lesen, die Bürger Frankfurts und Würzburgs hätten ihre Juden vertrieben: »So halten wir für gut, uns diese Gelegenheit zu Nutz zu machen und sie ebenfalls hinaus zu prügeln.« Ein Tagelöhner teilte daraufhin einem jüdischen Kaufmann mit: »Wenn jetzt die Würzburger Geschichte hier losgeht, so spalte ich dir den Kopf auseinander.«[36] Doch die Randalierer kamen mit Steinen, nicht mit Äxten. Sie zertrümmerten zumeist Fenster, schlugen nur in wenigen Fällen Haustüren ein und raubten und plünderten nur selten. In den großen Städten verschonten die Randalierer anfänglich Synagogen und heilige Stätten. In Würzburg ermordeten sie zwei Menschen, überall sonst ließen sie die Menschen am Leben. Selbst Verletzungen blieben die Ausnahme.

Die Randalierer spielten mit vergangenen Formen der Verfolgung, vor allem Vertreibung und Mord, und es war dieses »ernste Spiel«, das den antijüdischen Ausschreitungen der Moderne ihren besonders bedrohlichen Charakter verlieh. Ein Spiel erfordert Regeln, und die exakte Auswahl der Ziele sowie der vorausbestimmbare Verlauf der Ausschreitungen deuten darauf hin, dass die Randalierer innerhalb eines begrenzten Musters agierten.[37] In einigen Fällen erfuhren sie durch Flugblätter, wohin sie gehen und wo sie auftauchen sollten.[38] Hatten sie einmal begonnen, so handelten sie nicht unüberlegt, sondern hielten sich zumindest am ersten Tag an die Hauptziele. Erst danach wurden die Krawalle allgemeiner und bedrohlicher. Gewöhnlich setzten junge Leute – Schuljungen und Wandergesellen – die Ausschreitungen in Gang, woraufhin sich ihnen bald etabliertere, ältere Gruppen anschlossen. Allerdings ist unser Wissen über die soziale Zusammensetzung der Randalierer im Fall der »Hep-Hep«-Krawalle nach wie vor spärlich. Sie wussten sich von dem Gefühl der Legitimität ihrer Sache getragen, da sie ja in der Tat ihre Rechte und Privilegien verteidigten, die in ihrem Gemeinschaftsverständnis eine zentrale Rolle spielten. Da sie sich in ihrem Gefühl beleidigt sahen, ein gerechtes Anliegen zu verfolgen, brachten sie auch ihre Empörung gegenüber dem Staat zum Ausdruck, der sie und ihre Gemeinschaft vergessen hatte.

Man ist versucht, diese Gewissheit, im Recht zu sein, mit der für die moralische Ökonomie der Menschenmenge zentralen Vorstellung von Preisgerechtigkeit zu vergleichen, wie sie insbesondere in zahllosen Nahrungsmittelunruhen im Europa des 18. und 19. Jahrhunderts zum Ausdruck kommt.[39] Die »Hep-Hep«-Krawalle weisen Ähnlichkeiten zu diesen begrenzten Ausschreitungen auf, insofern sich beide durch die spezifische Auswahl der Ziele, die defensive Mentalität und das Beharren darauf auszeichnen, sie dienten der Verteidigung der alten Verhältnisse gegen die neuen. Sie nahmen zudem beide nur selten mörderische Züge an. Wie das verzweifelte Plädoyer für eine moralische Ökonomie im Gegensatz zu einer Ökonomie des Marktes signalisierte die antijüdische Forderung nach einer Rückkehr zu den »alten Verhältnissen«, dass die lokale Macht im Schwinden und die Rechte im Niedergang begriffen waren und dass man eine Schlacht verloren hatte.[40] Doch es ist noch ein weiterer Vergleich denkbar – jener mit den »Gewaltriten«, welche die religiöse Gewalt im Europa des 16. Jahrhunderts und davor kennzeichneten.

Dabei handelte es sich um eine auf Überzeugung basierende Gewalt, um das Gefühl, der »Andere« sei gefährlich, schändlich und nicht wirklich menschlich. Diese Gewalt, die auf eine Reinigung der religiösen Gemeinschaft zielte, trachtete danach, den »Anderen« zu vertreiben, wenn nicht auszulöschen.[41] Wie Natalie Zemon Davis gezeigt hat, trug auch diese Form der Gewalt Merkmale eines Rituals, selbst wenn sie die Schwelle zum richtigen Massaker überschritt.[42] Die späteren antijüdischen Ausschreitungen, zumindest im 19. Jahrhundert, schwankten zwischen diesen beiden Polen – sie blieben begrenzt, spezifisch und eng umrissen wie die Krawalle, in denen es um die moralische Ökonomie ging, doch sie wiesen in die Richtung des Allgemeinen, Religiösen, Ethnischen und Tödlichen.

IV

Das Jahr 1819 markiert den Beginn einer erheblichen Zunahme antisemitischer Gewalt, deren Epizentrum in Mitteleuropa lag. Tabelle 4.1. steckt die wichtigen Vorfälle dieser Gewalt ab, die bis 1881 beinahe immer von allgemeiner revolutionärer Gewalt, Themen der Inklusion vor Ort (d. h. der Emanzipation) und dem Vorwurf ausgelöst wurden, Juden begingen Ritualmord. Zwischen den deutschen »Hep-Hep«-Krawallen des Jahres 1819 und der Julirevolu-

tion 1830 in Frankreich gab es zwei Gewaltausbrüche: Der eine erfolgte aus Anlass einer Ritualmordbeschuldigung in Dormagen,
jedoch nicht vollständig unabhängig von den »Hep-Hep«-Krawal-
len des vorangegangenen Monats, der andere nach einem vereinzel-
ten Vorfall in der westfälischen Kleinstadt Werl. Erst im Zuge der
allgemeinen Unruhen der Julirevolution von 1830 kam es zu einer
weiteren Welle antisemitischer Ausschreitungen. Die meisten der
mit der Julirevolution in Frankreich zusammenhängenden Unruhen
in Deutschland waren wirtschaftlich und politisch motiviert. In einigen Gegenden deuteten ihr unmittelbarer Auslöser und ihre symbolischen Ziele jedoch auch auf einen antisemitischen Impetus hin.
So begannen etwa die Unruhen in Hamburg als antisemitische Aus-
schreitung (und konzentrierten sich erneut auf Hamburgs Kaffeehäuser), und auch die Unruhen in Breslau, Hanau und Karlsruhe
sowie jene in einer Reihe hessischer Kleinstädte und Dörfer wiesen
eindeutig antijüdische Elemente auf. In Franken und Baden griffen
die Randalierer nahezu ausschließlich Juden an.[43]

Auch danach wurde die soziale und politische Landschaft Mittel-
europas weiterhin durch sporadische Perioden lokaler Gewalt ent-
stellt. Der langsame, unbeständige Übergang von einer feudalen zur
Industriegesellschaft und von der agrarischen zur urbanen Welt
stellte den breiteren Kontext dieser Proteste dar. Doch die unmittelbaren Ursachen, die konkreten Beschwerden sowie die spezifische-
ren symbolischen Angriffsziele der Randalierer konzentrierten sich
auch weiterhin auf bestimmte Aspekte des christlich-jüdischen Verhältnisses, seien es nun Ritualmordbeschuldigungen oder sei es die
Frage der kommunalen Rechte. Im Elsass etwa bildete 1832 eine
Nahrungsmittelknappheit den allgemeinen Hintergrund der antijüdischen Ausschreitungen von Ittersweiler und Bergheim, doch der
Vorfall begann damit, dass christliche Bauern ihr Vieh in eine jüdische Prozession hineintrieben, mit der die Einweihung einer neuen
Synagoge gefeiert werden sollte. Die Ausschreitungen endeten mit
der Zerstörung und Plünderung jüdischer Häuser in beiden Ortschaften und dem Eingreifen der Armee, das fünf Todesopfer und
eine Anzahl Verletzter forderte.[44] Zwei Jahre später – 1834 – zog
eine Ritualmordbeschuldigung im Rheinland ein beträchtliches Maß
an Gewalt nach sich – erst im Juli in Grevenbroich, im August dann

Tabelle 4.1. *Antisemitische Gewalt, 1819–1870*

Jahr	Ort	Auslöser	Krawalle	Todesopfer
1819	Würzburg, Frankfurt, Hamburg, Kopenhagen	Emanzipation	40*	2
1819	Dormagen/Rheinland	Ritualmord	1	0
1825	Werl/Westfalen	Emanzipation	1	0
1830	Baden/Hessen/Franken	Julirevolution	30*	0
1832	Elsass	Neue Synagoge		
Juni/August 1834	Neuenhoven/Bedburdyck	Ritualmord	2	0
1835	Hamburg	Emanzipation	1	0
1846	Buchau	Emanzipation	1	0
1848	Mitteleuropa	Revolution	180+	2
1866	Böhmen	Soziale und Nationalitäten-Konflikte	?	
1866	Laudenbach, Franken	Emanzipation	1	0

* Die Zahlen stammen aus Stefan Rohrbacher, *Gewalt im Biedermeier*, Frankfurt a.M. 1993 und listen Vorfälle von Gewalt auf, nicht militärische Interventionen.

+ Die Zahlen stammen aus Manfred Gailus, »Anti-Jewish Emotion and Violence in the 1848 Crisis of German Society«, in: *Exclusionary Violence. Riots in Modern German History*, hrsg. von Christhard Hoffmann [u. a.], Ann Arbor 2002, S. 43–66, hier S. 50; sie listen ebenfalls Vorfälle von Gewalt und keine militärischen Interventionen auf.

in dem Dorf Bedburdyck. In beiden Fällen kam es zu einer erheblichen Zerstörung jüdischen Eigentums, einschließlich der Greven-
broicher Synagoge, und in beiden Fällen bedurfte es des Eingreifens
des Militärs, um die Ausschreitungen zu unterbinden. Bei einer Reihe antisemitischer Vorfälle im Vormärz war es letztlich die konkrete
Frage nach den kommunalen Rechten, die die örtliche Bevölkerung
in Unruhe versetzte. Das galt für das westfälische Werl im Jahr
1825, wo sich die Gewalt gegen die Aufnahme von Juden in einen
örtlichen Schützenverein richtete, für Hamburg 1835, wo die Randalierer erneut Kaffeehäuser angriffen, die auch Juden bedienten,
und für das württembergische Buchau, wo es darum ging, ob die Juden bei einer lokalen Wahl das Wahlrecht genießen sollten.[45]

Dies waren allerdings geringfügige Vorfälle im Vergleich zu dem
Ausmaß an Gewalt, das während der Revolution von 1848 entfesselt
wurde. Im Gefolge des 150jährigen Gedenkens an die Revolution
hat die Forschung – in Jonathan Sperbers Worten – ein reicheres
Verständnis der »schieren Größe, Mannigfaltigkeit und Komplexität
der Ereignisse von 1848 im europäischen Maßstab« entwickelt.[46]
Daraus ergibt sich ein besseres Verständnis der Rolle der Bauernschaft wie der kleinstädtischen Akteure im Vergleich zu der Konzentration auf die größeren Städte und der dadurch bedingten
Überbewertung der Rolle der Industriearbeiter in der älteren Forschung.[47] Stattdessen betonen die Forscher nun die Bandbreite der
antifeudalen Gewalt auf dem Land, die Ausschreitungen wegen Ver-
pflegungsmangels, kommunale Unruhen und allgemeinen revolutionären Protest umfasste. In den nichthabsburgischen Teilen Deutschlands gab es mehr als tausend solcher kleineren »Exzesse« und »Tumulte«, die von Historikern, die sich auf den Mittelschichtcharakter
der Revolution von 1848 konzentrieren, vielfach übersehen worden sind. Sie haben die Revolution zweifelsohne vorangetrieben.
Zugleich förderten sie traditionelle Forderungen, vor allem insofern,
als sie sich an einer »moralischen Ökonomie« der unmittelbaren
Alltagsbedürfnisse orientierten, so dass die Protestierenden weniger
an der politischen Zukunft als an der Verteidigung traditioneller
Rechte interessiert waren.[48] »Statt als bürgerliche Revolution«, so
hat jüngst ein Historiker geltend gemacht, lassen sich die Ereignisse
von 1847 bis 1849 »mit mehr Plausibilität als eine letzte große Re-

bellion breiter Volksschichten auf der Grundlage vorindustrieller Zielvorstellungen und antikapitalistischer Normen und Wertsetzungen« charakterisieren.[49]

Die »große Rebellion« stellt also den plausibelsten Kontext für das Verständnis der antisemitischen Gewalt der Revolution dar. In den meisten Regionen war ausschließlich antisemitisch motivierte Gewalt nach wie vor selten, außer im nördlichen Baden, wo sie zur dominierenden Form bäuerlicher Unruhen wurde – doch selbst dort war sie durch eine Mischung aus wirtschaftlichen, sozialen und politischen Umständen bedingt.[50] Dennoch gab es einer Zählung zufolge mindestens 180 Gemeinden, in denen es unabhängig voneinander zu Angriffen gegen Juden kam. Im nichthabsburgischen Deutschland gab es mindestens hundert Übergriffe, mit Brennpunkten in Baden, Hessen, Bayern und Posen – allesamt Gegenden mit kleinstädtischer jüdischer Besiedlung, in denen Christen und Juden in unmittelbarer Nähe zueinander lebten.[51] Manfred Gailus zufolge, der die Volksaufstände während der Revolution von 1848 am intensivsten erforscht hat, war die Gewalt durch drei Faktoren motiviert: den traditionellen christlichen Antisemitismus, in dessen Zentrum oft die Blutbeschuldigung stand, die verbreitete Kritik an den Juden, die als für die lokale Wirtschaft schädliche Wucherer galten, und den Widerstand gegen die Zulassung von Juden als gleichberechtigte Mitglieder der örtlichen Gemeinschaft. Wie andere Gewaltakte während der Revolution und wie schon im Falle der »Hep-Hep«-Krawalle konzentrierten sich die antijüdischen Ausschreitungen auf hochsymbolische Ziele und gingen vielfach mit Racheakten einher, typischerweise mit dem Zertrümmern der Türen und Fenster von Häusern. Es kam auch zu Diebstählen, da sich Gier mit dem selbstgerechten Gefühl verband, die Juden hätten »das Volk« erpresst.[52] Nicht zuletzt gab es körperliche Angriffe auf einzelne Juden, auch wenn es lediglich in Posen Todesopfer gab, wo die Juden zwischen die Fronten eines antipreußischen Aufstands gerieten.

Was die antisemitischen Unruhen im Kontext der Revolution von 1848 auszeichnete, war vielmehr die Androhung ernstzunehmender Gewalt, nicht nur gegen Eigentum, sondern auch gegen Menschen. Diese Drohungen griffen auf frühere Zerstörungen zurück. Manfred Gailus schreibt:

Ein herausragendes Merkmal der antijüdischen Unruhen sind die unverkennbaren Phantasien kollektiver Gewalt aufseiten der Täter und ihre äußerst aggressiven Drohungen innerhalb des Kontexts des Konflikts. Die Rhetorik antijüdischer Briefe und Handzettel, Gerüchte und öffentlicher Reden verwandte eine drastische, symbolische Sprache der Gesten und brachte vielfach unmittelbare körperliche Gewalt bis hin zur physischen Vernichtung zur Anwendung: blutige Rache für die Kreuzigung des Heilands, Tod und Unglück, körperliche Züchtigung, die Verstümmelung von Erwachsenen und Kindern, Plünderungen, Brandstiftung, das Aufknüpfen am Galgen, das Aufschlitzen von Kehlen. Das war die furchtbare Sprache spätmittelalterlicher oder frühneuzeitlicher Pogrome.[53]

Diese Drohungen dienten nicht bloß der Kennzeichnung von Identität oder als kultureller Code im präzisen Sinne des Wortes. Vielmehr handelte es sich um Sprechakte im Zusammenhang eines Gewaltrituals. Ihr Bezugspunkt war nicht die zeitgenössische Politik, ob demokratisch oder nicht, sondern die verwickelte, gewaltsame Geschichte des christlich-jüdischen Verhältnisses. Die Randalierer riefen vergangene Verfolgungen in Erinnerung und inszenierten sie neu, wenn auch nicht so, dass sie erneut mordeten, sondern symbolisch, so als studierten sie ein mörderisches Drama ein.

Das Drama – oder »ernste Spiel« – zeitigte Folgen für beide Hauptakteure, für die christlichen Randalierer ebenso wie für die gefährdeten Juden. Da ist zuerst die emotionale Dimension des ernsten Spiels zu nennen, der einzigartige Charakter von Schreien und körperlichen Angriffen, der es schwer macht, sich vorzustellen, die Beteiligten befänden sich nicht in einem Zustand emotionaler Erregung oder glaubten in jenem Augenblick nicht voll und mit der ganzen Kraft ihres Körpers an das, was sie sagen und tun. Im Klartext heißt das, dass der Kampf für eine Sache sich nicht bloß von etwas herleitet, sondern bewirkt, dass man daran glaubt. Zweitens schmiedeten Sprechakte wie »Juden raus!« oder »Schlagt die Juden tot!« eine vorübergehende Gemeinschaft zwischen Randalierern und Sympathisanten: Was sie verband, war die kollektive Bestreitung der Zugehörigkeit der Juden zu ihrer Gemeinschaft. Dieser rituelle Ausschluss erfolgte zudem genau in dem Augenblick, in dem Juden um Bürgerrechte und politische Zugehörigkeit kämpften. Derart verstandene Gewalt wurde Teil eines öffentlichen Kampfes um den Sinn von Gemeinschaft sowie die Definition von Rechten und Privilegien.

Diese Fragen nach der Gemeinschaft waren der Punkt, der Christen und Juden im 19. Jahrhundert am stärksten trennte. Als Beweis dafür lässt sich, abgesehen von der antisemitischen Gewalt während der Revolution von 1848, auch eine der populärsten Petitionen des 19. Jahrhunderts anführen. Im Dezember 1849 beschloss das Unterhaus des bayrischen Parlaments ein Gesetz, das Christen wie Juden gleiche Rechte einräumte und sich sofort mit einer massiven Gegenbewegung konfrontiert sah. Den Forschungen von James Harris zufolge gab es zumindest 552 voneinander unabhängige Petitionen aus 1762 bayrischen Orten. Diese Petitionen zeigten deutlich, dass die Christen in Bayern fürchteten, es werde gravierende Folgen haben, wenn man den Juden erlaubte, vollberechtigte Mitglieder ihrer Gemeinden statt weiterhin Fremde zu sein. Diese Furcht wurde von vielerlei unterschiedlichen – wirtschaftlichen, politischen und kulturellen – Gründen angefacht. Der wichtigste darunter war jedoch, wie Harris hervorhebt, der Antisemitismus, und zwar ein Antisemitismus, der sowohl thematisch als auch, was seine Form betraf, historisch verwurzelt war.[54] Die thematische Verankerung wird darin sichtbar, dass die Petitionen alte Beschwerden betonten, denen zufolge jüdische Geschäftspraktiken die örtliche Bevölkerung in Armut stürzten und die Juden die Christen hassten. Aus Harris' Sicht entwickelte diese antijüdische Feindseligkeit neue Formen, die sich gegen die aufgeklärten Bemühungen richteten, die Juden zu integrieren. Er beharrt deshalb auf der Verwendung des Begriffs Antisemitismus, auch wenn dieser erst 1879 von Wilhelm Marr geprägt wurde.[55] Trotz seiner religiösen Ausrichtung bezog der Antisemitismus, der in den bayrischen Petitionen zur Sprache kam, seine Gehässigkeit vor allem aus der Erbitterung der Bauern wie der kleinstädtischen Bevölkerung über die Folgen der Judenemanzipation. Was die Form der Feindseligkeit betrifft, so zeigt sich die historische Verwurzelung der antisemitischen Petitionen vor allem darin, dass sie in ihrer »überwiegenden Mehrzahl [...] eher kommunaler denn persönlicher Natur« waren und dass »die Gemeinden meinten, die Zentralregierung beeinträchtige ihre zentralen Rechte«.[56] Konkret zählte zu diesen »zentralen Rechten«, wie 140 Petitionen unabhängig voneinander geltend machten, das noch aus der Zeit der alten Obrigkeit stammende kommunale Privileg, Einspruch gegen die Zulassung von Juden in ihrer Heimatstadt einzulegen.[57] Außerdem gehörte dazu die Frage der jüdischen Teilhabe an den traditionellen Kommunalrechten, die zumeist den Gebrauch gemeinsamer Ländereien und Waldstücke betrafen. Es überrascht nicht, dass der letzte lokale Aufstand vor der Einigung des Deutschen Reichs, der so schwerwiegend war, dass ein militärisches Eingreifen nötig wurde, 1866 in der fränkischen Kleinstadt Laudenbach stattfand und es darin genau um solche Fragen der kommunalen Gleichheit ging.[58]

V

Eine einflussreiche Tradition der liberalen Geschichtsschreibung konzentrierte sich auf die explizit politische Dimension des Antisemitismus um die Wende zum 20. Jahrhundert und deutete ihn im Zusammenhang eines kurzen, unheilvollen Aufflammens populistischer Politik. Innerhalb dieser Tradition kreiste die Debatte um die Kontinuitäten zwischen der politischen Erscheinungsform des mitteleuropäischen Antisemitismus Ende des 19. Jahrhunderts und der genozidalen Dynamik im 20. Jahrhundert. Die Erforschung dieser Verbindung stellte einen Fragekomplex dar. Ein weiterer betraf die Formen, die der Antisemitismus annahm. Politische Kulturen, so die Historiker, förderten entweder archaische oder moderne Formen des Antisemitismus. Erstere führten zu Pogromen, letztere zur Shoah. Vereinfacht gesprochen, traten in Frankreich und Österreich besonders virulente Formen des politischen Antisemitismus in Erscheinung, doch dieser Antisemitismus führte nicht unmittelbar zur Shoah. Im Russischen Reich herrschten dagegen archaische Formen des Antisemitismus vor. Die Shoah ging jedoch von Deutschland aus, wo es lediglich eine schwache antisemitische Bewegung gab – eine Tatsache, die als starker Hinweis auf eine nur dünne Verbindungslinie zwischen dem politischen Antisemitismus vor dem Ersten Weltkrieg und dem Antisemitismus der Nazi-Zeit gedeutet wurde. Shulamit Volkovs Essay »Antisemitismus als kultureller Code« kann als Versuch verstanden werden, dieses Paradox mit Hilfe der Einsicht zu lösen, dass der politische Antisemitismus der 1890er Jahre bereits in Auflösung begriffen war und die Kontinuität eher im Bereich der politischen Kultur im allgemeinen lag. In jedem Fall wird die entscheidende Wendemarke für das Wiederaufleben eines verbreiteteren radikalen Antisemitismus zeitlich später angesetzt. Die meisten Historiker argumentieren dann, entscheidend sei die neue Qualität des Antisemitismus während des Ersten Weltkriegs, oder aber der Antisemitismus habe bei Hitlers Aufstieg zur Macht lediglich eine Nebenrolle gespielt – erst während des Dritten Reichs hätten die Deutschen gelernt, Antisemiten zu sein. Doch selbst dann spielt die Volksgewalt in dieser Geschichte keine zentrale Rolle. Die Ausschreitungen der Pogromnacht, so heißt es (den Deutschlandberichten der Sozialdemokratischen Partei folgend), seien »von der Mehrheit des deutschen Volkes stark kritisiert worden«.[59] Zudem habe die grauenvolle Gewalt der Shoah, selbst wenn sie letztlich von gewöhnlichen Männern ausgeführt worden sei, im Osten – weit außerhalb der Sichtweite der Deutschen – stattgefunden. Entscheidend für diese Argumentation, welche die antisemitische Gewalt bei der Erklärung der Shoah herunterspielt, ist die Konzentration auf die politische Geschichte – oder zumindest auf die politische Kultur – sowie auf die nationalen Parameter antisemitischer Politik.

Verstehen wir die Volksgewalt jedoch als Symbolhandlungen und betrachten sie in einem transnationalen Zusammenhang, so sieht die Landschaft ganz anders aus: Die Jahre zwischen 1880 und 1900 sind dann von andauernder Volksgewalt gegen Juden geprägt, und die Gewalt erstreckt sich vom Russischen Reich durch die Länder der Habsburgischen Monarchie bis hin ins Deutsche Reich und nach Frankreich. Betrachtet man alles zusammen, so sind die Ausmaße dieser Gewalt durchaus signifikant. Sie erfolgte in zwei großen Wellen – die erste von 1881 bis 1884, die zweite zwischen 1898 und 1903. Eine dritte Welle, die mit dem verheerenden Pogrom von Kischinew im Jahre 1903 begann und bis zu den weit blutigeren Massakern an Juden während der Revolution von 1905 andauerte, blieb auf das Russische Reich beschränkt. Die Tabelle 4.2. dokumentiert Ausbrüche antisemitischer Gewalt in Mitteleuropa zwischen den Pogromen von Elisavetgrad und Kischinew, die so signifikant waren, dass sie ein militärisches Eingreifen erforderten. Gleichzeitig unterstreicht sie die großen Wellen der Gewalt und zeigt ihre transnationalen Verbindungen in ganz Europa auf. Außerdem verweist die Tabelle auf die Mischung archaischer und moderner Elemente und macht deutlich, dass Ritualmordbeschuldigungen und die traditionelle Gewalt zu Ostern – neben den zunehmenden Vorfällen, die mit Arbeitskonflikten und Problemen zusammenhingen, in deren Mittelpunkt Nationalität und Nationalstaat standen – auch weiterhin als Auslöser wirkten. Nicht zuletzt zeigt die Tabelle, dass zwar oft Tausende Randalierer beteiligt waren, Todesopfer jedoch selten waren und die meisten Ausschreitungen rituell begrenzt blieben.

Die erste Welle der Gewalt setzte 1881 ein, als städtische Pogrome im südlichen Russland und in der Ukraine auf die Kleinstädte und Dörfer übergriffen. Insgesamt gab es über 250 unabhängige Gewaltausbrüche, durch die etwa 60 000 jüdische Familien betroffen waren und bei denen 20 000 Familien obdachlos und viele Juden geschlagen und verletzt wurden. Unterschiedlichen Schätzungen zufolge wurden bis zu 225 Frauen vergewaltigt und vierzig Juden getötet.[60] Bei den durch eine Ritualmordbeschuldigung in der Osterwoche ausgelösten Pogromen von 1881 handelte es sich um die Entladung der alljährlichen Spannungen, die seit langem das christlich-jüdische Verhältnis in Bann hielten. Sie waren aber nicht, wie frühere Generationen von Historikern angenommen haben, von der zaristischen Obrigkeit geplant und angestiftet worden.

Tatsächlich waren Pogrome in diesem Teil der Welt verhältnismäßig neu. Die frühneuzeitlichen Morde an Juden in der Ukraine – die Chmelnicki-Massaker des 17. Jahrhunderts und die Haidamak-Gemetzel im 18. Jahrhundert – hingen mit Grenzkonflikten zusammen, in denen Juden nicht die einzigen, ja nicht einmal die vorrangigen Opfer waren. Doch das Jahr 1881, um mit John Klier zu sprechen, »kehrte das Modell vergangener Gewaltepisoden in Osteuropa um«, so dass die »Pogromgewalt sich unmittelbar gegen Juden richtete«.[61] Im 19. Jahrhundert blieben die Pogrome, die statt-

Tabelle 4.2. Antisemitische Gewalt zwischen den Pogromen
von Elisavetgrad und Kischinew

Jahr	Ort	Auslöser	Krawalle	Todesopfer
1881	Elisavetgrad	Ritualmord	250	etwa 50
1881	Pommern	Synagogenbrand	30	0
1881	Warschau	Brand in einer Kirche	1	0
1882	Balta (Podalia)	Osterwoche		
1882	Tisza-Eszlar (Ungarn)	Ritualmord	?	0
1883	Tisza-Eszlar	Ritualmordprozess		
1883	Ekaterinoslav			
1884	Nishnij Nowgorod	Ritualmord	1	ja
1884	Neustettin	Prozess anlässlich Synagogenbrand	1	0
1884	Galizien (Boryslaw-Kriege)	Streit um Diebstahl	1	0
1885	Brusturoasa (Rumänien)	Landbesitz	1	ja
1891	Xanten/Rheinland	Ritualmord	etwa 15	0
1891	Korfu	Ritualmord		
1892	Lodz	Maifeiertag/Arbeiterstreik	1	0
1892	Iuzovka (Donbass)	Maßnahmen gegen die Cholera	1	
1893	Kolin (Tschechoslowakei)	Ritualmord	3	0
1897	Pilsen/Prag	Sprachen-Edikte	6	0
1897	Schodnica (Galizien)	Arbeiterunruhen/ Pfingsten	1	1
1897	Bukarest	Juden in der Armee	1 (?)	
1898	Frankreich	Dreyfus-Affäre	30	2
1898	Westgalizien	Soziale Gründe/ Wahlrechtsreform	32	0
1899	Nachod/Teschechoslowakei	Ritualmord/Arbeit	1	0
1899	Nikolajew am Bug	Osterwoche	1	0
1899	Jassy/Rumänien			
1899	Prag/Holleschau	Ritualmord/Badeni- Gesetze	etwa 15	0
1900	Konitz/Westpreußen	Ritualmord	30	0
1900	Odessa	Umherziehende Söldner	3	ja
1900	Dwinsk (Kowno)	Religiöse Agitation	7	ja
1902	Czestochowa	Marktstreitigkeiten	1	0
1902	Lwów	Arbeitsdisput	1	0
1903	Kischinew	Ritualmord	1	47

fanden, auf die neu gegründete Stadt Odessa beschränkt, eine Brut-
stätte multikultureller Rivalität und Konflikte, die 1821, 1849, 1859
und 1871 eine – häufiger von ethnischen Griechen als von ethnischen Russen ausgehende – signifikante antijüdische Gewalt erlebte.
Die Gewalt setzte jedesmal während der Osterwoche ein und brachte Schlägereien und Plünderungen mit sich. Kaltblütige Morde an
Juden blieben aus. Das Ritual blieb vielmehr begrenzt und war von
dem Widerstreben gekennzeichnet, die Schwelle zum Mord zu
überschreiten.[62] Die Pogrome der frühen 1880er Jahre dagegen überschritten diese Schwelle, auch wenn das Ausmaß an Gewalt – gemessen am 20. Jahrhundert – begrenzt war. Die eigentliche Bedeutung der Pogrome lag in diesem Überschreiten der Schwelle. Tatsächlich schienen sie mit jeder rituellen Wiederholung gewalttätiger
zu werden. Der erste »Jahrestag« von Elisavetgrad wurde zu Ostern
des Jahres 1882 durch einen Pogrom in der Stadt Balta (in der Provinz Podalia) begangen, die John Klier und Shlomo Lambroza zufolge »für die Brutalität und Zerstörungswut der *pogromschtschiki*
berüchtigt war«. Dann kam es 1883 zu einem Gewaltausbruch, der
den zweiten »Jahrestag« markierte. Der dritte – 1884 – wurde durch
einen Pogrom in Nishnij-Nowgorod begangen, der sich zu einem
»besonders bösartigen« Krawall entwickelte, »bei dem die Opfer
mit Äxten getötet und von Dächern geworfen wurden«.[63]

Die mörderische, die Schwelle überschreitende Gewalt der Pogrome löste eine Emigrationswelle aus, in deren Zusammenhang
eine große Anzahl von Flüchtlingen in die Vereinigten Staaten aus-
wanderte und eine kleinere ins Deutsche Reich und nach Österreich-Ungarn floh. Im Deutschen Reich gab es 1890 nicht mehr als
22 000 ausländische Juden. Auch im Habsburgerreich erwies sich
eine groß angelegte Einwanderung eher als Phantom denn als Realität. Dennoch zirkulierten in beiden Reichen Petitionen, die forderten, den Zustrom armer Juden aus dem Osten zu begrenzen. In diesem transnationalen Kontext von Immigration vertiefte sich die –
wirkliche wie eingebildete – Abneigung gegen die »Ostjuden« und
führte zu weiterer Gewalt.

Pommern und Westpreußen im Deutschen Reich sowie Ungarn
im Habsburgerreich waren die beiden Hauptorte, an denen sich diese Abneigung Luft verschaffte. 1881 führten Spannungen vor Ort

und die antisemitische Agitation in Neustettin dazu, dass die Synagoge niedergebrannt wurde und im Sommer eine Reihe antisemitischer Ausschreitungen entflammte. Es war der schlimmste Ausbruch antisemitischer Gewalt in Deutschland seit der Revolution von 1848. Während der Revolution hatten sich die Randalierer den Zusammenbruch der staatlichen Ordnung zunutze gemacht, um ihrer Wut gegen die Juden, die sie als schutzlose Unterdrücker betrachteten, freien Lauf zu lassen. 1881 war die Dynamik etwas anders. Der von einer Wirtschaftskrise und ihrer Ausnutzung durch antisemitische Agitatoren aus Berlin verursachte Gewaltausbruch ereignete sich im Zusammenhang eines neuen Antisemitismus, der sich am Osten orientierte. Wie die russischen Pogrome wurden die antisemitischen Ausschreitungen in Pommern durch den – wie sich herausstellen sollte, falschen – Glauben angefacht, die Regierung (in diesem Falle Bismarck) unterstütze ihre antisemitischen Aktionen (obwohl der Reichskanzler in Wirklichkeit lediglich auf einen lobenden Brief hinsichtlich seiner Tarifpolitik geantwortet hatte).[64] Im südlich gelegenen Ostungarn führte der Tod eines christlichen Mädchens in Tisza-Eszlar im Frühjahr 1882 zu einer Ritualmordanklage, und die Krawalle dauerten den ganzen Sommer über an. Diese zunächst auf Westungarn konzentrierten Ausschreitungen breiteten sich rasch gen Osten aus und konnten ebenfalls erst mit Hilfe der Armee unter Kontrolle gebracht werden.[65] Die Ausschreitungen in Ungarn, die durch ähnliche Krawalle im slowakischen Pressburg (Bratislava) entfacht worden waren, flammten im Oktober erneut auf.[66] Als im folgenden Jahr der des Ritualmords beschuldigte Jude in Tisza-Eszlar freigesprochen wurde, kam es zu neuerlicher Gewalt, die diesmal mindestens zweiunddreißig einzelne Bezirke in Mitleidenschaft zog und in Budapest fünf Tage lang andauerte, wobei die Randalierer die Juden unter »Hep-Hep«-Rufen durch die Straßen trieben.[67]

Insgesamt war die Gewalt der frühen 1880er Jahre alles andere als eine Randerscheinung. Die russischen Pogrome lösten den größten Exodus der jüdischen Geschichte aus, und die Ausschreitungen im Gefolge des Tisza-Eszlar-Prozesses stellten den größten Ausbruch von Straßengewalt in Ungarn vor dem Ersten Weltkrieg dar. Obwohl die Krawalle von Neustettin auf die nördlichen Teile Pommerns und Westpreußens beschränkt blieben, handelte es sich auch bei ihnen um einen beunruhigenden Ausbruch von Volksgewalt. Die Ausbrüche erfolgten in starker zeitlicher Nähe zur Vollendung der Judenemanzipation und beschworen die Möglichkeit herauf, dass die Emanzipation, obwohl sie gesetzlich festgelegt war, wieder zurückgenommen werden könne. Die Vertreibungen ausländischer Juden und Polen Mitte der 1880er Jahre durch Bismarck waren kaum dazu geeignet, die Sorge zu vermindern, sondern trugen zusätzlich zur Ermutigung antisemitischer Forderungen bei. Nicht zuletzt waren diese Gewaltausbrüche Ausdruck einer neuen Art demagogischer Politik und beschleunigten das Vordringen der Demagogie in die ländlichen Regionen.[68] Im Russischen Reich gewann die intolerante Politik der offiziellen Nationalität, wie sie in den restriktiven Maigesetzen zum Ausdruck kam, erst nach den Pogromen an Kraft, nicht davor. In Ungarn trug der Prozess von Tisza-Eszlar auf wirksame Weise zur Entwicklung einer organisierten antisemitischen Presse und zum Wachstum der antisemitischen politischen Parteien bei. Und in Deutschland fachte die Gewalt in Neustettin die antisemitische Agitation gegen »Ostjuden« an und förderte die Sache der im Entstehen begriffenen antisemitischen Organisation. Gewalt lehrte die Regierungen zudem die Klugheit einer raschen Reaktion. Als 1884 in der nahe Danzig gelegenen Kleinstadt Skurz ein Mord zur Blutbeschuldigung führte, verhinderte die Regierung Gewalt dadurch, dass besorgte Beamte noch vor dem Ausbruch von Ausschreitungen Verstärkung anforderten.

VI

Danach legte sich die antijüdische Gewalt und flackerte in den 1890er Jahren nur gelegentlich auf. Dieses Aufflackern konzentrierte sich auf Mitteleuropa, nicht Osteuropa, mit der wichtigen Ausnahme eines verheerenden Pogroms auf Korfu und des fortdauernden Niedergangs der christlich-jüdischen Beziehungen in Rumänien, der 1897 und 1899 Gewalt aufflammen ließ, bevor es 1907 zum Flächenbrand kam, als ein gewaltiger Bauernaufstand mit Angriffen auf Juden begann.

In europäischer Hinsicht bedeutet das Jahr 1898 den Beginn einer zweiten Welle antisemitischer Gewalt, mit Ausbrüchen antisemitischer Ausschreitungen in Frankreich, im westlichen Galizien und einem neuen Klima. Auf den ersten Blick schien in Frankreich ein Gewaltausbruch sehr unwahrscheinlich. Die Juden Frankreichs waren in hohem Maße in die Wirtschaft integriert, ja sogar in den staatlichen Beamtenberufen, in denen viele erfolgreiche Karrieren absolviert hatten. Die antisemitische Bewegung war verhältnismäßig schwach und genoss wenig Unterstützung von etablierten Persönlichkeiten der Republik. Doch die Dreyfus-Affäre, die 1894 einsetzte und ihren Höhepunkt in den Ausschreitungen im Januar und Februar 1898 fand, änderte alles.

Aus gutem Grund gehört die Dreyfus-Affäre zu den am gründlichsten erforschten Ereignissen der modernen europäischen Geschichte. Sie war ein entscheidendes Signal, und zwar nicht nur, was das Ausmaß antisemitischer Einstellungen betrifft, sondern auch für die Entstehung einer Klasse kritischer Intellektueller in der Linken und radikaler Denker in der Rechten. In *Elemente und Ursprünge totaler Herrschaft* räumt Hannah Arendt der Dreyfus-Affäre in ihrer Analyse eine zentrale Stelle ein, und zwar genau deshalb, weil die politische Rechte das Gute der Nation nun nicht mehr mit dem Handeln des Staates, sondern mit den Gesängen des »Pöbels« gleichsetzte und der Pöbel, der keineswegs nur eine Bedrohung der Ordnung darstellte, aus Sicht der neuen Rechten der lebendige Ausdruck von »Vitalität und ursprünglicher Kraft« war.[69] Auf diese Weise nahmen die Ereignisse von 1898 Entwicklungen des 20. Jahrhunderts vorweg, auch wenn »die Affäre ihren wirklichen Fortsetzer nicht in Frankreich gefunden hat«.[70]

Arendt räumte durchaus ein, dass Frankreich von Straßengewalt erschüttert worden war, betrachtete aber die bürgerlichen Einstellungen gegenüber Juden als den wahren Kern der Angelegenheit. »Während der Pöbel tatsächlich jüdische Geschäfte stürmte und Juden auf den Straßen angriff«, schrieb sie, »ließ die Sprache der bürgerlichen Oberschicht die wirkliche, leidenschaftliche Gewalt wie ein harmloses Kinderspiel erscheinen«.[71] Die historische Forschung neigt ebenfalls dazu, die »wirkliche, leidenschaftliche Gewalt« im Bereich des »harmlosen Kinderspiels« anzusiedeln, und zwar genau deshalb, so ist anzunehmen, weil die Gewalt zumeist rituell begrenzt war. Die Menge rief zwar »Tod den Juden!«, tötete sie aber nicht wirklich, außer in Algier, wo die Ordnungskräfte einfach zuschauten, wie eine Menge zwei Juden ermordete.[72] Doch die Volksbekundungen waren eindrucksvoll, auch wenn sie begrenzt blieben. Polizeiberichten zufolge versammelten sich in Angers und Marseille mehr als 4000 Menschen, über 3000 in Nantes, 2000 in Rouen und mehr als 1000 in Saint-Dié, Bar le Duc und Saint Malo.[73] Es kam zu neunundsechzig Gewaltausbrüchen an fünfundfünfzig unterschiedlichen Orten, hauptsächlich im Norden und Osten, wobei die Sympathien der Menge für die Haltung der Armee ebenso offenkundig waren wie ihr Zorn gegen Emile Zola, dessen *J'Accuse* soeben erschienen war. Lokale Berichte betonen jedoch, dass gewöhnlichere Formen des Antisemitismus überwogen und antisemitische Journalisten und Agitatoren eine bedeutende Rolle spielten. Die Aktionen der Menge, die aus Studenten, Handwerkern, Ladenbesitzern, ja sogar *bourgeois* bestand, deuten ebenfalls auf die Banalität antisemitischer Gefühle hin. Die Randalierer riefen antijüdische Parolen wie »Nieder mit den Juden!« und »Mort aux juifs!«, warfen Steine durch die Fenster jüdischer Häuser, beschädigten in vielen Fällen jüdische Geschäfte und schlugen Menschen mit Stöcken.[74] An dreißig Orten wurde die Lage so bedrohlich, dass die Polizei Truppen zu Hilfe rufen musste, und in einer Reihe von Städten dauerten die Demonstrationen mehrere Tage. Auch auf dem Land gab es ein erhebliches Maß an Agitation, was darauf hindeutet, dass die antisemitische Gewalt – wie die russischen Pogrome von 1881 – von den Städten ausging, sich aber auch in die ländlichen Gegenden ausbreitete.[75]

Das Ausmaß der Gewalt machte die Dreyfus-Affäre zu einer traumatischen Erfahrung: Sie war zwar nicht wirklich »eine Bartholomäusnacht für die Juden«, ließ aber die Gefahr einer solchen aufscheinen. »Für die Juden Frankreichs blieb der – in Rufen und Beleidigungen so vielfach gegenwärtige – Tod eine virtuelle Bedrohung«, folgert Pierre Birnbaum in seiner mikrohistorischen, stark fokussierten Darstellung – »so viele wütende Mengen, so viele außer Kontrolle geratene Demonstrationen, so viele aufgewiegelte Bevölkerungen, so viele gezückte Messer, so viele Verletzte [...]«.[76] Auch Birnbaum hält es für bedeutsam, dass »der Tod sich nicht durchsetzte«.[77] Wirklich verbrannt wurden nur die Bilder von Juden – das Morden wurde inszeniert, und die Inszenierung war ein Zeichen, nicht die Sache selbst.

Die Gewalt war nicht nur traumatisch, sondern führte auch einen Wandel herbei. Sie signalisierte die Entstehung einer neuen Art von Politik, in der sich die wirtschaftliche Not der Bauern und der unteren Mittelschicht mit den nationalistischen Ideologien etablierter Gruppen der Gesellschaft vermischten – kurz, sie machte den Antisemitismus zu einer wirksamen Kraft der modernen Politik. Der Antisemitismus war dieser Interpretation zufolge kein sekundäres Phänomen oder ein kultureller Code, »ein vertrautes und handliches Symbol«, um Shulamit Volkovs berühmte Definition anzuführen, »ein Kürzel für ein ganzes System von Ideen und Einstellungen, die mit der direkten Schätzung oder Nicht-Schätzung von Juden wenig bis gar nichts zu tun hatten«.[78] Vielmehr lieferte er die emotionale Triebkraft der Demonstrationen, die Frankreich überrollten, als Hunderttausende Menschen, einige aktiv, andere passiv, eine Rolle in landesweiten, lokal inszenierten Straßendramen übernahmen. Diese Dramen beruhten zum Teil auf Skripten, die die Nation selbst thematisierten und es den Randalierern ermöglichten, ihren Fremdenhass auszuleben. Den Historikern, die gewohnt sind zu denken, der französischen Bauernschaft sei es eher um ihre traditionelle Lebensweise gegangen, geben Birnbaums Schlussfolgerungen sicher Anlass zum Nachdenken: Sie verweisen auf die tiefe Verwurzelung antisemitischer Gefühle in den Städten wie auf dem Land und unterstellen eine verbreitete Teilnahme an antisemitischen Gewaltritualen.[79] Nicht zuletzt verwandelte die Dreyfus-Affäre in einem gewöhnlicheren, aber verhängnisvollen Sinne auch die Politik. Von nun an wurde der Antisemitismus zu einem diskursiven Monopol der politischen Rechten und erzeugte – in Verbindung mit dem Nationalismus – ein politisch brisantes Programm.

Nach der Dreyfus-Affäre verlagerte sich das Epizentrum antisemitischer Gewalt wieder nach Mitteleuropa – ins Habsburger- und ins Deutsche Kaiserreich. Zwischenzeitlich war es in beiden Reichen während der 1890er Jahre zu kleineren Ausbrüchen gekommen: 1891 in Deutschland im rheinischen Xanten im Gefolge einer Ritualmordbeschuldigung und im April 1893 in den Habsburgi-

schen Landen – in der tschechischen Kleinstadt Kolin an der Elbe,
wo nur das rechtzeitige Eintreffen zusätzlicher Truppen gewaltsame
Ausschreitungen des Pöbels verhinderte, der sich auf das Gerücht
hin, der Leichnam eines jungen Mädchens habe Stichwunden aufge-
wiesen (was auf einen Ritualmord hindeutete), im jüdischen Viertel
versammelt hatte.[80] Die Gewalt griff sodann auf andere Ortschaften
über und verband sich, ohne dass es an antisemitischen Impulsen
gefehlt hätte, mit Arbeiterunruhen, Demonstrationen für das allgemeine Wahlrecht, dem Anwachsen der Sozialdemokratie und dem
Aufkommen der jungtschechischen Bewegung.[81] Die Juden des
Habsburgerreichs gerieten zunehmend zwischen die Fronten der
Nationalitäten, so dass einer der antisemitischen Politiker sogar behauptete, Ursache der Gewalt sei das »herausfordernde Deutschre-
den (!) der Juden«.[82] Ein noch signifikanterer Ausbruch erfolgte im
November 1897 anlässlich des Rücktritts des österreichischen Mi-
nisterpräsidenten Kasimir Felix Graf Badeni. Diese Gewaltausbrüche hatten ebenfalls mit tschechisch-deutschen Nationalitätenkon-
flikten zu tun, da sie mit Kämpfen zwischen tschechischen und
deutschen Studenten in Prag begannen. Schon bald geriet die Gewalt jedoch außer Kontrolle. Tschechische Studenten griffen Deutsche und Juden gleichermaßen an, so dass am dritten Tag der Ausschreitungen das Militär angefordert wurde, um die Situation in den
Griff zu bekommen.[83]

Das wichtigste und für viele Juden schockierendste Ereignis war
jedoch der westgalizische Bauernaufstand von 1898, der rasch ausdrücklich antijüdische und gewaltsame Züge annahm und, wie ein
Bericht formulierte, die Polizei veranlasste, »in halb Galizien den
Ausnahmezustand« einzuführen.[84] Der galizische Bauernaufstand ist
für die umfassendere Geschichte interessant und wichtig zugleich.
Er ist deshalb von Interesse, weil bis dahin antisemitische Gewalt in
den Regionen des geteilten Polen ausschließlich städtisch und lokal
begrenzt gewesen war. Die Warschauer Ausschreitungen von 1790
waren ein isoliertes Ereignis geblieben; später war es als Begleiter-
scheinung der Bauernaufstände von 1846 und dann in Posen und
Galizien im Jahr 1848 zu antijüdischer Gewalt gekommen.[85] Doch
1848 hatte die antisemitische Stoßrichtung der Revolution weiter im
Westen gelegen, und auch der polnische Aufstand von 1863 kam

ohne antisemitische Gewalt aus – im Gegenteil, es gab eine starke polnisch-jüdische Kooperation.[86] Als im Frühjahr 1881 in den südwestlichen Provinzen des Russischen Reichs Pogrome ausbrachen, empfanden die meisten Polen die Gewalt als schockierend und schrieben sie dem vermeintlich niedrigen kulturellen Niveau der ukrainischen Bauern zu.[87] In den polnischen Provinzen des Russischen Reichs dagegen gab es keine nachahmende Gewalt – erst zu Weihnachten des Jahres, als im Herzen Warschaus ein Pogrom ausbrach, der drei Tage andauerte und erhebliche Schäden an jüdischen Häusern und Geschäften verursachte. Ausgangspunkt des Pogroms war, dass jemand in einer Kirche »Feuer!« schrie und in der darauf folgenden Panik zwanzig Menschen ihr Leben verloren und viele weitere schwer verletzt wurden. Schnell tauchten Gerüchte auf, denen zufolge ein Jude fälschlicherweise »Feuer!« gerufen hatte, und am nächsten Tag begannen die Ausschreitungen. Die Randalierer – zumeist junge Arbeiter und Handwerker – zogen durch das Judenviertel und terrorisierten drei Tage lang die jüdische Bevölkerung, ob arm oder reich. Niemand wurde getötet, einige Berichte behaupten sogar, man habe bewusst Frauen und Kinder verschont. Es gab über 2600 Verhaftungen sowie Appelle der Kirche und verschiedener Bürgerkomitees, die Gewalt zu stoppen. Der Pogrom blieb, trotz einiger Versuche, in einer Reihe anderer polnischer Städte sowie in Krakau zur Gewalt anzustacheln, auf Warschau begrenzt.[88] Dennoch erlebten die meisten Polen und Juden den Weihnachtspogrom als Wendepunkt, der zeigte, dass seit der polnisch-jüdischen Kooperation, die den Aufstand von 1863 gekennzeichnet hatte, etwas schiefgelaufen war. In der Folge kam es 1884 (während der sogenannten Boryslaw-Kriege) und erneut 1897 auf den galizischen Ölfeldern zu isolierten pogromähnlichen Vorfällen zwischen Arbeitern und Juden.[89] Die Gewalt gegen Juden in Lodz im Jahr 1892 resultierte aus Streiks, die sich zum Teil gegen jüdische Arbeitgeber richteten. Dennoch war das polnisch-jüdische Zusammenleben nicht im selben Maße vom regelmäßigen Aufflackern antisemitischer Gewalt gekennzeichnet wie die deutsch-jüdischen Beziehungen seit 1819.

Vor diesem Hintergrund gilt es den galizischen Bauernaufstand von 1898 zu verstehen. Die Gewalt begann südlich von Krakau am Vorabend von Fronleichnam und verbreitete sich in einer ersten

Welle durch dreiundzwanzig verschiedene Distrikte. Randalierer plünderten jüdisches Eigentum und zerstörten Schenken, während Synagogen und Bethäuser weitgehend unangetastet blieben.[90] Die beinahe ausschließliche Konzentration auf Schänken, Schnapsbrennereien und jüdische Geschäfte im Juni zeigt, wie sehr die Gewalt von 1898 in Galizien, wie Keely Stauter-Halsted jüngst behauptet hat, durch die »wachsenden wirtschaftlichen Spannungen« motiviert war, »welche die ländlichen Gegenden und Kleinstädte Polens kennzeichneten«.[91] Doch inmitten dieser wirtschaftlichen Spannungen, die von hungersnotähnlichen Zuständen bei den Polen und lähmender Armut aufseiten der Juden bestimmt waren, gab es ein entscheidendes politisches Element: eine neu gegründete Bauernpartei, die eine unverkennbar moderne, demagogische Politik in Gestalt einer explizit antisemitischen Kampagne verfolgte. Diese politische Dimension war selbst eine Folge der Ausweitung des Wahlrechts durch das österreichische Wahlgesetz von 1896, das Männern über vierundzwanzig – mit einigen Einschränkungen und im Rahmen eines einseitigen Wahlsystems – Stimmrecht in einer fünften Kurie verliehen hatte. Diese Ausweitung hatte zur Folge, dass in Galizien Wahlkampf in die Dörfer Einzug hielt; diese Politik war aber, wie wir sehen werden, antisemitisch und gewalttätig.

Ermutigt durch die anfänglich lustlose Reaktion der Behörden, brachen in nicht weniger als zweiunddreißig unterschiedlichen Ortschaften Gewalt und Zerstörung aus.[92] An einigen Orten, wie etwa der Marktstadt Kolaczyce, verwüstete sie die gesamte jüdische Gemeinde. Einem Bericht zufolge wurden dabei achthundert Fensterscheiben in Häusern und Geschäften zerstört. Als die Ordnungskräfte eingriffen, wurden die Truppen mit Steinen beworfen.[93] In ganz Westgalizien zerstörten Randalierer Tausende Geschäfte und mit ihnen die wirtschaftliche Existenzgrundlage zahlloser galizischer Juden. Obwohl es in der Revolte vor allem um wirtschaftliche Beschwerden ging, spiegelte sie zugleich die politische Aufnahme der bäuerlichen polnischen Katholiken in die moderne Politik und die exklusive Logik des ethnischen Antisemitismus wider.[94] Das war Politik in einer neuen, gewaltsamen Tonart, die sich der Kontrolle der Kirche und des Adels entzog, ja sich gegen den Klerus, die Landeigentümer und die Juden richtete.[95]

Im polnischen Galizien verbreitete die Zeitung der Bauernpartei Vater Stojalowskis die Aussage, »wenn 10 000 Juden abgeschlachtet würden«, werde sich »die Lage bessern«, während andere Propagandisten mit dem Gerücht hausieren gingen, die Juden müssten »totgeschlagen werden, weil sie dem Kaiser nach dem Leben trachteten«.[96] Auf diese Weise wurde eine Eliminierungsphantasie in das gesellschaftliche Pulverfass geworfen und eine Feuersbrunst entfacht. Es ist nicht einfach, hier zwischen innen und außen, zwischen Bauern in den Dörfern und Anstiftern aus der Mittelschicht zu unterscheiden, und Motivationen, die vor dem Ereignis bestanden, lassen sich nicht ohne weiteres von späteren Rechtfertigungen trennen. Doch bei Gewalt handelt es sich nicht bloß um eine Struktur, sondern zugleich um einen Prozess, und gegen Ende der ersten Welle der Gewalt herrschte, wie ein Beobachter bemerkte, »thatsächlich [...] in fast allen Gemeinden die feste Überzeugung, dass die Ermordung der Juden von Wien aus befohlen sei«.[97] Dieser Aspekt der Ausschreitungen ist eine ausführlichere Überlegung wert, denn er weist darauf hin, wie sehr die Randalierer der Legitimierung bedurften oder glaubten, im Besitz einer solchen zu sein. »Wir werden die Juden schlagen, man darf sie schlagen, denn wir haben so ein Rundschreiben«, behauptete ein Randalierer, während ein anderer sagte: »Der Kaiser hat es gestattet«.[98] Bezeichnenderweise berief man sich auf die habsburgische Krone, nicht auf die polnische Nation. Die Erbitterung der Bauern schlug noch keine nationalistischen Nebenwege ein. Sofern die Gewalt religiöse bzw. nationale Gegensätze verhärtete, waren es jene zwischen Polen und Juden, nicht zwischen Polen und dem Reich.[99]

Die Revolte sagte allerdings etwas über das Verhältnis zwischen Straßengewalt und Staatsmacht aus. Die Demonstranten zerstörten zwar Häuser und Geschäfte, doch es wurden keine Juden getötet, und das trotz verschiedener Gerüchte, denen zufolge der Mord angeordnet worden war. Das lag womöglich daran, wie ein Kommentator bemerkte, »dass sich kein Jude auf der Straße blicken ließ, sondern dass sie verschiedenartige Schlupfwinkel und Verstecke in den Kellern« aufsuchten.[100] Vielleicht hing es auch damit zusammen, dass das Militär zwar erst spät eingriff, dem Wüten aber schließlich Einhalt gebot. Doch der Aufstand selbst war rituell begrenzt – ganz in der Tradition von Revolten, die sich in der Anwendung von Gewalt beschränkten und spezifische Ziele verfolgten. Der deutsche Reichskonsul in Lwów verstand dies mit einzigartiger Klarheit: »Die Wuth der Bauern«, schrieb er, »richtet sich lediglich gegen die jüdische Bevölkerung und zwar hauptsächlich gegen das Eigenthum der Juden, ohne Bedrohung ihres Lebens«.[101]

Die Bedeutung dieser Tatsache wird allzu leicht übersehen, vor allem weil die Revolte eine versehrte Landschaft hinterließ. Ein Korrespondent, der das westliche Galizien besuchte, berichtete über große Gruppen obdachloser Männer, Frauen und Kinder, die sich an Bahnhöfen zusammendrängten – in erschütternden Szenen, die »im Kleinen« abbildeten, »was die galizischen Hauptbahnhöfe zur Zeit der russischen Judenverfolgungen im Großen geboten haben«.[102] Ganze Städte ähnelten Militärlagern – »an den Bahnübergängen halten Husaren Wache, die Brücken sind militärisch besetzt, die Landstraßen werden von Cavallerie-Patrouillen abgeritten, vor den Bahnhöfen stehen Gendarmerie- und Infanterieposten mit schußbereitem Gewehr«.[103] Letztlich wurden im Zuge der Militärmaßnahme Dutzende Randalierer getötet und 3500 Menschen verhaftet. Mehr als tausend Menschen, Christen wie Juden, mussten sich vor Gericht für eine Reihe von Verbrechen verantworten, die mit dem Aufstand zusammenhingen, darunter versuchter Mord, Überfall, Plünderung und Brandstiftung.[104]

Die Juden der Habsburger-Monarchie sahen den galizischen Aufstand als Ankündigung noch schlimmerer Ereignisse. Leo Herzberg-Fränkel, der seit langem die Geschichte der Juden in seinem heimatlichen Galizien aufgezeichnet hatte, glaubte, die Aufstände würfen einen dunklen Schatten auf die Zukunft der Juden in der Monarchie, und drängte auf eine stärkere Einheit unter den Juden, damit »die Verfolgungen [nicht] jene Höhe erreich[t]en, wie [...] im Jahre 1881 im Nachbarreiche«.[105] Der Aufstand trug zudem zu einem andauernden Klima der Gewalt bei. Bereits in der Osterwoche im April des folgenden Jahres flammte die antisemitische Gewalt wieder auf, diesmal in der Textilstadt Nachod und in Verbindung mit einem längeren Streik. Die Ausschreitungen, die am Abend des 5. April begannen und bei denen Geschäfte geplündert und Fensterscheiben eingeworfen wurden, wurden am nächsten Tag von einem dreihundert Mann

starken Militärbataillon aus dem nahe gelegenen Josefstadt been-
det.[106] Doch der »Nachod-Krawall«, wie er genannt wurde, verblass-
te angesichts der Probleme, die durch zwei Ritualmordbeschuldigungen geschaffen wurden – eine davon in der böhmischen Kleinstadt
Polna, die andere weiter östlich im preußischen Konitz. Da beide
Prozesse und Beschuldigungen bereits Gegenstand intensiver Untersuchungen gewesen sind, genügt es an dieser Stelle festzuhalten, dass
beide schwere antisemitische Gewaltausbrüche nach sich zogen, die
nur durch das Eingreifen von Militärtruppen gestoppt wurden.

Die Gewalt, die der Ritualmordbeschuldigung von Polna folgte,
brach erst im Oktober 1899 aus, als Leopold Hilsner, der jüdische
Landstreicher, der beschuldigt worden war, ein christliches Mäd-
chen ermordet zu haben, fälschlicherweise des Verbrechens für
schuldig befunden wurde. Die Ausschreitungen fanden zudem zu
einer Zeit statt, in der die Jungtschechen im Gefolge der Rücknah-
me der Sprachen-Edikte Badenis (die forderten, die Kommunikation mit den örtlichen Behörden müsse in der Muttersprache der Einwohner stattfinden, d. h., wenn eine Anfrage auf Tschechisch verfasst werde, müsse auch die Antwort auf Tschechisch erfolgen) ihre
nationalen Anliegen zur Sprache brachten. In diesem Sinne vermischten die neuen Unruhen ein archaisches Motiv mit ausgesprochen modernen Anliegen hinsichtlich der Zugehörigkeit zu einem
nationalen Gemeinwesen.

Das Zentrum der Unruhen war nicht Polna selbst, sondern Mähren, wo die Juden – mehr noch als in Böhmen – deutschsprachig
waren, während lediglich siebzehn Prozent (im Vergleich zu fünfundvierzig Prozent in Böhmen) Tschechisch als Alltagssprache an-
gaben.[107] Die tschechische antisemitische Gewalt war somit – in diesem Sinne – ein zweischneidiges Schwert. Die Gewalt begann am
2. Oktober 1899 in der Industriestadt Holleschau, die 7000 Einwohner hatte, darunter tausend Juden. Der unmittelbare Grund für
die Gewalt ist nach wie vor unklar, doch Beobachter erkannten Zeichen einer Organisation, zumindest auf Ortsebene. Eine Gaststätte
hängte ein Bild Hilsners mit einem daran befestigten Licht ans
Fenster. Einige Agitatoren verbreiteten eine Darstellung des Ritualmords, während andere Flugblätter verteilten, auf denen verlangt
wurde, die Juden zu Beginn des Jahres zu vertreiben. Auf gewohnte

Weise zogen Demonstranten durch die Straßen und skandierten:
»Schlagt die Juden tot!« Sie zertrümmerten Fenster, plünderten Ge-
schäfte und warfen Kisten mit Seife, Leinenballen, Kolonialwaren,
Lampen und anderen Waren auf die Straße oder versteigerten sie so-
gar – ein Akt, der an die frühneuzeitlichen Brotunruhen erinnert.
Schließlich brachen einige Randalierer in die Häuser der Juden von
Holleschau ein, so dass diese gezwungen waren, sich in Verstecken
zusammenzudrängen.[108]

Das Einbrechen in Häuser überschritt die Schwelle in einer Hinsicht. Doch was die Ereignisse in Holleschau zusätzlich hervorhob,
war der Zusammenstoß mit den Behörden. Diese Konfrontation
hatte tödliche Folgen für einige Demonstranten, als die Militärtruppen in die Menge feuerten und dabei fünf Menschen töteten und
mindestens zwanzig weitere verletzten.[109] In der darauffolgenden
Woche endete ein ähnlicher Zusammenstoß in der Kleinstadt Wsetin ebenfalls mit Blutvergießen, als die Armee das Feuer auf die vor
allem aus Arbeitern und Lehrlingen bestehende Menge eröffnete.[110]

Abgesehen von den Hauptszenen der antijüdischen Kundgebun-
gen gab es zahlreiche weitere in den Kleinstädten Mährens und
Böhmens, darunter auch in Polna selbst, wo sich eine Menge von
zweihundert bis dreihundert Leuten versammelte, durch die Straßen
marschierte, Fenster einwarf und antisemitische Parolen rief.[111] Die
Polna-Affäre ist auch deshalb ein wichtiger Teil der tschechischen
Geschichte geworden, weil Thomas Masaryk Einspruch erhob,
stichhaltige Beweise gegen die Ritualmordbeschuldigung und für
Hilsners Unschuld vorlegte und auf diese Weise Kaiser Franz Joseph bewegte, seinen Urteilsspruch zu ändern. Doch selbst wenn
die Frage nach Hilsners Schuld oder Unschuld geklärt ist, bleibt die
Aufgabe, die antisemitische Gewalt, die eine breitere Grundlage für
die tschechische Gefühlslage darstellte, einzuordnen und zu erkennen, auf welche Weise die Affäre zur Polarisierung der tschechisch-
jüdischen Beziehungen beitrug.

Sechs Monate nach den Ausschreitungen von Polna entfesselte
ein auf geradezu unheimliche Weise ähnlicher Ritualmordvorwurf
in der westpreußischen Kleinstadt Konitz den größten Ausbruch
antijüdischer Gewalt im wilhelminischen Deutschland. Zeitgenossen haben den Zusammenhang mit Polna festgestellt und kommen-

tiert. Sie erkannten auch weitreichendere Ähnlichkeiten: die Verwandtschaft mit Ritualmordbeschuldigungen vergangener Zeiten sowie die strukturelle Verwandtschaft der neuen Ritualmordvorwürfe mit Gewaltausbrüchen in ganz Europa in den letzten beiden Jahrzehnten des 19. Jahrhunderts. Seit dem Xantener Fall des Jahres 1891 hatte der liberale Verein zur Abwehr des Antisemitismus eine Liste dieser Beschuldigungen zusammengestellt und dabei mehr als hundert gezählt, auch wenn die wirkliche Zahl (unter Ausschluss offenkundiger demagogischer Versuche der antisemitischen Presse, solche Anschuldigungen zu lancieren) eher bei achtzig lag.[112] Dennoch war es um die Jahrhundertwende in Europa zu mehr Ritualmordvorwürfen gekommen als zu irgendeiner anderen Zeit. Dabei ist jedoch ein entscheidender Unterschied festzustellen. Die mittelalterlichen Beschuldigungen waren gewaltsamer, während die Gewalt, mit der die modernen Ritualmordbeschuldigungen einhergingen (mit Ausnahme der Pogrome in Russland), mit dem Widerstreben verbunden war, diese wichtige Schwelle zu überschreiten: Es gab Drohungen, Steinwürfe, Stockprügel, aber keine Morde. Das gilt auch für Konitz, wo etwa dreißig unabhängige Demonstrationen stattfanden; an den größten davon nahmen tausend Menschen teil, und das in einer Kleinstadt von 10 000 Einwohnern. Konitz war der letzte bedeutsame Vorfall antisemitischer Gewalt in Deutschland vor der Weimarer Zeit, bis 1923 die Ausschreitungen im Scheunenviertel die Berliner Polizei in Atem hielten. Es war zudem die letzte große Blutbeschuldigung in Deutschland, die von der Bevölkerung und nicht von der Regierung ausging, wie dies in der Nazizeit der Fall sein sollte.

Insgesamt handelt es sich bei den Vorfällen öffentlicher Gewalt in den beiden letzten Jahrzehnten des 19. Jahrhunderts um Ereignisse von außerordentlicher Bedeutung. In der ersten Welle – von 1881 bis 1884 – gab es über dreihundert Ausbrüche antisemitischer Gewalt, wenn man die vielen Pogrome ohne Tote in Russland, Ungarn und Preußen mitzählt. Es gab auch ein paar Pogrome mit Todesopfern. Dann, nach nur sporadischen – wenn auch signifikanten – Ausbrüchen, folgte zwischen 1898 und 1900 eine zweite Welle. Sie begann mit der Dreyfus-Affäre in Frankreich und fand ihre Fortsetzung in den Ereignissen in Galizien, Mähren und Westpreußen. Die Häufig-

keit der Volksgewalt lässt eine einfache Einteilung Europas in Osten
und Westen unplausibel erscheinen und deutet zugleich darauf hin,
dass der Nationalstaat keinen selbstverständlichen Bezugsrahmen
antisemitischer Gewalt darstellte. Sie veranlasst uns auch zur Vor-
sicht gegenüber der Neigung, den Antisemitismus allzu eng innerhalb des Rahmens einer als national verstandenen Politik zu inter-
pretieren. Auch wenn die Politik im üblichen Sinne für diese Ausbrüche kaum nur zufällige Bedeutung hatte, lassen sich letztere nicht
einfach auf die Sprache der Parteipolitik als solche reduzieren.

Auf welche Weise lässt sich also das Phänomen der antisemitischen Gewalt in den letzten beiden Jahrzehnten des 19. Jahrhunderts in seinen umfassenderen Dimensionen verstehen? Ein einfluss-
reicher Ansatz zur Beurteilung des weiteren Phänomens beruft sich
auf Hans Rosenbergs bahnbrechende Arbeit und postuliert die
Existenz einer Verbindung zwischen der jüdischen Integration während der Jahre des wirtschaftlichen Aufschwungs zwischen 1849
und 1873 sowie der Reaktion darauf in den Jahren der Großen Depression zwischen 1873 und 1896.[113] Diese Erkenntnis bleibt – trotz
zahlloser Einschränkungen – pausibel, insbesondere mit Blick auf
die anfängliche Entstehung des Antisemitismus Ende der 1870er
und zu Beginn der 1880er Jahre. Weniger überzeugend ist dies mit
Blick auf die zweite Welle der Gewalt, also zwischen 1898 und
1900, als die wirtschaftlichen Indikatoren in eine positive Richtung
wiesen und – im Sinne der Kondratieff-Zyklen – auf einen allgemeinen Konjunkturaufschwung hindeuteten. Man kann die galizischen
Unruhen als Revolte rückständiger Provinzen deuten und so für sie
dennoch eine wirtschaftliche Erklärung postulieren. Bereits die
Zeitgenossen hatten es so gedeutet: Selbst Zionisten wie Joseph
Bloch glaubten, die galizischen Aufstände hätten einen spezifisch
sozialen Charakter. Doch weder die Dreyfus-Affäre noch Polna
oder die Unruhen in Konitz lassen sich in dieses wirtschaftliche
Muster einfügen.[114]

Die zweite Welle war vielmehr unauflöslich mit Fragen der Gemeinschaft im weiteren Sinne verknüpft, und das Muster der Gewalt stellt dabei einen wichtigen Schlüssel dar. Trotz der beträchtli-
chen Zahl von Unruhen in ganz Mittel- und Westeuropa wurden
hier nur zwei Juden getötet (in Algier); im allgemeinen griffen die

Randalierer nur hochsymbolische Besitztümer an. In Galizien be-
mühten sie sich geradezu, keine Synagogen zu zerstören. Andern-
orts hatten Juden weniger Glück. Selbst dort, wo Angreifer in die
Häuser von Juden eindrangen oder sie auf der Straße schlugen, waren die Angriffe nicht tödlich. Es mag gefühllos klingen, bei diesen
Details häufiger zu verweilen, doch es sagt etwas über das Verhältnis von Sprechen und Handeln aus. »Schlagt die Juden tot!« war
kein Befehl. Stattdessen wurden damit Akte der Vergangenheit heraufbeschworen, aus einer Zeit, als Juden tatsächlich totgeschlagen
worden waren, oder aber es handelte sich um ein Echo auf die russischen Pogrome, wo – zumindest in einigen der Unruhen – die
Schwelle zum Mord überschritten worden war. Im Kontext dieser
antisemitischen Unruhen war der Satz »Schlagt die Juden tot!« keine Anweisung zum Morden oder eine Ankündigung, dass dies bald
geschehen würde, sondern ein Sprechakt als Teil eines »Rituals der
Erniedrigung«, das Überlegenheit geltend machte und ein gewaltsa-
mes Drama christlich-jüdischer Beziehungen inszenierte. Diese Inszenierung erfolgte außerhalb etablierter Strukturen, in liminaler
Zeit, ja stellte diese Strukturen in Frage. Viele antisemitische Demonstrationen forderten Loyalität gegenüber dem Staat, endeten
aber in offenem Kampf gegen die Ordnungskräfte. Die Konfrontation mit dem Staat war nicht das Motiv hinter den Unruhen, sondern
eine Funktion sowohl des Imperativs des Staates, die Ordnung aufrechtzuerhalten, als auch der liminalen Situation der Gewalt selbst.
Es ist ein Merkmal der Liminalität, dass danach die Wiedereinglie-
derung in die Struktur erfolgen muss, doch die Struktur wird dabei
stets verändert. Und der Wandel zog, zumindest aus der Sicht jener,
die sich an der Gewalt beteiligt hatten, eine Neudefinition von Zugehörigkeit und Ausschluss nach sich. Der Ruf »Schlagt die Juden
tot!« forderte demnach keineswegs zum Morden auf, sondern hatte
seinen primären Effekt in dieser Neudefinition. Das galt auch für
die Dreyfus-Affäre, welche die französische Politik verwandelte,
auch wenn sie kaum einen Einfluss auf die tatsächliche Stellung von
Juden in der Regierung hatte, für die galizischen Unruhen des Jahres 1898, die zu einer raschen Verschlechterung des polnisch-jüdischen Verhältnisses führten, sowie für die Gewalt im Gefolge der
Vorfälle von Polna und Konitz.

VII

Die mörderische Welt Kischinews sah jedoch ganz anders aus, auch wenn die antisemitischen Ausschreitungen, die von dieser bessarabischen Stadt ausgingen, auf den ersten Blick derselben Logik folgten wie die Gewaltausbrüche in Europa in den zwei vorhergehenden Jahrzehnten. Den wirtschaftlichen Kontext bildeten in den Jahren 1902/03 Missernten sowie daraus folgende Unruhen in ländlichen Gebieten Russlands; zudem heizte die steigende Arbeitslosigkeit in den Städten auch Straßenkundgebungen und politische Streiks an.[115] Ein örtliches antisemitisches Blatt namens *Bessarabets*, die einzige Zeitung in der Provinz, überschüttete die nichtjüdische Bevölkerung mit einem stetigen Strom besonders provozierender antisemitischer Schmähungen, einschließlich Aufwiegelungen wie »Tod den Juden!« und Aufrufen, einen »Kreuzzug gegen die verhasste Rasse« zu starten. Wiederholte Forderungen der jüdischen Gemeinde an unterschiedliche Ebenen der zaristischen Behörden, die Zeitung zu zensieren, stießen – trotz der Versuche in anderen Teilen des Russischen Reichs, Pogrome zu ersticken, noch bevor sie begonnen hatten – auf taube Ohren. Kischinew war damals eine Stadt mit 147 000 Einwohnern, darunter 50 000 Juden, 50 000 Moldawier, 8 000 Russen und einer Mischung von Nationalitäten Südosteuropas sowie einer kleinen Gemeinschaft von Deutschen.

Eine Ritualmordbeschuldigung, die während der Osterwoche aufkam, löste den Pogrom aus. Am 19. April feierten die Juden den letzten Tag des Pessachfests, während die Christen den ersten Ostertag begingen: In dieser Nacht, an einem Sonntag, begannen die Ausschreitungen, wobei zunächst Jungen Fenster mit Steinen einwarfen und dann Arbeiter in jüdische Geschäfte eindrangen und die Waren plünderten. Eine jüdische Selbstverteidigungsgruppe, die nach dem Pogrom von Czestochowa ein Jahr zuvor gegründet worden war, trat dem Pöbel entgegen, um die Menschen und ihr Eigentum zu schützen. Das hatte gegenteilige Folgen, und die Gewalt eskalierte. Als die erste Nacht zu Ende war, hatten zwölf Juden ihr Leben verloren und beinahe hundert waren schwer verletzt worden. Die Schwelle war überschritten. Doch damit sollte es noch nicht genug sein. Am nächsten Tag kehrten die Randalierer wieder, diesmal organisierter und mit unvergleichlich größerer Brutalität, und richteten ungekannte Greuel unter der jüdischen Bevölkerung Kischinews an. Am Ende des zweiten Tages waren siebenundvierzig Juden ermordet und mehr als 400 verletzt, 700 Häuser in Brand gesetzt und 600 Geschäfte geplündert worden. Innerhalb von lediglich zwei Tagen erreichte der Kischinew-Pogrom beinahe die gleiche zerstörerische Wirkung wie die Pogrome des Jahres 1881. Immer noch hatte das Militär nicht eingegriffen und sollte dies auch erst am dritten Tage tun. Der Grund dafür ist nur schwer herauszufinden. Der Pöbel war der Polizei zahlenmäßig weit überlegen, und es liegen einige Beweise für geheime Absprachen des Staates mit den Randalierern auf der Provinzebene vor. In jedem Fall überzeugte das Ausbleiben militärischer Intervention die Randalierer sicher davon, dass der Staat auf ihrer Seite stand. Sie hatten, so gilt es zu erinnern, in den Monaten zuvor nichts als antisemitische Schmähungen gelesen. Es war zudem der Beginn der Osterwoche, so dass man ein Zusammenspiel archaischer religiöser Vorstellungen mit moderner Demagogie vermuten kann. Die Pogrome begannen bald nach dem Ostergottesdienst, und einigen Berichten zufolge wurden Juden Nägel in die Hände, Füße und sogar in die Köpfe getrieben.[116]

Kischinew verkörperte die schreckliche Umwandlung von Worten in buchstäbliche Handlungen. Hier bedeutete der Ruf »Schlagt die Juden tot!« etwas anderes als die Wiederinszenierung vergangener Verfolgungen – es war die Sache selbst. Dieser Wandel, der durch das Zusammenspiel der (religiösen wie säkularen) Ideologie mit der scheinbaren Neutralität, wenn nicht der Unterstützung des Staates ermöglicht worden war, bedeutete, dass der schützende Damm, der die Pogrome der vorherigen zwanzig Jahre gekennzeichnet hatte, gebrochen war. In Russland sollte dieser Damm nicht mehr repariert werden. In Gomel, einer Kleinstadt im nördlichen Ansiedlungsrayon (im heutigen Weißrussland), in der Juden die Mehrheit der Bevölkerung ausmachten, brach im September 1903 nach einem Handgemenge auf dem Marktplatz, bei dem ein Bauer getötet worden war, ein Pogrom aus. Es gab gezielte Bemühungen um eine jüdische Selbstverteidigung, und das Militär versuchte, die Gewalt zu unterbinden. Doch die Gewalt überschritt erneut die Schwelle, wenn auch nicht so deutlich wie in Kischinew – vielleicht in Folge der seit Kischinew umfangreichen Verteidigungsanstrengungen des Allgemeinen jüdischen Arbeiterbunds von Russland und Polen (*Bund*). Gomel war in der Tat »mehr ein Kampf als ein Pogrom«, wie eine Zeitung formulierte.[117] Doch auch wenn die Juden den Kampf gewonnen haben dürften, war nicht klar, dass nachfolgende Kämpfe ähnlich leicht gewonnen werden konnten. Der Grund dafür war, dass die antisemitische Gewalt danach von der nationalistischen Rechten aufgegriffen und in die übliche Praxis des radikalen Nationalismus integriert wurde. Die Prozesse gegen die Rädelsführer der Pogrome von Kischinew und Gomel bewiesen diese Wendung. Im Kischinew-Prozess waren die Urteile, die verhängt wurden, trotz des Ausmaßes des Mordens erstaunlich mild, und im Prozess nach dem Pogrom von Gomel behauptete der Staatsanwalt, die Juden hätten einen anti-russischen Pogrom angezettelt. Dieses Argument überzeugte zwar nicht das Gericht, stieß aber in den höchsten Regierungskreisen, einschließlich des Hofs Nikolaus' II. und des Zaren selbst, auf offene Ohren. Die Regierung hatte die Pogrome zwar nicht geplant, schien sie jedoch zunehmend zu dulden. Diese Billigung aber war ein Freibrief zum Töten.

Pogrome wurden von nun an ein immer tödlicher Teil der russischen politischen Landschaft. 1904 gab es im Russischen Reich vierunddreißig Pogrome, die zumeist auf irgendeine Weise mit dem Russisch-Japanischen Krieg zusammenhingen. Während des ersten Pogroms des Jahres im südlich von Kischinew gelegenen Bender hatte die antisemitische Zeitung *Bessarabets* die Menge mit der Behauptung aufgestachelt, die Juden unterstützten und begünstigten die Japaner. Vorangegangen war auch die Verbreitung antisemitischer Flugschriften. Der Wortlaut eines dieser Pamphlete deutete, wie Shlomo Lambroza in seiner fein skizzierten Studie zum Kischinew-Pogrom gezeigt hat, auf die Stimmung kommender Gewalt hin. »Die Menschen müssen sich erheben und in diesem Vernichtungskrieg helfen«, forderte das Pamphlet. »Lasst uns den Juden unsere russische Macht zeigen und sie vernichten, wo immer sie leben. Tötet sie. Ohne Pardon. Jeder einzelne von ihnen ist ein Feind und Verräter [...]. Gott ist mit uns und der Zar ist für uns.«[118] Ende des Jahres 1904 hatte es – seit 1903 – fünfundvierzig Pogrome gegeben, einschließlich Kischinew und Gomel, bei denen 93 Juden ermordet und über 4000 schwer verletzt worden waren.[119] Es war ein Wandel eingetreten, doch dabei sollte es nicht bleiben: Die Pogrome von 1905 und 1906 erwiesen sich als noch katastrophaler. Mehrheitlich ereigneten sie sich in den Monaten, nachdem Ministerpräsident Sergei Witte das Oktobermanifest erlassen hatte, das im Gefolge der Revolutionen von 1905 die Grundzüge einer konstitutionellen Monarchie festlegte. Auf Demonstrationen zur Unterstützung der Reformen folgten konterrevolutionäre Proteste. Diese Proteste wurden zunehmend von den »Schwarzen Hundert« organisiert, radikalen Nationalisten, welche die Juden für die Revolution verantwortlich machten. Der Kampf um die Herrschaft, das beständige Trommeln der antisemitischen Propaganda, die zunehmende Organisation durch radikale Nationalisten und das geheime Einverständnis der lokalen Beamten – all das erwies sich als explosive Mischung. Lambrozas Schätzungen zufolge kam es in Russland in den ersten beiden Wochen nach dem Oktobermanifest zu 674 Pogromen – das waren mehr als achtzig Prozent aller Pogrome der Jahre 1905/06. Während all dieser Pogrome wurden mehr als 3000 Juden ermordet und 17 000 weitere verletzt. Ein Viertel der ermordeten Juden waren Frauen. Das Ausmaß an Gewalt war beispiellos, der Damm gebrochen.

Dieser Dammbruch ist ein wichtiger Teil der langen Geschichte antisemitischer Gewalt in Europa. Bis dahin hatte sich antisemitische Gewalt, mit Ausnahme der Pogrome von 1881, auf einen Sprechakt beschränkt, der die Möglichkeit des Mordens heraufbeschwor, ohne dass es tatsächlich zum Mord kam. Es mag erneut gefühllos erscheinen, dies zu betonen, doch selbst die Pogrome von 1881 hatten die Schwelle nicht oft überschritten. Die meisten der mehr als 200 Pogrome, die den Ansiedlungsrayon verwüsteten, zielten auf die Zerstörung von Eigentum, nicht auf Menschen. Selbst heute beziffern Historiker die Zahl der Todesopfer auf dreißig bis fünfzig, was – angesichts des Ausmaßes der Unruhen – keinen vollständigen Zusammenbruch hemmender Faktoren darstellt. Die Welle von Pogromen, die mit Kischinew einsetzte, veränderte dies dramatisch – nun stieg die Zahl der Ermordeten in die Tausende. Weshalb?

Betrachtet man sie von der Geschichte der Gewalt in längerfristiger Hinsicht aus, so wiesen Kischinew und die Pogrome der Jahre

1905/06 mehrere neue Merkmale auf, die in ihrem Zusammenspiel die Struktur antisemitischer Gewalt veränderten. Als erstes ist zu nennen, dass die Juden sich wehrten – in Kischinew und noch weit wirksamer in Gomel. Vielleicht wurden dadurch Menschenleben gerettet, doch das historische Muster antijüdischer Gewalt verlangte Unterwerfung, das Zusammendrängen in Häusern, eine passive Hinnahme des Skripts eines rituellen Dramas. Dieses Skript war kein russisches, sondern ein europäisches, und in der Moderne war es Dutzende Male in allen christlich-jüdisch besiedelten Zonen eingeübt worden. Ein vergleichbares Skript, das Passivität angesichts von Gewalt verlangte, galt in anderen Gesellschaften, welche die Vorherrschaft einer Gruppe verfochten, sei es im amerikanischen Süden oder in Kolonialgesellschaften, und die Reaktion der herrschenden Gruppen auf das »Sich-Wehren« bestand vielfach in extremer Grausamkeit. Anders formuliert: Die Juden von Kischinew und Gomel lieferten den Russen das »Alibi für Aggressivität«, wie es Peter Gay genannt hat,[120] und dieses Alibi bezog sich nicht nur auf Eigentum, sondern auch auf Menschen. Doch das war nicht die einzige Veränderung.

Eine zweite Veränderung betraf das gesteigerte Ausmaß an Volksgewalt in der Gesellschaft. Das war ebenfalls eine europäische Geschichte mit einer russischen Dimension. Im langen 19. Jahrhundert war signifikante antisemitische Gewalt stets mit einem höheren Maß an Gewalt im allgemeinen einhergegangen. In Mitteleuropa hatte das für die Gewalt gegolten, welche die Revolutionen von 1830 und 1848 begleitete, aber auch für das zunehmende Ausmaß an nationalistischer Gewalt in der Habsburger-Monarchie im Gefolge der Badeni-Krise von 1898. Selbst die Ausbrüche antisemitischer Gewalt in Pommern 1881 und in Ungarn 1882 fanden in der erhitzten Atmosphäre der Gewalt während der russischen Pogrome statt. Historiker, die sich auf die sozialen und wirtschaftlichen Ursachen von Gewaltausbrüchen fixieren, neigen zu der Annahme, die Ursachen der übergeordneten Revolution müssten auch für die antisemitische Komponente verantwortlich sein. Doch die Gewalt – mit ihren Rhythmen und ihrer Intensität – stellte selbst einen Faktor dar. Wie gesehen, vollzog sie sich oft in Wellen, die nicht immer auf politische Grenzen achteten. Die Pogrome von 1905/06 in Russland ereigneten sich im Zusammenhang des gewaltigsten Ausbruchs revolutionärer Gewalt seit der Französischen Revolution. Nicht all diese Gewalt verlief wie wohlgeordnete Gewerkschaftspolitik; vieles war unorganisiert, chaotisch und bösartig. Ein amerikanischer Konsul berichtete, Russland sei »durchtränkt von Aufruhr« und es rieche »nach Revolution, Rassenhaß und Streit, Mord, Brandstiftung, Raub, Diebstahl und Verbrechen aller Art«.[121] Als die Schwellen niedriger wurden, nahmen alle Formen der Gewalt zu, insbesondere an den Rändern des Reichs, wo antirussische Empfindungen stark waren, die zentralisierte Kontrolle sich dagegen als schwach erwies.

Eine Folge der allgemeinen Gewalt war die konkrete Gewalt, die mit dem Russisch-Japanischen Krieg verbunden war, dessen globale Nachwirkungen Historiker erst jetzt als den ersten Weltkrieg des 20. Jahrhunderts zu verstehen beginnen.[122] Es gilt zu erinnern, dass es im Gefolge der Pogrome von Kischinew und Gomel 1904 dreiundvierzig weitere Pogrome gab und mehr als die Hälfte davon mit der Mobilisierung für den Krieg zu tun hatten.[123] Es ging nicht um Wucher oder Ritualmord, sondern um verräterische Kollaboration mit den Japanern. Es ist wichtig, die Neuartigkeit dieser Behauptung und ihres Zusammenhangs mit antisemitischer Gewalt zu betonen. Die Napoleonischen Kriege, der Krimkrieg, die Einheitskriege – sie alle (mit der möglichen Ausnahme der Erwähnung der Habgier jüdischer Kriegslieferanten in Preußens Kampf gegen Frankreich durch Jakob Friedrich Fries und der geringfügigen Gewalt von Tschechen gegen pro-deutsche Juden in Böhmen 1866) führten nicht zu dem Vorwurf, die Juden seien Vaterlandsverräter.[124] In Russland verfestigten die Katastrophe des Krieges und die Revolution, die er hervorbrachte, diese Verbindung mit dem Antisemitismus, insbesondere in Armeekreisen und der politischen Rechten. Hier nahm die auf die nationale Ebene verlagerte Gemeinschaftsvorstellung zunehmend manichäische Züge an. Der angeblich verräterische Charakter der Juden, der erstmals während der Dreyfus-Affäre in den Mittelpunkt einer öffentlichen Debatte getreten war, verband sich nun mit der breiten antisemitischen Polemik der europäischen Rechten. Es mag ein Zufall sein, dass die Protokolle der Weisen von Zion, die erstmals 1903 in St. Petersburg in voller Länge veröffentlicht wurden, ihren Ursprung in Frankreich hatten – gemeinsam ist jedoch die Konzentration auf die Idee der Verschwörung. In Russland war die Assoziation von Juden und Verschwörung inmitten eines Krieges ins Blickfeld getreten, in dem Russland eine katastrophale Niederlage gegen einen außereuropäischen Feind erlitt. Der Kontext von Krieg und Niederlage – und nicht etwa ein zeitloser Drang zu pogromartiger Gewalt – machte den mörderischen Unterschied aus.

Krieg, Niederlage, Revolution – und Gegenrevolution. Die wohl unheilvollste Entwicklung nach dem Oktobermanifest von 1905, auf das ein gewaltiger Sturm von Pogromen folgte, war die Gründung der »Union des Russischen Volkes« oder der »Schwarzen Hundert«, wie ihre Gegner sie nannten. Gegründet, um die Autorität des Zaren wiederherzustellen und der Regierung zur Autokratie zu verhelfen, wurde sie zu einer Massenbewegung mit mehr als tausend Ortsgruppen und 300 000 Mitgliedern. Wie die *Action Française* und faschistische Bewegungen in ganz Europa verschmolzen die »Schwarzen Hundert« eine konservative Blut-und-Boden-Ideologie mit einer modernistischen Verherrlichung der verwandelnden Kraft der Gewalt. Sie spielten eine unmittelbare oder mittelbare Rolle bei der Anstachelung und Organisation einer Reihe von Pogromen im Oktober 1905, bei denen mehr als 30 000 Juden ermordet wurden. Dass die »Schwarzen Hundert« in Städten wie Odessa, wo die Zahl der Todesopfer entsetzlich hoch war, eng mit der Polizei zusammenarbeiteten, die ihnen vielfach mit Sympathie gegenüberstand, schuf den nicht ganz falschen Eindruck, die Regierung unterstütze das Morden. Diese Unterstützung seitens der Regierung war etwas Neues. Gewiss hatten antisemitische Randalierer bereits in der Vergangenheit ein Einverständnis, ja die Unterstützung der Obrigkeit beschworen. 1881 in Elisavetgrad hatten sie behauptet, der Zar stehe auf ihrer Seite; in Galizien 1898 hatten sie sogar erklärt, die Zerstörung sei vom Kronprinzen selbst angeordnet worden. Doch seit Kischinew hatte eine solche Behauptung an Abstrusität verloren. Zwar organisierte die russische Regierung nicht selbst Pogrome, doch ihre Komplizenschaft war nunmehr geplant. Zudem wurde deutlich, dass der Antisemitismus bei der Verteidigung der Monarchie eine zentrale Rolle spielte – während des Russischen Bürgerkriegs sollte das furchtbare Folgen haben. Zwar trägt eine schematische Einteilung der Politik in Links und Rechts wenig zur Erhellung der Entwicklung antisemitischer Gewalt während des langen 19. Jahrhunderts bei, doch man kann sagen, dass es nach der Revolution von 1905 radikale Nationalisten und autoritäre Regime waren, die Plünderungen und mörderische Pogrome als Möglichkeit vorschlugen, Unterstützung unter den Bauern und in der unteren Mittelschicht zu gewinnen. Vielleicht führte der polnisch-litauische Dichter Czeslaw Milosz mit Recht die Szene in Joseph Conrads Erzählung *Das Herz der Finsternis*, in der der Elfenbeinhändler Kurz auf den Rand eines Berichts über den Kongo »Das Grauen!« kritzelte, als Beginn des Aufstiegs ins 20. Jahrhundert an.[125] Zu diesem Aufstieg gehörte aber auch das Grauen des tatsächlich mörderischen Antisemitismus.

VIII

Im 20. Jahrhundert war der Kontext, der maßgebliche Gewalt gegen die Juden Europas hervorbrachte, im wesentlichen überall derselbe: Krieg, Niederlage, Revolution – und Konterrevolution. Mit Ausnahme Rumäniens hatten sich wütende Pogrome, die Europa heimgesucht hatten, in den Jahren vor dem Ersten Weltkrieg gelegt.[126] Während des Krieges hatte die russische Armee in Kampfgebieten ganze jüdische Städte und Dörfer geräumt, lange Abschnitte Ostgaliziens und des Ansiedlungsrayons zerrissen und letztlich mehr als 500 000 Juden vertrieben. Obwohl die Vertreibungen des Jahres 1915 durch Hinweis auf militärische Notwendigkeiten gerechtfertigt wurden, gingen sie auch mit ungerechtfertigten Anklagen einher, denen zufolge die Juden Verräter an der russischen Sache seien. Vor allem in Galizien kam es in diesem Zusammenhang auch zu brutalen Angriffen, einschließlich Plünderung, Vergewaltigung und Mord, die oft damit überspielt wurden, dass man von der Entfernung unzuverlässiger ethnischer Elemente und der Säuberung der Gebiete sprach, in denen militärische Operationen durchgeführt wurden.[127] Dennoch waren die Vertreibungen und Erniedrigungen keine von Bürgern ausgehenden Pogrome im gewöhnlichen Sinne.

Die wirklichen Probleme begannen paradoxerweise erst, als die Waffen schwiegen, und zwar wirklich ernsthaft erst in den Trümmerzonen der zusammengebrochenen Reiche – zunächst voller Brutalität im gestürzten Russischen Reich, wo es, wie John Klier und Shlomo Lambroza geschrieben haben, zu jüdischem Leiden kam, »das in Osteuropa vor der Shoah ohnegleichen war«.[128] Dann suchte die Gewalt, wenn auch in geringerem Umfang, Teile der auseinandergerissenen österreichisch-ungarischen Monarchie heim, vor allem Galizien, aber auch die ungarischen, tschechischen, slowakischen, sudentendeutschen und ruthenischen Gebiete des früheren Reichs. Ein Epizentrum dieser Gewalt lag in der Ukraine, das andere in Polen, wo die Geburt der neuen Nation, um einen galizischen Juden zu zitieren, der jene Tage erlebt hatte, »von Strömen jüdischen Bluts begleitet war«.[129]

Es kann nicht Zweck des vorliegenden Kapitels sein, diese gesamte Geschichte, deren Teile jetzt erst zusammengefügt werden, detailliert nachzuerzählen. Es mag genügen festzustellen, dass in der Trümmerzone die Hemmnisse, die ein Morden verhinderten, ungestraft gefallen waren. Selbst die Ereignisse von Kischinew erscheinen wie aus einer anderen Zeit, wenn man sie mit denen in Proskurow vergleicht, einem ukrainischen Dorf, in dem innerhalb von drei Stunden 2000 unschuldige Juden von den Truppen des blutrünstigen ukrainischen Nationalistenführers Simon V. Petljura einfach ermordet wurden. Auch wenn Proskurow das am besten dokumentierte Massaker ist, steht es doch nur stellvertretend für Hunderte andere, einige ähnlich groß, andere kleiner, welche die Juden der ländlichen Gebiete der Ukraine dezimierten.[130] Der Kontext, in dem diese Morde stattfanden, ist durch das vollkommene Fehlen einer zentralisierten Regierungsautorität und entsprechend eines jeglichen Gewaltmonopols gekennzeichnet. Was die Chronologie betrifft, so erstreckten sich die Ereignisse von September 1917, als die Deutschen die Ukraine von Russland trennten, bis 1921, als die Bolschewiken wieder eine dauerhafte Herrschaft über die Ukraine herstellten. Die Pogrome dieser Zeit zeichneten sich nicht nur durch eine neue Brutalität aus, sondern konzentrierten sich zudem auf das Morden.[131] Dieses Morden wurde mal von Einheiten der Roten Armee, mal von Kosaken, mal von der ukrainischen Freiwilligenarmee ausgeführt. Ein besonderer Platz für Infamie in der Geschichte antisemitischer Gewalt gebührt jedoch den disziplinierten Truppen General

Anton Denikens. Als seine Freiwilligenarmee die Morde ausführte, die Ende 1919 und in den ersten Monaten des Jahres 1920 ihren Höhepunkt erreichten, kam es – vielleicht erstmals seit den Chmelnicki-Massakern des 17. Jahrhunderts – zum Schauspiel einer wohlorganisierten Armee, die einen Pogrom durchführte, als handle es sich um eine Militäroperation, und zwar mit einem hohen Maß an ideologischer Überzeugung[132]. Antisemitismus vermischte sich nun mit Antibolschewismus sowie mit einer Art Dolchstoßlegende als Erklärung für die Kriegsniederlage und wurde zunehmend zu einem zentralen Teil der Weltanschauung sowohl der Offiziere als auch der Rekruten. Zudem schuf das Morden, wie bei den Deutschen zwei Jahrzehnte später, anstatt Mitleid mit den Juden hervorzurufen, neue Solidaritäten unter den Tätern. Der Vergleich ist weder eigenwillig noch originell. David Vital hat in seiner leidenschaftlich, aber nüchtern argumentierenden Studie *A People Apart* denselben Vergleich angestellt. »Der Begriff des ›Völkermords‹ musste noch geprägt werden«, schreibt er, »doch kein vernünftiger zeitgenössischer Beobachter des Schauspiels in der Ukraine zur Zeit des Russischen Bürgerkriegs konnte bezweifeln, dass es genau *das* war, was man – auf wie plumpe, unvollkommene Weise auch immer – versuchte.«[133]

Die Situation in Polen und in einer Anzahl von Gebieten der ehemaligen Habsburger-Monarchie war nicht im gleichen Maße zerstörerisch, gewann jedoch symbolische Bedeutung für die Zeit. »Kann es sein«, fragte Isaak Babel 1920 mit Blick auf die Juden, »dass dies das Jahrhundert ist, in dem sie zugrundegehen?«[134]

Im November 1918 kam es in Galizien zu mehr als hundert Vorfällen antisemitischer Gewalt, die genau auf den zwanzigsten Jahrestag des galizischen Bauernaufstands von 1898 fielen. Weitere Pogrome gab es im ehemals russischen Polen und in Litauen. Doch die Pogrome von 1918 unterschieden sich in wichtiger Hinsicht von ihren galizischen Vorläufern. Sie ereigneten sich inmitten einer stärkeren Ungewissheit über die politische Eigenständigkeit vor allem entlang der polnisch-ukrainischen ethnischen Grenzlinien und hingen insbesondere mit dem Nationalismus, ja der Nationalisierung der Grenzregionen zusammen.[135] Juden konnten sich in dieser ungewissen Situation nicht einfach für die eine oder andere nationale Identität entscheiden, und im ethnischen *bellum omnium contra omnes*, der den Zusammenbruch des Reichs kennzeichnete, war auch Neutralität keine einfache Option. Wie 1905 in Russland und mit zunehmender Heftigkeit während des Krieges wurde die Frage nach nationaler Loyalität entscheidend, und der Verdacht, die Juden seien Verräter – einmal an der polnischen, das andere Mal an der ukrainischen Sache – wuchs rasch. Was die galizischen Pogrome des Jahres 1918 jedoch von ihren Vorläufern unterschied, ist, dass sie tödlich waren.

In der Geschichte antisemitischer Gewalt in der Moderne war Mord, wie gesehen, eine Schwelle, die selten überschritten wurde. Das Morden war durch legitime Regierungsautorität ebenso in Schach gehalten worden wie durch die rituelle Vorschrift, Vertreibung und Morden zu reinszenieren, aber kurz vor der wirklichen Umsetzung Halt zu machen. Diese Schwelle, die selbst dann noch wirksam blieb, als die Bauern glaubten, der Kaiser habe die Ermordung der Juden befohlen, und als Randalierer mit dem Ruf »Mort aux Juifs!« durch die Straßen gezogen waren, hatte vor Kischinew nur ein einziges Mal versagt: während der russischen Pogrome von 1881, die von Elisavetgrad ausgingen. Und sogar dort muss die Zahl der Toten, gemessen an der Anzahl der Pogrome, als klein gelten – im Vergleich mit dem 20. Jahrhundert ganz sicherlich. Dass 1918 etwas Neues geschehen war, war damals ganz offenkundig. Ein deutscher Kommentator erblickte in seiner Einschätzung der Geschehnisse in Mitteleuropa ein neues Verhältnis zwischen Sprechen und Handeln: »In unserer Zeit, in der ein Menschenleben keinen Pfifferling wert ist«, schrieb er, »ist es von der Anstiftung zur Tat nur ein winziger Schritt«.[136] Gemeint ist mit diesem winzigen Schritt die Fähigkeit der Demagogen, zu Hass und Gewalt aufzuhetzen, man kann ihn jedoch – in einem präziseren Sinne – auch auf Antisemiten beziehen, die inmitten von Ausschreitungen tun, wozu sie aufrufen.

Der tödlichste Pogrom ereignete sich im November 1918 in Lwów. Im Laufe dreier Tage ermordeten polnische Randalierer fünfundsiebzig und verletzten mehr als vierhundert Juden, brannten dreiundachtzig Häuser nieder und richteten ungeheuren Schaden an jüdischem Eigentum an. Zum ersten Mal in der Moderne erlebte Polen einen Pogrom im Ausmaß der Kischinew-Morde. Der Pogrom war, wie William Hagen scharfsinnig gezeigt hat, ein hochgra-

dig inszeniertes und -ritualisiertes Ereignis, selbst oder gerade dort,
wo gemordet wurde. »Diese Bühnen und Skripte«, macht er geltend, »ließen den Pogrom zu einem Akt der Gemeinde werden, dessen karnevaleske Elemente ein zentrales Merkmal und Ziel darstellten«.[137] Dass der Pogrom auf den Akt einer Gemeinde beschränkt
blieb, unterstreicht seine Beziehung zur Tradition der kommunalen
Gewalt gegen Juden; dass das Ritual nun die Schwelle zum Mord
überschritt, weist auf die neuen Bedingungen hin, unter denen es
vollzogen wurde. Ein Teil des historisch Neuen war der Verlust des
Wertes eines Menschenlebens in Folge von Krieg und ethnischer
Gewalt. Neu war auch das exklusive Verständnis von Gemeinschaft
im Sinne von Nationalität – ein Verständnis, das den galizischen
Bauern 1898 noch fern lag, während der Dreyfus-Affäre jedoch be-
reits offen zu Tage trat und in jedem Fall Teil der gegenrevolutionä-
ren Ideologie der »Schwarzen Hundert« von 1905 war. Ein weiterer
Zusammenhang ist der von Zusammenbruch und Niederlage sowie
– aus polnischer Perspektive – des »Herrschaftsverlustes« über
Ukrainer und Juden in der Stadt. Bezeichnenderweise rührte ein
Großteil der emotionalen Triebkraft des Pogroms aus dem Glauben,
die Juden hätten sich im Kampf um die Stadt auf die Seite der
Ukrainer geschlagen und gegen die Polen zu den Waffen gegriffen.
Wie in Kischinew und Gomel bedeutete das den Bruch einer rituel-
len Übereinkunft, der zufolge die Juden passiv bleiben mussten, und
– wie in den Pogromen vor dem Krieg – gab dies den polnischen
Angreifern einen Vorwand für ihre mörderische Wut.[138]

IX

Ludwig Geiger, der Chefredakteur der in Berlin erscheinenden *Allgemeinen Zeitung des Judentums*, glaubte, die Juden seien in ein
»Zeitalter der Pogrome« eingetreten, legte aber Wert darauf zu betonen, dass diese Pogrome – ungeachtet der Besorgnis über möglicherweise bevorstehende Gewalt in Deutschland – »in anderen Ländern« stattfanden.[139] Obwohl auch Deutschland ein zusammenge-
brochenes Reich, Verlierer eines verheerenden Krieges, zwischen

1918 und 1923 Schauplatz eines erheblichen Regierungschaos sowie Erbe einer starken antisemitischen Tradition war (einschließlich antisemitischer Gewalt, wie wir gesehen haben), entwickelte es sich nicht zu einer Landschaft aus Pogromen. Will man die Geschichte antisemitischer Gewalt im langen 19. Jahrhundert mit der Katastrophe in Zusammenhang bringen, die das 20. Jahrhundert kennzeichnete, so gilt es, diese Tatsache ernstzunehmen und genauer darzustellen.

Erstens besteht ein unbestreitbarer Unterschied zwischen der Stabilität der Regierung und ihrem anerkannten Gewaltmonopol. Trotz der chaotischen Verhältnisse entwickelte sich die Weimarer Republik nicht so wie die Ukraine während des russischen Bürgerkriegs. Vielmehr schritt die Demobilisierung erfolgreich voran, was angesichts der Tatsache, dass Ende des Krieges noch sechs Millionen Männer unter Waffen standen, eine ungeheure Leistung ist.[140] Vielleicht wurde ein mörderischer »Endkampf«, dessen Konturen schon sichtbar waren, lediglich verschoben.[141] Kurzfristig verhinderten historische Kompromisse und künstlich hochgehaltene Beschäftigungszahlen jedoch, dass die Demobilisierung zum Chaos führte.[142] Was die Juden betraf, so sorgte die »berüchtigte« telefonische Vereinbarung zwischen dem Sozialisten Friedrich Ebert und dem Ersten Generalquartiermeister Wilhelm Groener, wie schädlich die Folgen langfristig auch gewesen sein mögen, dafür, dass Deutschland nicht in einen Zustand der Gesetzlosigkeit verfiel, die eifrigen Henker der Truppen des Generals Anton Deniken in der Ukraine ermutigt hatte.[143] Im Zusammenhang damit steht auch die Haltung Gustav Noskes, der für die Sicherheit Preußens verantwortlich war, jedoch am besten für seine harte Verfolgung der radikalen Linken bekannt war. Aus Noskes Sicht war es unbedingt erforderlich, dass die Republik von Anfang an jegliche »antisemitische Propaganda und Pogromhetze« unterdrückte.[144] Das war für ihn leichter als für die Bolschewiken, da die deutsche Rechte – anders als die russischen »Schwarzen Hundert« – nicht nach Pogromen als Politik mit anderen Mitteln strebten.[145] Selbst Theodor Fritsch, der zu den radikalsten und blutrünstigsten deutschen Antisemiten zählte, verzichtete darauf, pogromartige Gewalt als legitimes Mittel der Politik einzusetzen. »Gebildete Judengegner lehnen jede Gewalttätigkeit gegen die Juden ab«, schrieb er in einem offenen Brief an Gustav Noske und forderte stattdessen, die Juden unter Sonderrecht zu stellen.[146] Zweitens dauerte die auf die deutschen Grenzen konzentrierte Gewalt nicht unbegrenzt fort. 1921 führten der internationale Druck und eine demokratisch legitimierte Volksabstimmung zu einer Regelung der Grenzen Oberschlesiens, die am stärksten umkämpft waren.[147] Der internationalen Dimension kommt große Bedeutung zu. Stärker, als dies im Fall der Ukraine möglich war, war Deutschland dem kritischen Blick der internationalen Gemeinschaft ausgesetzt, und als das Land 1923 auseinanderzufallen drohte, sorgten die internationalen Mächte und ein kompliziertes Gewebe politischer und wirtschaftlicher Regelungen für seinen Zusammenhalt.[148] Und nicht zuletzt hatte die Tradition antisemitischer Gewalt in Deutschland – im Gegensatz zum Ansiedlungsrayon (aber nicht zu Polen oder Ungarn) – die Schwelle zum Mord zuvor noch nicht überschritten. Stattdessen hatte antisemitische Gewalt dort in der Inszenierung von Vertreibung und der Androhung von Mord bestanden.

Das war auch die Absicht der Ausschreitungen im Scheunenviertel im November 1923, des größten Ausbruchs von Volksgewalt in der Geschichte der Weimarer Republik. Tausende Randalierer plünderten Geschäfte, warfen Fensterscheiben ein, zerstörten Eigentum, zogen durch die Straßen, griffen Juden an (zumeist arme Juden, die vielfach vor den Schrecken der Kriegs- und Nachkriegszeit in Galizien geflohen waren) und schrien »Schlagt die Juden tot!« und »Raus mit den Ostjuden!«.[149] Die Polizei reagierte lustlos, brachte die Ausschreitungen jedoch bald unter Kontrolle. Kein Jude wurde ermordet, doch drei der Randalierer kamen ums Leben.

Allerdings nahm die Gewalt gegen Juden, wie Dirk Walter gezeigt hat, während der Weimarer Republik im Zuge der allgemeinen Verquickung von Gewalt und Politik erheblich zu. Zwischen 1923 und 1932 kam es zu mehr als 150 Synagogen- und Friedhofsschändungen.[150] Auch die physische Gewalt gegen Juden nahm zu, und zwar hauptsächlich in Folge des Anwachsens paramilitärischer Organisationen wie der Sturmabteilung der NSDAP. Doch selbst die SA, deren Rowdys Terror unter Juden verbreiteten, ermordeten sie gewöhnlich nicht. Tatsächlich wurde der Gebrauch tödlicher Waffen gegen Juden in SA-Kreisen zum Tabu – eine bemerkenswerte Tatsa-

che, wenn man dies mit der tödlichen Brutalität der SA-Straßenge-
walt gegen Kommunisten in den letzten Jahren der Republik vergleicht.[151]

Das Dritte Reich veränderte diese Situation, wenn auch nicht sofort und offensichtlich. Die Historiker haben sich bisher auf die
Flut antisemitischer Gesetze konzentriert, die darauf zielten, Juden
zu marginalisieren und aus Deutschland zu vertreiben. Heute gibt
es jedoch ein wachsendes Bewusstsein für die Bedeutung spontaner,
aggressiver Akte des Terrors, die sich in konkreten gewaltsamen
Angriffen gegen Juden sowie in lokal begrenzten, pogromartigen
Gewaltakten äußerten. Dieses größere Gespür für den aktiven Antisemitismus von unten verdankt sich zum Teil einem neuen historiographischen Interesse an der kriminellen Seite des Alltags, zum Teil
der Entdeckung entscheidender, verlorengeglaubter Dokumente des
Centralvereins deutscher Staatsbürger jüdischen Glaubens (C.V.) im
Moskauer Sonderarchiv. Dazu zählen die Provinzberichte des C.V.,
aus denen deutlich wird, dass die Bereitschaft zur physischen Gewalt auf dem Land und in Kleinstädten erheblich größer war als bisher angenommen. Ein Teil dieser Gewalt hing damit zusammen,
dass die SA öffentlich ihre antisemitischen Überzeugungen kund-
tat.[152] In einem Fall – im fränkischen Gunzenhausen im März 1934 –
endete ein antisemitischer Krawall mit Mord. Wir wissen auch (vor
allem aus Memoiren), dass Juden in Kleinstädten und auf dem Land
mehr Grund zur Furcht vor unmittelbarer Gewalt hatten und dass
dies mit Sicherheit eine der Ursachen der schnellen Auflösung der
jüdischen Gemeinden in ländlichen Regionen Deutschlands war.[153]
Angesichts dieser Gewalt hat der Historiker Michael Wildt sogar
behauptet, gegen Ende des Sommers 1938 habe sich »Energie [...]
für einen Pogrom angestaut«, zu dessen Entfesselung es nur noch
»eines Befehls« bedurft habe.[154]

Die Beweislage für Wildts Hypothese ist nach wie vor zu dünn
und regional begrenzt, als dass man sie verallgemeinern könnte. Das
überwiegende Beweismaterial deutet darauf hin, dass die deutsche
Bevölkerung den Pogrom ablehnte, wenn auch eher auf Grund seiner Form denn seiner Absichten wegen. Doch die deutsche Bevölkerung brachte ihre Einwände zum Ausdruck, ohne dem Regime damit entgegenzutreten. Erstmals seit dem Mittelalter erlebte

Deutschland einen Pogrom, der die Schwelle überschritt und in der Ermordung von nahezu hundert Juden sowie der Verletzung zahlloser anderer gipfelte.[155] Es gab zudem eine Reihe von Ortschaften, in denen sich die gesamte Bevölkerung an der Gewalt beteiligte und in denen Christen ihre jüdischen Nachbarn zwangen, sich der Demütigung herabwürdigender Rituale zu unterwerfen. Das galt vor allem für kleinere Städte und Ortschaften, wo, um Wolfgang Benz zu zitieren, »keine klare Trennung bestand zwischen Aktivisten, die als Rädelsführer dienten – den Funktionären der NSDAP und ihrer Organisationen – und den Zuschauern«.[156]

Die allgegenwärtigen Verunglimpfungen, Demütigungen und physische Angriffe stellten einen Einschnitt in den deutsch-jüdischen Beziehungen dar. Der Novemberpogrom beschleunigte die Flucht der Juden aus Deutschland und bildete einen vorläufigen Höhepunkt in der Geschichte einer fortschreitenden Zerstörung der öffentlichen Moral, die alle noch verbliebenen Bande der Solidarität zwischen christlichen und jüdischen Nachbarn zerriss.[157] Ungeachtet ihrer Intentionen nahmen die Zuschauer nun an einem rituellen Drama teil, dessen zentraler Aspekt die Demütigung des Anderen war. Das ist nicht bloß eine Frage der Einstellung, sondern des Wandels, der eintritt, wenn sich Menschen selbst – und sei es als unbeteiligte Zuschauer – an Brutalität beteiligen.

Stellt der Novemberpogrom den Endpunkt dieser Geschichte dar? Hat uns die Geschichte antisemitischer Gewalt nur »der Endlösung nahegebracht und nicht zu ihr hingeführt«, wie es Jeffrey Herf trefflich mit Blick auf die Geschichte des Antisemitismus im allgemeinen formuliert hat?[158] Als die Deutschen 1939 – weniger als ein Jahr nach der »Kristallnacht« – in Polen einfielen, sickerte sofort durch, dass freiwillige Abteilungen der deutschen Minderheit, des Volksdeutschen Selbstschutzes, Tausende Juden und Polen in Selbstjustizmorden abschlachteten, die zumindest Ähnlichkeit mit den schlimmsten Pogrommorden in der Ukraine aufwiesen.[159] In der Zwischenzeit beteiligte sich eine Anzahl von Einheiten der deutschen Wehrmacht an »Blitzpogromen«, wie es der Verfasser des *Black Book of Polish Jewry* genannt hat – kurze, schreckenerregende Überfälle auf jüdische Gemeinden, bei denen es zu Plündereien, Vergewaltigungen und Mord kam.[160] Und all das geschah noch, um mit Christopher Browning zu reden, bevor sich der Terror wandelte: »An die Stelle sporadischer Massenerschießungen von Juden und Polen traten systematischere ›Liquidierungen‹ bestimmter Teile der Bevölkerung.«[161] Zwischen »der Endlösung nahegebracht« und »zu ihr hingeführt« besteht tatsächlich eine Kluft, doch was die Geschichte antisemitischer Gewalt betrifft, ist diese Kluft schmaler als vielfach angenommen.

Kapitel 5

Eliminatorischer Rassismus

In *Hitlers willige Vollstrecker. Gewöhnliche Deutsche und der Holocaust* betonte Daniel J. Goldhagen:

>»Ende des neunzehnten Jahrhunderts war die Ansicht, die Juden seien eine Gefahr für Deutschland und ihre Bösartigkeit liege in ihrer Rasse begründet, ebenso weit verbreitet, wie die daraus folgende Überzeugung, daß die Juden *ausgeschaltet* werden müßten.«[1]

Goldhagen, so haben zahlreiche mit der deutschen Politik Ende des 19. Jahrhunderts vertraute Historiker geltend gemacht, deutete Einstellungen, die sich am Rande des politischen Spektrums bewegten, irrtümlicherweise als allgemein verbreitete Positionen und stellte einen Rassenantisemitismus, der darauf aus war, die Juden aus Deutschland zu vertreiben, wenn nicht gar zu ermorden, bewusst als generellen Trend dar.[2] Diese Haltung war zwar nachweislich nicht die herkömmliche, doch die Dinge liegen komplizierter, als es eine schlichte Nacherzählung der trostlosen Wahlergebnisse der Parteien des politischen Antisemitismus nahelegen würde. Die Entwicklung des Rassenantisemitismus im Deutschen Kaiserreich erfolgte, wie jüngst Massimo F. Zumbini dargelegt hat, in zwei Phasen. In den Gründerjahren des organisierten Antisemitismus – 1879 bis 1881 – modernisierten und radikalisierten die neuen Antisemiten den Antisemitismus, indem sie ihm politische wie rassische Akzente verliehen und ihn immer stärker mit pseudowissenschaftlichem Denken verbanden. Als sich ihr Projekt jedoch als Fehlschlag erwies, drifteten die Antisemiten an den politischen Rand ab, wo sich ihre Weltanschauung radikalisierte und ihre Paranoia offenkundig wurde. Der eliminatorische Antisemitismus, um Goldhagens Begriff aufzugreifen, lässt sich nicht als repräsentativ für die öffentliche Meinung im Kaiserreich darstellen, findet sich aber als Randerscheinung – etwa im Werk von Antisemiten wie Theodor Fritsch, dessen *Handbuch der Judenfrage*, das offen für die Deportation der osteu-

ropäischen Juden und eine Zurücknahme der Emanzipationsgesetzgebung eintrat, zur Bibel der extremen Rechten wurde. Politisch
fand diese Einstellung allerdings kaum breitere Unterstützung.
Nicht der Erfolg, sondern gerade das erbärmliche politische Scheitern der radikalen Antisemiten gestattete es ihnen, extreme Einstellungen zu kultivieren.[3]

Auch wenn »eliminatorisch« das falsche Adjektiv für die Haupt-
richtung des Antisemitismus in Deutschland zu sein scheint, drängt
sich der Begriff doch auf, wenn man ihn darauf bezieht, was Autoren zur Zeit des Kaiserreichs als »niedere Rassen«, »Naturvölker«
oder »primitive Völker« bezeichneten. In diesem Zusammenhang
erschien die Vernichtung von Völkern denkbar, und im Zuge der
Kolonialkriege wurde dies beinahe zur Wirklichkeit, als die deutschen Parlamentarier – mit Ausnahme der Sozialdemokraten und
des katholischen Zentrums – stillschweigend die unbarmherzige Ermordung der Herero und Nama in Südwestafrika duldeten. Wie
Isabel V. Hull gezeigt hat, rechtfertigte in diesem Fall ein eliminato-
rischer Diskurs die Vernichtung, wenn er ihn auch nicht selbst her-
beiführte.[4] Rassistische Vorstellungen entwerteten das Gefühl für
die Heiligkeit des menschlichen Lebens und führten zur zunehmenden Brutalisierung eines kolonialen Diskurses, der die Menschlichkeit der Kolonisierten in Frage stellte. Doch selbst die radikalsten
Denker des 19. Jahrhunderts hegten Bedenken gegenüber der Vernichtung im starken Sinne des Wortes, dem Völkermord, einem
Akt, der »in der Absicht begangen wird, eine nationale, ethnische,
rassische oder religiöse Gruppe als solche ganz oder teilweise zu
zerstören«.[5] Doch selbst wenn der Völkermord undenkbar blieb,
galten Formen der Eliminierung unterhalb dieser Schwelle nicht als
inakzeptabel. Eine solche Möglichkeit betraf, was wir heutzutage als
»ethnische Säuberung« bezeichnen – ein Begriff, der sich von einer
serbischen Übersetzung der Begriffe »Säuberung« oder »Reinigung«
herleitet, bei denen es sich um beschönigende Begriffe der Nationalsozialisten für die Beseitigung eines »unerwünschten Volks« aus einer Region handelt.[6] Das Ziel der ethnischen Säuberung ist Entfernung, nicht Ermordung, auch wenn sie, wie Norman Naimark bemerkt, in einem signifikanten Sinne »in den Völkermord übergeht«,
da sie häufig mit Massenmord verbunden ist.[7]

Zwar blieb Völkermord vor dem Ersten Weltkrieg unvorstellbar, doch Formen der ethnischen Säuberung wurden *avant la lettre* gedacht – ein Denken, das auf eine Kontinuitätslinie der deutschen wie der europäischen Geschichte verweist. Diese Kontinuität ergibt sich aus der Vertreibung der Juden aus den mittelalterlichen und frühneuzeitlichen Städten und Territorien sowie der nachfolgenden Auslöschung ihrer Spuren. Sie beruht zudem auf der Vertreibung christlicher konfessioneller Gruppen im Zuge des frühneuzeitlichen Versuchs, religiös homogene Territorien zu schaffen. Hier ist das grundlegende Kriterium der ethnischen Säuberung – Entfernung aus einem konkreten Territorium – erfüllt. Im 19. Jahrhundert wurden die Linien der Kontinuität allerdings auf neue Weise ausgezogen. Zu Beginn des Jahrhunderts deuteten deutsche Intellektuelle die Vertreibung von Juden und Ausländern erstmals im nationalen Sinne. Später, gegen Ende des Jahrhunderts, legte der moderne Rassismus neue Begründungen und Möglichkeiten der Vernichtung von Völkern nahe. Zu jener Zeit kam es zu Experimenten – etwa mit menschlichen Reservaten und Konzentrationslagern. Dabei gab es, um Naimarks Begriff zu verwenden, große Bereiche konzeptioneller Überlagerungen. Zwischen Vertreibung (ethnischer Säuberung) und der möglichen Vernichtung ganzer Völker (Völkermord) ergab sich ein Spektrum von Möglichkeiten, einschließlich der Schaffung isolierter Gesellschaften und der Degradierung ganzer Völker zu einer Kaste von Zwangsarbeitern. Diese Möglichkeiten wurden zudem im Kontext öffentlicher Diskussionen ersonnen, in denen der Rassismus an Bedeutung gewann, so dass die physische Vernichtung von Völkern als tatsächliche Möglichkeit erschien.

Im Folgenden wird der Versuch unternommen, die Geschichte verhängnisvoller Verflechtungen zu untersuchen: jener des Antisemitismus mit dem Rassismus, jener des Rassismus mit der Idee der Eliminierung und jener des Antisemitismus mit einem Rassismus, der sich die Eliminierung von Völkern ausmalte. Diese Geschichten verlaufen parallel, bevor sie sich miteinander verflechten, so wie Schnüre, die ausgespannt und dann miteinander verknüpft werden. Um diesen Vorgang zu verstehen, betrachte ich drei führende Intellektuelle: Heinrich von Treitschke, den Wortführer der preußisch-deutschen nationalistischen Geschichtsschreibung, den Leipziger

Geographen Friedrich Ratzel, der in den 1880er und 1890er Jahren die Idee des »Lebensraums« ins Spiel brachte, und Paul Rohrbach, einen zum Publizisten gewordenen Kolonialbeamten, dessen Einfluss der Historiker Friedrich Meinecke mit dem Treitschkes eine Generation zuvor verglichen hat.[8] Diese Intellektuellen dienen als Ausgangspunkt, gleichsam als Ausblicksturm, von dem aus man die breiteren Diskussionen beschreiben und sehen kann, wie sie sich mit der Zeit veränderten. Hannah Arendt hat die Konzentrations- und Vernichtungslager bekanntlich als »Laboratorien« definiert, »in denen experimentiert wird, ob der fundamentale Anspruch der totalitären Systeme, dass Menschen total beherrschbar sind, zutreffend ist«, und die den »Beweis dafür zu erbringen« versuchen, »dass schlechthin alles möglich ist«.[9] Dieses Kapitel geht der Frage nach, was in der zweiten Hälfte des langen 19. Jahrhunderts denkbar war und was (noch) außerhalb der Grenzen des Vorstellbaren lag.

I

Heinrich von Treitschke, Nachfolger Leopold von Rankes an der Berliner Universität und populärster Historiker des Deutschen Kaiserreichs, übte einen tiefen Einfluss auf die nationalen Vorstellungen des deutschen protestantischen Mittelstands aus. In seinen politischen Essays, seinen Vorlesungen (veröffentlicht unter dem Titel *Politik*) und seiner mehrbändigen *Deutschen Geschichte im 19. Jahrhundert* entwickelte er ein Geschichts- und Politikverständnis, das durch die Bevorzugung der Macht gegenüber Prinzipien, eine unkritische Verehrung preußischer Werte und eine ahistorische Projektion der nationalen Sendung des preußischen Staates in die ferne Vergangenheit gekennzeichnet war. Unter deutschen Historikern gehört dies – wie die Kenntnis seiner antisemitischen Schriften – zum Allgemeinwissen. Weniger bekannt sind jedoch Treitschkes Reflexionen über das Verhältnis von Kultur und Macht in seiner Darstellung des Wachsens und Schwindens der Nationen.

Aus Treitschkes Sicht bildete die Macht eines Staates den Maßstab, an dem sich das Kulturniveau einer Nation ablesen ließ. Starke Staaten kennzeichnen demnach kraftvolle, schwache Staaten im Niedergang begriffene Kulturen. Gelang es einer nationalen Kultur nicht, einen Nationalstaat zu schaffen, so konnte sie auch kein zeitloses Existenzrecht für sich in Anspruch nehmen. Als allgemeines Axiom historischer Entwicklung bot diese Erkenntnis zugleich eine konkrete Erklärung für den Versuch Preußens, die polnische Kultur zu vernichten. »Ein Volk, das nicht im Stande ist für sein Culturleben sich eine äußere Ordnung zu schaffen und zu behaupten, verdient als Nation zu Grunde zu gehen«, verkündete er seinen Studenten an der Berliner Universität.[10] Galt dies als allgemeiner Grundsatz, so stellte das Schicksal der Polen, das darin bestand, entweder germanisiert oder russifiziert zu werden, ein typisches Beispiel dafür dar. »Nie ist ein Volk gerechter vernichtet worden als die Polen«, erklärte er.[11] Zum Teil eine Tatsache der Machtverhältnisse, war ihre Vernichtung in gleichem Maße auch ihre eigene Schuld, denn »in den langen Jahrhunderten [...] waren diesem unseligen Volke die schlichten Tugenden des Bürgers ganz verlorengegangen«.[12]

Treitschke war überzeugt, die Vernichtung der polnischen Kultur sei ein Akt des Fortschritts und der Menschlichkeit. »Denn was dies Preußen für die Gestaltung der Menschheit ist«, vertraute er 1871 seiner Frau Emma an, »das versteht man ganz erst hier im Osten«.[13] Als er diesen Brief verfasste, hatte er soeben die Grenze zwischen Oberschlesien und dem österreichischen Galizien überschritten. Das Überqueren der Grenze wirkte wie ein »Theatereffekt«, und »der große Unterschied« lehrte ihn, dem Herrn »dankbar [zu sein] für das unverdiente Glück, das mich als einen Deutschen geboren [hat] werden [lassen]«.[14] Krakau erwies sich als irritierend. Die deutsche Bevölkerung war merklich zurückgegangen, die polnische Bevölkerung war nach wie vor in einem desolaten Zustand und das einzige wirkliche Leben schien sich im jüdischen Viertel Kazimierz abzuspielen. Treitschke erschien das jüdische Volk voller Trug, voll »Schachern und Schwatzen«, Krakau erfüllt von einem »schreienden, feilschenden Volk«: »Es ist ein Bild wie für den Höllenbreughel, nur dass kein Pinsel den entsetzlichen Gestank, der wie ein Gewölk über dieser Bande [von Juden] schwebt, wiedergeben kann«.[15] Juden als Beleidigung der Sinne – dieses Bild sollte Treitschke durch die folgenden Jahrzehnte hindurch begleiten. Es prägte zugleich sein Verständnis des Ostens als eines riesigen fremden Raums, den der preußische Staat mit starkem Arm unterdrücken oder in Schach halten müsse.[16]

Der Staat war für Treitschke eine zivilisierende Kraft, seine Sendung im Osten seine offensichtliche Bestimmung. »Manches köstliche Gut der Freiheit wird den Völkern nur in der Form staatlichen Zwanges zutheil«, behauptete er.[17] Die Befreiung von der Rückständigkeit des lokalen Lebens war eine dieser kostbaren Wohltaten, Freiheit von klerikalem Zwang und von Unwissenheit eine andere. »Der deutsche Staat zwingt die Eltern, ihre Kinder unterrichten zu lassen«, verkündete Treitschke, »er gesteht ihnen nicht das Recht auf ihre katholische Dummheit zu«.[18] Ähnlich könne der Staat, indem er das kulturelle Niveau der Arbeiter erhöhe, die »Rohheit und Genußsucht« sowie den »Neid« und die »Begehrlichkeit« ausmerzen, die in der Gegenwart »fruchtbar in den Kreisen der arbeitenden Klassen« wüchsen.[19] Der zivilisierende Staat sollte demnach eine homogene, moderne Nation schaffen, nicht umgekehrt.

Ausgangspunkt Treitschkes war der Staat, nicht etwa die Nation oder gar die Rasse. Doch genau auf dem Höhepunkt seiner Karriere in den 1870er Jahren gewann ein auf biologischen Prämissen beruhender europäischer Rassendiskurs an Boden. Arthur de Gobineaus 1854 veröffentlichter Essay *Über die Ungleichheit der Menschenrassen* war das erste Buch, das die Rasse zur Triebkraft der Geschichte erhob, so wie Marx es mit der Klasse und Hegel mit dem Geist getan hatten. Doch Gobineaus Essay fand in Deutschland erst nach dem Deutsch-Französischen Krieg eine breitere Leserschaft, als seine Rezeption durch Darwins *Über die Entstehung der Arten* 1859 und *Die Abstammung des Menschen* 1871 verstärkt wurde.[20] Danach popularisierte eine Flut von Publikationen die Vorstellung, die vom Evolutionskampf bestimmten Naturgesetze prägten auch die Politik. Darwin selbst hatte diese aufkeimende Begeisterung, mit der seine Analyse der natürlichen Welt auf den Kampf der Nationen angewandt wurde, selbst angefacht. »In irgend einer künftigen Zeit, welche nach Jahrhunderten gemessen nicht einmal sehr entfernt ist, werden die civilisierten Rassen der Menschheit mit Bestimmtheit auf der ganzen Erde die wilden Rassen ausgerottet und ersetzt haben«, schrieb er 1871 in *Die Abstammung des Menschen*.[21]

Als sich das Rassendenken immer schneller verbreitete, veröffentlichte Heinrich von Treitschke seinen berühmten Aufsatz »Unsere Aussichten«, der im Herbst 1879 in den *Preußischen Jahrbüchern* erschien. Es ist wichtig, diesen Kontext zu berücksichtigen, da Historiker diesen Artikel und den nachfolgenden »Antisemitismusstreit« üblicherweise als Höhepunkt eines immer vernehmlicheren antijüdischen Affekts verstanden haben, der mit dem wirtschaftlichen Zusammenbruch der Gründerjahre des Kaiserreichs zusammenhing. Tatsächlich stand der Artikel jedoch am Beginn einer eigenständigen, explosionsartigen Verbreitung von Schriften über die »Judenfrage«. Ablesen lässt sich dies am Umfang antisemitischen Schrifttums über den Zeitraum von zwanzig Jahren zwischen 1870 und 1890. In der Bismarckzeit wurden der Zählung eines Historikers zufolge mehr als 400 Pamphlete über die »Judenfrage« verfasst, davon sechzig Prozent zwischen 1879 und 1883 im Gefolge des Treitschke-Artikels. Umgekehrt waren vor 1879 erst 38 Pamphlete – weniger als zehn Prozent – erschienen.[22]

Treitschkes Artikel steht am Beginn einer Reihe höchst öffentlicher Debatten über die »Judenfrage«, die Treitschke auf eine Weise definierte, welche die Sprache der Nation mit dem Vokabular der Rasse zusammenbrachte. Die Forderungen der Nation an die Juden sei einfach, verkündete er: »Sie sollen Deutsche werden, sich schlicht und recht als Deutsche fühlen«.[23] Er verlangte nicht von ihnen, ihre Religion aufzugeben, warnte aber vor einer Vermischung der beiden Kulturen zu einer »deutsch-jüdischen Mischkultur«.[24] Gleichzeitig postulierte er jedoch die Existenz eines tiefen Gegensatzes zwischen dem semitischen und dem westlichen Wesen und glaubte, es werde »immer Juden geben, die nichts sind als deutsch redende Orientalen« – ein »fremdes Element«.[25] Hier wird der Übergang von einem Nationalismus, der eine vollständige Assimilation fordert, zu aufkeimenden rassistischen Argumenten sichtbar, die die Unmöglichkeit der Assimilation behaupten. Die Brücke zwischen beidem bildet bezeichnenderweise ein Bild des Orients, das aus der Sicht der Historiker (zumindest seit Edward Said) als Diskurs über ein Wissen zu verstehen ist, das Macht über andere verschafft.

Die Tatsache, dass es einer konzeptionellen Brücke bedurfte, erinnert uns an die Neuartigkeit der Anwendung der Vorstellung der

Rasse auf die Juden in den 1870er Jahren sowie der Bedeutung des
»Ostens« in diesem Zusammenhang. In »Unsere Aussichten«, dem
Artikel, der den Antisemitismusstreit auslöste, ging Treitschke von
einer langen Betrachtung der Problematik des Ostens im Gefolge
des Berliner Kongresses aus. Er warnte seine Leser vor der »gewaltigen Explosionskraft des Slaventhums« und dem »blinden Eifer der
Panslavisten«. Er bemerkte, Ost und West seien einander im Zeitalter der Eisenbahn nähergerückt, sah – in dem Maße, in dem das
Osmanische Reich an seinen Rändern bröckelte – unvermeidliche
Konflikte heraufkommen und fragte sich, ob die Besetzung Bos-
niens durch Habsburg klug gewesen sei. Doch Deutschland und
Europa waren nicht nur von Osten her, sondern auch von innen
heraus bedroht: durch die zerstörerischen Folgen des Börsenkrachs
von 1873, der in Deutschland zu einem zeitweiligen Zusammenbruch der Wirtschaft und einer dauerhaften Zerstörung der Ideale
geführt habe, durch die Kräfte des Unglaubens, welche die öffentliche Moral aushöhlten, und durch eine »zunehmende Verwilderung
der Massen«, die von der »Verbreitung der Geheimkünste des Le-
sens und Schreibens« ausgelöst werde. Treitschke litt also auch an
Klassenangst: Folgerichtig erwähnte er die neuen antisemitischen
Bewegungen erstmals im Zusammenhang seiner Bestürzung über
dieses »lärmende Treiben«. Doch dann urteilte er, der »Instinkt der
Massen« sei nicht grundlos, und klagte: »Über unsere Ostgrenzen
dringt Jahr für Jahr aus der unerschöpflichen Wiege eine Schaar
strebsamer hosenverkaufender Jünglinge herein, deren Kinder und
Kindeskinder dereinst Deutschlands Börsen und Zeitungen beherrschen sollen.« Viele westliche Juden, schrieb er, hätten sich in der
Tat in die westlichen Nationen integriert, »wir Deutschen aber haben mit jenem polnischen Judenstamm zu thun«.[26]

Wenn dies rassistisch war, dann nicht ohne Vorbehalt. Treitschkes
Judenbild blieb älteren, auf Klassengegensätzen beruhenden Ängs-
ten vor dem Osten verhaftet: vor der Überbevölkerung, der Armut,
der angeblichen umfassenden Skrupellosigkeit und Raubgier. Emanzipation war der Vorgang, in dem Juden eine isolierte östliche Welt
verließen und ihren »Einzug« in das deutsche Leben begannen – ein
Kapitel, das, wie er an Friedrich von Meech schrieb, »uns noch nie
ehrlich erzählt wurde«.[27] Es ist bezeichnend, dass Treitschke genau

in dem Augenblick darauf verfiel, seinen antisemitischen Zusatz zu »Unsere Aussichten« zu schreiben, als er die Schlusskapitel des zweiten Bandes seiner *Deutschen Geschichte im 19. Jahrhundert* verfasste, der im Jahr 1819 endet – mit den Karlsbader Beschlüssen, dem Abebben der deutschen Nationalbewegung und der Emanzipation der Juden. Treitschke, der die Judenemanzipation befürwortet hatte, kritisierte nun die Juden wegen ihres Materialismus und ihrer wirtschaftlichen Spekulationstätigkeit, die Treitschke zufolge den Idealismus der nationalen Idee untergrub.[28] Er selbst dachte – seinem eigenen Selbstverständnis nach – kaum in den Kategorien der Rasse. Als man ihn beschuldigte, er sei ein Verfechter von »Racenhaß« und »Fanatismus«, reagierte er daher mit ungläubigem Erstaunen. Und als die »Berliner Notabeln« ihm in ihrem berühmten »Manifest gegen den Antisemitismus« aus dem Jahr 1880 vorwarfen, »an dem Vermächtnis Lessings [zu] rütteln«, war er empört.[29]

Die Diskursverlagerung von der Nation zur Rasse begann zögerlich mit Treitschke, war aber im Verlauf der nachfolgenden Debatte und im Gefolge der antisemitischen Praxis in vollem Gang. An dieser Stelle ist der geistige Kontext von Bedeutung. Von Anfang an gingen die Polemiker im Kaiserreich davon aus, Treitschke meine die Rasse. Selbst der bedeutende Kantianer Hermann Cohen, Treitschkes mildester jüdischer Kritiker, glaubte, es gehe im Kern um die Vorstellung der Rasse. Gewiss hegte Treitschke keine rassische Vorstellung im pseudowissenschaftlichen Sinne der Sozialdarwinisten, doch er wandte sich mit einer nationalen Begrifflichkeit an die Juden, die in eine rassische Ausdrucksweise überging. Damit billigte er eine neue diskursive Praxis, die seit dem Entstehen des neuen Antisemitismus im Schwange war, insbesondere in den Schriften Wilhelm Marrs und den Reden des Hofpredigers Adolf Stöcker. Andere Kritiker folgten, wobei die Katholiken dem Jargon der Nation den Jargon der Rasse beimischten und radikale Antisemiten wie Heinrich Nordmann eine rassische Vision vertraten, die auf die späteren Formulierungen der Nationalsozialisten hinausliefen. Nordmann etwa berechnete den rassischen Verfall, der sich angeblich vollzog, wenn Christen und Juden Mischehen eingingen, indem er die daraus folgenden »Mischproducte« mit dem Niedergang verglich, der eintrete, wenn sich ungleiche Tiere fortpflanzten.[30] Er schlug zudem eine Reihe von Maßnah-

men vor, die bis »zur dritten Mischgeneration« angewendet werden
sollten. Dazu zählten Entrechtung, Zurücknahme der Emanzipation,
Einwanderungsstop für Juden, Enteignung jüdischen Eigentums und
die Zerstreuung der Juden im ganzen Reich, so dass sie sich überall
vollkommen in der Minderheit befänden.[31]

Nordmann war nicht der einzige Antisemit, dessen Denken in
den 1880er Jahren von der Sprache der Nürnberger Gesetze von
1935 kündete. 1881 verfasste Eugen Dühring, ein unbedeutender
Denker, den nur die Heftigkeit der streitbaren Feder Friedrich En-
gels berühmt gemacht hat, ein Pamphlet mit dem Titel *Die Judenfrage als Frage der Racenschädlichkeit*. Darin brachte er viele der
von Nordmann befürworteten Vorschläge vor, einschließlich der
Vertreibung und Enteignung der Juden. Er orientierte sich in diesen
Vorschlägen an der Gesetzgebung des Kulturkampfs, insbesondere
der Mai-Gesetze, stellte sich jedoch etwas von größerer Endgültig-
keit vor. Wenn der Staat religiöse Minderheiten vertreiben und ihr
Eigentum enteignen könne, wie Bismarck es mit den Jesuiten getan
habe, so könne man dasselbe auch mit den Juden tun, vor allem
wenn ihr angeblicher rassischer Status sie zu einem Staat im Staate
mache. Diese Übertragung erinnert uns an das Deutsche Kaiserreich
mit seinem komplexen Kontext und daran, dass sich die deutsch-jüdische Geschichte nicht isoliert von anderen Geschichten abspielte.
Dühring war allerdings der Meinung, die »christliche Priesterherr-
schaft« sei »das kleinere Übel, wenn man sie mit der Racenherr-
schaft der Juden vergleicht«.[32] Wie Treitschke kleidete Dühring seine Hinwendung zur Rasse in den Mantel des Orientalismus. Er verglich die Gegenwart von Juden mit einer »materiellen Invasion und
geistigen Infection, ähnlich einer von Asien kommenden Epide-
mie«.[33] Außerdem griff er nicht nur einige Juden in Deutschland an,
sondern alle Juden, und forderte nicht, die Juden sollten Deutsche
werden, sondern man solle sie vertreiben. Dühring war zugleich der
erste Denker, der über Reservate nachdachte, auch wenn er den Gedanken letztlich zurückwies, da die Juden Nomaden seien und ein
Reservat, »ein internierter Judenstaat«, die »Ausrottung der Juden
durch die Juden« bedeuten würde.[34]

Und dann gab es da noch den Fall Paul de Lagardes, eines »Ori-
entalisten«, dessen Werk von ungemeiner Breite und Differenzie-

rung zeugte, der aber zugleich ein Kritiker des aus seiner Sicht von
Materialismus und Verlogenheit geprägten Bismarckschen Deutschland war. Wie Treitschke dachte Lagarde in nationalen Kategorien,
doch während Treitschke der Prosa der Realpolitik verhaftet blieb,
flüchtete sich Lagarde in die Poesie einer höheren Vision. Es war die
Vision eines Europas homogener Nationalstaaten, ein Utopia reiner,
d. h. nicht nur von ethnischen Minderheiten, sondern auch von Juden freier Räume. Er trat dafür ein, alle österreichischen und polnischen Juden nach Palästina zu deportieren, weil die Juden, wie er
meinte, nicht mit den Deutschen verträglich seien und die Deutschen vor der gewaltigen Herausforderung stünden, den Raum Mit-
teleuropas grundlegend neu zu ordnen. Theoretisch könnten die
deutschen Juden bleiben, jedoch nur dann, wenn sie sich völlig in
dem von Treitschke befürworteten Sinne assimilierten. Während
Treitschke seine Vorschläge allerdings nur zögerlich vorbrachte,
dachte Lagarde die nationalistischen Einstellungen folgerichtig zu
Ende. Er stellte die Möglichkeit der Deportation zur Debatte und
übernahm eine zunehmend rassistische Sprache. Er verglich die Juden mit Bazillen und betonte mit Nachdruck, Bazillen würden »so
rasch und so gründlich wie möglich vernichtet«.[35] Er schrieb diese
Worte 1882. Erstmals im 19. Jahrhundert wird hier das Wort »vernichten« mit Blick auf Juden im physischen Sinne angewandt, während der Begriff davor eher eine kulturelle Konnotation besaß.[36]

Die neue, brutalere Sprache schien auf den Rand des politischen
Spektrums beschränkt, blieb jedoch nicht ohne umfassendere Folgen. Im Sommer 1880 war eine antisemitische Petition im Umlauf,
die eine Beschränkung der Immigration ausländischer Juden, den
Ausschluss von Juden aus Stellungen öffentlicher Verantwortung,
eine Wiederherstellung des christlichen Charakters der öffentlichen
Schulen sowie eine statistische Erfassung der jüdischen Bevölkerung
forderte. Im April 1881 hatten ihre antisemitischen Initiatoren mehr
als 250 000 Unterschriften gesammelt (darunter die von beinahe der
Hälfte der damals 3600 Berliner Studenten sowie die eines Viertels
der Studenten des gesamten Kaiserreichs). Viele der Studenten, die
die Petition unterzeichneten, glaubten, Treitschke habe sie gebilligt,
und er widersprach ihrem Eindruck kaum. In den 1880er Jahren
hörte jeder vierte Student der Berliner Universität Treitschkes Vor-

lesungen, und viele wurden davon zutiefst beeinflusst. Dazu zählten etwa der Publizist und Kolonialfunktionär Paul Rohrbach, Heinrich Class, der spätere Führer des Alldeutschen Verbandes, sowie der militaristische Theoretiker späterer Kriege, Friedrich von Bernhardi. In den späten 1860er Jahren geboren, betrachteten sie die Bestrebungen von 1848 als Luftschlösser einer vorangegangenen Generation. Dem Neuen aufgeschlossen, übernahmen sie ohne weiteres die in die wissenschaftliche Sprache Darwins gekleideten Rassentheorien. Auch die meisten Studenten waren antisemitisch. Selbst Ludwig Quidde, später einer der schärfsten Kritiker des Kaiserreichs und ein engagierter Pazifist, räumte den »gerechten Unwillen des Volkes« ein und meinte, der »Racengegensatz [...], der unleugbar zwischen uns und unseren israelitischen Mitbürgern besteht«, bilde den Kern einer »nationalen Frage«.[37]

Bismarck, der volkstümlicher Agitation stets mit Misstrauen begegnete, ging stillschweigend über die antisemitische Petition hinweg. Doch andere Akte folgten bald. An der Ostgrenze Pommerns, in der Provinzstadt Neustettin, kam es im Juli 1881 zum Ausbruch von Gewalttätigkeiten. Die Gewalt, die der Historiker Christhard Hoffmann einer scharfsinnigen Analyse unterzogen hat, folgte auf das Niederbrennen der örtlichen Synagoge im Februar des Jahres und die nachfolgende Anschuldigung, die Juden hätten ihren Tempel selbst in Brand gesteckt. Die Gewalt in Neustettin, einer der größten Ausbrüche einer Volksrevolte im Deutschen Kaiserreich, war der erste großangelegte Angriff der Bevölkerung auf Juden seit der Revolution von 1848. Hunderte von Bewohnern der Stadt zogen durch die Straßen, skandierten »Hep Hep« sowie »Weg mit den Juden!« und zerschlugen die Fenster von dreißig jüdischen Häusern und Geschäften.[38] Von Neustettin aus verbreiteten sich die Unruhen nach und nach über die gesamte Region. Das erschreckendste Spektakel fand in der Stadt Schivelbein statt, wo eine bedrohliche Menge von sechshundert Unruhestiftern durch die Straßen zog, einige von ihnen mit Brecheisen und Äxten bewaffnet.

Es wäre falsch, Treitschke unmittelbar für die Handlungen anderer verantwortlich zu machen, doch der Weg vom Denken zur Tat, von der Sprache zum Handeln, vom Schreiben zum Tumult, war kurz und schnell. Die Unruhen brachen nicht etwa spontan aus,

sondern wurden von der Agitation eines der gehässigsten Antisemiten seiner Zeit, Ernst Henrici, entfacht, einem Lehrer aus Berlin, der
einen unverhohlenen Rassenantisemitismus propagierte. Juden
könnten niemals wirklich Deutsche werden, meinte er, weil der Ma-
kel des Blutes Menschen für allezeit anhafte. Als er erstmals im Februar 1881 nach Neustettin kam, forderte er die Vertreibung aller
Juden von deutschem Boden und rief die Deutschen dazu auf, »die
Juden totzuschlagen«. Fünf Tage nach seinem Besuch ging die Synagoge in Flammen auf, dieweil die Bewohner zusahen: »bei dem Pöbel nur lachende Gesichter«.[39] Als Henrici Ende Juni zurückkehrte,
jubelten ihm die Menschen zu und schmückten seinen Wagen mit
Blumen und Kränzen.

Neustettin deutete auf die Unberechenbarkeit der Situation hin,
die daraus erwuchs, dass die neue Vorstellung der Rasse mit den
perfiden Aspekten der modernen Politik verbunden wurde – mit
»Politik in einem neuen Ton«, um mit einer treffenden Formulierung Carl E. Schorskes zu reden.[40] Dies war die Politik, die aus dem
Zusammenbruch des Liberalismus in den 1870er Jahren folgte, und
es ist kein Zufall, dass Henrici anfänglich versucht hatte, linksliberα-
le Politik mit antisemitischer Rhetorik zu verschmelzen. Neu war
auch der Stil: das Schwülstige, die endlose Selbstverherrlichung, das
schnelle Reisen von Stadt zu Stadt (ermöglicht durch die Eisenbahn
und das Fahrrad) sowie der Rückgriff auf einen ununterbrochenen
Propagandastrom in Gestalt billiger Zeitungen und Pfennigblätt-
chen. Neu war zudem das Beharren darauf, dass man nicht bloß für
das Volk spreche, sondern auch zum Volk gehöre und aus dem Instinkt heraus rede.[41] All das veränderte die Dynamik des Antisemitismus. Erstmals in der deutschen Geschichte waren die Leidenschaften, die sich hinter antisemitischen Unruhen verbargen, von
Männern angefacht worden, die den Anspruch erhoben, Politik sei
ihr Beruf.

Diese Männer brachten die Sprache der Rasse zu den breiteren
Schichten. Wie im Falle anderer antisemitischer Unruhen waren die
Vorkommnisse in Neustettin im wesentlichen rückwärtsorientiert.
Die symbolischen Ausdrucksmittel, die dem Drama der antisemiti-
schen Gewalt innewohnten, erschöpften sich im Grunde im Zer-
schlagen von Fenstern, im Einschlagen mit Stöcken auf Häuser, in

Drohgebärden und im Anzünden der Synagoge. Nur selten – zumindest im Deutschen Kaiserreich – schlug diese Gewalt in physische Verletzung und Mord um. Sie war allerdings nicht ohne Bedeutung. Vielmehr stellte die Gewalt eine Neuinszenierung des Dramas der jüdischen Vertreibungen dar und war – in diesem Sinne – Teil eines fortdauernden Rituals der christlich-jüdischen Geschichte. Doch die Vertreter einer Politik in einem neuen Ton führten eine neue Sprache ein, mit der sie die Praxis der Verfolgung rechtfertigten. Man kann nicht sagen, das Rassendenken habe die Unruhen motiviert oder auch nur etwas von der Bedeutung kollektiver Gewalt zum Ausdruck gebracht. Doch von dem Augenblick an, in dem die Unruhen stattgefunden hatten, flüsterte die Sprache der Rasse, indem sie die Frage beantwortete, weshalb die Juden stets verfolgt wurden, leichter eine rechtfertigende Rhetorik ein.[42]

Während sich aber viele der jüdischen Kritiker Treitschkes von der Sprache der Rasse beunruhigt zeigten, waren seine nichtjüdischen liberalen Gesprächspartner eher über die Verbindung zwischen Wort und Tat besorgt. Das lässt sich durch eine Analyse der Chronologie und Provenienz der Kritik zeigen, die sich gegen den Berliner Historiker erhob.

Nach Treitschkes erster Salve im Antisemitismusstreit, seinem Aufsatz »Unsere Aussichten«, druckte lediglich eine liberale Zeitung, die ehrwürdige *Vossische Zeitung*, eine Erwiderung aus der Feder eines nichtjüdischen Publizisten ab. Sie stammte aus der Feder eines protestantischen Pfarrers, der 1855 vom Judentum zum Christentum übergetreten war und nun an der protestantischen Judenmission mitwirkte. Von November 1879 bis Februar 1880 waren Treitschkes Kritiker ausschließlich Juden. Am prominentesten unter ihnen waren die Historiker Heinrich Graetz und Harry Breßlau, der Völkerpsychologe Moritz Lazarus, die Zeitungsherausgeber Ludwig Philippson und Seligmann Meyer, der Politiker Ludwig Bamberger und der junge Philosoph Hermann Cohen. Die nichtjüdischen Deutschen stimmten Treitschke entweder zu (so etwa die Konservativen, die Katholiken und nicht wenige Liberale) oder schwiegen. Innerhalb der Berliner Gemeinschaft von Honoratioren brachten selbst jene, die Bestürzung empfanden, ihre Enttäuschung allenfalls durch soziale Distanzierung zum Ausdruck. Wie der Historiker

Uffa Jensen gezeigt hat, gab es zwischen 1879 und 1881 nicht einen Antisemitismusstreit, sondern zwei solche Debatten, und erst während der zweiten wurden nichtjüdische kritische Stimmen aus dem liberalen Bereich laut, die unverhohlen die Öffentlichkeit suchten. Außerdem erfolgte die Wende nicht wegen der Worte Treitschkes, sondern auf Grund ihrer Wirkung. Erst im Spätsommer 1880 prangerten die Berliner Notabeln (darunter Theodor Mommsen, Johann Gustav Droysen und Oberbürgermeister Max Forckenberg) den »Racenhaß« und »Fanatismus des Mittelalters« an, der »jetzt wieder ins Leben gerufen und gegen unsere jüdischen Mitbürger gerichtet« werde.[43] Zu dieser Zeit war die Antisemitenpetition bereits im Umlauf, und die Studenten der Berliner Universität hatten damit begonnen, sich in antisemitischen Gruppierungen zu organisieren.

In der zweiten Phase des Antisemitismusstreits, die im Sommer 1880 einsetzte, brachte Theodor Mommsen sein Unbehagen öffentlich zur Sprache. Alarmiert durch die »Kalamität« eines »Bürgerkriegs einer Majorität gegen eine Minorität« und durch die Mobilisierung einer Politik in neuer Tonart, insistierte Mommsen darauf, der junge Nationalstaat müsse einig bleiben. »Die Empfindung der großen Zusammengehörigkeit hat die Nation geschaffen und es würde aus mit ihr sein, wenn die verschiedenen Stämme je anfangen sollten sich gegen einander als Fremde zu fühlen«, schrieb er.[44] Mommsen betrachtete die Juden sowohl als religiöse Gruppe, deren Rechte es zu schützen galt, als auch als Stamm, wie die Sachsen und Pommern. »Was heißt das«, fragte er rhetorisch, »wenn er von unseren israelitischen Mitbürgern fordert, sie sollen Deutsche werden?« Seine Antwort lautete: »Sie sind es ja, so gut wie er und ich«. Doch dann räumte er ein, dass – auch wenn es unzulässig sei, alle Juden für die Fehler einzelner verantwortlich zu machen – die Schuld daran »allerdings zum Theil bei den Juden« liege. Das Christentum, argumentierte er, sei der grundlegende Mörtel der »internationalen Civilisation«. »Außerhalb dieser Schranken zu bleiben und innerhalb der Nation zu stehen ist möglich, aber schwer und gefahrvoll«.[45] So wie die Hannoveraner, Hessen und Holsteiner gefordert seien, ihren Partikularismus abzulegen, müssten sich auch die Juden, »soweit sie es können, ohne gegen ihr Gewissen zu handeln« ihrer »Sonderart« entledigen.[46]

Damals wie heute haben Kommentatoren darauf hingewiesen, dass es Treitschkes Absicht war, dass die Juden Deutsche würden, während Mommsen sie beschwor, Christen zu werden. Dies könnte man zwar aus Mommsens Kritik folgern, doch öffentlich hat er diese Position nicht vertreten. Stattdessen nahm die Debatte zwischen den beiden Gelehrten noch an Bitterkeit zu, als Mommsen Treitschke der Demagogie bezichtigte und sein professionelles Verhalten in Zweifel zog. Von Mommsens Schmähung getroffen, zahlte es Treitschke mit noch radikaleren Positionen heim. In den *Preußischen Jahrbüchern* sprach er nunmehr auch von der Möglichkeit, die Judenemanzipation zu widerrufen.[47]

Dieser Gedanke, so erkannte Treitschke, war nicht salonfähig, und das galt noch mehr für jegliche Art des eliminatorischen Antisemitismus. Selbst der moderne Rassismus fehlt weitgehend in Treitschkes Werk. Er sprach die Rasse in seiner *Politik* an, der postum veröffentlichten Transkription seiner populären Vorlesungen, einer Zusammenstellung studentischer Aufzeichnungen, doch er wandte ihr seine Aufmerksamkeit lediglich flüchtig zu. Er teilte die Welt in vier Hauptrassen – die gelbe, die rote, die schwarze und die weiße Rasse, letztere in die arische und semitische Rasse. Diese Aufteilung, in der jede Rasse einem Klischee entsprach (gelb = despotisch; rot = verfallend; schwarz = dienend; weiß = kulturschaffend), legt nahe, dass Treitschke breitere Rassenvorstellungen in sein Denken über Deutsche und Juden aufgenommen hatte.[48] Bezeichnenderweise befasste er sich aber mit den Juden – im Gegensatz zu den Semiten – in seinen nachfolgenden Ausführungen zur Nationalität. Er bezeichnete die Juden als nomadisches Volk und betonte vorsichtig, dass es »einem Teil der europäischen Judenschaft [...] allerdings gelungen« sei, »sich ganz und gar zu nationalisieren in dem Volke, in dem sie leben, und gute Deutsche, Franzosen und Engländer zu werden«. Als leuchtende Beispiele dienten in diesem Zusammenhang Benjamin Disraeli und Moses Mendelssohn. Doch er glaubte auch, dass es »in Berlin und gar noch weiter nach Osten hin viele Juden« gebe, »welche trotz der Sprache in ihrem Innern unverfälschte Orientalen geblieben« seien.[49]

Der Orientalismus war, wie gesehen, die von Treitschke errichtete Brücke zur Rasse, die andere dann überquerten. Infolge der Worte

Treitschkes und der Diskussion wie der Handlungen, die darauf
folgten, wurde Rasse zum Bestandteil eines akzeptableren Vokabulars zur Erörterung der »Judenfrage«, von deren Existenz nun viele
Menschen ausgingen. Und innerhalb dieses vom Rassendenken geprägten Diskurses gab es einige Positionen – etwa jene Nordmanns,
Dührings und Henricis –, auf die der Begriff »eliminatorisch« zutrifft, wenn auch nicht im strengen Sinne des Mordens, sondern im
weiteren, aber dennoch bedeutsamen Sinne der Enteignung und
Vertreibung, d. h. früher Formen der ethnischen Säuberung. Mit
Blick auf die deutschen Staatsbürger jüdischen Glaubens (im Gegensatz zu Juden fremder Herkunft) blieben diese Einstellungen jedoch Randerscheinungen.

II

Eine Generation später, im Schatten der großen transatlantischen
Migrationswellen und der Besetzung von mehr als vier Fünfteln der
Erde durch die Europäer und Amerikaner, gewann das »eliminatorische« Element des Rassismus zentralere Bedeutung, insbesondere für jene, die Treitschkes Geschichtsdarstellungen gelesen, seine
Pamphlete verschlungen und seine Vorlesungen gehört hatten. Zu
den Anzeichen dieses Wandels zählt die Verlagerung vom inoffiziel-
len zum offiziellen Kolonialismus sowie von der indirekten zur unmittelbaren Kolonialherrschaft in Afrika. Konservative Regierungen
kamen an die Macht – in Frankreich im Gefolge der Boulanger-Af-
färe, in England mit Lord Salisburys aggressiv imperialistischem
Parteiprogramm und seiner Opposition gegen die irische Selbstver-
waltung, in Russland nach der Ermordung des liberalen Zaren Alexander II. und der repressiven Hinwendung zu einer Politik der
»Orthodoxie, Autokratie und Nationalität«. Die durch eine transat-
lantische Rezession in den späten 1870er Jahren eingeläutete Wende
hatte bedeutsame Folgen für den Rassismus und Antisemitismus.
Im Süden der Vereinigten Staaten verfestigte die Einführung der
Jim-Crow-Gesetze durch die Herrschaft fadenscheiniger Rechts-
bestimmungen die Rassentrennung und führte dazu, dass aus der
Asche des amerikanischen Bürgerkriegs wie ein unheilvoller Phönix

eine segregierte Gesellschaft stieg. Ihre auf einer Ideologie weißer Vorherrschaft sowie auf der politischen und sozialen Entrechtung der Afroamerikaner beruhende Kraft wurde auch durch Terror gestützt, vor allem in Gestalt von Lynchmobs. Im Russischen Reich suchte eine ähnliche Art des Terrors die Juden heim. Der erste Pogrom ereignete sich in der ukrainischen Stadt Elisavetgrad, als ein Pöbel die Juden während der Hohen Feiertage angriff. Von Demagogen in den Städten angefacht, entbrannten im Ansiedlungsrayon immer weitere Krawalle, so dass gegen Ende des Jahres 1881 etwa 259 Pogrome stattgefunden hatten, die Tausende Juden heimatlos zurückließen und ungefähr vierzig Tote und Hunderte Verletzte forderten.

Die Gewalt im Russischen Reich und in den amerikanischen Südstaaten löste ungeheure Völkerwanderungen aus. Zwischen 1881 und 1914 verließen ungefähr 2,5 Millionen Juden das Russische Reich in Richtung Vereinigte Staaten, und um die Jahrhundertwende wurde aus dem steten Strom der Migration von Afroamerikanern in die Städte im Norden eine reißende Flut. In den 1880er Jahren kam es zudem zu mehreren Wellen einer europäischen Massenmigration, vor allem aus Nord- und Mitteleuropa. In den letzten beiden Jahrzehnten des 19. Jahrhunderts kam lediglich die irische Emigration der ungeheuren Dimension der deutschen gleich, die Anfang der 1880er Jahre zu einer letzten großen Welle anschwoll und dann – mit leicht niedrigeren Zahlen – bis 1893 andauerte.[50] Diese von Historikern noch immer zu wenig beachtete Emigration war der größte Exodus aller Zeiten aus Deutschland.[51] Junge Männer und Frauen, von denen viele niemals auch nur einen Hauch von wirtschaftlicher Unabhängigkeit erlebt hatten, bestiegen, verlockt durch die Aussicht auf einen fünf Morgen großen Bauernhof in den großen Ebenen von Kansas, Schiffe in die Vereinigten Staaten. Außerdem setzten sich die nicht unerheblichen Wanderungsbewegungen innerhalb Deutschlands bis weit ins neue Jahrhundert hinein fort: von den östlichen Territorien Preußens bis zu den Stahl- und Hüttenwerken im Westen sowie zu den dunklen Schächten der Kohlengruben im Ruhrgebiet. Wie auch heute noch in den armen Regionen dieser Welt blieb Migration der bittere Tribut, den die Armen für ihre Armut zu zahlen hatten.

Segregierte Gesellschaften und verschärfte Rassentrennung, der Zusammenprall der Kulturen in einer Zeit, in der Europa immer brutalere Kolonialregime hervorbrachte, ethnische, rassische und religiöse Gewalt – all das durchzieht das Werk und Denken Friedrich Ratzels. Neben dem englischen Statistiker Ernest George Ravenstein zählte Ratzel zu den führenden Migrationstheoretikern seiner Zeit, und gemeinsam mit dem Historiker Karl Lamprecht und dem Ethnopsychologen Wilhelm Wundt war er eine Schlüsselfigur des »Laboratorium Leipzig«, eines frühen kulturwissenschaftlichen Experiments.[52] Ratzel habilitierte sich 1876 mit einer Untersuchung über die chinesische Emigration in die Vereinigten Staaten; danach wandte er sich den »Naturvölkern« zu, die die riesigen Kolonialreiche Europas bevölkerten. In den 1880er und 1890er Jahren verfasste Ratzel – zunächst an der Technischen Hochschule München, später an der Universität Leipzig – drei bedeutende Werke, in denen er dokumentierte, auf welche Weise menschliche Wanderungsbewegungen und die natürliche Umwelt die Entwicklung von Kulturen und Zivilisationen prägten: seine 1882 veröffentlichte *Anthropogeographie*, die *Völkerkunde*, die 1894 und 1895 in zwei Bänden erschien, und seine *Politische Geographie* (1903).

In allen drei Werken versuchte Ratzel zu zeigen, dass die ständige Bewegung von Völkern einen grundsätzlichen Tatbestand der Menschheit bildete. Die Notwendigkeit der Expansion hing, so machte er geltend, mit der – unter den Völkern aller Kulturniveaus – herrschenden beständigen Suche nach »Lebensraum« zusammen.[53] Dieses Naturgesetz habe zweierlei Folgen: Erstens gehe »die Tendenz der Geschichte«, wie er in seiner *Anthropogeographie* formulierte, »auf Schaffung immer größerer Reiche, da mit der Kultur die Möglichkeit der Raumbeherrschung« wachse.[54] Zweitens habe die Geschichte, die Bewegung von Völkern, wie er in einem 1880 veröffentlichten Aufsatz erklärte, »die Tendenz, die Menschheit immer einförmiger zu gestalten, weil die Vermischung mit diesen Bewegungen unzertrennlich verbunden« sei.[55]

Ratzels Vision, der zufolge mächtige Stämme, Völker und Reiche weniger mächtige Völker beherrschten und in sich aufnähmen, scheint auf den ersten Blick voll und ganz die heute ziemlich selbstverständliche Beobachtung Claude Lévi-Strauss' zu bestätigen, die frühe Anthropologie habe ungeniert als die ideologische »Handlangerin des Kolonialismus« gedient.[56] Tatsächlich war Ratzel Vorsitzender der Leipziger Geschäftsstelle der Deutschen Kolonialgesellschaft.[57] Eine genauere Analyse erweist zwar nicht das Gegenteil, lässt den Fall aber wesentlich komplexer erscheinen. Denn Ratzels historische Darstellung war – stärker als die Treitschkes – inklusiv, wenn auch auf assimilatorischen Prämissen beruhend. Er betrachtete »die Einführung der sogenannten niederen Rassen in die Kulturkreise der höheren« als »eine glänzende That der Menschlichkeit« und glaubte, die historiographische Berücksichtigung von Völkern, denen man bis dahin keine Geschichte zugestanden hatte, führe zu einer gerechteren Vorstellung.[58] Umgekehrt wandte er sich gegen rassistische Auffassungen, denen zufolge die afrikanischen Völker niemals kulturelle Leistungen erbringen könnten, sowie gegen eine streng evolutionistische Sichtweise, welche die »niedrigeren« Rassen der Menschheit als bloße Übergangserscheinungen in der Entwicklung vom Tier zum Menschen betrachtete. Vielmehr, formulierte er in seiner *Völkerkunde*, sei es »die Kultur allein, welche eine Grenze zwischen uns und den Naturvölkern zu ziehen imstande ist [...] Naturvölker sind kulturarme Völker«.[59]

Der Fortschritt der Völker beruhte demnach auf kulturellen Entwicklungen. Ratzel stellte sich diese Entwicklung allerdings nicht linear oder friedlich vor. Vielmehr resultiere sie aus der Begegnung und dem Konflikt ungleicher Kulturen. Macht und Zwang bestimmten demnach ihr Ergebnis, zu dessen letzten Konsequenzen durchaus auch die Vernichtung von Völkern zählen konnte. Durch das »Aufeinandertreffen ungleichmächtiger Kulturen«, schrieb er in seiner *Anthropogeographie*, »sind ganze Länder entvölkert, ganze Völker zerstört worden«.[60] Die europäische Invasion des amerikanischen Kontinents und Australiens diente als einschlägiges Beispiel. »Die Mehrzahl der Stämme, die damals in den neuen Welten den Entdeckern entgegentrat«, so betonte er, »ist verschollen«.[61] Doch der Zusammenprall und die daraus folgende Zerstörung habe letztlich zum kulturellen Fortschritt beigetragen. In Ratzels freimütiger, prägnanter und brutaler Formulierung: »Tausende von Eingeborenen weniger, hunderttausende von Quadratkilometer freien Landes mehr für die Weißen. Mehr Raum für die Kultur, mehr Menschen,

die für die Kultur arbeiten, mehr Menschen, die sich ihrer Segnun-
gen erfreuen«.[62] Die Begegnung habe zwar nicht zwangsläufig Vernichtung mit sich gebracht, doch sei dies häufig der Fall gewesen.
Zudem habe sie die »Naturvölker« in den »Bereich der Geschichte«
gezogen – ein schmerzhafter Prozess, der gewöhnlich durch die
Tendenz der »Naturvölker« gekennzeichnet gewesen sei, »rasch
herab[zu]steigen«.[63] Der Grund für den nahezu universalen Niedergang sei jedoch nicht »die Barbarei der Weißen«, sondern die Verlo-
ckung durch die kulturell überlegenen Institutionen, welche die ein-
heimische Tradition untergrabe, jahrhundertealte Stammesbindun-
gen auflöse und das soziale Gefüge einebne.[64]

Ratzels Vision war durch ein Kaleidoskop kultureller Prämissen
gekennzeichnet. Im Niedergang begriffene Völker waren aus seiner
Sicht von einer Reihe unnatürlicher Laster – »Kindsmord, Ertötung
des Werdenden im Keime, [...] Polygamie [...] und endlich Kannibalismus« – befallen.[65] Im Niedergang begriffene Völker, so nahm er
an, gäben sich eher sexueller Freiheit hin als starke, expandierende
Völker und neigten eher zu kommunistischen Haltungen gegenüber
dem Privateigentum.[66] Hochkulturen dagegen legten allgemein eine
homogenisierende Dynamik an den Tag, während niedere Kulturen
oder Rassen durch Unterordnung und Integration überlebten.
»Doch genügt ein Blick auf das Völkerleben der Gegenwart«,
schrieb er in der zweiten Auflage seiner *Völkerkunde*, »um zu sehen, daß Mulatten, Mestizen, Araber- und Negermischlinge in
Nord- und Südamerika und in Afrika an der Spitze der Indianer
und Neger marschieren. Die einmal begonnene Mischung führt immer weiter, jede neue Zufuhr vom Blut der höheren Rasse gleicht
die Abstände nach der Höhe zu aus«.[67] Ähnlich vertrat er die Auffassung, die Irokesen würden – trotz ihrer Vernichtung als Rasse –
dank der Vermischung ihres Blutes mit der weißen Rasse teilweise
überleben.[68] Letztlich hänge das Ergebnis des Zusammenpralls zwischen Rassen und Kulturen demnach von der Fähigkeit der überlegenen Rasse oder der dominierenden Kultur ab, unterlegene Rassen
und schwächere Kulturen zu assimilieren. Dieses Gesetz traf sowohl auf die aus seiner Sicht von der anglo-keltischen Kultur domi-
nierten Vereinigten Staaten als auch auf das benachbarte Österreich
zu, in dem die Deutschen über die slawischen Völker herrschten.[69]

Ratzels Völkerkunde enthielt eine ganz und gar von rassistischen Prämissen durchdrungene Kulturtheorie, der eine unverhohlene Teleologie innewohnte. »Wir sprechen von Kulturstufen«, schrieb er, und wir legen »an die verschiedenen Kulturen, die wir bei den Völkern der Erde finden, einen bestimmten Maßstab« an, den wir »offenbar von der Kulturhöhe her[nehmen], die wir selbst erreicht haben. Unsre Kultur ist für uns die Kultur«.[70] Doch es war gerade sein kultureller Ethnozentrismus, der es ihm gestattete, eine inklusive Darstellung einer von den Wanderungsbewegungen der Völker getriebenen Weltgeschichte zu entwerfen, deren »unbewusstes letztes Ziel« die »Wiedervereinigung zu einer wahren Einheit« sei.[71] Diese Verschmelzung werde durch »die siegreiche Verbreitung der weißen Rasse über die Erde« erreicht, wie er es nannte, oder, wie er einschränkend hinzufügte, »des europäischen Zweiges der weißen Rasse«.[72] Das Ende der Geschichte, so glaubte er, werde die Völker auf eine gleiche Stufe erheben, allerdings um den Preis von Assimilation, Absorption und letztlich Vernichtung.

Ratzels Darstellung des Zusammenpralls der Kulturen passt in eine lange Geschichte des Ausrottungsdiskurses. Dieser europäisch und transatlantisch ausgerichtete Diskurs nahm, wie Patrick Brantlinger geltend gemacht hat, vielfach »die Form einer proleptischen Elegie« an. Brantlinger definiert dies als einen »selbst in seinen humansten Versionen sentimentalen oder traurigen Ausdruck des Vertrauens auf eine sich selbst erfüllende Prophezeiung, der zufolge neue, weiße Kolonien und Völker entstehen, dieweil das Wilde schwindet«.[73] Dieser Diskurs war deshalb proleptisch, weil er den primitiven Völkern eine Zeit vor der Gegenwart zuschrieb, und elegisch, insofern er ihr Vergehen beklagte. Indem sie die weißen Kolonisatoren durch die Betonung der Unvermeidlichkeit der Ausrottung tröstete, rechtfertigte die proleptische Elegie zugleich die weiße Herrschaft und hob hervor, dass die Ausrottung höheren Zwecken der Menschheit diente. Im 19. Jahrhundert reichte die Zahl der Befürworter der proleptischen Elegie von Thomas Malthus über Charles Lyell bis zu Thomas Henry Huxley und Charles Darwin, wobei Darwin den Diskurs stärker in wissenschaftlichen Betrachtungen verankerte. Doch während die Unterschiede zwischen den menschlichen Rassen aus Darwins Sicht eher aus der Geschichte und

den Umweltbedingungen herrührten, unterteilte Thomas Huxley
die Rassen in elf Arten, setzte eine unüberbrückbare Kluft zwischen
den höchsten und niedrigsten Rassen voraus und beharrte auf dem
Nutzen der Erkenntnisse Darwins für die koloniale Verwaltung. Am
europäischen Maßstab gemessen, zählt Ratzel somit zu den Vertre-
tern einer humaneren Vision. Auch innerhalb Deutschlands beharrte
er auf weniger radikalen Positionen. Ratzel kritisierte zeitgenössische Anthropologen wie Adolf Bastian und Felix von Luschan auf
Grund ihrer kompromisslosen Interpretation, der zufolge die »Naturvölker« einen versteinerten Urstand der Menschheit verkörperten. Auch rügte er zeitgenössische Historiker, weil sie gelegentlich
die These vertraten, Völker ohne Schriftkultur seien insgesamt kul-
turunfähig und somit außerhalb des legitimen Bereichs der Geschichte anzusiedeln. Wie sein Kollege Karl Lamprecht sprach sich
Ratzel für ein inklusiveres Verständnis historischer Forschung aus,
das die außereuropäische Welt ernsthafter in Betracht zog.[74]

Im Vergleich zur Haltung anderer deutet Ratzels Position auf die
Parameter des herkömmlichen Denkens hin. So wie Treitschkes Widerstreben, sich eine voll ausgeführte rassistische Position zu eigen
zu machen, etwas über die Schwierigkeit aussagt, im Deutschland
der Bismarck-Zeit den Antisemitismus mit Rassismus zu vermi-
schen, so verweist Ratzels Stellung in den Kolonialdebatten um die
Jahrhundertwende auf die Verbreitung des modernen Rassismus in
sozialdarwinistischer Gestalt. Auf der Linken wie der Rechten, in
Deutschland wie in ganz Europa, glaubten immer mehr Menschen,
die Menschheit schreite durch einen beständigen Kampf voran, dem
die schwachen Völker zum Opfer fielen.[75] Diese Annahme beflügelte auch die eugenische Bewegung, die in den 1890er Jahren an Be-
kanntheit gewann. In seinen 1883 veröffentlichten *Inquiries into
Human Faculty* sprach Francis Galton in Verbindung mit »verschiedenen Themen, die mehr oder weniger mit der Kultivierung der
Rasse zusammenhängen«, erstmals über die »eugenische Frage«.[76]
Nirgendwo war die Verbindung mit der Rassenforschung stärker als
in Deutschland, wo 1895 Alfred Plötz in seinem einflussreichen
Werk *Die Tüchtigkeit unserer Rasse und der Schutz der Schwachen*
den Begriff der »Rassenhygiene« als Synonym für Eugenik einführ-
te. Plötz verstand das Dilemma der Sozialdarwinisten als Konflikt

zwischen dem Instinkt, die Wehrlosen zu schützen, und der schädlichen Wirkung, die dies zwangsläufig langfristig auf die Tauglichkeit der Rasse habe. Medizinische Fürsorge, so meinte er, gelte den Schwachen, und so human sie mit Blick auf den Einzelnen sei, so gewiss habe sie auch eine Degeneration der Rasse zur Folge. Seine – als Denkexperiment dargestellte – Lösung bestand darin, nur die Geburt gesunder Babys zuzulassen, während diejenigen, die als ungesund eingestuft würden, eine Morphiumdosis erhalten sollten. In der Pubertät solle eine weitere Selektion stattfinden und jenen, die als ungesund gälten, solle man die Ehe untersagen. Ansonsten sollte Konkurrenz auf der Grundlage gleicher Ausgangsvoraussetzungen die Gesellschaft bestimmen und dafür sorgen, dass die Stärksten und nicht nur die adlig Geborenen an die Spitze kämen. Vor seinem eigenen Gedankenexperiment zurückschreckend, schlug Plötz eine humanere Alternative vor, der zufolge lediglich gesunde Menschen ermutigt werden sollten, sich fortzupflanzen.[77] Wenn es keine Schwächlinge gäbe, so folgerte er, bedürfe es auch keiner Vernichtung.

Auch wenn die Eugenik lediglich eine kleine, elitäre Gefolgschaft anzog, ist der allgemeine Einfluss des Sozialdarwinismus kaum zu überschätzen.[78] Die beiden meistverkauften Sachbücher des Fin de Siècle propagierten sozialdarwinistische Themen: Ernst Haeckels *Welträtsel* (1899) und Wilhelm Bölsches *Das Liebesleben in der Natur* (1898); und als 1899 die Leser der *Berliner Illustrierten Zeitung* aufgefordert wurden, den Namen des bedeutendsten Denkers des 19. Jahrhunderts zu benennen, setzten sie Helmuth von Moltke an die Spitze, gefolgt von Kant und Darwin.[79] Strukturelle Veränderungen in Deutschland verstärkten diese allgemeine Empfänglichkeit für Darwin. Lebten 1871 etwa fünf Prozent der Bevölkerung in urbanen Zentren (mit einer Bevölkerung von über 20 000), so war diese Zahl 1910 auf mehr als zwanzig Prozent gestiegen. Gekennzeichnet von Arbeiterslums und elender Armut, zeigten die urbanen Zentren besorgniserregende demographische Indikatoren, darunter eine höhere Kindersterblichkeit. Einige betrachteten diese Indikatoren als Merkmale einer rassischen Degeneration, die durch die Industriegesellschaft eher verschlimmert als verbessert werde. Da die Industrie Arbeitskräfte vom Lande anzog, schwoll die Zahl der Arbeiter an und ihre politische Stimme in der Sozialdemokratie gewann rasch an Einfluss. Außerdem, so behaupteten die Befürworter der Rassenhygiene, war die Geburtenziffer in der Arbeiterklasse höher als in der Mittelschicht, so dass die Untüchtigen schneller zunähmen als die Tüchtigen und die Rasse degeneriere.

Ein neues Verständnis von Kriminalität kam hinzu. Die Übersetzung von Cesare Lombrosos *L'uomo delinquente* (1876) ins Deutsche zwischen 1887 und 1890 setzte in Gang, was der Historiker Richard Wetzell als »drastische Akzentverlagerung von sozialen zu medizinisch-biologischen Erklärungen des Verbrechens« bezeichnet hat.[80] Lombroso definierte den »kriminellen Menschen« als geboren statt gemacht und behauptete, man könne ihn am kleineren Schädel, am größeren Körperbau, an der Schmerzunempfindlichkeit und einer Fülle weiterer Merkmale erkennen. Diese Merkmale, so glaubte er, zeugten von einem atavistischen Rückschritt in eine frühere Zeit, da der Kriminelle »in seinem Wesen die wilden Instinkte der primitiven Menschheit und der niederen Tiere« abbilde. Auch wenn nicht alle deutschen Kriminologen Lombrosos Betonung der physischen Attribute der Kriminellen folgten, akzeptierten sie vielfach seine Vorstellung, kriminelle Eigenschaften seien erblich. Selbst jene, die dies nicht taten, wie etwa der prominente Kriminalpsychiater Gustav Aschaffenberg, glaubten dennoch, rassische Degeneration hänge mit Kriminalität zusammen und eine überproportionale Zahl von Kriminellen wiesen Zeichen geistiger Minderwertigkeit auf.[81] Was daraus folgte, war die Notwendigkeit, die Gesellschaft vor Menschen zu schutzen, die als »geistesschwach« galten, und der Imperativ, dem Anwachsen der Kriminalität bereits im biologischen Entstehungsprozess Einhalt zu gebieten. Konkret bedeutete dies Überwachung, Internierung und Sterilisation. In Deutschlands juristischen Zeitschriften und Tageszeitungen formulierten Laien- und professionelle Kriminologen Vorschläge, die von medizinischen Untersuchungen in Schulen zwecks Aussonderung der »Geistesschwachen« über Vorbeugehaft, um »Geistesschwache« von Verbrechen abzuhalten, bis hin zu Sterilisation von Gewohnheitsverbrechern, Menschen mit »ausgeprägtem kriminellem Wesen« und »Geistesschwachen« reichte, und zwar unabhängig von deren Vorstrafen. Diese letzte Empfehlung – Sterilisation – erfolgte im deutschen Kontext

erstmals 1899 durch Paul Näcke. Wie Wetzell betont, ging dies der
organisatorischen Konsolidierung der deutschen eugenischen Bewegung (Plötz gründete die *Deutsche Gesellschaft für Rassenhygiene*
erst 1905) ebenso voraus wie der wissenschaftlichen Akzeptanz der
Mendelschen Auffassung von der Erblichkeit physischer Merkmale.[82] Innerhalb der geistigen Koordinaten der eugenischen Bewegung setzte die durch August Weismanns Experimente verstärkte
Erkenntnis Mendels voraus, dass der Verbreitung der ererbten
Merkmale von Kriminellen, verarmten Leuten und den »Geistes-
kranken« allein durch ein Verbot der Fortpflanzung Einhalt geboten werden könne. So wie die Eliminierung der Naturvölker die
weltweite Verbreitung der weißen Kultur ermöglichen würde, stärke die Eliminierung »minderwertiger Menschen« die weiße Rasse
und mache sie stark und flexibel.

In seinem erstmals 1981 veröffentlichten, heute klassischen Aufsatz »Die Genesis der ›Endlösung‹ aus dem Geiste der Wissenschaft« identifizierte der Historiker Detlev Peukert die praktischen
Aporien der fortschrittlichen Sozialreform und die um die Jahrhundertwende abgesteckten theoretischen Positionen der Humanwissenschaften als den Ausgangspunkt einer »fatalen rassistischen Entwicklungsdynamik«.[83] Auf fatale Weise neu, so Peukert, war die
qualitative Einteilung der Menschheit in »wert« und »unwert«, und
das in Verbindung mit der Anschauung, nicht der Mensch sei der
Maßstab, schon gar nicht der einzelne Mann oder die einzelne Frau,
sondern der »Volkskörper«. Dient das Ausgliedern des »unwerten
Lebens« der Rasse, so wird der Tod zum öffentlich verhandelten
Thema und verliert das Leben seinen heiligen Charakter. Peukert
setzt seine Interpretation der »traditionellen Geschichte von Juden-
haß und Judenverfolgung« entgegen und vertrat die These, es könne
zwar keine monokausale Erklärung für Auschwitz geben, man müsse jedoch fragen, ob nicht von einen »roten Faden« auszugehen sei,
»der die Genesis der weltgeschichtlich einzigartigen Entscheidung
zur Großtechnik der Vernichtung abstrakt definierter Opferkategorien zu rekonstruieren erlaubt«.[84]

So treffend, erhellend und einflussreich Peukerts »Genesis« auch
sein mag, so ist sie dennoch eine Engführung, und zwar synchronisch ebenso wie diachronisch: synchronisch, weil sie den deutschen

Kontext von Bewegungen (etwa in der Eugenik und Kriminologie) betont, die in Wirklichkeit transnational waren, und diese Bewegungen aus breiteren Zusammenhängen herausreißt, die mit dem Kolonialismus und den Projekten weißer Vorherrschaft zu tun haben; diachronisch, weil sie weder ältere Vernichtungsdiskurse noch deren Angriff auf konkret definierte Opfer berücksichtigt. Zudem scheint es unredlich, die Geschichte des Antisemitismus als für die Auschwitz-Thematik nebensächlich zu betrachten, und zwar nicht bloß deshalb, weil Juden, wie Peuckert zugesteht, die zahlenmäßig größte Opfergruppe darstellen. Vielmehr ist der Antisemitismus schon seit langem ein präziser Maßstab für den Aufstieg und Niedergang humaner Haltungen anderen gegenüber gewesen. Auf der anderen Seite können die Humanwissenschaften um die Jahrhundertwende kaum alle über einen Kamm geschoren werden. Ratzel etwa misstraute dem biologischen Determinismus und verabscheute die Krankheitsmetaphern, die mit der neuen Sprache der Rasse einhergingen. Auch kritisierte er Schriften wie Houston Stewart Chamberlains *Grundlagen des Neunzehnten Jahrhunderts* (1899), die die letzten hundert Jahre – im Gegensatz zu Leopold von Rankes Darstellung als Jahrhundert der Nationen – als Jahrhundert der Rasse darstellten.[85] Stattdessen bewahrte Ratzel eine altmodische Anschauung, der zufolge die Umwelt die Möglichkeiten der Völker bestimmte und den Menschenrassen eine grundsätzliche Einheit zugrunde lag. Peuckert hat allerdings zweifellos recht, wenn er geltend macht, die weitere Entwicklung habe eine andere Richtung eingeschlagen.

III

Der Prophet der neuen Politik in der imperialen Sphäre war Paul Rohrbach. 1869 in einer baltendeutschen Enklave im heutigen Lettland geboren, absolvierte er sein Studium an der Universität Dorpat in Estland, wo ihn der Druck der Russifizierung zu einem Wechsel an die Berliner Universität zwang. Dort besuchte er Treitschkes Vorlesungen und hoffte, wie er in einem Brief an den alternden, aber nach wie vor energischen Geschichtsprofessor schrieb, »dereinst ein Mann

zu werden wie Heinrich von Treitschke«.[86] Trotz seiner Bewunderung für Treitschke arbeitete Rohrbach mehr mit Hans Delbrück zusammen, der ein wahrhaft scharfsinniger Chronist der Militärgeschichte werden sollte, und schrieb seine Dissertation bei Adolf von
Harnack, dem wohl bedeutendsten Vertreter einer liberalen Vermitt-
lungstheologie in Deutschland. Als Rohrbach keine Möglichkeit
fand, im Russischen Reich eine Habilitation zu verfolgen, kehrte er
dauerhaft nach Deutschland zurück und nahm 1894 die preußische
Staatsbürgerschaft an. Er studierte sodann protestantische Theologie
in Straßburg und bewegte sich immer stärker in Richtung liberaler
Positionen. Da sein theologischer Liberalismus seine akademische
Karriere behinderte, verlegte er sich auf die theologische und politische Publizistik und schrieb für liberale Zeitungen wie die *Frankfurter
Zeitung* und Zeitschriften wie die *Preußischen Jahrbücher* und *Die
Hilfe*. In seiner ersten größeren Stellungnahme, die er 1900 unter dem
Titel *Das größere Deutschland* veröffentlichte, mahnte er seine protestantischen Glaubensgenossen, die Herausforderung der Weltpolitik anzunehmen. Deutschlands wachsende Bevölkerung beschwöre
das Schreckgespenst eines Landes herauf, das sich nicht von seinen eigenen Vorräten ernähren könne und somit vom Wohlwollen anderer
Nationen – vor allem Russlands und der Vereinigten Staaten – abhän-
gig sei. Rohrbach forderte seine Landsleute dringend dazu auf, ihre
imperiale Aufmerksamkeit gen Osten zu richten und Deutschlands
imperialen Ambitionen ein Serum christlicher Werte einzuflößen.
Leitlinien der Politik sollten nicht bloße Macht und Herrschaft, sondern moralische Führung und die Ausfuhr deutschen Know-hows
sein.[87] Seinen von ausgiebigen Reisen ins Osmanische Reich und nach
Persien geprägten politischen Vorschlägen wohnte eine Mischung aus
Ehrgeiz und Utopie inne, etwa wenn er sich ausmalte, deutsche Be-
wässerungsingenieure könnten das Land zwischen Euphrat und Ti-
gris in ein grünes Paradies verwandeln. 1903 ernannte das Kolonial-
büro Rohrbach zum Ansiedlungskommissar in Südwestafrika. In
dieser Eigenschaft analysierte er die wirtschaftlichen Aspekte der
afrikanischen Kolonien Deutschlands, die geopolitischen Probleme
Schwarzafrikas sowie die Beziehungen zwischen weißen deutschen
Siedlern und den einheimischen Völkern.[88] Vielfach als kluger Kommentator angesehen, machte er auch deutlich, was er als gerechtes Re-

sultat des kulturellen Aufeinandertreffens zwischen »zivilisierten«
und »natürlichen« Völkern erachtete.

In Südwestafrika war dieses Aufeinandertreffen ungleich und sollte es auch bleiben. Denn aus Rohrbachs Sicht waren die afrikanischen
Völker (anders als die Türken, Chinesen oder Inder) »kulturunfä-
hig«. Sie könnten zwar die europäische Lebensweise nachahmen,
doch es fehle ihnen »die Fähigkeit des Erzogenwerdens zur sittlichen
Selbständigkeit«.[89] Bildung, der liberalen Tradition zufolge das Eli-
xier, das Völker und Klassen emporzuheben vermochte, könne diese
Situation nicht grundlegend ändern. Rohrbach beharrte deshalb auf
einer engen Umschreibung: Bildung bedeutete, die Afrikaner arbeiten zu lehren. Die »Erziehung der afrikanischen Rasse zu einem höheren Stande der Entwicklung« sei »zunächst gleichbedeutend [...]
mit einer Erziehung der Schwarzen zur Arbeit«, schrieb er in seinem
Buch *Die Kolonie*, das 1907 als Teil der berühmten, von Martin Buber
unter dem Titel *Die Gesellschaft* herausgegebenen Reihe fortschritt-
licher Monographien erschien.[90] Diese Erziehung diene dem Wohl
der Europäer wie der Afrikaner: dem der ersteren, insofern sie »die
rohe und unentwickelte Arbeitskraft, die in den Eingeborenenvöl-
kern Afrikas latent« ruhe, nutze, um ihre eigenen »materiellen und
sittlichen Güter zu mehren«, dem der letzteren, weil die Erziehung
zur Arbeit sie moralisch verbessere und ihren materiellen Lebens-
standard erhöhe.[91] Dass die Europäer den Afrikanern damit einen
Dienst erwiesen, rechtfertige wiederum das »moralische Recht der
weißen Rasse auf die Herrschaft über Afrika«.[92] Diese Herrschaft
solle dauerhaft sein. An keiner Stelle in Rohrbachs Schriften begegnet
der Gedanke, Bildung könne – mit der Zeit – zur Gleichheit führen.

Stattdessen bestritt Rohrbach auf theoretischer Ebene die Möglichkeit der Gleichheit der Afrikaner und empfahl auf der praktischen Ebene konkrete Maßnahmen, um sie zu verhindern. Wiederholt warnte er vor einem »pädagogischen System«, das versuchte, die
Afrikaner durch schulische Ausbildung auf ein höheres kulturelles
Niveau zu »erheben«. Tatsächlich betrachtete er die Mission und öffentliche Schulen als große Gefahr für die europäische Vorherrschaft
in Afrika. »Nichts ist verkehrter«, schrieb er in *Die Kolonie*, »als den
Eingeborenen Afrikas unterschiedslos irgend eine europäische Kul-
tur- und Schriftsprache zugänglich zu machen«.[93] Rohrbachs Behar-

ren auf der Verweigerung des Zugangs zur Bildung hing zum Teil mit
dem Schreckgespenst des »Äthiopianismus« zusammen (gemeint
sind die erfolgreichen äthiopischen Kriege gegen Italien, die 1896 in
Italiens Niederlage bei Adowa gipfelten). Nicht ohne Grund be-
fürchtete Rohrbach, gemeinsame sprachliche Verbindungen zwischen durch die Sprache getrennten afrikanischen Völkern könnten
die Voraussetzungen für militärisch koordinierte Akte des Widerstands gegen die europäischen Kolonisierer schaffen.[94] Doch seine
Weigerung, eine geschriebene europäische Sprache zugänglich zu
machen, erwuchs auch aus einer Kette für die europäische geistige
Tradition zentraler kultureller Prämissen, die Schrift mit Kultur und
Kultur mit Humanität zusammendachten. Henry Louis Gates Jr. hat
die Logik dieser Kette eloquent erläutert: »Ohne Schrift könnte kein
wiederholbares Zeichen der Wirksamkeit der Vernunft, des Geistes,
existieren. Ohne Erinnerung oder Geist könnte keine Geschichte
existieren. Ohne Geschichte keine Menschheit«.[95] Rohrbach, der
den einheimischen Völkern Schwarzafrikas die Schrift verweigerte,
konnte sich für sie auch keine Kultur vorstellen oder ihnen eine Geschichte zugestehen, was im Zusammenhang seiner eigenen Prämissen eine noch grundsätzlichere (und für Rohrbach unbeantwortbare)
Frage hinsichtlich ihres Menschseins aufwarf.

Hier gilt es, das Zusammenspiel kultureller Prämissen mit einer
Haltung zu bedenken, die man als das verstehen muss, was sie war:
reiner Rassismus. Treitschke postulierte in seinen Reflexionen über
die slawischen Völker die legitime Unterdrückung der Polen, da er
sie für unfähig erachtete, einen Staat zu bilden. Aus seiner Sicht waren Kultur und Macht auf das engste miteinander verbunden, doch
Macht bestimmte das Schicksal der Kulturen und somit das von
Völkern und Rassen. Gewiss, auch Treitschke hegte rassistische Prämissen, insbesondere mit Blick auf die Juden; doch als er dafür von
seinen Kollegen getadelt wurde, zögerte er, diese Prämissen weiter
zuzuspitzen, und die Idee der Rasse gewann für sein Nachdenken
über Macht und Politik niemals eine zentrale Bedeutung. Für Friedrich Ratzel trug der – zerstörerische, gewaltsame – Zusammenprall
von Kulturen, auf wie unvollkommene Weise auch immer, zum kulturellen Fortschritt bei. Rassistische Prämissen gewannen zudem
Eingang in seine Ethnographie, auch wenn sich in seinem Werk kei-

ne theoretisch begründete rassistische Einstellung findet. Als fort-
schrittlichster der drei Denker war Rohrbach anders: Er vertrat ausdrücklich rassistische Auffassungen, die die Art und Weise prägten,
in der er über den Zusammenprall ungleicher Kulturen und die daraus folgende Eliminierung von Völkern sprach.

Der Rassismus, um George Fredricksons prägnante, wenn auch
unvollständige Definition anzuführen, geht davon aus, dass die Unterschiede zwischen Völkern »hauptsächlich auf unveränderliche genetische Faktoren und nicht auf umweltbedingte oder historische
Umstände zurückgehen«.[96] Das verdeutlicht einen wichtigen Teil
des Weltbilds von Rohrbach. Denn Rohrbach ging es in der Tat um
genetische Fragestellungen, vor allem mit Blick auf Mischehen und
die daraus folgende »Kreolisierung« von Völkern. In seinen Schriften befürwortete er rechtliche Sanktionen gegen Mischehen – selbst
wenn dieser »Säuberungs- und Scheidungsprozeß im Einzelnen
Härten mit sich« bringe – und begründete sein Argument mit der
Notwendigkeit der Aufrechterhaltung einer strengen, hierarchisch
geordneten Rassentrennung.[97] Außerdem war seine Argumentation
durch einen rhetorischen Appell an Bilder von Klasse und Geschlechtszugehörigkeit gekennzeichnet, die auf Macht und Herrschaft hindeuteten. In seinem 1907 veröffentlichten Hauptwerk
Deutsche Kolonialwirtschaft schrieb er von einer im Entstehen begriffenen »Bastardrasse«, in der »Halbweiße« mit »farbigen Konkubinen« zusammenlebten, so dass »in erstaunlich kurzer Zeit alles
und jedes Gefühl für Sitte, Kultur, gesellschaftliche Ordnung und
nationale Würde verloren« sein werde.[98] In Rohrbachs Beschreibungen werden weiße Männer durch die Verlockungen von Frauen de-
klassiert, deren Rasse und Stellung zu einem Zeichen verbotener Se-
xualität (»farbige Konkubinen«) reduziert werden und deren Nachkommen für alle Zeit »schmutzige Bastardkinder« sind.[99] Diese Verunreinigung, um einen Gedanken von Mary Douglas aufzunehmen,
symbolisiert sowohl die Übertretung ins Verbotene als auch den
Abstieg ins Unmoralische.[100] Dieser Abstieg war zudem irreversibel;
er folgte eher der Logik der Kaste denn jener der Klasse.

Rohrbach hielt hartnäckig an der Idee fest, dass rassische Schranken im Gegensatz zu Klassenunterschieden, die veränderlich sind,
wie die Schranken zwischen verschiedenen Kasten undurchlässig

seien und es auch sein sollten. In dieser Hinsicht unterschied er sich
von Ratzel, denn letzterer konnte sich eine Zeit ausmalen, in wie ferner Zukunft auch immer, in der der homogenisierende Schwung der
Moderne die Unterschiede zwischen den Völkern ausgleichen werde. Rohrbach konnte sich das nur für einige, nicht aber für alle Völker vorstellen. Der analytischen Unterscheidung zwischen Klasse
und Kaste kommt in diesem Zusammenhang erhebliche Bedeutung
zu. Klassengesellschaften mögen zwar unmenschlich sein, aber sie
setzen nicht die buchstäbliche Inhumanität jener voraus, die sich am
unteren Ende befinden. Das ist jedoch bei Rohrbach genau der Fall,
denn er fragte sich öffentlich, ob er nicht tatsächlich »zwei Gattungen von Menschen« vor sich habe, und postulierte eine »besondere
koloniale Moral für die tropischen Herrschafts- und Nutzungsgebiete der weißen Rasse«.[101] Diese Moral förderte Härte, rechtfertigte
Brutalität und erhob den Anspruch, durch Gewalt zu zivilisieren.
Und obwohl diese Moral – wie auch Rohrbach – nicht die Vernichtung von Völkern befürwortete, rechtfertigte sie doch Mord.

IV

Eine – nicht bloß kulturelle, sondern physische – Vernichtung hatte
tatsächlich stattgefunden. Im Verlauf des Aufstands der Herero
1904 verfolgte General von Trotha, der Kommandant der Kolonialtruppen in Südwestafrika, seine Gegner bis in die Omaheke-Wüste,
deren Abriegelung für die Mehrheit der Herero, einschließlich
Frauen, Kinder und Alte, Tod durch Hunger und Verdursten bedeutete. Viele der Zivilisten, die nicht in der Wüste starben, wurden
erschossen – häufig hinterrücks während der Flucht, oder wenn sie
sich zu ergeben versuchten.[102] »Innerhalb der deutschen Grenzen«,
bestand von Trotha in seinem berüchtigten »Vernichtungsbefehl«,
»wird jeder Herero mit oder ohne Gewehr, mit oder ohne Vieh erschossen«; »Ich nehme keine Weiber mehr auf, treibe sie zu ihrem
Volk zurück oder lasse auf sie schießen«.[103]
Der Befehl rechtfertigte rassische Gewalt eher, als dass er sie verursachte. Tatsächlich veröffentlichte von Trotha den Befehl erst ei

nen ganzen Monat nach dem Massaker. Die Ursache des Massakers liegt, wie Isabel V. Hull behauptet hat, einerseits in der Frustration eines deutschen Militärs, das sich der vollkommenen Vernichtung des Feindes verschrieben hatte, und andererseits im rassistischen Bild der Afrikaner, die von Trotha für »Untermenschen« hielt. Hull akzentuiert bei der Erklärung »des Massentodes von Zivilisten« stärker die erstere Ursache. »Dieses Ergebnis war mit von Trothas rassistischen Anschauungen vereinbar, doch in Wirklichkeit folgte es aus den üblichen militärischen Doktrinen und Praktiken.«[104] Es handelte sich dabei um die Praktiken einer Institution, die den Schutz rechtsstaatlicher Immunität genoss – einer Armee, in die, wie der Chef des Militärkabinetts, Wilhelm von Hahnke 1895 formulierte, »niemand mit kritischen Augen hineinsehen dürfe«.[105] Doch die Armee genoss auch die Bewunderung der Gesellschaft, insbesondere nach ihrem schnellen Sieg über Frankreich im Jahr 1870. Diese Bewunderung machte die deutsche Armee gleichzeitig absolut selbstsicher und unfähig, sich auf irgendetwas anderes als einen totalen Sieg einzulassen, insbesondere wenn es um eingeborene Krieger in Schwarzafrika ging. Von Trotha hatte im Grunde die Schlacht von Waterberg verpfuscht, indem er den Fluchtweg in die Wüste unversperrt gelassen hatte, doch genau dieser Augenblick des Versagens förderte die Eskalation zum Massenmord – den Übergang, wie es Rohrbach formulierte, von der Zerstörung des Widerstands des Feindes zur physischen Vernichtung des gesamten Stammes. Dennoch scheint dies unvorstellbar ohne von Trothas grundsätzliche Haltung gegenüber den Herero. »Gegen ›Untermenschen‹ lässt sich nicht ›menschlich‹ Krieg führen«, soll er neun Tage vor der Schlacht gesagt haben. Zudem hatte von Trotha, wie er später behauptete, seit er als Oberstleutnant und dann als Vizegouverneur in Deutsch-Ostafrika gedient hatte, die Taktik des »Rassenkrieges« gelernt, zu der das Niederbrennen von Dörfern, das Aushungern der örtlichen Bevölkerung, standrechtliche Hinrichtungen und andere Formen des »Terrorismus« gehörten, wie er es nannte.[106] Es wäre zu viel, wollte man behaupten, von Trotha sei bei seiner Ankunft in Südwestafrika bereits »mit Mord schwanger gegangen« oder habe von Beginn an das klare »Ziel der Vernichtung der Herero« verfolgt. Doch dass er blutrünstiger war als sein Vorgänger, Gouverneur Theodor Leutwein, verstand Rohrbach von Anfang an. In Verbindung mit einer Rassenideologie, die bezweifelte, dass die Herero überhaupt zum Menschengeschlecht zählten, führte diese Blutrünstigkeit dazu, dass er leichter vom Krieg in den Massenmord hineinschlitterte. Er befahl seinen Truppen, die Herero zu erschießen, statt Gefangene zu nehmen, und verkündete die Notwendigkeit einer anderen Art der Kriegsführung, die zur Vernichtung des Feindes führte. Als Militärkommandant schuf er eine Atmosphäre, die grundlose Gewalt zuließ und sogar schürte. Seine Truppen – unerfahrene Soldaten, die gerade erst zur Verstärkung eingetroffen waren, deren Nerven blank lagen und die von Hunger und Durst gepeinigt waren – gingen davon aus, dass von Trotha die Massaker an unbewaffneten Männern, Frauen und Kindern zumindest billigte, wahrscheinlich sogar befohlen hatte.[107]

Der Übergang vom militärischen Massaker zum Völkermord wurde auch in den Umständen dessen sichtbar, was Zeitgenossen bereits als Konzentrationslager bezeichneten. Erstmals 1896 von den Spaniern in Kuba eingerichtet, kamen sie während des Zweiten Burenkriegs zu trauriger Berühmtheit, als Lord Kitchener Zivilisten in Südafrika in Lagern einsperrte, zunächst unter milden, später unter zunehmend strengeren Bedingungen. In den mehr als dreißig Lagern, die in ganz Südafrika verstreut waren, waren gegen Ende des Krieges etwa 28 000 Buren unter tödlichen Umständen dahingesiecht, mit einer Todesrate von ungefähr zwanzig Prozent. Auch etwa 14 000 schwarze Männer, Frauen und Kinder waren gestorben – das war eine Todesrate von ungefähr zwölf Prozent.[108] Die meisten waren Krankheiten erlegen, vor allem der Ruhr, die wiederum durch kriminelle Vernachlässigung, Mangelernährung und unhygienische Bedingungen hervorgerufen worden waren. Die deutschen Konzentrationslager in Südwestafrika unterschieden sich kaum von denen der Briten, doch die Deutschen verwalteten die Lager mit größerer Grausamkeit und kümmerten sich noch weniger darum, ob die Insassen überlebten oder starben. Infolge dieser Gleichgültigkeit war die Todesrate höher. Einer demographischen Berechnung zufolge lag die Todesrate unter den Nama im Konzentrationslager auf Shark Island bei über hundert Prozent – d. h., dass jedes Jahr die ursprüngliche Gefangenenbevölkerung den Tod fand und bereits

während dieses Jahres ein erheblicher Teil der neu hinzugekomme-
nen Gefangenen ebenfalls starb. 1906 war die Situation besonders
furchtbar: Shark Island verzeichnete eine jährliche Todesrate von
227 Prozent für die Nama und 86 Prozent für die Herero, und
andere Lager, wie etwa jenes in Windhuk, wiesen eine Sterblich-
keitsrate von bis zu 61 Prozent auf. Es stimmt, dass die »Konzentrationslager« in Südwestafrika zu einem anderen Zweck errichtet
wurden als jene des Dritten Reichs. Doch die Lager in Afrika waren
erheblich tödlicher als die Konzentrationslager in den ersten neun
Jahren der Naziherrschaft; erst während des Zweiten Weltkriegs
und mit der Errichtung von Vernichtungslagern brach die Zeit eines
völlig anderen Universums des Mordens an. Sofern sich der Eindruck von Kontinuität einstellt, geht es vielmehr um die fehlende
Achtung vor menschlichem Leben, mit der die deutsche Armee russische Kriegsgefangene inhaftierte und tötete. Doch in Windhuk,
Shark Island, Okahandja, Swakopmund inhaftierten und töteten die
Deutschen auch Zivilisten.

Die Gesamtzahl von Toten in Südwestafrika ist schwer festzustellen. 1911 waren noch 13 858 Nama und 19 962 Herero am Leben.
Das bedeutet, dass die Nama etwa die Hälfte, die Herero beinahe
zwei Drittel ihres Volkes verloren hatten. Die Verluste der Deutschen beliefen sich auf 676 Tote bei Kampfhandlungen, 76 Vermisste
und 689 Opfer von Krankheiten.[109] Gleichzeitig wütete ein vielleicht weniger genozidaler, aber umso zerstörerischer Krieg in
Deutsch-Ostafrika. Hier gab es weder eine Entscheidungsschlacht,
deren Fehlschlag zu einer gnadenlosen genozidalen Verfolgung
führte, noch dezimierten Konzentrationslager die verbliebene Bevölkerung, noch wurde ein Vernichtungsbefehl veröffentlicht. Doch
die Politik der verbrannten Erde, des erzwungenen Hungertods,
standrechtlicher Hinrichtungen und der Plünderung führte im Verlauf des Maji-Maji-Kriegs, der zwischen 1905 und 1907 wütete, zum
Tod von mindestens 100 000 Afrikanern.[110] Insgesamt tötete die
deutsche Armee zwischen 1904 und 1907 konservativen Schätzungen zufolge demnach 200 000 Afrikaner durch Erschießen, Hunger,
Durst oder auf andere Weise.

Die Reaktion der deutschen Zivilbevölkerung auf das Morden
reichte von uneingeschränkter Zustimmung bis zu scharfer Kritik.

In einer Reihe von Reichstagsdebatten, die im März 1904 begannen, wurden diese Positionen ausgearbeitet, wobei sich die Konservativen und Nationalliberalen einmal für uneingeschränkte Ausrottung, das andere Mal für klare Formen weißer Vorherrschaft aussprachen, während die Linksliberalen darüber nachdachten, wie sich wirtschaftliche Notwendigkeiten mit universalen Maximen der Menschlichkeit verbinden ließen (gegen die das Massaker verstieß).[111] Ernst Müller Meiningen, ein Linksliberaler, schlug als humane Lösung die Schaffung von »Eingeborenenreservaten« vor, »ähnlich wie wir Wildreservate haben, und ähnlich, wie wir in Nordamerika Indianerreservate haben«.[112] Lediglich die katholische Zentrumspartei und die Sozialdemokraten formulierten eine Kritik, die auf der Sprache des Rechts beruhte – im Falle der Katholiken mit besonderem Nachdruck auf Bereichen, die ihnen stark am Herzen lagen (der Heiligkeit von Mischehen gegen jene, die wollten, dass der Staat sie annullierte), und im Falle der Sozialdemokraten mit Blick auf die Gewalt selbst, die August Bebel für »nicht nur barbarisch«, sondern für »bestialisch« hielt.[113] In den Reichstagsdebatten über den Völkermord vertraten nicht einmal die blutrünstigen Rechtskonservativen die Ansicht, die Deutschen sollten die Nama und Herero auslöschen. Doch die meisten Parlamentarier, mit Ausnahme der Sozialdemokraten und – mit einigen Einschränkungen – der katholischen Zentrumsabgeordneten, verteidigten das Morden, das bereits stattgefunden hatte. Sie behaupteten, Gewalt sei in den annektierten Ländern und den dort lebenden Völkern angelegt und es gehe nicht um ein Hinnehmen oder Ablehnen der Gewalt, sondern darum zu begreifen, dass die fragliche neue Gewalt den deutschen Interessen und den übergeordneten Erfordernissen des Fortschritts diente. Sie glaubten zudem, Gewalt wohne der Logik einer Situation inne, sie neige dazu, sich selbst aufzuheben, und es sei notwendig, die Gesamtsituation zu verstehen, deren Teil sie sei.

Die Vernichtung von Völkern – weniger als politische Empfehlung denn als Hinnahme eines politischen Sachverhalts – verband sich somit unauflöslich mit dem Rassendenken, und letzteres wurde über das gesamte politische Spektrum hinweg zum prägenden Element der Politik und machte nur zögernd vor den sozialistischen und katholischen Milieus Halt. Es war also nicht so, als ob sich, wie bekanntlich Virginia Woolf 1924 schrieb, »im oder um den Dezember 1910 der menschliche Charakter verändert hatte«; doch die Zahl derer, die als vollgültige Menschen zählten, war begrenzt worden, und die Reichweite der Menschlichkeit wurde weniger großzügig bemessen.

V

Es gibt zwei Werke, die es ermöglichen, der tieferen Logik des eliminatorischen Rassismus im Wilhelminischen Deutschland am Vorabend des Krieges nachzuspüren. Beide waren überaus erfolgreich, beide mieden eine enge – sei es antisemitische oder koloniale – Perspektive und beide nahmen ihren Ausgangspunkt in einer nationalistischen Haltung und integrierten von dort aus den eliminatorischen Rassismus in ein schlüssiges nationales Programm. Das erste kam von der Linken, das andere von der Rechten.

Beim ersten – mit offizieller Zustimmung des Außenministeriums verfassten – Buch handelt es sich um Paul Rohrbachs *Der Deutsche Gedanke in der Welt*.[114] Zwischen seinem Erscheinen 1912 und dem Kriegsausbruch 1914 wurden 75 000 Exemplare des Buchs verkauft.[115] Sein englischer Übersetzer, ein Dozent in Harvard, behauptete, dieses Buch habe »wahrscheinlich mehr Deutsche beeinflusst als jedes andere Buch seit 1871«.[116] Da der Erste Weltkrieg dazwischenkam, ist es unmöglich zu ermessen, wie die langfristige Wirkung von Rohrbachs Buch in friedlicheren Zeiten ausgesehen hätte. Als erneuter Aufruf zu einem »ethischen Imperialismus« verdankte das Buch seine beträchtliche Popularität am Vorabend des Krieges seinem geduldigen Beharren darauf, die deutsche Sendung im Ausland sei nicht bloß eine Frage von Macht und Vorherrschaft, sondern auch und vor allem von Kultur und Menschlichkeit. »[Wir] gehen dabei mit Bewußtsein von der Überzeugung aus«, schrieb Rohrbach in der Einführung, »daß wir dazu in das Spiel der Weltkräfte hinein gestellt sind, um sittliche Tüchtigkeit nicht nur für uns, sondern auch für die gesamte Menschenwelt zu erarbeiten und zu bewähren«.[117]

Rohrbachs Appell an die Menschlichkeit war mehr als bloße Heuchelei. Vielmehr betonte er, wie gesehen, das Zusammenwirken von Kultur und Humanität in der imperialistischen Sendung. Macht, eine Kraft, die frühere Generationen deutscher Nationalisten im Bann hielt, übte auf ihn nicht die gleiche Faszination aus; Kultur, stärker als Macht, bestimmte letztlich den Einfluss der Nationen. Die Welt sei dazu da, »das Ausbreitungsfeld nicht nur [ihrer] Schiffe und Waren, sondern auch [ihres] nationalen Gedankens zu sein«.[118] Entsprechend bestimme der koloniale Wettlauf, welches Land die Welt regieren und welche Nationalkultur, welche Nationalidee die Menschheit prägen werde.

Doch im Kampf der Nationen entwerfe Deutschland – als unvollendete Nation – eine unvollständige nationale Idee. Obwohl Deutschland seit beinahe einem halben Jahrhundert vereint sei, leide es noch immer unter der Trennung von Kasten, Klassen und Konfessionen. Eine übermäßig entzweiende Politik schwäche die deutsche Nation, lähme die deutsche Idee. Doch Rohrbach wiederholte nicht nur Parolen seiner Zeit. Sein Aufruf zur Einheit ging nicht mit der rituellen Denunzierung der Sozialisten oder der ebenso verbreiteten Verunglimpfung der Katholiken einher. Vielmehr beharrte Rohrbach auf einer echten nationalen Einheit und authentischen Harmonie als Vorbedingung einer erfolgreichen Weltpolitik. Bezeichnenderweise war *Der Deutsche Gedanke in der Welt* frei von Antisemitismus.

Die wirkliche Gewalt, die seinem Denken innewohnte, geschah woanders – in den Kolonien, wo sich die deutsche Idee mit der Vernichtung primitiver Völker vermischte. Unter den deutschen Zivilisten gehörte er zu jenen, die am besten über den Völkermord an den Herero und Nama informiert waren, und er hatte von Trotha wegen der Massaker kritisiert. Aufschlussreich ist allerdings seine Begründung. Die Rebellion in der deutschen Kolonie Südwestafrika, so Rohrbach, war eine Folge der nachsichtigen Politik des Gouverneurs Leutwein, der es versäumt habe, den Eingeborenen zu zeigen, dass »die größere Macht bei uns und sie bedingungslos die Schwächeren seien«.[119] Anstatt zu versuchen, die beiden Völker zu vernichten, so glaubte er, wäre es wirtschaftlich weiser und politisch klüger gewesen, Land und Vieh der eingeborenen Völker zu enteignen und sie zu arbeitspflichtigen Sklaven zu machen – eine Methode, »wie sie die Buren den Kaffern gegenüber von jeher angewandt haben«.[120] Stattdessen habe von Trotha den Frieden hinausgezögert, dessen es für die wirtschaftliche Ausbeutung der Kolonie bedurft hätte, und die mit der Führung des Krieges verbundenen Kosten überproportional gesteigert. Rohrbachs Kritik an von Trotha beruhte demnach auf Argumenten der Zweckmäßigkeit. Doch was »den Gesichtspunkt der Humanität« betraf, ergriff Rohrbach Partei für von Trotha. Es müsse »an sich zugegeben werden«, schrieb Rohrbach, »dass unter Umständen, um die friedliche Siedlung der Weißen vor einem schlechthin kulturunfähigen räuberischen Eingeborenenstamm zu sichern, dessen tatsächliche Vernichtung erforderlich werden« könne. Damit seine Leser verstünden, um was es ging, definierte er diese Vernichtung als »Vernichtung nicht nur im selbstverständlichsten militärischen Sinne, d. h. Vernichtung der Widerstandskraft, sondern als wirkliche Austilgung des Stammes«.[121]

1912, in seinem Buch *Der Deutsche Gedanke in der Welt*, kam Rohrbach nicht noch einmal auf die fast vollständige Auslöschung der Herero und Nama zurück. Tatsächlich ging er schweigend darüber hinweg. Dennoch wiederholte er die theoretische Grundlage für ihre Eliminierung. »Keine falsche Philanthropie oder Rassentheorie«, schrieb er, »ist imstande, vernünftigen Menschen zu beweisen, daß die Erhaltung irgendwelcher viehzüchtender südafrikanischer Kaffern oder ihrer Hackbau treibenden Vettern am Kiwu- und Viktoriasee, bei irgendeinem Maß von Selbständigkeit, Eigenwirtschaft und Unkultur für die Zukunft der Menschheit wichtiger sei, als die Ausbreitung der großen europäischen Nationen und der weißen Rasse überhaupt«.[122] Beeindruckend ist das Zusammenspiel von Ideen über Fortschritt und Moderne mit der selbstverständlichen Annahme, Völker mit niedrigerer Kultur leisteten keinen Beitrag zur Menschheit. Die »endlosen Zeiträume«, in denen »Barbaren und Primitive« sich mühsam von den Erträgen der Felder und Steppen Afrikas durchgeschlagen hätten, stellten ein »für Zivilisation und Kultur gleich wertloses Dasein« dar.[123]

Das war eine moderne Sichtweise – die Möglichkeit der Eliminierung wird gedacht, gerechtfertigt, aber nicht befürwortet. Drei Jahre später sollte Rohrbach zur Frage der Eliminierung zurückkehren, als die Türken mit der systematischen Ausrottung der Armenier begannen. Rohrbach hatte Kleinasien vielfach bereist und war 1914

Gründungsmitglied der Deutsch-Armenischen Gesellschaft geworden. Er hielt die Armenier für ein kulturfähiges, deutschen Ideen und Institutionen gegenüber aufgeschlossenes Volk. Anders als seine Kritik an von Trotha, welche die Unbrauchbarkeit des Völkermords als Mittel der wirtschaftlichen Expansion weißer Siedler betonte, konzentrierte sich Rohrbachs Kritik am türkischen Versuch der Vernichtung der Armenier auf grundlegende moralische Überlegungen.[124] Den Armeniern gegenüber verspürte er eine tiefe Verwandtschaft, die in seiner Beziehung zu Schwarzafrikanern fehlte, und es war diese Verwandtschaft, die zweifellos seine von hohen Grundsätzen bestimmte Auffassung über den zweiten Völkermord prägte. Vielleicht veranschaulicht Rohrbachs Karriere auch Michael Ignatieffs allgemeinere Beobachtung, der zufolge »jedermanns Universalismus letztlich in einer besonderen Verpflichtung gegenüber einer besonders wichtigen Gruppe von Menschen verankert ist, deren Sache dem eigenen Gefühl oder der eigenen Überzeugung nahesteht«.[125]

Sagt Rohrbachs _Der Deutsche Gedanke in der Welt_ etwas über die Stellung des eliminatorischen Rassismus in der liberalen Linken und Mitte in Deutschland am Vorabend des Ersten Weltkriegs aus, so verkörpert ihn Heinrich Class' _Wenn ich der Kaiser wär_ für die Hauptströmung der deutschen Rechten.[126] Als Führer des Alldeutschen Verbandes seit 1908 lässt sich Class nur als konservativer Revolutionär beschreiben. Bereits der Titel seines Buchs signalisierte einen Angriff auf einen ruhigen, vorsichtigen dynastischen Nationalismus – denn hier maßte sich ein Bürger die Kompetenz an, besser als der Kaiser selbst zu wissen, was dieser zu tun habe. Wenige Bücher stecken auf so prägnante Weise die bedrohlichen Möglichkeiten der Politik des 20. Jahrhunderts ab. Es beginnt mit einer Deutung von Nation, die ihr alle anderen Elemente unterordnet: hier gibt es keine partikularistischen Loyalitäten, keine eigensinnigen religiösen Konfessionen. Anders als Treitschke, aus dessen Sicht der Staat die Nation formte und ihr Gestalt verlieh, versteht Class die – im rassischen Sinne definierte – Nation als historisches Subjekt, dem der Staat untergeordnet ist.[127] Einige deutsche Konservative, klagte Class, lehnten noch immer die Idee der Rasse ab, doch dies sei eine rückständige Auffassung, ein ängstlicher Konservativismus. Class, der sich selbst in der Tradition Bismarcks – des »weißen Revolutionärs« – sah, ließ die konventionellen konservativen Ideen hinter sich und entwarf eine »national-revolutionäre« Haltung. So gab er etwa die protestantische Gegnerschaft gegen die katholische Zentrumspartei auf und misstraute, obgleich er die Sozialisten verachtete, den Großunternehmern, da sie den Profit vor die Interessen des Volkes stellten. Er hatte ein konservatives Frauenbild und konnte sich für sie keine andere Rolle vorstellen als die, ihre Häuser »heilig und rein zu halten von allen Einflüssen der Zersetzung, und zwischen sich und allem Unreinen eine schärfste Grenze zu ziehen«.[128] Gleichzeitig, wenn auch nicht konsequent, griff er eugenische Empfehlungen zur Gesunderhaltung der Rasse auf, einschließlich vernünftiger Ernährung, Aktivitäten im Freien und Bemühungen, den Alkoholismus auszumerzen. Er war bereit, die Gleichheit vor dem Gesetz aufzugeben und sie durch ein Rechtssystem zu ersetzen, das »der Leistung des Einzelnen für die Allgemeinheit« Rechnung trage.[129] Auch riet er, eine neue Verfassung anzunehmen, die das Wahlrecht Männern von »Bildung und Besitz« vorbehielt; diese Männer, »neben dem Adel der Geburt ein Adel des echten Verdienstes«, sollten dann einen Reichstag wählen, der Minister und selbst Berater des Kaisers ernennen würde. Dieses System, argumentierte Class, werde ein neues, besseres Verhältnis zwischen Kaiser und Volk bewirken, und statt ein ferner Monarch zu bleiben, werde der Kaiser ein echter »Führer« werden.

Was die Frage der Rasse sowie jene nach der deutschen Macht betrifft, so platzt sein Radikalismus auf verblüffende, für das 20. Jahrhundert charakteristische Weise aus allen Nähten. Er hegte Sympathien für die Bemühungen, Afrika zu kolonisieren, glaubte jedoch, »die richtige Kolonialpolitik liege im Osten des Reiches«[130] und das Unterfangen, die Deutschen in der ganzen Welt zu verteilen, bedeute nur eine Verschwendung ihrer Kräfte. Stattdessen forderte er, Deutschland solle die Grenzen des Reichs daheim ausdehnen, womit höchstwahrscheinlich auf eine skrupellose Polenpolitik und die Ansiedlung von Deutschen in den östlichen Teilen des Reichs angespielt war. Gemeint war auch eine Expansion in Richtung Südosten, vorzugsweise im Verein mit der Habsburgischen Monarchie, die, so riet er, sich eine stärker deutsch-nationale Grundlage verleihen soll-

te. Doch Class zog auch einen Angriffskrieg gegen Frankreich oder
Russland in Betracht: In beiden Fällen würde ein Sieg Deutschland
Landesteile voller feindseliger Ausländer verschaffen. An diesem
Punkt redete er davon, Deutschland solle »menschenleeres Land«
verlangen.[131]
Deutsche Autoren hatten dieses Schreckgespenst bereits zuvor
heraufbeschworen. 1807 hatte Fichte in seinem unveröffentlichten
Fragment *Die Republik der Deutschen, zu Beginn des zwei und
zwanzigsten Jahrhunderts, unter ihrem fünften Reichsvogte* über die
Möglichkeit spekuliert, nichtassimilierte Polen und Juden zu vertreiben. Es war wohl das erste Mal, dass ein deutscher Intellektueller im Zusammenhang des neuen Nationalismus an Vertreibung
dachte. Später – 1814 – zog Heinrich Luden, ein liberaler Geschichtsprofessor an der Universität Jena, der entscheidenden Einfluss auf die Studenten auf der Wartburg ausübte, in Erwägung, man
könnte »die Bürger eines fremden Volksthums über die Naturmar-
ken unseres Staats entfernen, und auf diese Weise unsern Staat reinigen«, meinte allerdings, eine Deportation »würde schrecklich seyn
und unmenschlich«.[132] Ein Jahr später brachte Jakob Friedrich Fries
die Möglichkeit des spanischen Vertreibungsmodells ins Spiel, sollten sich die Juden in Deutschland nicht assimilieren. Die Befreiungskriege bildeten das ideologische Treibhaus, in dem diese Ideen
erstmals – wenn auch zögerlich – gezüchtet wurden, und zwar
hauptsächlich von der Linken, wie sie damals definiert wurde. Danach blieb die Idee der ethnischen Säuberung eine theoretische
Möglichkeit innerhalb der Tradition, doch sie spielte keineswegs
eine zentrale Rolle. Während der Revolution von 1848 befürwortete
niemand in der Frankfurter Paulskirche Vertreibungen als legitime
Lösung der ethnischen Geographie Mittel- und Osteuropas.[133] Stattdessen forderten die Delegierten, Rechtsstaatlichkeit solle für nationale Maßnahmen leitend sein. Österreichische Liberale, die vor
komplizierteren ethnischen Herausforderungen standen, vertrauten,
wie Pieter Judson geltend gemacht hat, 1848 und in den drei darauffolgenden Jahrzehnten ebenfalls auf ein offenes, inklusives Verständnis deutscher Nationalität.[134] Doch die Möglichkeit der Vertreibung verschwand niemals vollständig. 1854 brachte Paul de Lagarde die Idee mit Blick auf Juden neu ins Gespräch, wenn er auf

der Alternative zwischen vollständiger Assimilation oder Vertreibung bestand. Seine Überlegungen blieben jedoch eine Randerscheinung und fanden erst in der späten Wilhelminischen Epoche breiteren Widerhall.[135] Während der nachrevolutionären Zeit blieb die Nationalitätenpolitik aufseiten der Rechten zu stark an den Staat geknüpft und in Fragen der Verfassungsmäßigkeit eingebunden, als dass man mit der Idee ethnischer Säuberungen hätte spielen können. Ludwig August von Rochau, dem Vater der »Realpolitik«, wäre der Vorschlag fremd erschienen. Und Heinrich von Treitschke bewahrte trotz all seiner Verunglimpfungen von Polen und Juden einen starken Glauben an die zivilisierende Fähigkeit des modernen Staates. Erst nachdem Treitschke 1879 »Unsere Aussichten« veröffentlicht hatte, trat die Frage der Vertreibung wieder als öffentlich debattiertes Thema ans Tageslicht, blieb jedoch, wie gesehen, eine politische Randerscheinung und auf die Juden begrenzt. Auch in den österreichischen Landen setzten die ersten entscheidenden Regungen des radikalen deutschen Nationalismus 1879 – im Gefolge des Machtverlusts der Liberalen – ein, und erst um die Jahrhundertwende gewannen ethnische Deutungen nationaler Identität innerhalb des liberalen Milieus wirklich an Zugkraft.[136] Zu dieser Zeit tauchte erstmals in abseitigen Artikeln und Pamphleten der radikalen nationalistischen Presse in Österreich wie im Deutschen Kaiserreich die Idee der »großzügigen Politik der Evakuierung« mit Blick auf die östlichen Territorien auf.[137] Doch Class hielt dies 1912 für eine »dem Zeitempfinden noch so fremde Maßregel«, dass er »die Evakuierung nur als ein Hilfsmittel in äußerster Not« betrachtete.[138] Die Deutschen, so glaubte er, sollten »an einen Angriffskrieg zur Wegnahme fremden Landes zum Zwecke der Evakuierung« nicht denken, sich aber »daran gewöhnen, eine solche Maßregel für zulässig zu halten als Antwort auf einen gegnerischen Angriff«.[139]

Zu der Zeit, als Class schrieb, hatten – mit den mazedonischen Vertreibungen türkischer Muslime während des Zweiten Balkankriegs – an den Rändern Europas die ersten umfassenden Vertreibungen begonnen.[140] Class' Vorbehalte gegenüber einer »Evakuierung« ganzer Landstriche erinnert uns daran, dass wir uns 1912 an der Schwelle zum 20. Jahrhundert befinden, nicht in seinem Epizentrum. Selbst der Vertrag von Adrianopel im Jahr 1913, der wohl

erstmals einen Bevölkerungstransfer anordnete, beschränkte den
Bevölkerungsaustausch zwischen der Türkei und Bulgarien auf eine
freiwillige Migration sowie auf die Grenzgebiete. Es sollte noch ein
Jahrzehnt – und ein Weltkrieg – vergehen, bevor der Lausanner Vertrag, wenn auch weitgehend *post facto*, den Austausch von 1,35 Millionen Griechen in der Türkei gegen 430 000 in Griechenland leben-
de Türken billigte. Selbst dann hielt der Vorsitzende der britischen
Delegation, Außenminister Lord Curzon, den Austausch für eine
»ganz und gar schlechte und böse Lösung«, für die die Welt »ein
ganzes Jahrhundert lang einen teuren Preis zahlen« werde.[141] Als
Heinrich Class 1912 *Wenn ich der Kaiser wär* schrieb, gab es den
Begriff »unvermischte Bevölkerung« noch nicht als politisches Konzept und »ethnische Säuberung« war noch kein gängiger Ausdruck.
Auch war die »neue Ordnung der ethnographischen Verhältnisse«,
die Hitler am 6. Oktober 1939 androhte, damals noch weit von jeder Wirklichkeit entfernt und kaum vorstellbar. Doch Class erwies
sich insofern als revolutionär in seinem Denken, als er darüber
nachdachte, zwar nicht ein Volk zu ermorden, aber es aus dem ab-
gegrenzten Raum des deutschen Nationalstaats zu eliminieren.

Die Vorstellung der Eliminierung durchdrang auch Class' Haltung gegenüber den Juden im Deutschen Kaiserreich. Erst einmal
bestand Class darauf, dass »die fremden Juden, die noch kein Bür-
gerrecht erworben haben, schnellstens und rücksichtslos bis auf den
letzten Mann ausgewiesen werden«. Doch das konnte lediglich ein
Anfang sein. Die jüdischen Staatsbürger in Deutschland mussten sodann unter Sonderrecht gestellt werden. Doch wer war jüdisch? Religion war für Class ein äußeres Zeichen für den inneren Zustand
der »rassischen Zugehörigkeit«. Da Class in rassischen Kategorien
dachte, betrachtete er Rassenmischung als zentrales Problem und
erachtete es als notwendig, nicht nur die zukünftige Schädigung der
Deutschen, sondern auch vergangenes Unheil anzusprechen. Er
schlug daher eine Definition vor, die eine unheimliche Ähnlichkeit
mit der 1935 in Nürnberg ausgearbeiteten Definition aufwies. »Jude
im Sinne des geforderten Fremdenrechts ist jeder, der am 18. Januar
1871 der jüdischen Religionsgemeinschaft angehört hat, sowie alle
Nachkommen von Personen, die damals Juden waren, wenn auch
nur ein Elternteil jüdisch war oder ist.«[142] Die Definition sollte

durchhauen, was echte Rassisten als den Gordischen Knoten der Rassenmischung betrachteten. Sie sollte zudem den »jüdischen Einfluss« eindämmen. Class schlug vor, als Teil der Sondergesetze sollten Juden von öffentlichen Ämtern, vom Militärdienst, dem Wahlrecht, den Rechtsberufen, vom Lehramt auf allen Ebenen, dem Besitz von Land und der Leitung öffentlicher Unterhaltungsveranstaltungen ausgeschlossen werden; wenn Zeitungen jüdische Journalisten anstellten, sollten sie zudem gezwungen sein, diese Tatsache bekanntzumachen. Schließlich schlug Class vor, als »Entgelt für den Schutz, den die Juden als Volksfremde genießen« sollten Juden doppelt so viele Steuern entrichten wie die Deutschen.[143] Diese Maßnahmen nahmen die Verfolgung der Juden in den 1930er Jahren vorweg, indem sie die Juden buchstäblich aus Deutschland eliminierten oder in eine prekäre Lage zurückdrängten, in der sie nur oberflächlich Schutz genossen. Class' Buch *Wenn ich der Kaiser wär*, das sich für einen eliminatorischen Antisemitismus aussprach, der nur knapp vor äußersten Maßnahmen Halt machte, verkaufte sich außerordentlich gut und erlebte zur Zeit des Kriegsausbruchs bereits seine fünfte Auflage. Das Buch ist nicht deshalb wichtig, weil es eine extreme antisemitische Position vertrat, sondern weil die Haltung, für die es steht, in der deutschen Rechten weit verbreitet war, zumindest in dem Sinne, dass sie gesellschaftsfähig war, aber auch insofern, als sie, wie Roger Chickering betont hat, zum »Manifest des [Alldeutschen] Verbandes« wurde.[144] Das Buch bildet außerdem eine Brücke vom langen 19. zum kurzen, gewaltsamen 20. Jahrhundert. Es greift Positionen auf, die Treitsche angesprochen hatte und die von Kolonialtheoretikern gefördert worden und im Werk einer Reihe von fortschrittlichen Sozialreformern, vor allem im Bereich der Eugenik und Kriminologie, stillschweigend impliziert worden waren. Doch Heinrich Class brachte nunmehr zusammen, was lange getrennt voneinander existiert hatte: Antisemitismus, Rassismus und die Idee der Eliminierung von Völkern. Für Class bedeutete Eliminierung noch Eliminierung vom Boden Deutschlands. Dennoch ging es um Eliminierung, und der Gedanke des Tötens war nur noch eine Schlussfolgerung weit entfernt – eine Schlussfolgerung, die das lange 19. vom gewalttätigen 20. Jahrhundert trennte.

Schluss
Die Kontinuitäten der deutschen Geschichte

»Nicht das achtzehnte, sondern das neunzehnte Jahrhundert steht zwischen Lessing und uns.«

Hannah Arendt

Was laut Hannah Arendt im 19. Jahrhundert verloren ging, war eine Form menschlicher Solidarität. In *Menschen in finsteren Zeiten* verkörpert Lessing für Arendt weder Vernunft noch Toleranz, sondern Mitgefühl, und zwar nicht das egalitäre Mitgefühl der Brüderlichkeit, sondern das selektive Mitgefühl der Freundschaft. Die politische Aussagekraft dieser Sichtweise wird deutlich, wenn man bedenkt, was für Arendt die Antithese zur Freundschaft ist – nämlich die Grausamkeit. Wenn sich höhere und kraftvollere Ideen durchsetzen, sei es der unaufhaltsame Fortschritt der Geschichte, sei es der natürliche Egoismus der Völker, die Notwendigkeit, eine vollkommenere Gesellschaft zu schaffen, oder der Imperativ der logischen Widerspruchslosigkeit, dann verlieren begrenztere Verpflichtungen, die eigenständige Akte der Tapferkeit erfordern, an Bedeutung. Dann wird auch Grausamkeit denkbar, oder genauer: Sie wird Wirklichkeit, wenn Denken und Handeln miteinander verknüpft werden. Als Beispiel für ihr Argument führt Arendt das Verhältnis von Deutschen und Juden im Dritten Reich an. Die Antithese zur Politik der Nationalsozialisten, so insistiert sie, bestand nicht darin, zu fragen: »Sind wir nicht beide Menschen?«, sondern darin, zueinander zu sagen: »Ein Deutscher und ein Jude, und Freunde«.[1] Die erste Aussage war der kosmopolitische Appell an universale Überzeugungen, der ignorierte, was zur Zeit der Nürnberger Gesetze tatsächlich geschehen war. Die zweite Aussage bestand auf der Entgegensetzung der Bindung an den Nächsten sowie der Weigerung, dem nationalsozialistischen Staat das Recht auf den Abbruch menschlicher Solidaritäten zuzugestehen.[2]

Auf welche Weise soll der Historiker diesen Abbruch erforschen? Eine Möglichkeit bestünde darin, sich auf die Brüche des 20. Jahr-

hunderts zu konzentrieren. Dieser Ansatz hat den Vorzug, dass man
– im Leben der historisch Handelnden – die konkreten Ereignisse
und Sozialisierungsprozesse aufspüren kann, welche die Menschen
prägten, deren Entscheidungen und Handlungen unmittelbar ein
ungeheures Maß an Grausamkeit bewirkten. Daneben gäbe es den
Weg, Arendts Erkenntnis zu folgen und die Aspekte herauszuarbei-
ten, die das 19. Jahrhundert zu der Epoche machten, die zwischen
Lessing und uns steht. In meinem Fall bedeutete das, den Versuch
zu unternehmen, in der Rückschau zu erkennen, auf welche Weise
die Geschichte – etwa zwischen 1800 und 1900 – die Solidarität mit
Fremden beeinträchtigte. Im Zentrum dieser Geschichte stehen für
mich Nationalismus, religiöse Gewalt und Rassismus. Ich argumentiere zudem, dass das Verhältnis zwischen Deutschen und Juden als
ein Indikator dienen kann, wenn es darum geht, die zeitlichen Umstände, die Geschwindigkeit und die Gründe der »Ablehnung der
Möglichkeit menschlicher Solidarität mit Fremden« zu verstehen.[3]
    Die Geschichte von Deutschen und Juden ist eine alte Geschich-
te, wobei das Adjektiv »alt« bewusst gewählt ist. Ein hoher Anteil
der besten historischen Forschung über die Ursachen der »Endlösung« betont nicht »alte«, sondern »moderne« geschichtliche Zusammenhänge. In seinem Aufsatz »Die ›Genesis‹ der Endlösung aus
dem Geist der Wissenschaft« bestimmte Detlev Peuckert in den
theoretischen Einstellungen der Humanwissenschaften um die Wende zum 20. Jahrhundert den Ausgangspunkt einer »fatalen rassistischen Entwicklungsdynamik«, in deren Zentrum die Unterscheidung von »wertem« und »unwertem« Leben sowie die Abwertung
des Individuums zugunsten der gemeinschaftlichen Zwecke der Gesellschaftsreform standen.[4] Im Gefolge des »Historikerstreits« der
1980er Jahre gehörte Peuckert zu den ersten, die darauf beharrten,
Auschwitz – und nicht etwa das Jahr 1933 oder der allgemeine Charakter des Faschismus – bilde den Fluchtpunkt der deutschen Geschichte. Darüber hinaus warf er die erkenntnisleitende Frage auf,
was die »Genesis der weltgeschichtlich einzigartigen Entscheidung
zur Großtechnik der Vernichtung abstrakt definierter Opferkategorien zu rekonstruieren erlaubt«.[5]
    Mit dem einseitigem Nachdruck auf »Großtechnik« und auf den
»abstrakt definierten Opferkategorien« lenkte Peukerts Formulie-

rung die Analyse allerdings weg von dem brutalen individuell ausgeführten Morden der Zeit vor Auschwitz.[6] Das »Moderne«, wie er es verstand, sagt nur wenig aus über die Brutalität der Einsatzgruppen und der Ordnungspolizei in zahllosen Groß- und Kleinstädten, in den Dörfern und am Rand der behelfsmäßig ausgehobenen Gruben, Schluchten und Panzergräben in ganz Osteuropa. Sie lässt zudem die ausdrücklich aus der kolonialen Praxis übernommene Strategie unerwähnt, Opfer in Ghettos zu konzentrieren und dem Hungertod preiszugeben – eine Politik, die von den kompromisslosen »Verschleißern« den wirtschaftlich »rationaleren« Besatzungsbehörden gegenüber vertreten wurde, den sogenannten »Produktionisten«, die die jüdischen Ghettos nutzen wollten, um das jüdische Wirtschaftspotential zugunsten des Reichs zu steigern.[7] Selbst in den ersten Vernichtungslagern – Chelmno und den Lagern der »Operation Reinhard« (Belzec, Sobibor und Treblinka) – wurden Juden nicht etwa mit Hilfe von »Großtechnologie« umgebracht, sondern mit Kohlenmonoxid aus Verbrennungsmaschinen. Die Mehrheit der während der Shoah ermordeten Juden waren demnach nicht Opfer einer »Großtechnologie«, sondern archaischer Tötungsformen und relativ einfacher Techniken. Die Shoah, daran hat Ulrich Herbert jüngst erinnert, war »zu einem ganz erheblichen Teil eine Menschenvernichtung in sehr traditionellen, nachgerade archaischen« Formen mit einer entsprechend hohen Zahl von Direkttätern«.[8] Diese archaischen Formen haben eine Geschichte, besonders im Hinblick auf die Juden. Und schließlich wurden auch die Opfer nicht abstrakt definiert. Die überwiegende Mehrheit der von den Nationalsozialisten Ermordeten – Juden, russische Kriegsgefangene und Angehörige slawischer Nationalitäten – waren Menschen, gegen die in der deutschen Gesellschaft seit langem tiefe Vorurteile gehegt wurden. Und dem gilt es auch Rechnung zu tragen.[9]

In der Tat ist das deutsche wie europäische Verhältnis zu Juden signifikant. In Mitteleuropa war es von Kooperation und Koexistenz gekennzeichnet, aber auch von katastrophaler Gewalt und Vertreibung. Während der gesamten Frühen Neuzeit war das Recht der christlichen Gemeinschaft, Juden zu vertreiben oder ihre Rechte einzuschränken, wie die lokale Architektur, religiöse Gedenkfeiern und die den Stadtordnungen hinzugefügten Judenverordnungen zeigen, tief in das Selbstverständnis der christlichen Städte eingeschrieben. Auf der Gemeindeebene blieben antijüdische Gefühle im Volksbewusstsein verwurzelt, ein Wandel trat erst ein, als die Übermacht und der Druck der napoleonischen Truppen die Autonomie der Ortschaften und Städte begrenzte. Die Emanzipation der Juden vollzog sich also im Kontext der Niederlage gegen Napoleon. Von Anfang an stieß die Emanzipation jedoch auf breiten Widerstand, der in den »Hep-Hep-Unruhen« sowie einem neuen Nationalismus Ausdruck fand, der für Juden keinen Platz vorsah, solange sie Juden blieben. Diese beiden Ebenen der Ablehnung – die lokale wie die national orientierte – bestanden während des 19. Jahrhunderts zumeist nebeneinander. Gelegentlich kam es zu Überschneidungen, doch meistens existierten sie parallel zueinander. Die erste – gemeindebezogene – Form der Ablehnung beruhte auf einer ausgeprägten *longue durée* des antijüdischen Ressentiments, dessen Kontinuitätslinien bis zurück zu den mittelalterlichen Vertreibungen reichen. Der national orientierte Ausschluss hingegen war neu, ebenso wie die auf einer verinnerlichten Nation beruhende Identität. In diesem Sinne formulierten die Intellektuellen des frühen 19. Jahrhunderts, die über die Nation und den Ort der Juden darin nachdachten, neue Möglichkeiten. Die radikalsten unter ihnen forderten die vollständige Assimilation der Juden, so dass, wie es bei Fichte heißt, in ihren Köpfen »auch nicht eine jüdische Idee« bliebe. Für den Fall allerdings, dass die Assimilation scheitern sollte, sannen sie über eine Idee aus der Vergangenheit nach: die Vertreibung.

Vertreibung war eine Möglichkeit, Mord die andere. Doch obwohl die Volksgewalt gegen Juden im 19. Jahrhundert zunahm, kam es nur selten zum Mord. Mit einigen Ausnahmen gilt dies auch für Europa, jedenfalls bis zur Wende zum 20. Jahrhundert, als die hemmenden Dämme brachen – zunächst vorwiegend in Russland, nach dem Ersten Weltkrieg jedoch auch in anderen Ländern Osteuropas. In Deutschland sollte dieser Damm erst 1938 brechen, und selbst dann war die öffentliche Reaktion auf die Novemberpogrome von Ambivalenz gekennzeichnet. Doch die Gewalt gegen Juden hatte seit langem auf Vertreibung und Mord hingedeutet: durchgespielt wurde dies in ganz Deutschland auf örtlichen Bühnen in, wie ich argumentiere, hoch theatralischen Ritualen der Herabwürdigung.

Dieses Theater der Erniedrigung hatte eine lange, wenn auch dünne Kontinuitätslinie – zum einen eine Linie der Kontinuität, die zurück in die Vergangenheit führte, weil in diesem Theater stets ältere Formen der sozialen Gewalt präsent waren, zum anderen aber auch eine Linie der Kontinuität, die in die Zukunft wies, weil es das Modell eines Verhältnisses zwischen Christen und Juden schuf, das durchblicken ließ, dass Vertreibung – ja sogar Mord – stets eine Möglichkeit waren.

Kontinuität in diesem Sinne bedeutete keine direkte Linie zu Massenmord und Genozid, denn an solchen Ereignissen war in der Regel, mit Ausnahme der Gewalt, die von Siedlergesellschaften ausgeht, der Staat beteiligt.[10] Bisweilen genügte es, wenn der Staat sein Gewaltmonopol einbüßte, damit Massenmord möglich wurde. Das zeigen der Mord an Juden während der Revolutionen des Jahres 1905 in Russland und der Fall der Ukraine während des russischen Bürgerkriegs. Doch Völkermord im strengen Sinne – als entschlossene Anstrengung, alle Angehörigen einer ethnischen Gruppe zu ermorden, bedarf der staatlichen Organisation – um die Zielgruppe zu identifizieren, zu lokalisieren, bisweilen auch fortzuschaffen und dann das Morden zu koordinieren. Im 19. Jahrhundert war es gerade der Staat, und zwar vor allem der deutsche Staat, der verhinderte, dass antisemitische Gewalt eine mörderische Wendung nahm. In dieser Hinsicht repräsentierte der nationalsozialistische Staat einen entscheidenden Bruch mit der deutschen Vergangenheit. Die Annahme einer Kontinuität des Antisemitismus bedeutet jedoch nicht, dass letzterer die einzige begünstigende Ursache des Völkermords war, wie Daniel J. Goldhagen behauptet hat.[11] Vor dem Ersten Weltkrieg war der Antisemitismus innerhalb der deutschen Rechten nicht nachweislich stärker als in Frankreich oder Russland oder von so zentraler Bedeutung wie in Österreich. Vielmehr hing die Radikalität des Antisemitismus im Deutschen Kaiserreich mit seiner politischen Marginalität zusammen. Der Erste Weltkrieg änderte an dieser Situation kaum etwas.[12] Der Antisemitismus war, wie Sven Oliver Müller geltend gemacht hat, weder auf Deutschland begrenzt, noch wurde er dort mit besonderer Schärfe propagiert. Selbst die berüchtigte »Judenzählung« von 1916 verrät (obwohl die jüdische Gemeinschaft sie zu Recht als unheilvolles Omen betrachtete) mehr über die alten antisemitischen Vorurteile in der Armee als über eine verbreitete Antipathie gegen die Juden.[13] Im Zuge der militärischen Niederlage, der katastrophalen Inflation und der politischen Instabilität verzeichnete die Weimarer Republik eine Vertiefung des antisemitischen Vorurteils und eine deutliche Zunahme symbolischer wie tatsächlicher Gewalt.[14] In diesem Zusammenhang stieg auch die Mitgliedschaft des antisemitischen Deutschen Schutz- und Trutzbunds stark an: Als dieser 1922 – nach dem Mord an Walther Rathenau – verboten wurde, zählte er 200000 Mitglieder. Seine Agitation blieb jedoch nicht ohne Wirkung, insbesondere in der politischen Rechten und in militärischen Organisationen. 1924 führte der Stahlhelm, ursprünglich eine Organisation ehemaliger Frontsoldaten, die 400000 Mitglieder hatte, einen »Arierparagraphen« ein, der jüdische Soldaten – ungeachtet ihres während des Krieges bewiesenen Heldenmuts – ausschloss. Eine Reihe anderer Organisationen, wie etwa die Vereinigung der deutschen Arbeitgeberverbände, führten ähnliche antijüdische Mitgliedsklauseln ein. In dieser Hinsicht erwiesen sich die Universitätsstudenten als besonders radikal. In Preußen stimmten die Studenten mit überwältigender Mehrheit (77 Prozent) für die Forderung nach einer Klausel in den Universitätsstatuten, die Deutsche jüdischer Herkunft als »Fremde« bezeichnen sollte.[15] Der preußische Staat lehnte diese Forderung jedoch ab. In der Weimarer Republik erlebte der gehässige Antisemitismus eine Blütezeit, stieß jedoch auf Widerstand, nicht zuletzt durch den Staat. In der Zwischenkriegszeit befanden sich die wahren Mordstätten woanders – und zwar im Osten, wo die Grenzen von Staaten umstritten waren und Juden sich gezwungen sahen, sich auf die Seite der einen oder anderen Nationalität zu schlagen.

Die Frage: »Weshalb Deutschland?« lässt sich demnach nicht unter Verweis auf die Muster antisemitischer Ideologie oder antijüdischer Gewalt beantworten.[16] Doch auch die umgekehrte Aussage, der zufolge eine angemessene Erklärung auf eine Darstellung der Tiefe der grundsätzlichen Judenfeindschaft verzichten kann, auf der das nationalsozialistische Regime beruhte und auf deren Grundlage es den Völkermord betrieb, ist nicht haltbar. Deutschland wurde (gemeinsam mit Südafrika und dem amerikanischen Süden während der Jim-Crow-Ära) eines der drei modernen Regime, die ausdrücklich auf rassisch begründetem Ausschluss basierten.[17] Es wäre sehr eigenwillig, die Rassenbeziehungen in Südafrika oder im amerikanischen Süden verstehen zu wollen, ohne die Analyse in der Erfahrung der Sklaverei und der Kolonialherrschaft zu verankern. Ebenso ist es nicht möglich, die Art und Weise, wie das Dritte Reich antijüdische Feindschaft mobilisierte, zu verstehen, ohne die längere Geschichte des Antisemitismus mit einzubeziehen. Dabei geht es nicht bloß um die Ideologie des Regimes, sondern auch um dessen Verhältnis zur breiteren Bevölkerung. Gewiss, die Deutschen haben den Nationalsozialisten nicht in einer freien Wahl die Mehrheit ihrer Stimmen gegeben, auch wenn die NSDAP 1932 zur stärksten politischen Partei wurde. Auch haben die Wähler die Nationalsozialisten aus einer Fülle von Gründen unterstützt, und niemand hätte sich im November 1932, als die letzten freien Wahlen stattfanden, den Terror der Einsatzgruppen weniger als ein Jahrzehnt später vorstellen können. Unter all den verschiedenen Gründen, die zur Unterstützung der Nationalsozialisten an den Wahlurnen führten, zählte der Antisemitismus zu den unbedeutendsten. Allerdings schreckte der Antisemitismus der Nationalsozialisten auch niemanden ab. Dieser Tatsache kommt erhebliche Bedeutung zu, und zwar nicht, weil die Deutschen in dieser Hinsicht einzigartig gewesen wären, sondern weil der Antisemitismus zum Gemeinbesitz gewöhnlicher Männer und Frauen geworden war. Nicht alle teilten ihn, auch nicht alle in gleichem Maße, und nur wenige teilten ihn in dem Maße, in dem es sich die Nationalsozialisten erhofften. Doch als Gefühl war der Antisemitismus verbreitet genug, um 1933 nicht abschreckend zu wirken, als ein antisemitisches Gesetz nach dem anderen erlassen wurde, oder 1935, als die Nationalsozialisten die Nürnberger Gesetze verkündeten, oder 1938, zur Zeit der Novemberpogrome. Im Gegenteil, die deutsche Bevölkerung stimmte darin überein, dass es eine »Judenfrage« gab und dass es bei dieser Frage um den Ort der Juden in der deutschen nationalen Gemeinschaft ging.[18]

Es ist außerordentlich schwierig, die Reaktion der deutschen Bevölkerung auf die Marginalisierung, Entrechtung und Enteignung der Juden angemessen zu beurteilen. Die internen Berichte über die öffentliche Reaktion auf die Nürnberger Gesetze etwa deuten sowohl auf Unterstützung als auch auf Ablehnung hin.[19] Zeitgenössische Berichte, insbesondere die Tagebücher Victor Klemperers, schwanken ähnlich zwischen Verzweiflung darüber, dass einstige Freunde den Kontakt abbrachen, und Optimismus, da mancher Fremde Solidarität signalisierte.[20] Diese Berichte vermitteln auch den Eindruck, ältere Menschen leisteten eher Beistand als jüngere Leute. Doch abgesehen von diesem wenig überraschenden Befund sehen wir uns mit einem breiten Spektrum an Haltungen konfrontiert. Die Deutungen der Historiker fallen zudem ausgesprochen unterschiedlich aus. David Bankier etwa behauptet, dass »die Mehrheit der Bevölkerung den Nürnberger Gesetzen zustimmte, denn sie identifizierten sich mit der Rassenpolitik«, während Otto Dov Kulka darauf besteht, die Zustimmung sei niemals vollständig gewesen.[21] Was diese Fragen angeht, treffen Historiker unweigerlich subjektive Urteile. Meiner Lesart der internen Berichte zufolge gab es einen auffälligen Konsens, wenn dieser auch bisweilen durchkreuzt wurde von der abweichenden Meinung unerschrockener Menschen – von »deutschblütigen Personen«, die »nach wie vor freundschaftliche Beziehungen zu den Juden« unterhielten und »sich mit diesen in auffälliger Weise in der Öffentlichkeit« zeigten, wie ein Magdeburger Polizeibericht es im November 1941 formulierte.[22]

Auch wenn die Urteile hinsichtlich der allgemeinen Unterstützung für die nationalsozialistischen Maßnahmen subjektiv bleiben, ist es dennoch möglich zu zeigen, dass sich viele Menschen an der Verfolgung der Juden beteiligten. In Hamburg fanden zwischen 1941 und 1945 beinahe täglich Auktionen »jüdischer Waren« statt, bei denen die Nationalsozialisten Kleidung, Mobiliar, Stoffe und Bücher jüdischer Bürger versteigerten und mehr als 100 000 Bürger Hamburgs und der Umgebung Güter kauften. Nur wenige wussten dabei nicht, wo diese herkamen.[23] In Düsseldorf half ein ganzes Heer von Beamten, Steuerberatern, Bahnhofsvorstehern und Polizeibeamten mit, als 1941 die Zeit gekommen war, die Juden zu deportieren.[24] Ähnliche Beispiele von Mittäterschaft, in kleinerem wie größerem Umfang, gab es in ganz Deutschland. Die Beteiligung gewöhnlicher Deutscher an der sozialen Isolierung und Entrechtung der Juden sowie an der Enteignung ihres Eigentums ließ, wie Marion Kaplan mit Nachdruck geltend gemacht hat, »Juden jeden Tag einen schmerzlichen sozialen Tod erleiden«. Dieser »soziale Tod«

schuf zudem »die Voraussetzung für die Deportation und den Völkermord«.[25] Wir denken oft, Einstellungen führten zum Handeln. Doch auch das Gegenteil kann geschehen: Das Handeln – oder auch Nicht-Handeln – kann sowohl Einstellungen prägen als auch weitreichende Wirkungen haben, so dass sich die Frage aufdrängt, ob nicht Mittäterschaft und Passivität zu einem schweigenden und fördernden Einverständnis mit der Vertreibung führten.[26]

Die Antwort darauf ist kompliziert, da die internen Berichte des Sicherheitsdienstes (SD) über eine allgemeine Zustimmung berichten, aber auch über bedeutsame ablehnende Reaktionen auf das Gesetz, das Juden zwang, den gelben Stern zu tragen, sowie auf die Brutalität der Deportation. Widerstand kam vor allem vonseiten kirchlicher Gruppen, doch dieser erfolgte nicht aus allgemeinen Gründen der Menschlichkeit, sondern deshalb, weil jüdische Konvertiten betroffen waren.[27] Als die Deportationen während des Winters 1941/42 fortdauerten, verstummte die Opposition jedoch. Das Schweigen hing nicht notwendigerweise mit Gleichgültigkeit oder der überwältigenden Sorge angesichts des Kriegs zusammen. Der Historiker Peter Longerich liefert eine noch andere Interpretation. Als sich die Situation an der Ostfront verschlechterte, sorgten sich die Deutschen an der Heimatfront um die Folgen ihrer Beteiligung an den eliminatorischen Maßnahmen des Regimes.[28] Wenn dies zutrifft, verstärkte es ihren Antisemitismus oder rief es Reue hervor? Das lässt sich nicht mit Gewissheit sagen. Lehren aus der Geschichte legen jedoch eine Antwort nahe, die meines Erachtens richtig ist. Im 13. und 14. Jahrhundert entstanden die Geschichten über Hostienschändung und Ritualmord meist erst nach dem Morden, nicht davor.[29] Ist es so gesehen möglich, dass der deutsche Antisemitismus seinen Gipfel erst dann erreichte, als man bereits um den Massenmord wusste?

I

Der deutsche Antisemitismus wurde eine noch stärker prägende Kraft in der Verbindung mit der Konstruktion von Gemeinschaft. Es ist die Transformation der zunächst im lokalen Sinne, dann als Nation und Nationalstaat, später als Rassenvolk und schließlich als rassisch bestimmten Nationalstaat definierten Vorstellung von Gemeinschaft, die die große Bedeutung der langen Geschichte des Antisemitismus erkennen lässt. Dies wird übersehen, wenn die Forschung den Antisemitismus isoliert betrachtet oder als Frage der Parteipolitik versteht. Die Wechselbeziehung zwischen Formen der Gemeinschaft und der Gestalt antijüdischer Ideen und Praktiken war jedoch auf lange Sicht für die deutsche Geschichte äußerst wichtig. Dabei handelte es sich nicht um eine spezifisch deutsche Erscheinung, denn ähnliche Verflechtungen gab es auch in anderen Nationen, vor allem in Osteuropa, aber auch in Frankreich. Dennoch zählt diese Verbindung von Gemeinschaftsvorstellungen und Antijudaismus zu den tiefen Kontinuitäten der deutschen Geschichte.

Die Gründe dafür hängen mit der Geschichte des deutschen Nationalismus – in seiner ideologischen wie soziologischen Dimension – zusammen. Die Konstruktion der Nation als Ausdruck einer verinnerlichten Identität vollzog sich genau in dem Augenblick, als der Ort der Juden innerhalb einer imaginierten Gemeinschaft, sei sie nun lokal oder national, neu definiert wurde. Dieses Zusammentreffen war kein Zufall, und eine ganze Reihe deutscher Nationalisten – von Fichte über Arndt zu Turnvater Jahn – theoretisierten gemeinsam mit Anhängern wie Jakob Friedrich Fries und Friedrich Rühs über diese Themen. Sie verliehen dabei der »Judenfrage« ein größeres Gewicht. Die Idee, nur Juden, die aufhörten, Juden zu sein, dürften als Deutsche gelten, fand somit Eingang in die anfängliche ideologische Konstruktion der deutschen Identität. Sie wurde zugleich zu einem Ursprungsmoment des organisierten Nationalismus, wobei die meisten Studentenburschenschaften und Turnorganisationen sich rasch antijüdische Statuten gaben.

Frühe Konstruktionen nehmen nicht zwangsläufig die späteren Folgen vorweg, doch der deutsche Nationalismus der Folgezeit legte, wie es Komplexitätstheoretiker ausdrücken würden, »eine sensible Abhängigkeit von anfänglichen Bedingungen« an den Tag.[30] Das vollzog sich nicht eingleisig, sondern in Form eines Nationalismusstils, der eine bestimmte Sogwirkung entfaltete. Diesen gewundenen Weg des Nationalismus hervorzuheben, ist notwendig. Es gab Konstruktionen der deutschen nationalen Identität, die nicht im stren-

gen Sinne exklusiv waren. Während der 1830er Jahre etwa verlor
das antifranzösische und antijüdische Gefühl innerhalb des deutschen Nationalismus an Bedeutung. Um die Mitte des Jahrhunderts
ordneten die bürgerlichen Nationalisten, die die deutsche Nation in
einer von der Herrschaft des Gesetzes bestimmten Verfassung verankern wollten, was immer sie an privaten Bedenken gegenüber den
Juden hegten, den Erfordernissen der Verfassungsbildung unter.[31]
Dieser grundsätzliche Konstitutionalismus galt selbst für die Mitglieder des Deutschen Nationalvereins der 1850er und 1860er Jahre,
und das, obwohl sie ihren nationalen Egoismus im Norden und Osten – gegen Dänen und Polen – geltend machten und die Bereitschaft zeigten, einen großangelegten Krieg zu riskieren, um die nationale Einheit zu erringen.[32] Doch als die Einheit (und mit ihr die
volle Emanzipation der Juden) erreicht war, wandten sich die deutschen Nationalisten nach innen. In erster Linie zog diese Wendung
nach innen eine gegen Katholiken und ethnische Minderheiten gerichtete Politik nach sich. Gleichzeitig bedeutete sie auch eine
Rückkehr zu dem Fichte, aus dessen Sicht der Staat die National-
bürger formte. In den späten 1870er Jahren trat schließlich ein
wichtiger Wandel ein, so dass man den Historikern, die auf seiner
Bedeutung als »zweite Reichsgründung« insistierten, recht geben
muss. Dieser Wandel vom offiziellen zum integralen Nationalismus,
von der mit den Interessen des Staates verflochtenen Nation zu einem breiteren und zugleich radikaleren Verständnis von Nation, der
der Staat untergeordnet ist, verlagerte die Aufmerksamkeit auf den
Osten und auf den Ort der Juden in Deutschland. Gleichzeitig eröffnete er einen Raum für die völlig neue Sprache der Rasse. Insbesondere Studenten griffen die neue Sprache auf und machten sich zu
Befürwortern ausschließender Praktiken und Gesetzgebungen. Als
Intellektuelle dieser Studentengeneration um die Jahrhundertwende
ins Rampenlicht traten, verbanden sie den exklusiven Antisemitismus mit einem Sozialdarwinismus, der über die Auslöschung von
Rassen, Völkern und Gruppen reflektierte. Auch in dieser Zeit erlebte Fichte eine regelrechte Renaissance, wobei der Akzent nun
weniger auf dem kulturprägenden Staat lag, denn auf Fichtes Vorstellung des Deutschen als einer Ursprache sowie der Deutschen als
eines Schicksalsvolks.[33] Nationalismus, religiöser Ausschluss und

Rassismus gingen somit eine folgenreiche Verbindung ein, wobei die Ideen des späten 19. Jahrhunderts eine langfristige sensible Abhängigkeit von anfänglichen Bedingungen und Formulierungen verrieten. Nach der Marokko-Krise von 1911 traten radikale Nationalisten wie Heinrich Claß mit umfassenden Reformvorschlägen hervor, die sich unter anderem auf eine aggressive Außenpolitik, ein klassenabhängiges Frauenwahlrecht und Gesetze zum Ausschluss von Juden richteten, die – im präzisen Sinne – die Nürnberger Gesetze des Jahres 1935 vorausahnen ließen.[34]

Claß' Vorschläge erhielten zu keiner Zeit von offizieller Seite Unterstützung, mehr noch: die parlamentarische Reform entwickelte sich genau in die entgegengesetzte Richtung.[35] Doch hier sollte sich der Krieg als entscheidend erweisen, und zwar nicht deshalb, weil neue Gedanken ausprobiert, sondern weil Ideen der Vorkriegszeit nunmehr unter Bedingungen vorgebracht wurden, die ihre Verwirklichung möglich machten. In einem im September 1914 veröffentlichten Memorandum etwa entwarf Claß das Bild umfassender Annexionen im Westen und Osten, die Entrechtung unterworfener Bevölkerungen sowie weitreichende Bevölkerungstransfers im Zuge eines Großprojekts ethnischer Reorganisation, das die Neuordnung der ethnischen Zusammensetzung Nordeuropas zum Ziel hatte. Was vor dem Krieg noch abstrakt war, nahm nun konkrete Gestalt an. Claß nannte dies eine »völkische Flurbereinigung«, die die massive Verschiebung von Bevölkerungen in neu eroberten Territorien erforderte. Mit »Reinigung«, die nach Claß' Vorstellung friedlich verlaufen würde, meinte er den Austausch von Russen und Polen durch Volksdeutsche und die Vertreibung der Juden aus den neuen Territorien – entweder in das nunmehr in die Grenzen zur Zeit vor Peter dem Großen zurückgedrängte Russland oder nach Palästina (wo sie in einem jüdischen Staat unter türkischer Herrschaft leben sollten).[36] 1914 konnten zivile Regierungsvertreter Claß allerdings noch als gefährlichen Ideologen abtun.[37]

Das lässt sich vom Oberkommando Ost, dessen »militärische Utopie« eine Umsiedlung unterworfener Bevölkerungen einschloss, nicht behaupten. Die Soldaten kamen, wie Vejas Liulevicius gezeigt hat, mit einem ganzen Arsenal kultureller Prämissen in den Osten, die direkt auf die Vorstellungen des 19. Jahrhunderts hinsichtlich

der Überlegenheit der deutschen über die slawische Kultur zurück-
gingen.[38] Die Soldaten lebten sogar in dem Glauben, sie würden
Kultur in die Länder des Ostens bringen. Doch als sich die unter-
worfenen Völker widerspenstig zeigten, reagierten die Deutschen
mit zunehmend schärferer Kontrolle. In dieser Atmosphäre wurde
das, was vor dem Krieg noch außergewöhnlich gewesen war, zur
Normalität. Zentrale Werke der annexionistischen Literatur traten
für Bevölkerungstransfers ein, die ethnisch homogene Landschaften
schaffen sollten.[39] Ethnische Experimente und der Gedanke, alles sei
möglich, hatten Konjunktur, wobei die Herrschaft über den Raum
(in dem Sinne, in dem sie Ratzel in den Kolonien vorhergesehen
hatte) im Zentrum der ideologischen Phantasien stand. Nach dem
Krieg, der dem Anschein nach im Westen verloren, aber im Osten
gewonnen worden war, war die Annexion riesiger Räume und die
Vertreibung ganzer Völker Teil dieser Phantasien. Die unmittelbare
Kontinuität zum Dritten Reich – im Sinne des Postulats eines hohen
Maßes an Identität zwischen dem Anfangs- und dem Endpunkt des
Kontinuums – ist auch hier offenkundig, wobei Kontinuität sich in
diesem Zusammenhang nicht auf den Völkermord als solchen be-
zieht, sondern auf die Idee ethnischer Säuberungen, die jedoch häufig in Massenmord, ja Genozid endeten.

　Die zentrale Bedeutung der nationalistischen Vorstellungen für
Fragen der Kontinuität lässt sich auch unter dem Aspekt ihrer soziologischen Tiefenwirkung aufzeigen. Man muss sich hier allerdings
davor hüten, die Geschichte rückwärts zu lesen und nationalistischen Ideen eine größere Reichweite beizumessen, als sie wirklich
hatten. In der Frühen Neuzeit entwickelten Humanisten einen Begriff der Nation als Sinnbild dessen, was die Deutschen sind und wo
sie leben. Sie verstanden Deutschsein nicht im Sinne einer verinnerlichten Identität, wie es der moderne Nationalismus verlangte. Der
Nationalismus selbst erreichte erst dann weitere Kreise, als die napoleonischen Truppen die deutschen Staaten überrannten, insbesondere
Preußen. In diesem Zusammenhang entfalteten Intellektuelle wie
Fichte und Arndt einen tiefen, wenn auch begrenzten Einfluss, als sie
die nationalen Vorstellungen wichtiger Teile der protestantischen
Mittelschicht – vor allem Preußens und Sachsens – prägten. Im
19. Jahrhundert wurden nicht die nationalen Utopien der ersten

Stunde vorherrschend, sondern ein gemäßigterer konstitutioneller Nationalismus – das gilt für 1848, aber auch für die zwei darauffolgenden Jahrzehnte. In vielen Bereichen setzte sich, wie die neuere Forschung überzeugend gezeigt hat, die Idee, deutsch zu sein, begründe die Fülle der eigenen Identität, erst sehr spät durch. In der böhmischen Stadt Budweis etwa waren in den 1840er Jahren mindestens sechzig Prozent der Bevölkerung zweisprachig, und viele fühlten sich weder der tschechischen noch der deutschen Nationalität verpflichtet.[40] 1848 hatte der Begriff der Nation einen kulturellen wie politischen Klang, wobei die Möglichkeit der Inklusion nationaler Minderheiten und der Juden großzügiger war, als man aus Fichtes und Arndts Ideen folgern würde. Doch in allen deutschen Territorien förderte die demokratische Politik – vor allem seit den 1880er Jahren – ethnische Loyalitäten und machte Nationalität zu einer Brücke zur Politik. Was in einer Stadt wie Budweis zutraf, galt auch für die ethnischen Grenzen, die, wie Pieter Judson jüngst gezeigt hat, von Nationalisten errichtet worden waren, die es sich zur Aufgabe gemacht hatten, die Völker, deren Identität nicht national geprägt waren, zu nationalisieren.[41] Der Staat spielte ebenfalls eine entscheidende Rolle bei der Nationalisierung der Bürger, sei es durch Institutionen – wie die Armee oder die Schule (Ort zahlloser Kämpfe mit ethnischen Minderheiten) – oder durch Verwaltungspraktiken wie Namengebung oder statistische Erhebungen. Bereits Fichte hatte die Erfassbarkeit von »diese, oder jene bestimmte Person« als zentrale Voraussetzung des modernen Staates erkannt, doch die preußische Verwaltung zählte erst seit den 1820er Jahren, wie viele Menschen Deutsch sprachen, und auch das geschah lediglich, um festzustellen, wie viele Untertanen des Deutschen nicht mächtig waren.[42] 1861 jedoch führte das preußische Statistische Amt eine allgemeine Sprachzählung unter der Rubrik der Frage nach der Nationalität durch, und in den 1870er Jahren verwendeten sowohl das Deutsche Kaiserreich als auch die österreichisch-ungarische Monarchie Sprache als Maßstab für die zahlenmäßige Erfassung ethnischer Zugehörigkeiten.[43] Da Statistik Ganzzahlen statt Teilzahlen erfordert, wurden dadurch zweisprachige lokale Welten zunehmend unsichtbar gemacht.[44]

Auch wenn man nicht behaupten kann, der Nationalismus habe einen tiefgreifenden Einfluss auf die allgemeine Bevölkerung der deutschen Länder ausgeübt, war dieser dennoch wichtig für das Gesellschaftsleben der Mittelschicht, ebenso wie er ein bestimmender Aspekt der protestantischen Öffentlichkeit war. Gegen Ende des Jahrhunderts zogen nationalistische Organisationen im Deutschen Kaiserreich Millionen Männer in ihren Bann, die bereit waren, sich unter »nationalen« Aspekten erfassen zu lassen. Man kann zwar die Mentalität der Mitglieder nicht aus den öffentlichen Stellungnahmen der Sprecher dieser Organisationen ableiten, doch Tatsache ist, dass die Organisation unter nationalistischen Vorzeichen die Politik vom lokalen Bereich weglenkte. Im Deutschen Kaiserreich war diese nationale Ausrichtung besonders im Militär von Bedeutung, insofern viel Mühe und Energie in Militärparaden, die Errichtung von Denkmälern sowie das Eintreten für die Belange der Flotte und des Heeres floss. Das Militärische wirkte sich zudem entscheidend auf die gesellschaftlichen Hierarchien aus.

Diese Militarisierung und Nationalisierung des öffentlichen Lebens im ausgehenden 19. Jahrhundert war weniger auf Deutschland beschränkt, als Historiker vielfach annehmen. Jacob Vogel zum Beispiel hat gezeigt, dass Deutschland und Frankreich, was den im Volk verbreiteten Militarismus betrifft, »Nationen im Gleichschritt« waren. Ungeachtet der jeweiligen Unterschiede entwickelten beide Nationen einen auf männlichen Tugenden, Kampfbereitschaft und Gehorsam beruhenden nationalen Militärkult. Darüber hinaus legten beide Länder eine nicht unerhebliche Begeisterung für die folkloristischen Aspekte des Volksmilitarismus an den Tag.[45] In welcher Form diese Kultur des Volksmilitarismus die Mehrheit der Bevölkerung beeinflusste, ist schwerer zu sagen. Als im August 1914 der Krieg ausbrach, deuteten ihn manche als große Erleichterung, da er die Möglichkeit einer Wiedergeburt durch Krieg eröffnete. Heute wissen wir jedoch, dass es nur wenige dieser Festdemonstrationen gab, die sich zudem auf einige wenige Großstädte beschränkten, am sichtbarsten in Berlin. Statt »Erregungsrausch« kennzeichnete Beklemmung die banale Realität der Augusttage.[46] Auch ist nicht länger selbstverständlich davon auszugehen, dass der Erste Weltkrieg die Massen nationalisierte oder gar brutalisierte. Detaillierte Studien zur Erfahrung an der Westfront deuten vielmehr auf das Gegenteil hin. Nationalistische Appelle hatten keine tiefe Wirkung auf die Gemütsverfassung einfacher Soldaten, im Gegenteil, sie erwiesen sich bisweilen sogar als kontraproduktiv. Die bayrischen Soldaten zum Beispiel, die Gegenstand von Benjamin Ziemanns Untersuchung sind, zeigten nur ein geringes Maß an Feindschaft gegenüber Deutschlands Gegnern und das Töten genossen sie noch weit weniger. Von 1917 an hegten diese Soldaten viel mehr den Verdacht, der extreme Nationalismus gehe von denen aus, die vom Krieg profitierten. Ihre Hoffnungen richteten sich weniger auf einen siegreichen Frieden als auf ein Ende der Kämpfe.[47]

Die neuere Forschung wirft weitreichende Fragen hinsichtlich des Verständnisses der Kriegserfahrung auf sowie auch hinsichtlich der Frage von Kontinuitäten. Dieser Punkt bedarf der Vertiefung, da Historiker dem Ersten Weltkrieg als der grundlegenden Katastrophe, die am Beginn des europäischen Absturzes in die Barbarei steht, großes Gewicht beimessen.[48] Über die zutiefst verstörende Wirkung des Krieges kann keinerlei Zweifel bestehen. Doch mittlerweile liegt beachtliches Beweismaterial für die These vor, dass nicht die eigentliche Kampferfahrung, sondern die nationalistische Frustration derer, die nicht gekämpft hatten, sich entscheidend auf den Werdegang jener Gruppen von Männern auswirkte, die bereits 1939 – zur Zeit der Invasion Polens – zu willigen Mördern der Juden wurden. Das lässt sich nun mit Blick auf das Reichssicherheitshauptamt (RSHA) behaupten, den Zweig der SS, der im September 1939 gebildet wurde, um die ideologischen »Feinde« des nationalsozialistischen Deutschland zu bekämpfen, einschließlich der Kommunisten, Sinti und Roma sowie der Juden.

In seiner Studie über die Führung des RSHA hat der Historiker Michael Wildt nachgewiesen, dass mehr als drei Viertel der leitenden Offiziere, eine Gruppe von 221 Männern, der nach 1900 oder später geborenen Generation angehörten.[49] Diese durch Klischees von Heldentum und Härte geprägten jungen, ehrgeizigen Männer hatten ihre Feuertaufe nicht während des Krieges, sondern danach – in den paramilitärischen Freikorps – erlebt. Sie hatten zudem an den Universitäten, wo der Antisemitismus auch weiterhin – wie schon seit mindestens den 1880er Jahren – eine zentrale Rolle spielte, radikale nationalistische Ideen entwickelt. Doch nun war dieser Antisemitismus zu einer explizit nationalpolitischen Kategorie geworden, die

sich mit der Gleichsetzung der Juden mit Bolschewisten und Verrä-
tern vermischte (obwohl Wildt diese Analogie nicht weiter verfolgt,
scheint die Affinität dieser Haltung zur russischen Rechten nach
1905 – und stärker noch nach 1917 – offenkundig).[50] Die Angehörigen dieser Generation glaubten an die kompromisslose Hingabe an
unbedingte Werte, sie wurden zu Mördern, und zwar nicht nur als
Schreibtischtäter, sondern als Anführer von Einsatzkommandos, die
über die Städte und Dörfer Osteuropas herfielen und mit erschüt-
ternder Brutalität Männer, Frauen und Kinder umbrachten.

Ein zweiter Komplex von Beweismaterial ergibt sich aus den Forschungen von Michael Mann, der im Zusammenhang einer umfassenden Studie über ethnische Säuberungen und Völkermorde eine
soziologische Untersuchung über nationalsozialistische Kriegsver-
brecher vorgelegt hat. Unter den 1581 Tätern in Manns Studie sind
Deutsche aus ethnisch gemischten Gegenden und verlorenen Territorien überrepräsentiert, und das Gleiche gilt auch für ideologische
Nationalsozialisten (jenen mit langer NSDAP-Mitgliedschaft und
Erfahrungen in nationalsozialistischer Gewalt). Mann untersucht
die mörderischen Täter, die in den Nachkriegsprozessen verurteilt
wurden, aber auch die, die wahrscheinlich schuldig waren, aber im
Krieg ihr Leben verloren oder Selbstmord begangen hatten und somit der Verurteilung entgangen waren oder deren Schicksal unbe-
kannt ist. Die Auswahl ist nicht vollständig und beschränkt sich
einseitig auf die höheren Ränge der SS und der Polizeieinheiten, auf
Nazi-Gauleiter und höherrangige Mitglieder der Einsatzgruppen.
Dennoch ist sie aussagekräftig, vor allem hinsichtlich der Überrepräsentation von Männern (95 Prozent) und akademisch Gebildeten
(41 Prozent, was einer nahezu zehnfachen Überrepräsentation im
Verhältnis zur Gesamtbevölkerung entspricht). Manns Statistik
weist zudem eine überproportional hohe Anzahl von Volksdeutschen (mit Ausnahme der Sudetendeutschen) auf, die außerhalb des
Reichs lebten. Elsässer und andere Westdeutsche übertrafen den
Durchschnitt zahlenmäßig um einen Faktor von 4,37, in Polen le-
bende Volksdeutsche um einen Faktor von 2,20 und Volksdeutsche
aus anderen Ostgebieten um einen Faktor von 2,37. Die wohl bemerkenswerteste Statistik betrifft im Ausland – in Elsass-Lothringen, Schleswig-Holstein, dem Baltikum oder Polen – geborene

deutschsprachige Täter, die zur Zeit des Nationalsozialismus im Reich lebten. Sie zählten mit einem mehr als sechsmal höheren Quotienten zu den Tätern als die durchschnittliche Bevölkerung. Mann schließt aus diesem Tatbestand, dass »praktisch aus allen verlorenen Gebieten und bedrohten Grenzregionen eine überproportional hohe Zahl von Tätern hervorging«, und er wirft die Frage auf, ob nicht der aus Empörung resultierende Nationalismus Hauptgrund des Massenmordes war.[51] Dazu kam noch das Problem des Krieges und seiner Auswirkungen. Manns Zahlen unterscheiden sich von denen Wildts. In der Bezugsgruppe, für die Mann verlässliche Zahlen über mit Gewalt verbundene Karrieren vorliegen hat (692 Männer), hatte etwa ein Drittel im Ersten Weltkrieg gekämpft, von diesen waren danach fast dreißig Prozent (nahezu zehnmal mehr als die Norm) Mitglieder der Freikorps, und 68 Prozent hatten sich vor 1933 der nationalsozialistischen Bewegung angeschlossen. In den Kohorten jüngerer Männer war Kriegserfahrung nicht annähernd so wichtig, doch diese Gruppen schlossen sich in unverhältnismäßiger Zahl entweder vor 1933 oder nach 1939 der NSDAP an, was auf ein hohes Maß an ideologischer Bindung hindeutet. »Der harte Kern der Täter entstammte mit überwältigender Mehrheit den Kreisen der treuen Anhängerschaft der Nationalsozialisten«, wie Mann formuliert, und dies »legt den Schluss nahe, dass die meisten dieser Täter möglicherweise ideologisch motivierte Mörder waren«.[52]

Dieses Beweismaterial stellt die Ideologie als solche ins Zentrum des Bildes, im Unterschied zu einer Deutung, der zufolge die Täter durch die eigenständigen Prozesse der Moderne hervorgebracht wurden. Die umfangreiche, unterschiedliche Aspekte untersuchende neue Täterforschung lässt sich zwar nur schwer auf ein Argument zuspitzen, sie arbeitet aber heraus, dass die Täter eher handelnde Subjekte als passive Objekte waren, dass diese Täter bestimmte geistige und kognitive Voraussetzungen mitbrachten, mit einem eigenen Willen ausgestattet waren und dass sie den Völkermord vorantrieben.[53] Nationalistische, rassistische und antisemitische Ideologien, auf verhängnisvolle Weise miteinander verflochten, spielten eine bedeutende Rolle bei denen, die das Morden anordneten – in Berlin wie im ganzen von den Nationalsozialisten beherrschten Europa.

Die Mörder waren nicht alle gleich – einige mordeten aus Überzeugung, andere, weil die Juden aus ihrer Sicht zu Feinden geworden waren, andere wiederum aus dem niederen Motiv der Habgier.[54] »Für die Deutschen bedeuten 300 Juden 300 Feinde der Menschheit«, notierte Kazimierz Sakowicz, als er die Erschießungsgruben in Ponary, südlich von Vilnius, beobachtete, »für die Litauer sind es 300 Paar Schuhe, 300 Hosen usw.«.[55] Durch Christopher Brownings Buch *Ganz gewöhnliche Männer* wissen wir, dass das Morden keiner besonderen nationalistischen oder antisemitischen Voraussetzung bedurfte. Wir wissen zudem aus den Kriegsgreueln des Ersten wie des Zweiten Weltkriegs, dass deutsche Soldaten auch dann erbarmungslos Zivilisten mordeten, wenn diese nicht Zielgruppen angehörten, die im Zentrum der nationalistischen oder der Nazi-Ideologie standen.[56] Doch wir haben auch gelernt, dass die Frage der Schwelle (d.h. der hinreichenden Vorbedingungen eines Völkermords) von der Frage nach den tatsächlichen Geschehnissen in Deutschland zu unterscheiden ist – hier ist die herausragende Bedeutung und treibende Kraft eines Kerns ideologisch motivierter Mörder stärker ins Blickfeld getreten.[57]

Ebenso hat ein Großteil der Genozidforschung die These vertreten, dass es dann zum Völkermord kommen kann, wenn eine kleine, aber mächtige Gruppe von Individuen das Morden ausführt, und dass die Unterstützung der Bevölkerung dabei kaum notwendig ist.[58] Völkermord geschieht dann, wenn die wenigen ihren Hass ausleben und die vielen mit Gleichgültigkeit reagieren. Doch ist es das, was in Deutschland geschah? Hier ist die Beweislage weniger eindeutig, sowohl was das Ausmaß an Mittäterschaft betrifft als auch hinsichtlich des Maßes an Unterstützung. So kann man nicht länger selbstverständlich behaupten, Goldhagen habe übertrieben, wenn er geltend machte, die Zahl der Deutschen, die »wissentlich zum Massenmord an den Juden beigetragen haben«, betrage »mehr als hunderttausend«.[59] Bedenkt man die Beteiligung der Wehrmacht und nimmt nicht nur den Mord an den Juden, sondern auch den an den Zivilisten sowie das geplante Verhungernlassen ganzer Städte und ländlicher Regionen (etwa in Weißrussland) mit in den Blick, so müssen die Zahlen sicher weit höher angesetzt werden.[60] Das gemeinsame Wissen, zu »einer nationalen, rassisch definierten Verbrechensgemeinschaft« zu gehören, war, wie jüngst der Historiker Thomas Kühne geltend gemacht hat, ein zentrales Element des Kameradschaftsgeistes an der Ostfront und ein wichtiger Faktor der Zähigkeit der deutschen Wehrmacht, selbst dann, als der Krieg bereits verloren war.[61] Es ist auch keineswegs klar, dass sich das Verhältnis der Bevölkerung an der Heimatfront zum Völkermord in den besetzten Gebieten am besten mit dem Begriff »Gleichgültigkeit« beschreiben lässt. Zum einen brachte der Krieg in dem Maße, in dem die nationalsozialistischen Propagandaämter die Juden als den wahren Feind darstellten und ganz allgemein ihre Vernichtung forderten, eine Flut antisemitischer Bilder hervor. Nach Stalingrad wurde diese Flut überwältigend, so dass es zwar denkbar ist, dass die Deutschen nicht wussten, in welchem Ausmaß die Nationalsozialisten das Morden organisiert hatten, die Annahme des Unwissens über den Massenmord jedoch nicht länger plausibel erscheint.[62] Einige Historiker haben sogar Schätzungen vorgelegt, denen zufolge die Zahl der Deutschen, die über das Morden wussten, bei knapp unter einem Drittel der Bevölkerung (und vielleicht der Hälfte aller Erwachsenen) lag, während weitere zehn Prozent etwas davon ahnten.[63] Selbst wenn die Zahlen zu hoch gegriffen sind, legt eine solche Statistik nahe, dass das Wissen um das Morden viel weiter verbreitet war, als Historiker bisher angenommen haben. Das Wissen betraf vor allem die Massenerschießungen, nicht so sehr die Vernichtungslager an sich. Dieses Wissen stammte aus vielerlei Quellen, unter anderem aus Soldatenbriefen, Nachrichten und Gerüchten von der Front, Berichten von Angestellten und Arbeitern, die im Osten tätig gewesen waren, sowie aus Kontakten in der Regierung und der Wehrmacht. In dieser Fülle von Informationen blieb das industrielle Morden in den Vernichtungslagern – einschließlich Auschwitz – verschleiert; es war nicht einfach, den systematischen Versuch der Ausrottung aller Juden zu erkennen. Was jedoch die andauernden individuellen Massenhinrichtungen anging, so wussten viele Deutsche davon.[64] Mit anderen Worten, sie kannten die Methoden der Nationalsozialisten, mit denen diese weit mehr als eine Million Juden in Osteuropa ermordeten. Sie standen dem kaum gleichgültig gegenüber: Die Reaktionen reichten von Empörung über Zustimmung bis hin zur Sorge, vor allem gegen Ende des Krieges, als die

Angst wuchs, zur Verantwortung gezogen zu werden. Dass man sich nicht unbedingt die Einzelheiten ausmalen wollte, überrascht kaum. Es ist auch wenig erstaunlich, dass nur wenige sich Auschwitz vorzustellen vermochten. Die Idee, dass nicht die Mörder zu den Juden gingen, sondern die Juden zu industriellen Mordzentren geliefert wurden, war in der Tat historisch ohne Beispiel.

Bedeutsam ist jedoch, dass die Morde vorwiegend im Osten geschahen, wo sich die Deutschen als Herren über die Menschheit verstanden, sowie während des Krieges, als nur wenige ihr Land zu kritisieren bereit waren. Die nationalsozialistische Besatzung Polens 1939 begann mit Massakern, die sowohl von den örtlichen deutschen Minderheiten (dem Volksdeutschen Selbstschutz) als auch von der Wehrmacht initiiert wurden.[65] Danach konzentrierten die Deutschen die Juden in Ghettos. In dieser ersten Phase der Besatzung deutete kaum etwas auf Völkermord im Sinne der Absicht der Ermordung aller Juden hin. Vielmehr, so Christopher Browning, hatte sich die »nationalsozialistische Judenpolitik aus einer Reihe von ›Endlösungen‹ heraus entwickelt, die zuerst ein ›judenfreies‹ Europa durch Vertreibung vorsahen«.[66] Die Historiker diskutieren noch, wie sich die Politik von Vertreibung zum Völkermord hin verschob, wobei Browning ausdrücklich betont, der siegreiche militärische Vorstoß in der Sowjetunion habe Hitler die Gelegenheit gegeben, die er suchte.[67] Im September und Oktober 1941 führte dies dazu, dass jegliches Zögern aufgegeben wurde und die Entscheidung zugunsten des uneingeschränkten Völkermords fiel. Das war ein neuer Akt, womöglich auch ein neuer Gedanke, und an dieser Stelle bestand keine Kontinuität. Die Entscheidung bedeutete einen Bruch in der deutschen Geschichte und in der Geschichte des Westens. Die Idee der Vertreibung hingegen stellte keinen solchen Bruch dar. Vertreibung war seit langem in ganz Mitteleuropa zentraler Bestandteil der Gemeinschaftsbildung. In der Geschichte des Nationalismus war es bereits zu Beginn des 19. Jahrhunderts möglich gewesen, sie zu denken, auch wenn sie als offenkundig inhuman abgelehnt wurde. Ende des 19. Jahrhunderts trat neben den Diskurs über die Menschlichkeit jedoch die Vorstellung, man könne Menschen in Zonen oder Reservaten konzentrieren, sie aus dem Land entfernen oder vertreiben. Diesen Gedanken zu denken wurde möglich in den Grenzländern von Siedlergesellschaften und in den europäischen Kolonien, wo die Überzeugung von der Überlegenheit der weißen Rasse in Verbindung mit der Erfahrung von Macht über andere radikale Experimente mit Völkern zuließ, die man als grundlegend anders erachtete. Solches Experimentieren war in Europa weit schwerer zu tolerieren, da die europäische Gesellschaft, was auch immer sie sonst zusammenhielt, zu einer »Gruppierung von Menschen« geworden war, »die mindestens darauf zählen konnten, sich nicht gegenseitig zu versklaven«.[68] Der Erste Weltkrieg untergrub selbst diesen Konsens, insofern extreme Nationalisten wie Heinrich Class sich Europa als ethnischen geographischen Raum vorstellten, der dem Diktat eines »Herrenvolks« untergeordnet war. Seine Idee war, den neu gewonnenen deutschen Lebensraum von Juden zu befreien und sie alle nach Russland zu treiben. In seinem berühmten Brief an Adolf Gemlich vom 16. September 1919 ging Hitler im Prinzip nicht weiter. Er forderte, der »Antisemitismus der Vernunft« müsse die Juden unter Fremdenrecht stellen, »letztes Ziel« müsse »aber unverrückbar die Entfernung der Juden überhaupt sein«.[69] Hitler meinte damit die »Entfernung« der Juden aus Deutschland und aus den Ländern, die Deutschland besetzen würde. Es ist sehr zu bezweifeln, dass er damit Massenmord meinte. Dass die Politik auf Massenmord hinauslief, war vor dem Krieg nicht erkennbar. Dass der systematische Mord – bis zum letzten Juden auf der Erde – Ziel der Politik wurde, ergab sich erst im Sommer 1941. Worin besteht dann die Kontinuität? Nicht im Völkermord, sondern in der Vorstellung der Vertreibung, in der Durchtrennung der Bindung an Andere und in den gewaltsamen Ideologien – Nationalismus, Antisemitismus und Rassismus –, die es ermöglichten, diese Dinge zu denken, zu unterstützen und in die Tat umzusetzen.

Anmerkungen

Vorwort

1 Ulrich Herbert, »Vernichtungspolitik. Neue Antworten und Fragen zur Geschichte des ›Holocaust‹«, in: *Nationalsozialistische Vernichtungspolitik 1939–1945*, hrsg. von U.H., Frankfurt a.M. 1998, S. 9–66, hier S. 57.

2 Zu Einzelheiten dieses Arguments vgl. Helmut Walser Smith, »Jenseits der Sonderwegs-Debatte«, in: *Das Deutsche Kaiserreich in der Kontroverse*, hrsg. von Sven-Oliver Müller und Cornelius Torp, Göttingen 2009, S. 31–50.

Einleitung

1 Christopher S. Wood, *Albrecht Altdorfer and the Origin of Landscape*, London 1993, S. 251.

2 W.G. Sebald, *Nach der Natur. Ein Elementargedicht*, Nördlingen 1988, S. 32.

3 Martin Luther, »An den christlichen Adel deutscher Nation von des christlichen Standes Besserung«, in: M.L., *Studienausgabe*, hrsg. von Hans-Ulrich Delius, Bd. 2, Berlin 1982, S. 89–167, hier S. 143.

4 Martin Luther, »Von den Juden und ihren Lügen«, in: M.L., *Werke*, hrsg. von Karl Drescher, Bd. 53, Weimar, 1920, S. 412–552, hier S. 523.

5 Vgl. jedoch auch den ungeheuren Erfolg von Etienne François und Hagen Schulze (Hrsg.), *Deutsche Erinnerungsorte*, 3 Bde., München 2002.

6 A.J.P. Taylor, *The Course of German History. A Survey of the Development since 1815*, New York 1962, S. 13.

7 Frank B. Tipton, *A History of Modern Germany since 1815*, Berkeley 2003, S. 1.

8 Max Black, zit. n.: Victor Turner, *Dramas, Fields, and Metaphors. Symbolic Action in Human Society*, Ithaca (N.Y.) 1974, S. 26.

9 Interview with Geoff Eley and David Blackbourne, in: *German History* 22 (2004), S. 229–245, hier S. 243, 245.

10 Jean François Lyotard, *The Postmodern Condition. A Report on Knowledge*, Minneapolis 1984, S. XXIV (in der deutschen Ausgabe *Das postmoderne Wissen. Ein Bericht*, Graz 1986, findet sich das Zitat so nicht).

11 Primo Levi, *Ist das ein Mensch? Ein autobiographischer Bericht*, München 1991, S. 102f.

12 Lawrence L. Langer, *Holocaust Testimonies. The Ruins of Memory*, New Haven 1991, S. 56 f.

13 Konrad H. Jarausch / Michael Geyer, *Zerbrochener Spiegel. Deutsche Geschichten im 20. Jahrhundert*, München 2005, S. 17, 398.

14 Vgl. Jarauschs und Geyers hochanalytische, auf der Höhe des Forschungsstandes stehende Darstellung in ebendiesem Buch.

15 Langer, *Holocaust Testimonies* (s. Anm. Einl.,12), S. XI.

16 Inga Clendinnen, *Reading the Holocaust*, Cambridge 2002, S. 4.

17 Ebd.

18 Für diese Denkrichtung sind zahlreiche Werke prägend gewesen. Zur Neuartigkeit der kollektiven Identität vgl. Lutz Niethammer, *Kollektive Identität. Heimliche Quellen einer unheimlichen Konjunktur*, Reinbek bei Hamburg 2000; zur modernen Subjektivität vgl. Jerrold E. Seigel, *The Idea of the Self. Thought and Experience in Western Europe since the Seventeenth Century*, Cambridge 2005; Dror Wahrmann, *The Making of the Modern Self. Identity and Culture in Eighteenth-Century England*, New Haven 2004; Heinz D. Kittsteiner, *Die Entstehung des modernen Gewissens*, Leipzig 1991; Charles Taylor, *Quellen des Selbst. Die Entstehung der neuzeitlichen Identität*, Frankfurt a. M. 1994.

19 Hannah Arendt, *Elemente und Ursprünge totaler Herrschaft*, Frankfurt a. M. 1955, S. 693.

20 Als eindringliche neue Darstellung der Kontroverse vgl. Klaus Große Kracht, *Die zankende Zunft. Historische Kontroversen in Deutschland nach 1945*, Göttingen 2005, S. 47–68.

21 Hans Rosenberg, *Bureaucracy, Aristocracy and Autocracy. The Prussian Experience 1660–1815*, Boston 1958; Hans-Ulrich Wehler, *Deutsche Gesellschaftsgeschichte*, 5 Bde., München 1987–2008.

22 Vgl. Thomas Nipperdey, *Gesellschaft, Kultur, Theorie*, Göttingen 1976, S. 360–389. Vgl. aber auch die historistischen Aspekte in David Blackbourn / Geoff Eley, *The Pecularities of German History. Bourgeois Society and Politics in Nineteenth Century Germany*, Oxford 1984, vor allem dort, wo die Autoren versuchen, »das Hauptaugenmerk von den tieferen historischen Kontinuitäten wegzulenken« (S. 50). In seiner Rezension des Buchs weist Nipperdey auf diese historistische Affinität hin, die auf der Notwendigkeit beruht, ein Gefühl für die Kontingenz zu bewahren; vgl. Thomas Nipperdey, in: *Historische Zeitschrift* 249 (1989), S. 434–437.

23 Für die folgenden Ausführungen greife ich zurück auf Alexander Gerschenkron, »On the Concept of Continuity in History«, in: *Proceedings of the American Philosophical Society* 106 (1962), S. 195–209. Gerschenkron beschreibt fünf Arten der Kontinuität: Beständigkeit der Richtung, Periodizität der Ereignisse, endogener Wandel, Länge des kausalen Rück-

bezugs und Stabilität der Frequenz des Wandels (S. 200). Wenn ich von »Kontinuitäten der deutschen Geschichte« rede, meine ich mit dem Begriff der Kontinuität vor allem den vierten Aspekt (Länge des kausalen Rückbezugs), bisweilen aber auch den fünften, der – selbst bei Gerschenkron – zumeist eine Methode darstellt, die nicht die Kontinuität sondern den Bruch in den Blick nimmt.

24 Meyer H. Abrams, *Natural Supernaturalism. Tradition and Revelation in Romantic Literature*, New York 1971, S. 197–252.

25 Ersteres beschreibt bekanntlich Ernst Troeltsch, »Renaissance und Reformation«, in: E.T., *Schriften zur Bedeutung des Protestantismus für die moderne Welt*, hrsg. von Trutz Rendtorff, Berlin 2001 (*Kritische Gesamtausgabe*, Bd. 8), S. 329–374; vgl. Mona Ozouf, *Festivals and the French Revolution*, Cambridge (MA) 1988.

26 Zahlreiche Historiker thematisieren jedoch neuerdings in ihren Büchern die langfristigen Entwicklungen der deutschen Geschichte, insbesondere in der Frühen Neuzeit. In der neueren englischsprachigen Literatur zählen dazu u.a. William H. Hagen, *Ordinary Prussians. Brandenburg Junkers and Villages, 1500–1840*, Cambridge 2002; Isabel V. Hull, *Sexuality, State and Civil Society in Germany, 1700–1815*, Ithaca (N.Y.) 1996; David Sabean, *Property, Production and Family in Neckarhausen, 1700–1870*, Cambridge 1990; ders., *Kinship in Neckarhausen, 1700–1870*, Cambridge 1999. Vgl. auch die Arbeiten, die sich mit der jüngeren Zeit befassen: David Blackbourn, *The Conquest of Nature. Water, Landscape, and the Making of Modern Germany*, New York 2006; Philippe Burrin, *Warum die Deutschen? Antisemitismus, Nationalsozialismus, Genozid*, Berlin 2004; Ute Frevert, *Die Kasernierte Nation. Militärdienst und Zivilgesellschaft in Deutschland*, München 2001; Dieter Gosewinkel, *Einbürgern und Ausschließen. Die Nationalisierung der Staatsangehörigkeit vom Deutschen Bund bis zur Bundesrepublik*, Göttingen 2001; Suzanne L. Marchand, *Down from Olympus. Archaeology and Philhellenism in Germany, 1750–1970*, Princeton 1996; vgl. auch die Herausforderung durch Thomas L. Brady Jr., *The Protestant Reformation in German History* (GHI in Washington D.C. Occasional Paper, Nr. 22), Washington 1998. Nicht zuletzt ist die moderne Forschung zur deutschen Geschichte durch synthetische Werke von bemerkenswerter Qualität und Überzeugungskraft bereichert worden. Dazu zählen vor allem David Blackbourn, *The Long Nineteenth Century. A History of Germany, 1780–1918*, New York 1998; Christopher Clark, *The Iron Kingdom. The Rise and Fall of Prussia, 1600–1947*, Cambridge (MA) 2006; Thomas Nipperdey, *Deutsche Geschichte 1800–1866. Bürgerwelt und starker Staat*, München 1983; ders., *Deutsche Geschichte 1866–1918*, 2 Bde., München 1990; James J. Sheehan,

German History, 1770–1866, Oxford 1989; Hans-Ulrich Wehler, *Deutsche Gesellschaftsgeschichte* (vgl. Anm. Einl.,21); Heinrich August Winkler, *Der lange Weg nach Westen. Deutsche Geschichte*, 2 Bde., München 2000.

27 Paul Nolte, »Abschied vom 19. Jahrhundert oder Auf der Suche nach einer anderen Moderne«, in: *Wege der Gesellschaftsgeschichte*, hrsg. von Jürgen Osterhammel [u. a.], Göttingen 2006, S. 103–132. Vgl. auch die mittlerweile beinahe klassische Darlegung des Problems bei Suzanne L. Marchand, »Embarassed by the Nineteenth Century«, in: *Consortium on Revolutionary Europe. Selected Papers*, Tallahassee 2002, S. 1–16, und die wichtigen Argumente zugunsten der Betonung des Zusammenhangs von 19. und 20. Jahrhundert bei James Retallack, *The German Right, 1860–1920. Political Limits of the Authoritarian Imagination*, Toronto 2006.

28 Alain Finkielkraut, *Verlust der Menschlichkeit. Versuch über das 20. Jahrhundert*, Stuttgart 1998.

Kapitel 1 – Der Fluchtpunkt der deutschen Geschichte

1 Zit. n. Niccolò Machiavelli, *Il Principe / Der Fürst*, ital./dt., übers. und hrsg. von Philipp Rippel, Stuttgart 2007 [u. ö.], S. 7. Auf den Zusammenhang zwischen dieser Passage und dem allgemeinen Problem der Perspektive verweist Gisela Bock, »Machiavelli als Geschichtsschreiber«, in: *Quellen und Forschungen aus italienischen Archiven und Bibliotheken* 66 (1986), S. 153–192, hier S. 175. Vgl. auch Carlo Ginzburg, *Holzaugen. Über Nähe und Distanz*, Berlin 1999, S. 223 ff.

2 Leon Battista Alberti, *Della Pittura / Über die Malkunst*, hrsg. von Oskar Bätschmann, Darmstadt 2002, S. 95.

3 Harold Osborne (Hrsg.), *The Oxford Companion to Art*, Oxford 1970, S. 849.

4 John Berger, *Ways of Seeing*, London 1972, S. 16.

5 Brief Voltaires an Jean Baptiste Dubos vom 30. Oktober 1738, Auszüge in Fritz Stern (Hrsg.), *The Varieties of History. From Voltaire to the Present*, New York 1973, S. 39.

6 Alberti, *Della Pittura / Über die Malkunst*, S. 65.

7 Simon Schama, *Rembrandts Augen*, Berlin, 2000, S. 329.

8 Hayden White, *Metahistory. Die historische Einbildungskraft im 19. Jahrhundert in Europa*, Frankfurt a. M. 1991, S. 16 f.

9 Ebd., S. 48. Zu White sowie zur Frage, ob dieser Formalismus den destabilisierenden Elementen stark strukturierter Werke hinreichend Rech-

nung trägt, vgl. Dominick LaCapra, *Rethinking Intellectual History. Texts, Contexts, Language*, Ithaca (N.Y.) 1983, S. 72–83.

10 Jack H. Hexter, *Reappraisals in History. New Views on History and Society in Early Modern Europe*, 2. Aufl., Chicago 1979, S. 6.

11 George H. Mead, »The Nature of the Past«, in: *Essays in Honor of John Dewey*, hrsg. von John Coss, New York 1929, S. 235–242, hier S. 240.

12 Friedrich Meinecke, *Die Deutsche Katastrophe. Betrachtungen und Erinnerungen*, 2. Aufl. Wiesbaden 1946, S. 80.

13 Ebd., S. 23.

14 Ebd., S. 24.

15 Das Vorwort ist wiederabgedr. in: Winfried Schulze, *Deutsche Geschichtswissenschaft nach 1945*, München 1989, S. 101–104, hier S. 103.

16 Ebd., S. 103.

17 Ebd.

18 Hans Kohn, *The Mind of Germany. The Education of a Nation*, New York 1960, S. IX. In der deutschen Ausgabe (*Wege und Irrwege. Vom Geist des deutschen Bürgertums*, Düsseldorf 1962), kommt diese Passage nicht vor, da Kohn hier das Vorwort zur englischen Edition durch ein eigenes deutsches Vorwort ersetzte.

19 Hajo Holborn, »Der deutsche Idealismus in sozialgeschichtlicher Beleuchtung«, in: *Historische Zeitschrift* 174 (1952), S. 359–384, hier S. 359.

20 Ebd., S. 360.

21 Ders., *Deutsche Geschichte der Neuzeit*, 3 Bde., München 1969–70.

22 Zit. n. Kenneth D. Barkin, »German Émigré Historians in America. The Fifties, Sixties, and Seventies«, in: *An Interrupted Past. German-Speaking Refugee Historians in the United States after 1933*, hrsg. von Hartmut Lehman und James J. Sheehan, New York 1991, S. 149–169, hier S. 161.

23 Ebd.

24 Fritz Fischer, *Griff nach der Weltmacht. Die Kriegszielpolitik des kaiserlichen Deutschland, 1914–1918*, Düsseldorf 1961.

25 Ders., *Krieg der Illusionen. Die deutsche Politik von 1911 bis 1914*, Düsseldorf 1969.

26 Klaus Große Kracht, »Fritz Fischer und der deutsche Protestantismus«, in: *Zeitschrift für neuere Theologiegeschichte* 10 (2003), S. 224–252.

27 Ebd., S. 239 f.

28 Schulze, *Deutsche Geschichtswissenschaft nach 1945* (s. Anm. 1,15), S. 27.

29 Fritz Fischer, »Der deutsche Protestantismus und die Politik im 19. Jahrhundert«, in: *Historische Zeitschrift* 171 (1950), S. 473–518, hier S. 473.

30 Ders., »Kontinuität des Irrtums. Zum Problem der deutschen Kriegszielpolitik 1914–1918«, in: *Historische Zeitschrift* 191 (1959), S. 249–310.

31 Als aufschlussreiche Erörterung der Schriften und der Wirksamkeit Erd-

manns während des Dritten Reichs vgl. Martin Kröger/Roland Thimme, *Die Geschichtsbilder des Historikers Karl Dietrich Erdmann. Vom Dritten Reich zur Bundesrepublik Deutschland*, München 1996.

32　Bernd Sösemann, »Die Tagebücher Kurt Riezlers. Untersuchungen zu ihrer Echtheit und Edition«, in: *Historische Zeitschrift* 236 (1983), S. 327–369.

33　Roger Fletcher in seiner Einführung zu Fritz Fischer, *From Kaiserreich to Third Reich. Elements of Continuity in German History, 1871–1945*, London 1986, S. 23.

34　Geoff Eley, »Sammlungspolitik, Sozialimperialismus und das Flottengesetz von 1898«, in: G.E., *Wilhelminismus, Nazismus, Faschismus. Zur historischen Kontinuität in Deutschland*, Münster 1991, S. 99–143, hier S. 105 f.

35　Ders., *Reshaping the German Right. Radical Nationalism and Political Change after Bismarck*, 2. Aufl., Ann Arbor 1991.

36　Zur Verzerrung der Beweislage in Eleys wichtigem Buch vgl. Roger Chickerings kritische Besprechung von *Reshaping the German Right* in: *The American Historical Review* 86 (1981), S. 159 f. Zu einer neuen Sicht des Übergangs von der »Honoratiorenpolitik« zur populistischen Politik vgl. insbesondere James Retallack, *The German Right, 1860–1920. Political Limits of the Authoritarian Imagination*, Toronto 2006, S. 76–107.

37　Karl Dietrich Bracher, *Die Auflösung der Weimarer Republik*, Düsseldorf 1955, S. 377.

38　Ders., *Die Stufen der Machtergreifung*, Tl. 1 von: K.D.B. [u.a.], *Die nationalsozialistische Machtergreifung*, Köln/Opladen 1960; ders., *Die deutsche Diktatur. Entstehung, Struktur, Folgen des Nationalsozialismus*, Köln 1969.

39　Bracher, *Die deutsche Diktatur*, ebd., S. 67.

40　Zit. n. Eberhard Kolb, *Die Weimarer Republik*, München 1984, S. 200.

41　Als kurze Besprechung dieser Literatur vgl. ebd., S. 200–205.

42　Fritz Fischer, *Bündnis der Eliten. Zur Kontinuität der Machtstrukturen in Deutschland 1871–1945*, Düsseldorf 1979, S. 72 f. Zwischen »beiden Seiten«, behauptete Fischer, bestand Übereinstimmung darin, »daß man die NSDAP als politische Kraft gewinnen müsse; daß eine bloße Rückkehr zum ›System Papen‹ sich nicht realisieren lassen würde; daß eine Beteiligung des NSDAP an der Regierung jedenfalls das kleinere Übel sei gegenüber dem Versuch Schleichers, die Gewerkschaften an den Präsidialstaat heranzuziehen [...]« (S. 73).

43　David Abraham, *The Collapse of the Weimar Republic. Political Economy and Crisis*, Princeton 1981; vgl. Henry A. Turner, »Letter to the Editors«, in: *The American Historical Review* 88 (1983), S. 1143 f. Als umfassende

Erörterung der Beweislage vgl. Ulrich Nocken, »Weimarer Geschichte(n)«, in: *Vierteljahreshefte für Sozial- und Wirtschaftsgeschichte* 71 (1984), S. 502–527.

44 Peter Novick, *The Noble Dream. The »Objectivity Question« and the Historical Profession*, New York 1988, S. 613–621.

45 Henry A. Turner, *Die Großunternehmer und der Aufstieg Hitlers*, Berlin 1985, S. 244–256.

46 Margaret L. Anderson / Kenneth D. Barkin, »The Myth of the Puttkamer Purge and the Reality of the Kulturkampf«, in: *Journal of Modern History* 54 (1982), S. 647–686. Kritische, allerdings keineswegs überzeugende Einwände erhebt Thomas Kühne, *Dreiklassenwahlrecht und Wahlkultur in Preußen*, Düsseldorf 1994, S. 61 ff.

47 Der Artikel wurde vom *Journal of Modern History* angenommen, nachdem ihn die *American Historical Review* zuvor abgelehnt hatte; in der Zwischenzeit hatte Hans-Ulrich Wehler, der stets vorbildlich dazu bereit war, Ideen, die den seinen zuwiderliefen, öffentlich zu diskutieren, angeboten, ihn in *Geschichte und Gesellschaft* zu veröffentlichen (Auskunft von Margaret Anderson).

48 Felix Gilbert, zit. n. *Historikerlexikon. Von der Antike bis zur Gegenwart*, hrsg. von Rüdiger vom Bruch und Rainer A. Müller, 2. Aufl., München 2002, S. 176.

49 Vgl. James J. Sheehan, *Der deutsche Liberalismus. Von den Anfängen im 18. Jahrhundert bis zum Ersten Weltkrieg 1770–1914*, München 1983, S. 9, der die Tendenz »eines großen Teils der jüngsten wissenschaftlichen Arbeiten – insbesondere der nach 1945 entstandenen Arbeiten amerikanischer Historiker – [...]« kritisierte, »das Versagen der deutschen Liberalen aus einem Mangel an moralischer Standfestigkeit zu erklären«.

50 Als Beispiele für Besprechungen in Fachzeitschriften vgl. Aileen Dunham, in: *The Journal of Modern History* 24 (1952), S. 184 ff; C. H. van Duzer, in: *The American Historical Review* 57 (1952), S. 933 ff.; als Besprechungen in populäreren Blättern vgl. Henry Stuart Hughes, in: *Nation* 172 (1951), S. 280 f.; Hans Kohn, »Where Terror is the Essence«, in: *Saturday Review of Literature* 34 (März 1951), S. 10; Edward H. Carr, »The Ultimate Denial«, in: *New York Times*, 25. März 1951, S. 169.

51 Zu den wichtigen Ausnahmen zählt u.a. Golo Manns kritische Besprechung in *Die Neue Zeitung* vom 20. Dezember 1951 (unter dem Titel »Vom totalen Staat«).

52 Arendt, *Elemente und Ursprünge totaler Herrschaft* (s. Anm. Einl.,19), S. 189.

53 Ralf Dahrendorf, *Gesellschaft und Demokratie in Deutschland*, München 1968, S. 26.

54 Paul Nolte, »Die Historiker der Bundesrepublik. Rückblick auf eine ›lange Generation‹«, in: *Merkur* 53 (1999), S. 413–432, hier S. 421.

55 Lucy Dawidowicz, *The Holocaust and the Historians*, Cambridge (MA) 1981, S. 58f.

56 Sebastian Haffner, *Anmerkungen zu Hitler*, Frankfurt a.M. 1981, S. 142.

57 Raul Hilberg, *Unerbetene Erinnerung. Der Weg eines Holocaust-Forschers*, Frankfurt a.M. 2008, S. 135.

58 Nicolas Berg, *Der Holocaust und die westdeutschen Historiker. Erforschung und Erinnerung*, Göttingen 2003.

59 Ebd., S. 343.

60 Vgl. Ian Kershaws Besprechung von Berg unter dem Titel »Beware the Moral High Ground«, in: *Times Literary Supplement* 10 (Oktober 2003), S. 10f. Vgl. auch das Interview mit Hans Mommsen (unter dem Titel »Daraus erklärt sich, dass es niemals zuvor eine derartige Vorherrschaft alter Männer gegeben hat, wie in der Zeit von 1945 bis in die 60er Jahre«) in: Rüdiger Hohls/Konrad H. Jarausch, *Versäumte Fragen. Deutsche Historiker im Schatten des Nationalsozialismus*, Stuttgart 2000, S. 163–190, hier S. 180.

61 Vgl. Martin Broszat, »Plädoyer für Alltagsgeschichte. Eine Replik auf Jürgen Kocka«, in: M.B., *Nach Hitler. Der schwierige Umgang mit unserer Geschichte*, München 1988, S. 194–200.

62 Peter Fritzsche, »Where Did All the Nazis Go? Reflections on Collaboration and Resistance«, in: *Tel Aviver Jahrbuch für deutsche Geschichte* 23 (1994), S. 191–214.

63 Martin Broszat, »Resistenz und Widerstand. Eine Zwischenbilanz des Forschungsprojekts ›Widerstand und Verfolgung in Bayern 1933–1945‹«, in: M.B., *Nach Hitler* (s. Anm. 1,61), S. 136–161, hier S. 144.

64 Ders., »Plädoyer für eine Historisierung des Nationalsozialismus«, in: *Merkur* 39 (1985), S. 373–385; wiederabgedr. in: ders., *Nach Hitler* (s. Anm. 1,61), S. 159–173, hier S. 166.

65 Martin Broszat/Saul Friedländer, »Um die ›Historisierung des Nationalsozialismus‹. Ein Briefwechsel«, in: *Vierteljahreshefte für Zeitgeschichte* 36 (1988), S. 332–372; ders./Saul Friedländer, »A Controversy about the Historicization of National Socialism«, in: *Reworking the Past. Hitler, the Holocaust, and the Historians' Debate*, hrsg. von Peter Baldwin, Boston 1990, S. 102–132.

66 Brief von Broszat an Saul Friedländer vom 26. Oktober 1987, in: Broszat/Friedländer, »Um die ›Historisierung des Nationalsozialismus‹« (s. Anm. 1,65), S. 348–353, hier S. 351.

67 Ulrich Herbert, *Nationalsozialistische Vernichtungspolitik, 1939–1945*, Frankfurt a.M. 1998, S. 19.

68 Christian Gerlach, *Krieg, Ernährung, Völkermord. Forschungen zur deutschen Vernichtungspolitik im Zweiten Weltkrieg*, Hamburg 1998, S. 85–166; Mark Roseman, *The Villa, the Lake, the Meeting. Wannsee and the Final Solution*, London 2002.

69 Eine gute Einführung bietet Herbert, *Nationalsozialistische Vernichtungspolitik* (s. Anm. 1,67); vgl. auch Dieter Pohl, *Holocaust. Die Ursachen – das Geschehen – die Folgen*, Freiburg i. Br. 2000.

70 Michael Burleigh, *Die Zeit des Nationalsozialismus. Eine Gesamtdarstellung*, Frankfurt a. M. 2000, S. 324–396, 656–768.

71 Ian Kershaw, »Antisemitismus in der NS-Bewegung vor 1933«, in: *Vorurteil und Rassenhaß. Antisemitismus in den faschistischen Bewegungen Europas*, hrsg. von Hermann Graml [u. a.], Berlin 2001, S. 29–47, hier S. 29–32.

72 Omer Bartov, *Murder in Our Midst. The Holocaust, Industrial Killing, and Representation*, New York 1996, S. 33.

73 Richard J. Evans, *Das Dritte Reich*, Bd. 1: *Der Aufstieg*, München 2005. Das Zitat findet sich nur in der englischen Ausgabe: *The Coming* of the *Third Reich*, New York 2004, S. 2.

74 Charles S. Maier, »Consigning the Twentieth Century to History. Alternative Narratives for the Modern Era«, in: *The American Historical Review* 105 (2000), S. 807–831. Vgl. auch Manfred Hettling, »Der Mythos des kurzen 20. Jahrhunderts«, in: *Saeculum* 49 (1998), S. 327–345.

75 Vgl. den brillanten Entwurf von Alain Finkielkraut, *Verlust der Menschlichkeit. Versuch über das 20. Jahrhundert*, Stuttgart 1998; meine eigene Position ist davon stark beeinflusst.

76 Christopher R. Browning, *Ganz normale Männer. Das Reservebataillon 101 und die »Endlösung« in Polen*, Reinbek bei Hamburg 1993. Es ist wohl bezeichnend, dass Browning in seinem neuen Meisterwerk *Die Entfesselung der »Endlösung«. Nationalsozialistische Judenpolitik 1939–1942* (München 2003) den historischen Wurzeln der antisemitischen Politik ein hohes Maß an Aufmerksamkeit widmet.

77 Vgl. nun den eindringlichen Essay von Philippe Burin, *Warum die Deutschen? Antisemitismus, Nationalsozialismus, Genozid*, Berlin 2004.

78 Ein zentraler Text für diesen Zugang zu dem Problem ist Michael Geyer, »Resistance as Ongoing Project. Visions of Order, Obligations to Strangers, and Struggles for Civil Society, 1933–1990«, in: *Resistance against the Third Reich, 1933–1990*, hrsg. von M. G. und John W. Boyer, Chicago 1994, S. 325–350. Vgl. auch Enzo Traverso, *Moderne und Gewalt. Eine europäische Genealogie des Nazi-Terrors*, Köln 2003; Traverso zeichnet viele dieser Zusammenhänge nach, wenn auch meines Erachtens zu schematisch.

79 Susan Sontag, *Das Leiden anderer betrachten*, München 2003.

Kapitel 2 – Vom Spiegel zur Lampe

1　Arthur Dürst, *Sebastian Münsters Sonneninstrument und die Deutschland-karte von 1525. Begleittext zum Faksimiledruck von Sebastian Münster, Erklärung des neuen Sonneninstruments*, Oppenheim 1528, S. 26.

2　Ebd., S. 25. Diese Passage begegnet in englischer Übersetzung auch bei Gerald Strauss, *Germany. Its Topography and Topographers*, Madison 1956, S. 26; bei Strauss' Buch handelt es sich um ein Standardwerk zum Thema der humanistischen Entdeckung Deutschlands. Durchdrungen von dem klassischen Erbe der Humanisten, zeigte Strauss geschickt, dass ein Nationalgefühl und die großartige Fähigkeit, die Merkmale der Nation zu beschreiben, aus dem verletzten Stolz erwuchsen, der mit den Kränkungen zusammenhing, die klassische Schriftsteller und zeitgenössische italienische Autoren Deutschland und seinen Städten zugefügt hatten. Auf Grund seiner großen Gelehrsamkeit bleibt dies ein Buch, das Forscher auch weiterhin zu Rate ziehen werden. Es gibt allerdings gute Gründe dafür, das von Strauss so meisterhaft beschriebene Terrain neu abzuschreiten. Erstens gibt es seit den 1960er Jahren eine Fülle von Literatur über Nationen und Nationalismus, die es uns gestattet, die Leistungen der von Strauss beschriebenen Topographen neu zu überdenken. Vor allem Benedict Andersons in seiner englischen Fassung von 1983 selbst beinahe ein Vierteljahrhundert altes Buch *Die Erfindung der Nation. Zur Karriere eines folgenreichen Konzepts*, Frankfurt a. M. 1988, S. 20, bietet auch weiterhin Möglichkeiten zu verstehen, wie der Nationalismus nicht aus »bewußt verflochtenen Ideologien« entstand, sondern aus »den großen kulturellen Systemen, die ihnen vorausgegangen sind«.

3　Zit. n. Peter H. Meurer, *Corpus der älteren Germania-Karten*, Alphen aan den Rijn 2001, S. 186. Hierbei handelt es sich um das Standardwerk zum Thema der frühen *Germania*-Karten.

4　Karl Heinz Burmeister, *Sebastian Münster. Versuch eines biographischen Gesamtbildes*, Basel 1963, S. 181 f.

5　Vgl. Hans Kohn, der sich in seinem Buch *Die Idee des Nationalismus. Ursprung und Geschichte bis zur Französischen Revolution*, Frankfurt a. M. 1962, mit dem »beginnenden deutschen Nationalismus« auseinandersetzte, dessen Anspruch aber dann als »größtenteils auf Geschichtsforscher und Dichter beschränkt« abtat (S. 20, 199). Zu Bodin vgl. Anthony Grafton, *New Worlds, Ancient Texts. The Power of Tradition and the Shock of Discovery*, Cambridge (MA) 1992, S. 107.

6　Meurer, *Corpus der älteren Germania-Karten* (s. Anm. 2,3), S. IX.

7　Zit. n. Svetlana Alpers, *Kunst als Beschreibung. Holländische Malerei des 17. Jahrhunderts*, Köln 1985, S. 97. Dieses Buch – insbesondere die Gegenüberstellung der Oberfläche in der niederländischen Malerei und des Narrativs der italienischen Kunst der Renaissance – hat großen Einfluss auf mein Denken über die modernen Nationen ausgeübt. Richard Helgerson, *Forms of Nationhood. The Elizabethan Writing of England*, Chicago 1992, greift einige dieser Motive auf.

8 John H. Parry, *Trade and Dominion. The European Overseas Empires in the Eighteenth Century*, London 1971, S. 244.

9 Johann Gottfried Herder, *Briefe zur Beförderung der Humanität*, hrsg. von Hans Dietrich Irmscher, Frankfurt a. M. 1991 (*Werke*, Bd. 7), S. 575.

10 Ebd., S. 305.

11 John Toews, *Becoming Historical. Cultural Reformation and Public Memory in Early Nineteenth-Century Berlin*, Cambridge 2004, S. 322 f.

12 Elie Kedourie, *Nationalismus*, München 1971, S. 7; Ernest Gellner, *Nationalismus und Moderne*, Hamburg 1995, S. 87. Zu dem Argument, man müsse Nationalismus und Nation voneinander trennen, da es sich bei der Nation um eine ältere Kategorie handle, vgl. David A. Bell, *The Cult of the Nation in France. Inventing Nationalism, 1680–1800*, Cambridge (MA) 2001, S. 5–15.

13 Alpers, *Kunst als Beschreibung* (s. Anm. 2,7).

14 Herder, *Ideen zur Philosophie der Geschichte der Menschheit*, in: J. G. H., *Sämtliche Werke*, hrsg. von Bernhard Suphan, Bd. 13, Berlin 1887, S. 13.

15 Herder, *Briefe zur Beförderung der Humanität*, in: J. G. H., *Sämtliche Werke*, ebd. Bd. 18, 1883, S. 1–302, hier, S. 284 f.

16 Johannes Cochläus, *Brevis Germanie Descriptio. Mit der Deutschlandkarte des Erhard Etzlaub von 1512*, übers. und hrsg. von Karl Langosch, Darmstadt 1976. Zu Etzlaub vgl. Meurer, *Corpus der älteren Germania-Karten* (s. Anm. 2,3), S. 133–143; Herbert Krüger, »Des Nürnberger Meisters Erhard Etzlaub älteste Straßenkarte von Deutschland«, in: *Jahrbuch für fränkische Landesforschung* 18 (1958), S. 1–287, 379–407, hier S. 17.

17 John R. Hale, *Die Kultur der Renaissance in Europa*, München 1994, S. 48.

18 Cochläus, *Brevis Germanie Descriptio* (s. Anm. 2,16), S. 119.

19 Ebd., S. 49.

20 Zit. n. Meurer, *Corpus der älteren Germania-Karten* (s. Anm. 2,3), S. 306, 332.

21 Ebd., S. 332.

22 Ebd., S. 331.

23 Das Privileg von 1569, abgedr. ebd., S. 331.

24 Ebd., S. 303.

25 Ulrike Valeria Fuss, *Matthäus Merian der Ältere. Von der lieblichen Landschaft zum Kriegsschauplatz – Landschaft als Kulisse des 30jährigen Krieges*, Frankfurt a. M. 2000.

26 Wolfgang Behringer, »Die großen Städtebücher und ihre Voraussetzungen«, in: *Das Bild der Stadt in der Neuzeit, 1400–1800*, hrsg. von W. B. und Bernd Roeck, München 1999, S. 81–93, hier S. 91.

27 Richard J. Evans, *Rereading German History, 1800–1996. From Unification to Reunification*, London, 1997, S. 51. Evans meinte Historiker des modernen Deutschland. Seine Aussage lässt sich aber auf Nationalismusforscher überhaupt ausweiten. Eine Ausnahme bietet Peter Sahlin, *Boundaries. The Making of France and Spain in the Pyrenees*, Berkeley 1991.

28 Als neuere Einführungen vgl. Hans-Ulrich Wehler, *Nationalismus. Geschichte – Formen – Folgen*, München 2001; Dieter Langewiesche, *Nation, Nationalismus, Nationalstaat in Deutschland und Europa*, München 2000.

29 Das Buch von Jörg Echternkamp, *Aufstieg der deutschen Nation, 1770–1848*, Frankfurt a. M. 1998, kann diesbezüglich als bezeichnend gelten.

30 Walter J. Ong, *Oralität und Literalität. Die Technologisierung des Wortes*, Opladen 1987.

31 Noch 1593 konnte Sebastian Helber, der Verfasser eines *Teutschen Syllabierbüchleins* darüber klagen, dass es sieben unterschiedliche Drucksprachen gab. Vgl. Werner Besch, *Die Rolle Luthers in der deutschen Sprachgeschichte*, Heidelberg 1999, S. 8.

32 Elizabeth L. Eisenstein, *Die Druckerpresse. Kulturrevolutionen im frühen modernen Europa*, Wien 1997, S. 18.

33 Ebd., S. 85.

34 Zu diesen Zitaten vgl. Arno Borsts panoramaartigen Überblick in seinem Werk *Der Turmbau von Babel. Geschichte der Meinungen über Ursprung und Vielfalt der Völker*, 5 Bde., Stuttgart 1957–63, hier Bd. 3, Tl. 1, S. 1048–90.

35 Martin Luther, »Vorrede zu der vollständigen Ausgabe der ›deutschen‹ Theologie‹, 1518«, in: M. L., *Werke. Kritische Gesamtausgabe*, Bd. 1, hrsg. von Joachim K. F. Knaake [u. a.], Weimar 1883, S. 375–379, hier S. 379.

36 Besch, *Die Rolle Luthers* (s. Anm. 2,31), S. 30. Die Lutherbibel ist der Schlüssel, da Luthers Übersetzung des Neuen Testaments die sprachliche Angleichung – vor allem in Mittel- und Oberdeutschland – sowohl beschleunigte als auch als deren gelungensten Maßstab darstellte. Als Luthers Neues Testament erstmals 1522 in Wittenberg erschien, erforderte seine Publikation in Oberdeutschland im folgenden Jahr ein Glossar und einige orthographische Veränderungen; zwanzig Jahre später fiel das Glossar fort, und 100 Jahre später war auch die niederdeutsche, d. h. »plattdeutsche« Ausgabe überflüssig.

37 John T. Waterman, *A History of the German Language*, Seattle 1966, S. 135 f.; John Rowe, »Sixteenth and Seventeenth Century Grammars«, in: *Studies in the History of Linguistics. Traditions and Paradigms*, hrsg. von

Dell Hymes, Bloomington 1974, S. 364. Clajus hoffte darauf, Leser jenseits der Grenzen Deutschlands zu finden. Wie viele Grammatiken jener Zeit bestand das Ziel von Clajus' *Grammatica Germanicae Linguae* nicht darin, ganz verschiedene Dialekte zu einer kohärenten Sprache zusammenzufügen, sondern darin, jenen, die eine andere Sprache sprachen, Deutsch zu lehren, wie uneinheitlich es auch erscheinen mochte.

38 Rowe, »Sixteenth and Seventeenth Century Grammars« (s. Anm. 2,37), S. 361.

39 Eric Blackall, *Die Entwicklung des Deutschen zur Literatursprache 1700–1775*, Stuttgart 1966.

40 Eine Übersetzung ins Deutsche durch Claudia Barthold und Peter Barthold findet sich in Heidrun Kämpfer, »Einführung und Bibliographie zu Georg Henisch, *Teutsche Sprach und Weisheit* (1616)«, in: *Deutsche Wörterbücher des 17. und 18. Jahrhunderts*, hrsg. von Helmut Henne, 2., erw. Aufl., Hildesheim 2001, S. 41–70, hier S. 67–70. Zu solchen Lexika im internationalen Kontext vgl. Franz Josef Hausmann [u.a.] (Hrsg.), *Wörterbücher. Ein internationales Handbuch zur Lexikographie*, 3 Bde., Berlin 1989–91.

41 Zit. n. dem Standardwerk von Irmgard Weithase, *Zur Geschichte der gesprochenen deutschen Sprache*, 2 Bde., Tübingen 1961, Bd. 1, S. 117.

42 Ebd., S. 117.

43 Ebd.

44 Zit. n. *Deutsche Wörterbücher des 17. und 18. Jahrhunderts*, hrsg. von Henne (s. Anm 2,40), S. 14.

45 Zit. n. Thorsten Roelcke, »Der Patriotismus der barocken Sprachgesellschaften«, in: *Nation und Sprache. Die Diskussion ihres Verhältnisses in Geschichte und Gegenwart*, hrsg. von Andreas Gardt, New York 2000, S. 139–168, hier S. 153. Zur umfassenderen Frage nach dem sprachlichen Patriotismus vgl. auch Andreas Gardt, »Sprachpatriotismus und Sprachnationalismus. Versuch einer historisch-systematischen Bestimmung am Beispiel des Deutschen«, in: *Sprachgeschichte als Kulturgeschichte*, hrsg. von A.G. [u.a.], Berlin 1999, S. 89–114; dort wird die frühneuzeitliche Verbindung von Sprache und Identität allerdings zu stark betont. Zum weiteren europäischen Kontext vgl. George A. Padley, *Grammatical Theory in Western Europe, 1500–1700*, Cambridge 1985, S. 325–348.

46 Zit. in Meyer H. Abrams, *Spiegel und Lampe. Romantische Theorie und die Tradition der Kritik*, München 1978, S. 8.

47 Ebd., S. 79.

48 Ebd., S. 49.

49 Ebd., S. 80.

50 Ebd., S. 36.

51 Ebd., S. 41.

52 Ebd., S. 49.

53 Gotthold Ephraim Lessing, *Werke und Briefe*, Bd. 5.2: *Werke, 1766–1769*, hrsg. von Wilfried Barner, Frankfurt a. M. 1990, S. 632.

54 Ders., »Paralipomena zum Laokoon«, in: ebd., S. 207–322, hier S. 209.

55 Johann Wolfgang Goethe, *Aus meinem Leben, Dichtung und Wahrheit*, in: J. W. G., *Werke*, München 1981 (Hamburger Ausgabe, Bd. 9: *Autobiographische Schriften I*), S. 316.

56 Johann Gottfried Herder, *Die kritischen Wälder zur Ästhetik*, in: J. G. H., *Werke*, Bd. 2: *Schriften zur Ästhetik und Literatur*, hrsg. von Gunter E. Grimm, Frankfurt a. M. 1993, S. 9–442, hier S. 194. Zur Ästhetik Herders vgl. vor allem Robert E. Norton, *Herder's Aesthetics and the European Enlightenment*, Ithaca (N. Y.) 1991.

57 Katie Trumpener, *Bardic Nationalism. The Romantic Novel and the British Empire*, Princeton 1997.

58 Charles Taylor, *Quellen des Selbst. Die Entstehung der neuzeitlichen Identität*, Frankfurt a. M. 1994.

59 Dror Wahrman, *The Making of the Modern Self. Identity and Culture in Eighteenth-Century England*, New Haven 2004, S. 176, konstatiert den Übergang von einer »nicht-essentiellen Vorstellung von Identität« zu einer Identität, die »in einem fest verankerten Selbst« ruht.

60 Kohn, *Die Idee des Nationalismus* (s. Anm. 2,5), S. 573–604.

61 Eric Hobsbawm, *Nationen und Nationalismus. Mythos und Realität seit 1780*, erw. Aufl., Frankfurt a. M. 2004, S. 62.

62 Zit. n. der nach wie vor klassischen Arbeit von Koppel S. Pinson, *Pietism as a Factor in the Rise of German Nationalism*, New York 1934, S. 41.

63 Johann Gottfried Herder, »Vom Erkennen und Empfinden der menschlichen Seele«, in: J. G. H., *Werke*, hrsg. von Martin Bollacher und Günter Arnold, Frankfurt a. M., 1985–2000, Bd. 4: *Schriften zu Philosophie, Literatur, Kunst und Altertum, 1774–1787*, hrsg. von Jürgen Brummack und Martin Bollacher, 1994, S. 327–393, hier S. 348.

64 Abrams, *Spiegel und Lampe* (s. Anm. 2,46), S. 258. Herder, *Die kritischen Wälder zur Ästhetik* (s. Anm. 2,56), S. 194. Als äußerst anregende Überlegungen zum Verhältnis des Tastsinns zu Gefühl und Innerlichkeit vgl. Ulrike Zeuch, *Umkehr der Sinneshierarchie. Herder und die Aufwertung des Tastsinns seit der frühen Neuzeit*, Tübingen 2000, bes. S. 144–152.

65 Herder, »Vom Erkennen und Empfinden der menschlichen Seele« (s. Anm. 2,63), S. 358.

66 Ders., *Auch eine Philosophie der Geschichte zur Bildung der Menschheit*, in: J. G. H., *Werke*, Bd. 4 (s. Anm. 2,63), S. 9–108, hier S. 93.

67 Zit. n. Kohn, *Die Idee des Nationalismus* (s. Anm. 2,5), S. 593.

68 Herder, *Von deutscher Art und Kunst*, in: J.G.H., *Werke* (s. Anm. 2,63), Bd. 2: *Schriften zur Ästhetik und Literatur*, hrsg. von Gunter E. Grimm, ebd. 1993, S. 443–562, hier S. 480.

69 Aus Herders Essay »Über die Fähigkeit zu sprechen und zu hören«, in: J. G. H., *Sämmtliche Werke*, Bd. 18, hrsg. von Bernhard Suphan, Berlin 1883, S. 384–390, hier S. 387.

70 Herder, *Briefe zur Beförderung der Humanität* (s. Anm. 2,9), S. 304.

71 J.G. Fichte, *Gesamtausgabe der Bayerischen Akademie der Wissenschaften*, hrsg. von Reinhardt Lauth und Hans Jacob, Stuttgart-Bad Cannstatt 1962ff., Reihe 1, Bd. 10: *Werke 1808–1812* (*Reden an die deutsche Nation, Zwölfte Rede*), hrsg. von Reinhard Lauth [u.a.], ebd. 2005, S. 261.

72 Wilhelm von Humboldt, *Briefe von Wilhelm von Humboldt an eine Freundin*, 6. Aufl., Leipzig 1856, S. 413.

73 Friedrich Schleiermacher, *Erziehungslehre aus Schleiermachers handschriftlichem Nachlasse und nachgeschriebenen Vorlesungen*, hrsg. von Carl Platz, Langensalza 1871, S. 581f.

74 Stephen Greenblatt, *Wunderbare Besitztümer. Die Erfindung des Fremden. Reisende und Entdecker*, Berlin 1998, S. 27.

75 Fichte, »Versuch einer neuen Darstellung der Wissenschaftslehre«, in: J.G.F., *Gesamtausgabe* (s. Anm 2,71), Reihe 1, Bd. 4: *Werke 1797–1798*, hrsg. von Reinhard Lauth und Hans Jacob, ebd. 1970, S. 167–281, hier S. 219f.

76 George Armstrong Kelly, *Idealism, Politics and History. Sources of Hegelian Thought*, London 1969, S. 207.

77 Fichte, »Grundlage der gesammten Wissenschaftslehre«, in: J.G.F., *Gesamtausgabe*, Serie I, Bd. 2: *Werke 1793–1795* (s. Anm. 2,75), S. 173–463, hier S. 353.

78 Fichte, *Gesamtausgabe* (s. Anm. 2,71), Reihe 3, Bd. 2: *Briefwechsel, 1793–1795*, hrsg. von Reinhard Lauth und Hans Jacob, ebd. 1972, S. 300.

79 Zur Bedeutung des universalen Denkens für die Entstehung des modernen Patriotismus vgl. Reinhart Koselleck, *Begriffsgeschichten. Studien zur Semantik und Pragmatik der politischen und sozialen Sprache*, Frankfurt a. M. 2006, S. 227f.

80 Leonard Krieger, *The German Idea of Freedom. History of a Political Tradition*, Boston 1957.

81 Zit. n. Anthony J. LaVopa, *Fichte. The Self and the Calling of Philosophy, 1762–1799*, Cambridge (MA) 2001, S. 75.

82 Fichte, »Der geschlossene Handelsstaat«, in: J.G.F., *Gesamtausgabe* (s. Anm. 2,71), Reihe I, Bd. 7: *Werke 1800–1801*, hrsg. von Reinhard Lauth und Hans Gliwitzky, ebd. 1988, S. 37–141.

83 Zu dieser Thematik vgl. Kelly, _Idealism, Politics, and History_ (s. Anm. 2,76), S. 283.

84 Als kluge, kurze Darstellung vgl. James J. Sheehan, _German History, 1770–1866_, Oxford 1989, S. 371–398.

85 Wolf Kittler, _Die Geburt des Partisanen aus dem Geist der Poesie. Heinrich von Kleist und die Strategie der Befreiungskriege_, Freiburg i. Br. 1987. Vgl. in einem breiteren Zusammenhang David A. Bell, _The First Total War. Napoleon's Europe and the Birth of Warfare as We Know It_, New York 2007, bes. S. 294–301.

86 In einem Brief an Karl August von Hardenberg vom August/September 1806 schreibt Fichte, er habe im vergangenen Winter »in ihrem Princip … laut geredet«. Nach Eduard Fichte, _Johann Gottlieb Fichte. Lichtstrahlen aus seinen Werken und Briefen_, Leipzig 1863, S. 290, erhob sich Fichte in der Anwesenheit von Gesellschaft und sagte gegen den allgemeinen Konsens: »Es wird kein Jahr vergehen, so wird man diese Niederlage höchlich bedauern«. Vgl. jetzt auch J. G. Fichte, _Gesamtausgabe_ (s. Anm. 2,71), Reihe 3, Bd. 5: _Briefwechsel, 1801–1806_, hrsg. von Reinhard Lauth und Hans Gliwitzky, ebd. 1982, S. 365.

87 Brief von Marie Johanne Fichte an Johannes Müller vom 27. August 1806, in: ebd., S. 363.

88 Brief von Fichte an Karl August von Hardenberg, August/September 1806, in: ebd., S. 364f.

89 Fichte, »Der Patriotismus und sein Gegentheil«, in: J. G. F., _Gesamtausgabe_ (s. Anm. 2,71), Serie 2, Bd. 9: _Nachgelassene Schriften_, hrsg. von Reinhardt Lauth und Hans Gliwitzky, ebd. 1993, S. 389–445, hier S. 403. Zum preußischen Patriotismus vgl. vor allem Christopher Clark, _Iron Kingdom. The Rise and Downfall of Prussia, 1600–1947_, Cambridge (MA) 2006, S. 350–358, 378–385; zur Verwendung des Begriffs »Nation« für Deutschland, Preußen oder beide vgl. insbesondere ebd., S. 386f.

90 Ebd., S. 399.

91 Brief Fichtes an Karl August von Hardenberg vom 18. Oktober 1806, in: J. G. F., _Briefwechsel 1801–1806_ (s. Anm. 2,86), S. 371.

92 Fichte, »Die Republik der Deutschen«, in: J. G. F., _Gesamtausgabe_ (s. Anm. 2,71), Reihe 2, Bd. 10: _Nachgelassene Schriften 1806–1807_, hrsg. von Reinhard Lauth und Hans Gliwitzky, ebd. 1994, S. 373–426, hier S. 389.

93 Ebd., S. 388f.

94 Ebd., S. 387.

95 Ebd., S. 389.

96 Ebd., S. 417f.

97 Ebd., S. 423.

98 Mona Ozouf, *Festivals and the French Revolution*, Cambridge (MA) 1988, S. 262–283.

99 Es gibt eine Fülle von Literatur zur Übertragung von Sakralität auf die Nation. Meines Erachtens finden sich die erhellendsten Erkenntnisse dazu in dem Kapitel mit dem provozierenden Titel »Die Nation – von Gott erfunden?« bei Friedrich Wilhelm Graf, *Die Wiederkehr der Götter. Religion in der modernen Kultur*, München 2004, S. 102–133, und bei George S. Williamson, *The Longing for Myth in Germany. Religion and Aesthetic Culture from Romanticism to Nietzsche*, Chicago 2004.

100 Bell, *The Cult of the Nation in France* (s. Anm. 2,12), S. 199.

101 Zu Fichte als Theoretiker der Geschlechterverhältnisse vgl. vor allem Hull, *Sexuality, State, and Civil Society in Germany, 1700–1815* (s. Anm. Einl.,26), S. 314–323. Zum Zusammenspiel von Maskulinität und nationalen Ideen vgl. auch die kurzen, prägnanten Bemerkungen in Clark, *Iron Kingdom* (s. Anm. 2,89), S. 377 f., und detaillierter Ute Frevert, *Die kasernierte Nation. Militärdienst und Zivilgesellschaft in Deutschland*, München 2001, S. 18–62.

102 Fichte, »Die Republik der Deutschen« (s. Anm. 2,92), S. 393 f.

103 Die Zitate stammen aus Fichte, *Reden an die deutsche Nation* (s. Anm. 2,71) S. 196 und 112. Als besonders aufschlussreiche Analyse dieses Werks vgl. Ulrich Bielefeld, *Nation und Gesellschaft. Selbstthematisierungen in Deutschland und Frankreich*, Hamburg 2003, S. 121–137; Kelly, *Idealism, Politics and History* (s. Anm. 2,76), S. 260–268. Kedourie, *Nationalismus* (s. Anm. 2,12), S. 31–86, ist brillant, wenn auch ein wenig eigenwillig. Zum weiteren Zusammenhang der *Reden* vgl. Jörg Echternkamp, *Der Aufstieg des deutschen Nationalismus, 1740–1840*, Frankfurt a. M. 1998, S. 216–275; Matthew Levinger, *Enlightened Nationalism. The Transformation of Prussian Political Culture, 1806–1848*, Oxford 2000, S. 97–126; Aira Kemiläinen, *Auffassungen über die Sendung des deutschen Volkes um die Wende des 18. und 19. Jahrhunderts*, Helsinki 1956.

104 Fichte, *Reden an die deutsche Nation* (s. Anm. 2,71), S. 216.

105 Ebd., S. 267.

106 Zur Verbindung zu Schlegel vgl. Xavier Léon, *Fichte et son temps*, Bd. 3, Paris 1927, S. 61–78; zu seinem Platz in der allgemeineren Geschichte der Sprache vgl. Borst, *Der Turmbau zu Babel* (s. Anm. 2,34), Bd. 3, S. 1551 ff.

107 Peter Fritzsche, *Stranded in the Present. Modern Time and the Melancholy of History*, Cambridge (MA) 2004.

108 Fichte, *Reden an die deutsche Nation* (s. Anm. 2,71), S. 120.

109 Zit. n. Erich Fuchs in seiner Einführung zu Fichte, *Reden an die deutsche Nation* (s. Anm. 2,71), S. 9.

110 Ebd., S. 40.

111 Karen Hagemann, »Francophobia and Patriotism. Anti-French Images and Sentiments in Prussia and Northern Germany during the anti-Napoleonic Wars«, in: *French History* 18 (2004), S. 404–425, hier S. 414, Anm. 55.

112 Michael Rowe, *From Reich to State. The Rhineland in the Revolutionary Age, 1780–1830*, Cambridge 2003, S. 126.

113 Heinrich von Treitschke, »Fichte und die nationale Idee«, in: H.v.T., *Historische und politische Aufsätze*, 8. Aufl., Leipzig 1918, S. 113–142, hier S. 124.

114 Ebd., S. 136.

115 Fichte, *Reden an die deutsche Nation* (s. Anm. 2,71), S. 155.

116 LaVopa, *Fichte* (s. Anm. 2,81), S. 11.

117 Gellner, *Nationalismus und Moderne* (s. Anm. 2,12), S. 87.

118 Ebd.

119 Anderson, *Die Erfindung der Nation* (s. Anm. 2,3), S. 15f. Vgl. Thomas Mergel, »Nachwort zur deutschen Neuausgabe«, in: Benedict Anderson, *Die Erfindung der Nation. Zur Karriere eines folgenreichen Konzepts*, 2., erw. Aufl., Frankfurt a.M. 2005, S. 281–299.

Kapitel 3 – Religiöse Gewalt und nationale Zugehörigkeit

1 Ernest Renan, »Was ist eine Nation? Vortrag in der Sorbonne am 11. März 1881«, in: E.R, *Was ist eine Nation und andere politische Schriften*, hrsg. von Raoul Girardet, Wien 1995, S. 41–58, hier S. 56f.

2 Ebd., S. 45f.

3 Johannes Burckhardt, *Der Dreißigjährige Krieg*, Frankfurt a.M. 1992, S. 236.

4 Michael Toch, »Die Verfolgungen des Spätmittelalters (1350–1550)«, in: *Germania Judaica*, Bd. 3, hrsg. von Arye Maimon [u.a.], Tübingen 2003, S. 2315, 2309; Friedrich Battenberg, *Das europäische Zeitalter der Juden. Zur Entwicklung einer Minderheit in der nichtjüdischen Umwelt Europas*, 2 Bde., Darmstadt 1990, Bd. 1, S. 164.

5 Aus der umfangreichen Literatur zu diesen Themen vgl. Annette Wieviorka, *The Era of the Witness*, Ithaca (N.Y.) 2006, die betont, das Schweigen nach der Shoah sei nicht unmittelbar eingetreten, sondern müsse als Ergebnis der Geschichte verstanden werden. Vgl. auch Alon Confino, *Germany as a Culture of Remembrance. Promises and Limits of Writing History*, Chapel Hill 2006; Robert Moeller, »Germans as Victims? Thoughts on Post-Cold War History of World War II's Legacies«, in: *History & Memory* 17 (2005), S. 147–194.

6 W.G. Sebald, *Luftkrieg und Literatur*, München 1999, S. 18.

7 Andreas Gryphius, »Tränen des Vaterlandes«, in: A.G., *Gesamtausgabe der deutschsprachigen Werke*, hrsg. von Marian Szyrocki und Hugh Powell, Bd. 1: *Sonnette*, hrsg. von Marian Szyrocki, Tübingen 1963, S. 48.

8 Vgl. etwa »Abbild deß hocherwünschten Teutschen Friedens«, Nürnberg 1649 (Kupferstich), in: *Deutsche Illustrierte Flugblätter des 16. und 17. Jahrhunderts*, hrsg. von Wolfgang Harms, Tübingen 1987, S. 346f.; Georg Schmidt, »Teutsche Kriege. Nationale Deutungsmuster und integrative Wertvorstellungen im frühneuzeitlichen Reich«, in: *Föderative Nation. Deutschlandkonzepte von der Reformation bis zum Ersten Weltkrieg*, hrsg. von Dieter Langewiesche und Georg Schmidt, München 2000, S. 43–51.

9 Konrad Müller (Hrsg.), *Instrumenta Pacis Westphalicae. Die westfälischen Friedensverträge 1648. Vollständiger lateinischer Text mit Übersetzung der wichtigeren Teile und Regesten*, 2., durchges. Aufl., Bern 1966, S. 103.

10 Ebd.

11 Claire Gantet, »Der Westfälische Friede«, in: *Deutsche Erinnerungsorte*, hrsg. von Etienne François und Hagen Schulze, Bd. 1, München 2001, S. 86–104, hier S. 89.

12 Ebd., S. 89f.

13 In der calvinistischen Kurpfalz markierte das Jahr 1618 den Status quo, zu dem die religiöse Konstellation zurückkehrte.

14 Mack Walker, *Der Salzburger Handel. Vertreibung und Errettung der Salzburger Protestanten im 18. Jahrhundert*, Göttingen 1997. Als veraltete, aber vielleicht dennoch nützliche Einführung in diese Literatur vgl. Helmut Walser Smith/Joel F. Harrington, »Confessionalization, Community, and State-Building in Germany, 1555–1870«, in: *The Journal of Modern History* 69 (1997), S. 77–101.

15 Eine nützliche Zusammenfassung bietet Ronnie Po-chia Hsia, *Social Discipline in the Reformation. Central Europe 1550–1750*, London 1989; zum weiteren Kontext innerhalb einer Geschichte der Toleranz vgl. jetzt Robert Forst, *Toleranz im Konflikt. Geschichte, Gehalt und Gegenwart eines umstrittenen Begriffs*, Frankfurt a.M. 2003, S. 172–180.

16 Zur Geschichte der Reflexion über den Dreißigjährigen Krieg im 19. Jahrhundert vgl. Kevin Cramer, *The Thirty Years War and German Memory in the Nineteenth Century*, Lincoln 2007.

17 Als Darstellung dieser Welt vgl. Robert J.W. Evans, *Das Werden der Habsburgermonarchie 1550–1700. Gesellschaft, Kultur, Institutionen*, Wien 1986.

18 Zit. nach Rainer Erb / Werner Bergmann, *Die Nachtseite der Judenemanzipation. Der Widerstand gegen die Integration der Juden in*

Deutschland 1770–1860, Berlin 1989, S. 131. Zu Deggendorf vgl. die bahnbrechende Arbeit von Manfred Eder, *Die »Deggendorfer Gnad«. Entstehung und Entwicklung einer Hostienwallfahrt im Kontext von Theologie und Geschichte*, Deggendorf 1992.

19 Zu Nürnberg vgl. Arye Maimon [u. a.] (Hrsg.), *Germania Judaica*, Bd. 2, Tl. 1, Tübingen 1987, S. 604; zu der keineswegs vollständigen Liste vgl. Romuald Bauerreiss, *Pie Jesu. Das Schmerzensmann-Bild und sein Einfluss auf die mittelalterliche Frömmigkeit*, München 1931.

20 Joachim Hahn, *Erinnerungen und Zeugnisse jüdischer Geschichte in Baden-Württemberg*, Stuttgart 1988.

21 Die Votivtafel ist abgedr. in ebd., S. 350. Im nahe gelegenen Gerlachsheim gibt es ein ähnliches Bild einer Hostienschändung.

22 Zit. n. Hahn, *Erinnerungen und Zeugnisse* (s. Anm. 3,20), S. 364.

23 Hedwig Röckelein, »›Die grabstain, so vil tausend guldin wert sein‹. Vom Umgang der Christen mit Synagogen und jüdischen Friedhöfen im Mittelalter und am Beginn der Neuzeit«, in: *Aschkenas* 5 (1995), S. 11–46, hier S. 32; zu weiteren Einzelheiten vgl. dies., »Marienverehrung und Judenfeindlichkeit in Mittelalter und früher Neuzeit«, in: *Maria in der Welt. Marienverehrung im Kontext der Sozialgeschichte*, hrsg. von Claudia Opitz [u. a.], Zürich 1993, S. 279–307.

24 Zit. n. Röckelein, »›Die grabstein, so vil tausend guldin wert sein‹« (s. Anm. 3,23), S. 41.

25 Ludwig Schnurrer, »Rothenburg als Wallfahrtsort des Spätmittelalters«, in: *Die oberdeutschen Reichsstädte und ihre Heiligenkulte. Traditionen und Ausprägungen zwischen Stadt, Ritterorden und Reich*, hrsg. von Klaus Herbers, Tübingen 2005, S. 69–99.

26 Vgl. Gerd Mentgen, »›Die Juden waren stets eine Randgruppe‹. Über eine fragwürdige Prämisse der aktuellen Judenforschung«, in: *Liber amicorum necnon et amicarum: Festschrift für Alfred Heit. Beiträge zur mittelalterlichen und geschichtlichen Landeskunde*, hrsg. von Friedhelm Burgard [u. a.], Trier 1996, S. 393–411.

27 Ebd.

28 Julien Chapuis, *Stefan Lochner. Image Making in Fifteenth-Century Cologne*, Turnhout 2004.

29 *Germania Judaica* (s. Anm. 3,19), Bd. 3, Tl. 1, S. 347.

30 Guido Kisch, »The Yellow Badge in History«, in: G. K., *Forschungen zur Rechts-, Wirtschafts- und Sozialgeschichte der Juden*, Sigmaringen 1979, S. 115–164, hier S. 127.

31 Ebd., S. 128, 150.

32 Vgl. Mentgen, »›Die Juden waren stets eine Randgruppe‹« (s. Anm. 3,26).

33 Caroline Walker Bynum, »The Presence of Objects. Medieval Anti-Ju-

daism in Modern Germany«, in: *Common Knowledge* 10 (2004), S. 1–32, hier S. 20. Vgl. auch dies., *Wonderful Blood. Theology and Practice in Late Medieval Northern Germany and Beyond*, Philadelphia 2007.

34 Dies., »The Presence of Objects« (s. Anm. 3,33), S. 20.

35 Paul Connerton, *How Societies Remember*, Cambridge 1989, S. 4 f.

36 Zit. n. ebd., S. 23.

37 Johann Wolfgang Goethe, *Aus meinem Leben. Dichtung und Wahrheit* (s. Anm. 2,55), S. 165. Zu Goethe und den Juden vgl. Gerhart von Gravenitz, »Das Frankfurtische Karneval. Goethes Bilder des Fremden«, in: *Der junge Goethe. Genese und Konstruktion einer Autorschaft*, hrsg. von Waltraud Wiethölter, Tübingen 2001, S. 25–37.

38 Bernd Roeck, »Die Feier des Friedens«, in: *Der Westfälische Friede. Diplomatie – politische Zäsur – kulturelles Umfeld – Rezeptionsgeschichte*, hrsg. von Heinz Duchhardt, München 1998, S. 633–659, bes. S. 635 f.

39 Zit. n. Roeck, ebd., S. 645.

40 Hans Jacob Christoffel von Grimmelshausen, *Werke*, Bd. 1, Frankfurt a. M. 1989, S. 567 f. (*Simplicissimus*, Buch 6, Fortsetzung, Kap. 2).

41 Roeck, »Die Feier des Friedens« (s. Anm. 3,38), S. 651.

42 Claire Gantet, *La paix de Westphalie (1648). Une histoire sociale XVIIe–XVIIIe siècles*, Paris 2001, S. 213.

43 Ebd.

44 Etienne François / Claire Gantet, »Vergangenheitsbewältigung im Dienst des Friedens und der konfessionellen Identität. Die Friedensfeste in Süddeutschland nach 1648«, in: *Krieg und Frieden in der historischen Gedächtniskultur. Studien zur friedenspolitischen Bedeutung historischer Argumente und Jubiläen von der Antike bis in die Gegenwart*, hrsg. von Johannes Burkhardt, München 2000, S. 103–123, hier S. 108.

45 Etienne François, *Die unsichtbare Grenze. Protestanten und Katholiken in Augsburg, 1648–1806*, Sigmaringen 1991, S. 178 f.

46 Vgl. Claire Gantet, »Das Augsburger Friedensfest im Rahmen der deutschen Friedensfeiern«, in: *Das Friedensfest. Augsburg und die Entwicklung einer neuzeitlichen Toleranz-, Friedens- und Festkultur*, hrsg. von Johannes Burkhardt und Stephanie Haberer, Berlin 2000, S. 209–227, hier S. 218; vgl. auch Heinz Duchhardt, »Westfälischer Friede und konfessionelle Erinnerungskultur«, in: ebd., S. 27–30, hier S. 29.

47 Für diese Information danke ich Dr. Hans-Joachim Hacker, dem Direktor des Stadtarchivs Stralsund.

48 François / Gantet, »Vergangenheitsbewältigung im Dienst des Friedens« (s. Anm. 3,44), S. 108.

49 Konrad Repgen, »Der Dreißigjährige Krieg im deutschen Geschichtsbild vor Schiller«, in: *Europa im Umbruch 1750–1850*, hrsg. von Dieter Al-

brecht [u. a.], München 1995, S. 187–212, hier S. 210. Das erste Werk, auf das Repgen selbst in einem Nachwort verweist, war Christian Johann Fuestel, *Eine kurtze Erzehlung der vornehmsten Ursachen des Dreysig-Jährigen Krieges ... bis auf den Westphälischen Frieden*, Frankfurt/Leipzig 1736. Vgl. auch Immanuel Weber, *Lebens-Geschichte, der weyland durchleuchtigst, Chur-Fürsten in der Pfaltz, Friederich des V., Carl Ludwig, und Carl: worinnen die böhmische Unruhe, der dreyssig-jährige Krieg ... durch einen gantz kurtzen Begriff annehmlich beschrieben werden*, Köln 1693; [Anon.], *Von dem Dreyssig-Jährigen Deutschen Kriege*, Breslau 1696.

50 Klaus Bußmann / Heinz Schilling (Hrsg.), *1648 – Krieg und Frieden in Europa. Ausstellungskatalog*, Münster 1999, S. 430 f.; Claire Gantet, »Friedensfest aus Anlass des Westfälischen Friedens in den süddeutschen Städten und die Erinnerung an den Dreißigjährigen Krieg (1648–1791)«, in: ebd., Bd. 2, S. 649–656, hier S. 656, Anm. 25, führt die Städte und Territorien auf, die Friedensfeste feierten: »Münster, Osnabrück, Wittenberg, Aachen, Hamburg, Braunschweig, Amsterdam, Augsburg, Lindau, Dinkelsbühl, Oettingen-Oettingen, Nürnberg, Schwäbisch Hall, Kaufbeuren, Leutkirch, Lindau, Memmingen, Coburg, Ulm, Fürth.«

51 Zu diesen drei Werken und ihrem Kontext vgl. Repgen, »Der Dreißigjährige Krieg im deutschen Geschichtsbild vor Schiller« (s. Anm. 3,49), S. 193–201.

52 Guillaume Hyacinth Bougeant, *Historie des dreyßigjährigen Krieges und des darauf erfolgten Westphälischen Friedens*, 4 Bde., Halle 1758–60.

53 Zu Schiller und Gustav Adolf vgl. Silvia Serena Tschopp, »Zur Kontinuität von Geschichtsbildern. Friedrich Schillers *Geschichte des Dreißigjährigen Kriegs*«, in: *Geschichte(n) der Wirklichkeit. Beiträge zur Sozial- und Kulturgeschichte des Wissens*, hrsg. von Achim Landwehr, Augsburg 2002, S. 299–318. Tschopp betont, dass Schiller auf Werke des 17. Jahrhunderts zurückgriff, die zum Teil auf der tendenziösen zeitgenössischen Pamphletliteratur beruhten.

54 Zu Schmidt vgl. den ausgezeichneten Aufsatz von Michael O. Printy, »From Barbarism to Religious Church History and the Enlightened Narrative in Germany«, in: *German History* 23 (2005), S. 172–201.

55 Vgl. Otto Danns Kommentar und Annotationen in: Friedrich Schiller, *Werke und Briefe in zwölf Bänden*, Bd. 7: *Historische Schriften und Erzählungen*, hrsg. von Otto Dann, Frankfurt a. M. 2002, S. 745–787.

56 Schiller, *Werke und Briefe in zwölf Bänden*, Bd. 4: *Wallenstein*, hrsg. von Frithjof Stock, Frankfurt a. M. 2000, S. 15.

57 Schiller, »Geschichte des Dreißigjährigen Krieges«, in: F. Sch., *Historische Schriften und Erzählungen* (s. Anm. 3,55), S. 9–448, hier S. 447 f.

58 Gantet, »Peace Celebrations« (s. Anm. 3,50), S. 656.

59 Volker Meid, *Grimmelshausen. Epoche – Werk – Wirkung*, München 1984, S. 203.

60 Ebd., S. 209 ff.; Jakob Koeman, *Die Grimmelshausen-Rezeption in der fiktionalen Literatur der deutschen Romantik*, Amsterdam 1993, S. 62.

61 Johann Christoph Gottsched, *Ausgewählte Werke*, Bd. 6.2: *Versuch einer critischen Dichtkunst*, hrsg. von Joachim Birke, Berlin 1973, S. 474.

62 *Großes vollständiges Universal-Lexicon Aller Wissenschafften und Künste*, Leipzig 1732–50, Bd. 37, S. 775. Zedlers Enzyklopädie ist auch mit Blick auf andere Autoren aufschlussreich. Sie enthält einen kurzen Eintrag zu Andreas Gryphius, erwähnt aber nicht dessen Gedicht »Tränen des Vaterlands« oder seine Kriegslyrik. Der Eintrag für Martin Opitz ist wesentlich detaillierter, doch seine *Trost-Gedichte in Widerwärtigkeit des Krieges* sind nicht erwähnt. Ähnlich gibt es im Bereich der Kunst einen ausführlichen Eintrag für Jacob Callot, einen »berühmten Kupferstecher«, dessen Darstellungen der Schrecken des Krieges jedoch ungewürdigt bleiben.

63 Dieter Breuer, »In Grimmelshausen's Tracks. The Literary and Cultural Legacy«, in: *A Companion to the Works of Grimmelshausen*, hrsg. von Karl F. Otto Jr., Rochester (N. Y.) 2003, S. 232–265, hier S. 252 f.

64 Zit. n. Johann Christoph Adelung, *Fortsetzung und Ergänzung zu Christian Gottlieb Jöchers Allgemeinem Gelehrten-Lexikon*, 2. Aufl., Leipzig 1787, Bd. 2, S. 1603.

65 Ludwig Tieck, *Schriften*, Bd. 15, Berlin 1829, S. 338, 350.

66 Edith Parzefall, *Das Fortwirken des »Simplicissimus« von Grimmelshausen in der deutschen Literatur*, Berlin 2001.

67 Ludwig Waechler, zit. n. Meid, *Grimmelshausen* (s. Anm. 3,59), S. 217.

68 Zu diesem Thema vgl. Franziska Bachner [u. a.] (Hrsg.), *Von teutscher Not zu höfischer Pracht. 1648–1701*, Köln 1998. Mit Blick auf die Musik lässt sich eine ähnliche These vertreten, da der Dreißigjährige Krieg eine Fülle musikalischer Klagen hervorbrachte, aber auch Kompositionen, die Sehnsucht nach Frieden ausdrückten. Am bekanntesten waren Johann Erasmus Kindermanns *Musikalische Friedensseufftzer* aus dem Jahre 1642. Sie beklagten »unser liebes / von Blut-Wellen gleichsam überschwemmtes Land / an Land und Leut und Städten ganz verösetes / auch an Volck und Geld endblöstes Vaterland teutscher Nation«. Der Musikwissenschaftler Stefan Hanheide schreibt: »Mit dem Herannahen des Westfälischen Friedens geht die Komposition von Kriegsklagen zurück. Darin zeigt sich ein Unterschied zum Zweiten Weltkrieg, der bedeutende Kriegsklagen noch Jahrzehnte nach seinem Ende hervorgerufen hat«. Vgl. Stefan Hanheide, »Musikalische Kriegsklagen im Dreißigjährigen Krieg«, in: Bußmann/Schilling (Hrsg.), *1648 – Krieg und Frieden in Europa*, Bd. 2 (s. Anm. 3,50), S. 439–447, hier S. 446.

69 Vgl. Bußmann/Schilling (Hrsg.), *1648: Krieg und Frieden in Europa. Ausstellungskatalog* (s. Anm. 3,50), S. 160.

70 Vgl. Hans Martin Kaulbach, »Das Bild des Friedens – vor und nach 1648«, in: Bußmann/Schilling (Hrsg.), *1648 – Krieg und Frieden in Europa*, Bd. 2 (s. Anm. 3,50), S. 593–603, hier S. 593. Vgl. Auch Reiner Wohlfeil, »Kriegs- und Friedensallegorien«, in: *Der Krieg vor den Toren. Hamburg im Dreißigjährigen Krieg*, hrsg. von Martin Knauer und Sven Tode, Hamburg 2000, S. 349–388.

71 Susan Sontag, *Das Leiden anderer betrachten*, München 2003, S. 53 ff. Vgl. detaillierter Bernd Roeck, »The Atrocities of War in Early Modern Art«, in: *Power, Violence and Mass Death in Pre-Modern and Modern Times*, hrsg. von Joseph Canning [u.a.], Aldershot 2004, S. 129–140.

72 Siegfried Müller, »Der Dreißigjährige Krieg in der deutschen Historien- und Genremalerei des 19. Jahrhunderts. Eine Bestandsaufnahme«, in: Bußmann/Schilling (Hrsg.), *1648 – Krieg und Frieden in Europa*, Bd. 2 (s. Anm. 3,50), S. 657–664, hier S. 658 f.

73 Die Forderungen nach einem Denkmal erfolgten jedoch früher. Vgl. [Anon.], »Monument, das dem König Gustav Adolf errichtet werden soll«, in: *Journal von und für Deutschland* 3 (1763), S. 362 f.

74 Walter Graßmann, »Der Schwedenstein«, in: *München im Dreißigjährigen Krieg. Ein universitäres Lehrprojekt* 1, hrsg. von Gudrun Gersmann und Torsten Reimer, http://www.krieg.historicum.net/themen/m30jk/schwedenstein.htm.

75 Peter Burke, *Wörter machen Leute. Gesellschaft und Sprachen im Europa der Frühen Neuzeit*, Berlin 2006, S. 144.

76 Jacob Grimm / Wilhelm Grimm, *Deutsches Wörterbuch*, 16 Bde., Leipzig 1854–1960, Bd. 15, 1956, Sp. 2385.

77 Anton Birlinger, *Volksthümliches aus Schwaben*, Bd. 1, Freiburg i. Br. 1861, S. 425, 429 f.

78 Zu einer sozialen und konfessionellen Aufschlüsselung der umfassenderen Gruppe nationalistischer Schriftsteller (über 300 Autoren) vgl. Karen Hagemann, »*Mannlicher Muth und Teutsche Ehre*«. *Nation, Militär und Geschlecht zur Zeit der antinapoleonischen Kriege Preußens*, Paderborn 2002, S. 151–187.

79 Ute Planert, »Wessen Krieg? Welche Erfahrung? Oder wie national war der ›Nationalkrieg‹ gegen Napoleon?«, in: *Der Krieg in religiösen und nationalen Deutungen der Neuzeit*, hrsg. von Dietrich Beyrau, Tübingen 2001, S. 111–139; Michael Rowe, *From Reich to State. The Rhineland in the Revolutionary Age, 1780–1830*, Cambridge 2003.

80 Ute Planert, »From Collaboration to Resistance. Politics, Experience, and Memory of the Revolutionary and Napoleonic Wars in Southern Germany«, in: *Central European History* 39 (2006), S. 676–705. Für weitere Ein-

zelheiten vgl. dies., *Der Mythos vom Befreiungskrieg. Frankreichs Kriege und der deutsche Süden. Alltag – Wahrnehmung – Deutung, 1792–1841*, Paderborn 2007.

81 Dies ist durchgehend betont bei Hagemann, *»Mannlicher Muth und Teutsche Ehre«* (s. Anm. 3,79). Vgl. auch Jörg Echternkamp, *Der Aufstieg des deutschen Nationalismus, 1770–1840*, Frankfurt a. M. 1998.

82 Kevin Cramer, »The Cult of Gustav Adolphus«, in: *Protestants, Catholics and Jews in Germany, 1800–1914*, hrsg. von Helmut Walser Smith, Oxford 2001, S. 97–120, hier S. 97.

83 Ders., *The Thirty Years War* (s. Anm. 3,16), S. 3.

84 Eder, *Die »Deggendorfer Gnad«* (s. Anm 3,18).

85 Ebd.

86 Thomas Caliò, »The Cult of Alleged Ritual Murder Victims in the Second Half of the Twentieth Century«, in: *Ritual Murder. Legend in European History*, hrsg. von Susanna Buttaroni und Stanislaw Musial, Krakau 2003, S. 225–245. Als neueren Überblick über die Forschung, der vor allem deutsche und italienische Beiträge bespricht, vgl. Klaus Brandstätter, »Antijüdische Ritualmordvorwürfe in Trient und Tirol. Neuere Forschungen zu Simon von Trient und Andreas von Rinn«, in: *Historisches Jahrbuch* 125 (2005), S. 495–536; zum Widerhall dieser Kulte im 17. und 18. Jahrhundert vgl. besonders ebd., S. 524–528.

87 Leopoldt Schmidt, *Das deutsche Volksschauspiel. Ein Handbuch*, Berlin 1962, S. 304; Stefan Rohrbacher / Michael Schmidt, *Judenbilder. Kulturgeschichte antijüdischer Mythen und antisemitischer Vorurteile*, Reinbek bei Hamburg 1991, S. 287.

88 Vgl. Winfried Frey, »Das Endlinger Judenspiel«, in: *Die Legende vom Ritualmord. Zur Geschichte der Blutbeschuldigung gegen Juden*, hrsg. von Rainer Erb, Berlin 1993, S. 201–221. Zum Genre vgl. Anton Dörrer, »Judenspiel, Endinger, Rinner und Trienter«, in: *Die deutsche Literatur des Mittelalters. Verfasserlexikon*, hrsg. von Wolfgang Stammler [u. a.], Bd. 2, Berlin 1936, S. 667–717.

89 Ronnie Po-chia Hsia, *The Myth of Ritual Murder. Jews and Magic in Reformation Germany*, New Haven 1990, S. 40. 1714 ließen die Bewohner von Endingen eine neue Glocke (»Kindlisglocke«) mit einem Relief kopfloser Kinderleichen gießen; vgl. *Encyclopedia of Judaism*, 2. Aufl., Bd. 6, Detroit 2007, S. 403.

90 Sebastian Münster, *Cosmosgraphia. Das ist: Die Beschreibung der gantzen Welt*, Basel 1628, S. 882, 994.

91 Ebd., S. 837, 1092, 1164, 1314 f.

92 Matthäus Merian, *Topographia Franconiae*, 2. Aufl., Frankfurt a. M. 1656, S. 87 f.

93 Ders., *Topographia Bavariae*, 2. Aufl., Frankfurt a. M. 1657, S. 77, 87.

94 Ders., *Topographia Sueviae*, Frankfurt a. M. 1643, S. 192.

95 Die Ordnung ist abgedr. in Friedrich Battenberg (Hrsg.), *Judenverordnungen in Hessen-Darmstadt. Das Judenrecht eines Reichsfürstentums bis zum Ende des Alten Reiches. Eine Dokumentation*, Wiesbaden 1987, S. 66 ff.

96 Shulamit S. Magnus, *Jewish Emancipation in a German City. Cologne 1798–1871*, Stanford 1997, S. 22 f.; für Hamburg vgl. Joachim Whaley, *Religious Toleration and Social Change in Hamburg, 1529–1819*, Cambridge 1985, S. 88–93.

97 Kathy Stuart, *Defiled Trades and Social Outcasts. Honor and Ritual Pollution in Early Modern Germany*, Cambridge 2000. Zur Gestaltung der frühneuzeitlichen Gemeinschaft vgl. auch David M. Luebcke, *His Majesty's Rebels. Communities, Factions, and Rural Revolt in the Black Forest, 1725–1745*, Ithaca (N. Y.) 1997.

98 Christopher Friedrich, »Jews in Imperial Cities«, in: *In and Out of the Ghetto. Jewish-Gentile Relations in Late Medieval and Early Modern Germany*, hrsg. von Ronnie Po-chia Hsia und Hartmut Lehmann, Cambridge 1995, S. 275–288, hier S. 286.

99 Yosef Hayim Yerushalmi, *Zachor. Erinnere Dich! Jüdische Geschichte und jüdisches Gedächtnis*, Berlin 1996, S. 24.

100 Siegmund Salfeld (Hrsg.), *Das Martyrologium des Nürnberger Memorbuchs*, Berlin 1898, S. XXXVII.

101 Ebd., S. 46 f.

102 Ebd., S. 58, 134 f.

103 Ivan G. Marcus, »A Jewish-Christian Symbiosis. The Culture of Early Ashkenaz«, in: *Cultures of the Jews. A New History*, hrsg. von David Biale, New York 2002, S. 449–516, S. 463.

104 Ebd., S. 464.

105 Magnus Weinberg, *Die Memorbücher der jüdischen Gemeinden in Bayern*, Frankfurt a. M. 1938.

106 *Das Martyriologium des Nürnberger Memorbuches* (s. Anm. 3,100), S. XXXV.

107 Ebd., S. XXIV.

108 Diese Auffassung vertrat Leopold Zunz, *Die Synagogale Poesie des Mittelalters*, 2. Aufl., Frankfurt a. M. 1920, S. 332.

109 Marcus, »A Jewish-Christian Symbiosis« (s. Anm. 3,103), S. 464.

110 Connerton, *How Societies Remember* (s. Anm. 3,35), S. 32.

111 Renan, »Was ist eine Nation?« (s. Anm. 3,1), S. 45 f.

112 Clifford Geertz, *The Interpretation of Cultures. Selected Essays*, New York 1973, S. 245. Geertz schreibt hier über die Entwicklung zur nationalen Einheit.

113 Heute liegt zu diesem Aspekt eine besonders reichhaltige Forschung
vor. Vgl. Michael Geyer, »Religion und Nation – Eine unbewältigte Geschichte«, in: *Religion und Nation – Nation und Religion. Beiträge zu
einer unbewältigten Geschichte*, hrsg. von M. G. und Hartmut Lehmann,
Göttingen 2004, S. 11–34; Greg Eghigian/Matthew Paul Berg, *Sacrifice
and National Belonging in Twentieth-Century Germany*, College Stati-
on 2002; Friedrich Wilhelm Graf, *Die Wiederkehr der Götter. Religion
in der modernen Kultur*, München 2004, S. 10–132; Wolfgang Altfeld,
*Katholizismus, Protestantismus, Judentum. Über religiös begründete Ge-
gensätze und nationalreligiöse Ideen in der Geschichte des deutschen Nationalismus*, Mainz 1992; jüngst auch Cramer, *The Thirty Years War and
German Memory* (s. Anm. 3,16).

114 Heinrich von Treitschke, *Deutsche Geschichte im Neunzehnten Jahrhundert*, 7. Aufl., Leipzig 1904, S. 5.

115 Cramer, *The Thirty Years War and German Memory* (s. Anm. 3,16).

116 Magnus, *Jewish Emancipation* (s. Anm. 3,96), S. 24 f.

117 Vgl. vor allem Rowe, *From Reich to State* (s. Anm. 3,79).

118 Als Einführung vgl. Michael A. Meyer (Hrsg.), *Deutsch-jüdische Geschichte in der Neuzeit*, Bd. 2: *1780–1871*, München 1996, S. 15–56.

119 Karl W. F. Grattenauer, *Wider die Juden. Ein Wort der Warnung an alle
unseren christlichen Mitbürger*, Berlin 1803.

120 Vgl. die scharfsinnigen Ausführungen von Ulrich Wyrwa, *Juden in der
Toskana und in Preußen im Vergleich*, London 2004, S. 155 f.

121 Ernst Moritz Arndt, *Blick aus der Zeit auf die Zeit*, Eichenberg 1814,
S. 188. Zu Arndt vgl. Hagemann, *Mannlicher Muth* (s. Anm. 3,81),
S. 262 ff.; Arno Herzig, »Ernst Moritz Arndt und der Diskurs um die
Emanzipation der Juden«, in: *Ernst Moritz Arndt weiterhin im Wider-
streit der Meinungen. Neue Materialien zu einer alten Diskussion*, hrsg.
von Karl-Ewald Tietz, Greifswald 2003, S. 86–99.

122 Arndt, *Blick aus der Zeit auf die Zeit* (s. Anm. 3,121), S. 199.

123 Ebd., S. 190.

124 Ebd.

125 Die komplizierten Regelungen für das Heilige Römische Reich etwa
enthielten keine Definition dessen, wer ein Untertan des Reichs war.
Vgl. Andreas Fahrmeir, *Citizens and Aliens. Foreigners and the Law in
Britain and the German States, 1789–1870*, New York 2000, S. 18.

126 Friedrich Rühs, *Die Rechte des Christenthums und des deutschen Volks*,
Berlin 1816, S. 5, 32 f.

127 Ebd., S. 32 f.

128 Jakob Friedrich Fries, *Über die Gefährdung des Wohlstandes und Charakters der Deutschen durch die Juden*, Heidelberg 1816, S. 9.

129 Ebd., S. 10.

130 Ebd.

131 Paul Lawrence Rose, »Extermination/Ausrottung: Meanings, Ambiguities and Intentions. German Antisemitism and the Holocaust, 1800–1945«, in: *Remembering for the Future. The Holocaust in the Age of Genocide*, hrsg. von Yehuda Bauer [u. a.], New York 2001, S. 726–750, hier S. 731.

132 Fries, *Über die Gefährdung* (s. Anm. 3,128), S. 18.

133 David A. Bell, *The Cult of the Nation in France. Inventing Nationalism, 1680–1800*, Cambridge (MA) 2001, S. 200.

134 Johann Gottlieb Fichte, »Beitrag zur Berichtigung der Urtheile des Publikums über die französische Revolution«, in: J.G.F., *Gesamtausgabe* (s. Anm. 2,71), Reihe 1, Bd. 1: *Werke 1791–1794*, hrsg. von Reinhard Lauth und Hans Jacob, ebd. 1964, S. 193–404, hier S. 293.

135 Die klügste Auseinandersetzung mit der Thematik »Fichte und die Juden« findet sich in Anthony J. LaVopa, *Fichte. The Self and the Calling of Philosophy*, Cambridge 2001, S. 131–149.

136 Ebd., S. 22 f.

137 Jacob Katz, *Die Hep-Hep-Verfolgungen des Jahres 1819*, Berlin 1994, S. 25–28.

138 Leopold Zunz, »Etwas über die rabbinische Literatur«, in: L.Z., *Gesammelte Schriften*, Berlin 1875, S. 1–31. Zu Zunz vgl. Nils Roemer, *Jewish Historical Scholarship and Culture in Nineteenth-Century Germany. Between History and Faith*, Madison 2005, S. 24–46. Zur Bedeutung und Brisanz dieses Essays vgl. Leo Wieseltier, »Etwas über die Jüdische Historik. Leopold Zunz and the Inception of Modern Jewish Historiography«, in: *History and Theory* 20 (1981), S. 135–149.

139 Leopold Zunz, *Die Synagogale Poesie des Mittelalters* (s. Anm. 3,138).

140 Zu diesem Argument mit Blick auf die Wissenschaft und den historischen Jesus vgl. Susannah Heschel, *Der jüdische Jesus und das Christentum. Abraham Geigers Herausforderung an die christliche Theologie*, Berlin 2001.

141 Heinrich von Treitschke, »Unsere Aussichten«, in: *Der »Berliner Antisemitismusstreit« 1879–1881. Eine Kontroverse um die Zugehörigkeit der deutschen Juden zur Nation*, hrsg. von Karsten Krieger, 2. Tle., München 2003, Tl. 1, S. 11.

142 Ebd., S. 12.

143 Ebd., S. 12, 15.

144 Zu Lazarus vgl. Ulrich Sieg, »Bekenntnis zu nationalen und universalen Werten. Jüdische Philosophen im Kaiserreich«, in: *Historische Zeitschrift* 263 (1996), S. 609–639; Till van Rahden, »Germans of the Jewish Stamm«

Visions of Community between Nationalism and Particularism, 1850 to
1933«, in: *German History from the Margins*, hrsg. von Neil Gregor
[u. a.], Bloomington 2006, S. 27–48.

145 Moritz Lazarus, »Was heißt national?«, in: *Der »Berliner Antisemitismusstreit«*, hrsg. von Krieger (s. Anm. 3,141), Tl. 1, S. 37–89.

146 Renan, »Was ist eine Nation?« (s. Anm. 3,1), S. 48.

147 Dieser Brief ist wiederabgedr. in Renan, *Was ist eine Nation und andere
politische Schriften* (s. Anm. 3,1), S. 125–137, hier S. 130.

148 Ders., »Das Judentum als Rasse und Religion«, in: E.R., *Was ist eine
Nation und andere politische Schriften* (s. Anm. 3,1), S. 155–173, hier
S. 173.

149 Moritz Lazarus, *Lebenserinnerungen*, hrsg. von Nahida Lazarus und
Alfrecht Leicht, Berlin 1906, S. 261.

150 Ebd., S. 262.

151 Siegfried Weichlein, »›Qu'est-ce qu'une nation?‹ Stationen der deutschen
statistischen Debatte um Nation und Nationalität in der Reichsgrün-
dungszeit«, in: S. W., *Demokratie in Deutschland. Chancen und Gefähr-
dungen im 19. und 20. Jahrhundert*, München 1999, S. 71–90. Das Zitat
Rümelins findet sich auf S. 78.

152 Dieter Gosewinkel, »Staatsangehörigkeit in Deutschland und Frankreich
während des 19. und 20. Jahrhunderts – ein historischer Vergleich«, in:
*Staatsbürgerschaft in Europa. Historische Erfahrungen und aktuelle De-
batten*, hrsg. von Christoph Conrad und Jürgen Kocka, Hamburg 2001,
S. 165–181.

153 Heinrich Graetz, »Erwiderung an Herr von Treitschke«, in: *Der »Berliner Antisemitismusstreit«*, hrsg. von Krieger (s. Anm. 3,141), Tl. 1,
S. 96–101, hier S. 99.

154 Heinrich von Treitschke, »Herr Graetz und sein Judenthum«, in: ebd.,
Tl. 1, S. 114–126, hier S. 125.

155 Ebd.

156 Roemer, *Jewish Historical Scholarship and Culture in Nineteenth-Century Germany* (s. Anm. 3,138), S. 147 f.

157 Friedrich Meinecke, *Die deutsche Katastrophe. Betrachtungen und Erinnerungen*, Wiesbaden 1946, S. 29.

158 Martin Broszat, »Die antisemitische Bewegung im Wilhelminischen
Deutschland«, Diss. Köln 1953.

159 Karl Dietrich Bracher, *Die deutsche Diktatur. Entstehung, Struktur, Folgen des Nationalsozialismus*, Köln/Berlin 1969. Vgl. auch die Einführung von Peter Gay zur englischen Übersetzung, *The German Dictator-
ship. Origins, Structure and Consequences of National Socialism*, New
York 1970.

Kapitel 4 – Vom Spiel zur Handlung

1 Den Ausgangspunkt bilden John D. Klier / Shlomo Lambroza (Hrsg.), *Pogroms. Anti-Jewish Violence in Modern Russian History*, Cambridge 1992. Zu Deutschland vgl. Christhard Hoffmann / Werner Bergmann / Helmut Walser Smith (Hrsg.), *Exclusionary Violence. Anti-Semitic Riots in Modern German History*, Ann Arbor 2002; zu Polen vgl. die frühe, bahnbrechende Darstellung des Problems durch Frank Golczewski, *Polnisch-jüdische Beziehungen 1881–1922. Eine Studie zur Geschichte des Antisemitismus in Osteuropa*, Wiesbaden 1981. Eine angemessene Studie zur Thematik in Österreich-Ungarn bleibt ein *desideratum*; das gleiche gilt für Rumänien.

2 Pierre Birnbaum, *The Anti-Semitic Moment. A Tour of France in 1898*, New York 2003, S. 4.

3 Vgl. Charles Tilly, *The Contentious French. Four Centuries of Popular Struggle*, Cambridge (MA) 1986, wo die Problematik unerwähnt bleibt.

4 William W. Hagen, »The Moral Economy of Popular Violence. The Pogrom in Lwów, November 1918«, in: *Anti-Semitism and Its Opponents in Modern Poland*, hrsg. von Robert Blobaum, Ithaca (N.Y.) 2005, S. 124–147, hier S. 125. Vgl. auch Hoffmann [u.a.] (Hrsg.), *Exclusionary Violence* (s. Anm. 4,1), S. 8–11, und Helmut Walser Smith, *Die Geschichte des Schlachters. Mord und Antisemitismus in einer deutschen Kleinstadt*, Göttingen 2002.

5 Leopold Zunz, *Die Synagogale Poesie des Mittelalters*, 2. Aufl., Frankfurt a.M. 1920, S. 349. Zunz beeilte sich zu betonen, dass andere Formen der Diskriminierung unvermindert fortdauerten.

6 Mordechai Breuer, »Frühe Neuzeit und Beginn der Moderne«, in: *Deutsch-jüdische Geschichte in der Neuzeit*, hrsg. von Michael Meyer, Bd. 1: *1600–1780*, München 1996, S. 85–250, hier S. 94ff.; Christopher R. Friedrichs, »Politics or Pogrom? The Fettmilch Uprisings in German and Jewish History«, in: *Central European History* 19 (1986), S. 186–228; ders., »Anti-Jewish Politics in Early Modern Germany. The Uprising in Worms, 1613–1617«, in: *Central European History* 23 (1990), S. 91–152.

7 David Kaufmann, »Die Verheerungen von Ungarisch-Brod durch den Kuruzzen-Überfall vom 14. Juli 1683«, in: *Jahresbericht des Priv.-Gymnasiums zu Ung. Brod*, 1894.

8 Robert von Friedeburg, *Ländliche Gesellschaft und Obrigkeit. Gemeindeprotest und politische Mobilisierung im 18. und 19. Jahrhundert*, Göttingen 1997, S. 174. Zu diesen Fällen vgl. auch Stefan Rohrbacher, *Gewalt im Biedermeier. Antijüdische Ausschreitungen in Vormärz und Revolution, 1815–1848/9*, Frankfurt a.M. 1993, S. 53–61, der sich überzeugend

gegen die Vorstellung ausspricht, bei der sporadischen Gewalt der Frühen Neuzeit habe es sich um einen »permanenten Pogrom« gehandelt.

9 Ebd., S. 55.

10 Diese Geschichte erzählt jetzt Magda Teter, *Jews and Heretics in Catholic Poland. A Beleaguered Church in the Post-Reformation Era*, New York 2006.

11 Zenon Guldon / Jacek Wijacka, »The Accusation of Ritual Murder in Poland, 1500–1800«, in: *Polin* 10 (1997), S. 99–140, hier S. 139f.

12 Lehrreich dazu ist Golczewski, *Polnisch-jüdische Beziehungen* (s. Anm. 4,1), S. 22ff.

13 Krystyna Zienkowska, »›The Jews have killed a Tailor‹. The Socio-Political Background of a Pogrom in Warsaw in 1790«, in: *Polin* 3 (1988), S. 78–101. Randalierer beschädigten jüdisches Eigentum, doch so, dass sie in einem hochspezifischen Sinne jüdische Wohnungen auswählten und zerstörten, die eigentlich dem Adel gehörten. Einiges Material deutet darauf hin, dass jüdisch-polnische Ortschaften – vor allem im Zusammenhang mit Markttagen, Messen und christlichen Feiertagen – lediglich von einem geringen Maß an sporadischer Gewalt heimgesucht wurden. In der Kleinstadt Opatów etwa, die der Historiker Gershon Hundert untersucht hat, ordnete der örtliche Magistrat an, »jede Zunft müsse vier Dreschflegel bereithalten. Sobald sich ein Tumult erhob, sollte eine Wache eine Trommel schlagen, und die Handwerker sollten sich versammeln und ›die Rebellen zusammenschlagen‹«. Vgl. Gershon David Hundert, *The Jews in a Polish Town. The Case of Opatów in the Eighteenth Century*, Baltimore 1992, S. 43.

14 Ebd.; Hundert berichtet lediglich über einen Vorfall antijüdischer Gewalt – einen Krawall im Jahr 1639, in dessen Verlauf der jüdische Friedhof entweiht wurde.

15 Alessandro Guetta [u.a.], »Italien«, in: *Handbuch zur Geschichte der Juden in Europa*, hrsg. von Elke-Vera Kotowski [u.a.], Bd. 1, Darmstadt 2001, S. 350–386, hier S. 356.

16 Ulrich Wyrwa, »Sozialer Protest und antijüdische Gewalt. Die Unruhen in der Toskana von 1790«, in: *Zeitenwende. Herrschaft, Selbstbehauptung und Integration zwischen Reformation und Liberalismus*, hrsg. von Jörg Deventer [u.a.], Münster 2002, S. 129–142.

17 Ders., *Juden in der Toskana und in Preußen im Vergleich*, Tübingen 2003, S. 170; für weitere Details vgl. ders., »›Holocaust‹. Notizen zur Begriffsgeschichte«, in: *Jahrbuch für Antisemitismusforschung* 8 (1999), S. 300–311.

18 Bell, *The First Total War* (s. Anm. 2,85), S. 216.

19 Shaul Stampfer, »What Actually Happened to the Jews of the Ukraine in 1648«, in: *Jewish History* 17 (2003), S. 207–227.

20 Natalia Yakovenko, »The Events of 1648–1649. Contemporary Reports and the Problem of Verification«, in: *Jewish History* 17 (2003), S. 165–

178; Timothy Snyder, *The Reconstruction of Nations. Poland, Ukraine, Lithuania, Belarus, 1569–1999*, New Haven 2003, S. 112–117.

21 Zenon E. Kohut, »Myths Old and New. The Haidamak Movement and the Koliivshchyna (1768) in Recent Historiography«, in: *Harvard Ukrainian Studies* 1 (1977), S. 359–378.

22 Die andere Ausnahme, über die nachzudenken wäre, betrifft Spanien und Portugal – beide Länder verfolgten im Rahmen der Inquisition auch weiterhin zwangsgetaufte Juden. Vgl. Jonathan Israel, *European Jewry in the Age of Mercantilism, 1550–1750*, Oxford 1985, S. 220 f.

23 Vgl. in diesem Zusammenhang Edward Muir, *Mad Blood Stirring. Vendetta in Renaissance Italy*, Baltimore 1993, S. XXIV f.

24 Israel, *European Jewry* (s. Anm. 4,23), S. 219.

25 Jacob Katz, *Vom Vorurteil bis zur Vernichtung. Der Antisemitismus 1700–1933*, München 1989, S. 28; Israel, *European Jewry* (s. Anm. 4,23), S. 192 f. In ihrer sorgfältigen Analyse des Vokabulars frühneuzeitlicher antijüdischer Texte findet Nicole Hortzitz nur wenig Zeugnisse dafür, dass Autoren dazu aufriefen, Juden körperlichen Schaden zuzufügen; vgl. Nicole Hortzitz, *Die Sprache der Judenfeindschaft in der frühen Neuzeit (1450–1700). Untersuchungen zu Wortschatz, Text und Argumentation*, Heidelberg 2005, S. 570.

26 Stefan Rohrbacher, »The Hep Hep Riots of 1819. Anti-Jewish Ideology, Agitation and Violence«, in: *Exclusionary Violence*, hrsg. von Hoffmann [u. a.] (s. Anm. 4,1), S. 23–42, hier S. 31.

27 Jacob Katz, *Die Hep-Hep-Verfolgungen des Jahres 1819*, Berlin 1994, S. 47.

28 Ebd., S. 60 f.

29 Rohrbacher, *Gewalt im Biedermeier* (s. Anm. 4,8), S. 144–147; sehr detailliert Katz, *Die Hep-Hep-Verfolgungen* (s. Anm. 4,27), S. 57–71.

30 Friedeburg, *Ländliche Gesellschaft* (s. Anm. 4,8), S. 171.

31 Ebd., S. 189.

32 Die Quelle für diese Auflistung ist Arye Maimon (Hrsg.), *Germania Judaica III, 1350–1519*, 2 Bde., Tübingen 1987.

33 Rainer Erb / Werner Bergmann, *Die Nachtseite der Judenemanzipation. Der Widerstand gegen die Integration der Juden in Deutschland 1780–1860*, Berlin 1989, S. 97–106.

34 Ebd., S. 108. Magnus, *Jewish Emancipation in a German City* (s. Anm. 3,96), S. 75.

35 Zit. n. Robert von Friedeburg, »Kommunaler Antisemitismus, Christliche Landgemeinden und Juden zwischen Eder und Werra vom späten 18. bis zur Mitte des 19. Jahrhunderts«, in: *Jüdisches Leben auf dem Lande. Studien zur deutsch-jüdischen Geschichte*, hrsg. von Monika Richarz und Reinhard Rürup, Tübingen 1997, S. 139–172, hier S. 164.

36 Ders., *Ländliche Gesellschaft* (s. Anm. 4,8), S. 372.
37 Zum Spiel und seinen Regeln vgl. Johann Huizinga, *Homo Ludens. Vom Ursprung der Kultur im Spiel*, Reinbek bei Hamburg 1987.
38 Katz, *Die Hep-Hep-Verfolgungen* (s. Anm. 4,27), S. 53.
39 Edward P. Thompson, »The Moral Economy of the English Crowd in the Eighteenth Century«, in: E.P.T., *Customs in Common. Studies in Traditional Popular Culture*, New York 1993, S. 185–258.
40 Charles Tilly [u. a.], *The Rebellious Century, 1830–1930*, Cambridge 1975, S. 284. Die Autoren befassen sich zwar nicht mit antisemitischen Ausschreitungen (eine mehr als seltsame Auslassung), doch ihre Charakterisierung der »reaktiven Form« der Rebellion, die »angesichts einer Herausforderung auf den Erhalt etablierter Rechte zielt«, ist dennoch treffend.
41 Natalie Zemon Davis, »The Rites of Violence«, in: N.Z.D., *Society and Culture in Early Modern France*, Stanford 1975, S. 152–187.
42 Ebd.
43 Rohrbacher, *Gewalt im Biedermeier* (s. Anm. 4,8), S. 160 f.
44 Zosa Szajkowski, *Jews and the French Revolutions of 1789, 1830 and 1848*, New York 1970, S. 1029.
45 Rohrbacher, *Gewalt im Biedermeier* (s. Anm. 4,8), S. 161–164, 248–256.
46 Vgl. Jonathan Sperbers Vorwort zu der englischen Ausgabe von Dieter Dowe [u. a.] (Hrsg.), *Europe in 1848. Revolution and Reform*, New York 2001, S. XIV. Vgl. auch Dieter Langewiesche, »Revolution in Deutschland. Verfassungsstaat – Nationalstaat – Gesellschaftsreform«, in: *Europa 1848. Revolution und Reform*, hrsg. von Dieter Dowe [u. a.], Würzburg 1996, S. 167–196, wo diese Komplexität für Deutschland betont wird.
47 Zur Akzentuierung der lokalen Erfahrung und der »Heterogenität« der Revolution vgl. Christian Jansen / Thomas Mergel (Hrsg.), *Die Revolutionen von 1848/9. Erfahrung – Bearbeitung – Deutung*, Göttingen 1998, insbesondere Jansens und Mergels Einführung (S. 7–13). Zur symbolischen Politik vgl. Manfred Hettling, *Totenkult statt Revolution. 1848 und seine Opfer*, Frankfurt a. M. 1998.
48 Manfred Gailus, *Straße und Brot. Sozialer Protest in den deutschen Staaten unter besonderer Berücksichtigung Preußens, 1847–1849*, Göttingen 1990, S. 500 f.
49 Ebd., S. 516.
50 Ders., »Anti-Jewish Emotion and Violence in the 1848 Crisis of German Society«, in: *Exclusionary Violence*, hrsg. von Hoffmann [u. a.] (s. Anm. 4,1), S. 43–66, hier S. 44 f.; Stefan Rohrbacher, *Gewalt im Biedermeier* (s. Anm. 4,8); zu Baden vgl. Rainer Wirtz, »*Widersetzlichkeiten, Excesse, Tumulte und Scandale*«. *Soziale Bewegung und gewalthafter sozialer Protest in Baden, 1815–1848*, Frankfurt a. M. 1981.

51 Gailus, »Anti-Jewish Emotion and Violence« (s. Anm. 4,50), S. 50.

52 Ebd., S. 55.

53 Ebd., S. 56.

54 James F. Harris, *The People Speak! Anti-Semitism and Emancipation in Nineteenth-Century Bavaria*, Ann Arbor 1994, S. 2, 214.

55 Ebd., S. 214.

56 Ebd., S. 2.

57 Ebd., S. 140.

58 Ders., »Bavarians and Jews in Conflict in 1866. Neighbors and Enemies«, in: *Leo Baeck Institute Yearbook* 32 (1987), S. 103–119. Ein zweiter Krawall im nahe gelegenen Wiesenfeld war zwar ebenso bedrohlich, führte jedoch nicht zu einem militärischen Eingreifen.

59 Zit. n. Wolfgang Benz, »The November Pogrom of 1938. Participation, Applause, Disapproval«, in: *Exclusionary Violence*, hrsg. von Hoffmann [u.a.], (s. Anm. 4,1), S. 141–160, hier S. 147.

60 Hans Rogger, »Conclusion and Overview«, in: *Pogroms*, hrsg. von Klier/Lambroza (s. Anm. 4,1), S. 314–372, hier S. 328. Michael Aronson, *Troubled Waters. The Origins of the 1881 Anti-Jewish Pogroms in Russia*, Pittsburgh 1990, S. 61.

61 John Klier. »The Pogrom Paradigm in Russian History«, in: *Pogroms*, hrsg. von Klier/Lambroza (s. Anm. 4,1), S. 13–38, hier S. 13ff.

62 Ebd., S. 15–24.

63 Klier/Lambroza (Hrsg.), *Pogroms* (s. Anm. 4,1), S. 42.

64 *Jüdische Presse* 12 (1881), Nr. 33 (18. August 1881), S. 350f.; *Allgemeine Zeitung des Judentums* 45 (1881), Nr. 35 (30. August 1881), S. 570. Zu Bismarck vgl. Gerd Hoffmann, *Der Prozeß um den Brand der Synagoge in Neustettin. Antisemitismus in Deutschland ausgangs des 19. Jahrhunderts*, Schifferstadt 1998, S. 25. Zu dem Fall vgl. Christhard Hoffmann, »Political Culture and Violence against Minorities. The Antisemitic Riots in Pomerania and West Prussia«, in: *Exclusionary Violence*, hrsg. von Ch.H. [u.a.] (s. Anm. 4,1), S. 67–92.

65 Robert Nemes, »Hungary's Antisemitic Provinces. Violence and Ritual Murder in the 1880s«, in: *Slavic Review* 66 (2007), S. 20–44, hier S. 16.

66 Ebd., Anm. 39.

67 Ebd., Anm. 44.

68 David Blackbourn, »The Politics of Demagogy in Imperial Germany«, in: D.B., *Populists and Patricians. Essays in Modern German History*, London 1987, S. 217–245; James Retallack, »Finishing for Popularity«, in: J.R., *The German Right, 1860–1920. Political Limits of the Authoritarian Imagination*, Toronto 2006, S. 76–107.

69 Arendt, *Elemente und Ursprünge totaler Herrschaft* (s. Anm. Einl.,19), S. 189.

70 Ebd., S. 160.

71 Dies., *The Origins of Totalitarianism*, New York 1949, S. 107. In der deutschen Ausgabe fehlt diese Passage.

72 Die zwei wichtigsten Ausnahmen sind Stephen Wilson, *Ideology and Experience. Antisemitism in France at the Time of the Dreyfus Affair*, London 1982, und Birnbaum, *The Anti-Semitic Moment* (s. Anm. 4,2). Einen hilfreichen Überblick bietet Paula Hyman, »New Perspectives on the Dreyfus Affair«, in: *Historical Reflections / Reflexions Historiques* 31 (2005), S. 335–350.

73 Stephen Wilson, »The Anti-Semitic Riots in 1898 in France«, in: *Historical Journal* 16 (1973), S. 789–806, hier S. 792.

74 Ebd., S. 794–797.

75 Als gegenteilige Auffassung vgl. Michael Burns, *Rural Society and French Politics. Boulangism and the Dreyfus Affair, 1866–1900*, Princeton 1984, S. 137 und 171; Burns betont die Besonderheit der Reaktion auf dem Lande.

76 Birnbaum, *The Anti-Semitic Moment* (s. Anm. 4,2), S. 333.

77 Ebd.

78 Shulamit Volkov, »Antisemitismus als kultureller Code«, in: S. V., *Jüdisches Leben und Antisemitismus im 19. und 20. Jahrhundert*, München 1990, S. 13–36, hier S. 23.

79 Zur älteren Sicht vgl. Eugen Webers klassische Studie *Peasants into Frenchmen. The Modernization of Rural France, 1870–1914*, Stanford 1976.

80 Michael A. Riff, »Czech Anti-Semitism and the Jewish Response Before 1914«, in: *Wiener Library Bulletin* 29 (1976), H. 39/40, S. 8–20, hier S. 9; Hillel Kieval, *The Making of Czech Jewry. National Conflict and Jewish Society in Bohemia, 1870–1918*, New York 1988, S. 66; ders., *Languages of Community. The Jewish Experience in the Czech Lands*, Berkeley 2000, S. 188.

81 Riff, »Czech Antisemitism« (s. Anm. 4,80), S. 9f.

82 Zit. n. *Mitteilungen aus dem Verein zur Abwehr des Antisemitismus* (MVAA) 3 (14. Mai 1893), S. 211.

83 Riff, »Czech Antisemitism« (s. Anm. 4,80), S. 11f.

84 »Die Lage in Österreich«, in: *Im deutschen Reich* 4 (1898), H. 4, S. 385–389, hier S. 386; vgl. auch *Im deutschen Reich* 4 (1898), H. 6–7, S. 345f.

85 Zur Auffassung, es habe »keine antijüdischen Gewalttaten« gegeben, vgl. das klassische Werk von Artur Eisenbach, *The Emancipation of the Jews in Poland, 1780–1870*, hrsg. von Antony Polonsky, Oxford 1991, S. 349. Als Neubewertung vgl. Gailus, »Anti-Jewish Emotion and Violence« (s. Anm. 4,50), S. 57.

86 Eisenbach, *The Emancipation of the Jews in Poland* (s. Anm. 4,85), S. 479.

87 Theodore Weeks, *From Assimilation to Anti-Semitism. The »Jewish Question« in Poland, 1850–1914*, DeKalb (Ill.) 2006, S. 74.

88 Golczewski, *Polnisch-Jüdische Beziehungen* (s. Anm. 4,41), S. 42–44, 50 f.

89 Alison Fleig Frank, *Oil Empire. Visions of Prosperity in Austrian Galicia*, Cambridge 2005, S. 129–133.

90 Keely Stauter-Halsted, »Jews as Middleman Minorities in Rural Poland. Understanding the Galician Pogroms of 1898«, in: *Antisemitism and its Opponents in Modern Poland*, hrsg. von Blobaum (s. Anm. 4,4), S. 39–59, hier S. 47.

91 Ebd., S. 40.

92 *Die Welt* 2 (1898), Nr. 24, 17. Juni 1898.

93 Leo Herzberg-Fränkel, »Zu unserer Lage in Galizien«, in: *Dr. Blochs Österreichische Wochenschrift* 15 (1898), Nr. 24 (17. Juni 1898), S. 458 f.

94 Das jüdische Monopol ergab sich aus der Tatsache, dass die wohlhabenden Landbesitzer vor der Emanzipation der Bauern Konzessionen nur an Menschen verkauften, die nicht Leibeigene waren. Zur wirtschaftlichen Konkurrenz zwischen Polen und Juden in der Region vgl. Keely Stauter-Halsted, *The Nation in the Village. The Genesis of Peasant National Identity in Austrian Poland, 1848–1914*, Ithaca (N.Y.) 2001, S. 134.

95 *MVAA* 8 (25. Juni 1898), S. 204; Golczewski, *Polnisch-jüdische Beziehungen* (s. Anm. 4,1), S. 76.

96 »Lemberg. Schreiben an den ›Kuryer Lwowski‹ aus Jaslo«, in: *Die Welt* 2 (1898), Nr. 25 (24. Juni 1898), S. 10.

97 Ebd.

98 Zit. n. Golczewski, *Polnisch-jüdische Beziehungen* (s. Anm. 4,1), S. 73 f., 77.

99 Ebd., S. 78.

100 *Die Welt* 2 (1898), Nr. 24 (17. Juni 1898).

101 Zit. n. Golczewski, *Polnisch-jüdische Beziehungen* (s. Anm. 4,1), S. 79.

102 »Durch das galizische Aufruhrgebiet«, in: *Dr. Bloch's Österreichische Wochenschrift*, Nr. 26 (1. Juli 1898), S. 494–496, hier S. 494.

103 Ebd., S. 495.

104 Stauter-Halsted, »Jews as Middleman Minorities« (s. Anm. 4,90), S. 40.

105 Herzberg-Fränkel, »Zu unserer Lage in Galizien«, in: *Dr. Bloch's Österreichische Wochenschrift*, Nr. 24 (17. Juni 1898), S. 459.

106 »Antisemitische Ausschreitungen in Nachod«, in: *Die Welt* 3 (1899), Nr. 15 (14. April 1899), S. 7 f.

107 Kieval, *Languages of Community* (s. Anm. 4,80), S. 33.

108 Erwin Rosenberger, »Holleschau«, in: *Die Welt* 3 (1899), Nr. 43 (27. Oktober 1899), S. 2 f., hier S. 3: »Ein Jude, der sich heute ein Haus baut«, bemerkte ein Kommentator, »sollte niemals an [sic!] die Herstellung solcher Schlupfwinkel vergessen. Geheime Thüren, unterirdische Stübchen sind in einem Judenhause ebenso nothwendig wie Herd und Küche.«

109 Ebd.

110 »Judenverfolgungen in Böhmen und Mähren. Die Vorfälle in Wsetin«, in: *Die Welt* 3 (1899), Nr. 44 (3. November 1899), S. 8 f.

111 Ebd.

112 Smith, *Die Geschichte des Schlachters* (s. Anm. 4,4), S. 141.

113 Hans Rosenberg, *Große Depression und Bismarckzeit. Wirtschaftsablauf, Gesellschaft und Politik in Mitteleuropa*, Berlin 1967, S. 88–117.

114 Birnbaum, *The Anti-Semitic Moment* (s. Anm. 4,2), S. 4.

115 Ich folge hier der Darstellung von Shlomo Lambroza, »The Pogroms of 1903–1906«, in: *Pogroms*, hrsg. von Klier/Lambroza (s. Anm. 4,1), S. 195–247, hier S. 195.

116 Ebd., S. 205.

117 Zit. n. ebd., S. 209.

118 Aus: *New York Times*, 4. April 1904, zit. n.: ebd., S. 214.

119 Ebd., S. 218.

120 Peter Gay, *Kult der Gewalt. Aggression im bürgerlichen Zeitalter*, München 2000, S. 47 f.

121 Zit. n. Orlando Figes, *Die Tragödie eines Volkes. Die Epoche der Russischen Revolution 1891–1924*, München 2001, S. 203.

122 Jonathan Steinberg [u.a.] (Hrsg.), *The Russo-Japanese War in Global Perspective. World War Zero*, Leiden 2005.

123 Lambroza, »The Pogroms of 1903–1906« (s. Anm. 4,115), S. 213–216.

124 Jacob Fries, *Über die Gefährdung des Wohlstandes und Charakters der Deutschen durch die Juden*, Heidelberg 1816, S. 11 f.

125 Czeslaw Milosz, *A Treatise on Poetry*, New York 2001, S. 9.

126 In Rumänien führte ein massiver Bauernaufstand gegen Landbesitzer und Juden zu einem regelrechten Krieg zwischen dem Staat und der Bevölkerung, bei dem etwa 11 000 Menschen getötet wurden und die Armee buchstäblich Dörfer bombardierte, um die Kontrolle über die ländlichen Regionen wiederzuerlangen. Vgl. Keith Hitchins, *Rumania 1866–1947*, Oxford 1994, S. 178. Auf S. 177 schreibt Hitchins, es habe sich bei dem Aufstand »nicht um einen antisemitischen Ausbruch« gehandelt, er habe »breite soziale und wirtschaftliche Ursachen« gehabt, und man habe »keinen Unterschied zwischen christlichen und jüdischen

›Unterdrückern‹ gemacht«. Das mag in demselben Sinne zutreffen wie bei den Revolutionen von 1830, 1848 und 1905, die auch nicht ursprünglich antisemitisch motiviert waren, aber – wie der rumänische Bauernaufstand von 1907 – starke Wellen spezifisch antisemitischer Gewalt auslösten.

127 Alexander Victor Prusin, *Nationalizing a Borderland. War, Ethnicity, and Anti-Jewish Violence in East Galicia, 1914–1920*, Tuscaloosa 2005, S. 24–64.

128 Klier/Lambroza (Hrsg.), *Pogroms* (s. Anm. 4,1), S. 292.

129 Joachim Schoenfeld, zit. n. Marsh L. Rozenblit, *Reconstructing a National Identity. The Jews of Habsburg Austria during World War I*, New York 2001, S. 136.

130 David Vital, *A People Apart. The Jews in Europe, 1789–1939*, Oxford 1999, S. 716.

131 Peter Kenez, »Pogroms and White Ideology in the Russian Civil War«, in: *Pogroms*, hrsg. von Klier/Lombroza (s. Anm. 4,1), S. 293–313, hier S. 302.

132 Ebd.

133 Vital, *A People Apart* (s. Anm. 4,130), S. 726.

134 Zit. n. ebd., S. 728.

135 Sehr lehrreich ist Prusin, *Nationalizing a Borderland* (s. Anm. 4,27), S. 1–12, 75–91.

136 Wiliam W. Hagen, »Murder in the East. German-Jewish Liberal Reactions to Anti-Jewish Violence in Poland and other East European Lands, 1918–1920«, in: *Central European History* 34 (2001), S. 1–30, hier S. 9, 28.

137 Ders., »The Moral Economy of Popular Violence« (s. Anm. 4,4), S. 125.

138 Ebd.; vgl. auch Prusin, *Nationalizing a Borderland* (s. Anm. 4,27), S. 75–91.

139 Zit n. Hagen, »Murder in the East« (s. Anm. 4,136), S. 8.

140 Richard Bessel, *Germany after the First World War*, Oxford 1993.

141 Michael Geyer, »Endkampf 1918 and 1945. German Nationalism, Annihilation, and Self-Destruction«, in: *No Man's Land of Violence. Extreme Wars of the 20th Century*, hrsg. von Richard Bessel [u.a.], Göttingen 2006, S. 35–67, hier S. 47.

142 Zum Problem der Stabilität in der Nachkriegszeit nach wie vor grundlegend ist Charles S. Maier, *Recasting Bourgeois Europe. Stabilization in France, Germany, and Italy in the Decade after World War I*, Princeton 1975. Zu Deutschland vgl. auch Bessel, *Germany after the First World War* (s. Anm. 4,140); Gerald Feldman, *The Great Disorder. Politics, Economics, and Society in the German Inflation, 1914–1924*, New York 2003.

143 Als neuere Arbeit und zu weiteren Literaturhinweisen vgl. Geoff Eley, *Forging Democracy. The History of the Left in Europe, 1850–2000*, Oxford 2002, S. 167.

144 Dirk Walter, *Antisemitische Kriminalität und Gewalt. Judenfeindschaft in der Weimarer Republik*, Bonn 1999, S. 41.

145 Ebd., S. 41.

146 Zit. n. ebd., S. 41 f.

147 Vgl. T. Hunt Tooley, *National Identity and Weimar Germany. Upper Silesia and the Eastern Border, 1918–1922*, Lincoln 1997.

148 Maier, *Recasting Bourgeois Europe* (s. Anm. 4,142).

149 David Clay Large, »›Out with the Ostjuden‹. The Scheunenviertel Riots in Berlin, November 1923«, in: *Exclusionary Violence*, hrsg. von Hoffmann [u.a.] (s. Anm. 4,1), S. 123–140, hier S. 124.

150 Walter, *Antisemitische Kriminalität* (s. Anm. 4,144), S. 164.

151 Ebd., S. 109.

152 Benz, »The November Pogroms of 1938« (s. Anm. 4,59), S. 151.

153 Noel D. Cary, »Anti-Semitism, Everyday Life, and the Devastation of Public Morals in Nazi Germany«, in: *Central European History* 35 (2002), S. 551–589, hier S. 565; Christhard Hoffmann, »Verfolgung und Alltagsleben der Landjuden im nationalsozialistischen Deutschland«, in: *Jüdisches Leben auf dem Lande*, hrsg. von Richarz/Rürup (s. Anm. 4,35), S. 373–398, hier S. 375.

154 Michael Wildt, »Violence against Jews in Germany 1933–1939«, in: *Probing the Depths of German Antisemitism. German Society and the Persecution of the Jews, 1933–1941*, hrsg. von David Bankier, Jerusalem 2000, S. 181–209, hier S. 196.

155 Als neueste sorgfältige Studie und zu weiterer Literatur vgl. Peter Longerich, *»Davon haben wir nichts gewusst!« Die Deutschen und die Judenverfolgung*, München 2006, S. 130.

156 Benz, »The November Pogrom of 1938« (s. Anm. 4,69), S. 149, 151.

157 Geyer, »Resistance as Ongoing Project« (s. Anm 1,77), S. 334.

158 Jeffrey Herf, *The Jewish Enemy. Nazi Propaganda during World War II and the Holocaust*, Cambridge (MA) 2006, S. VIII.

159 Christian Jansen / Arno Weckbecker, *Der »Volksdeutsche Selbstschutz« in Polen 1939/40*, München 1992, S. 8.

160 Zit. n. Jochen Böhler, *Auftakt zum Vernichtungskrieg. Die Wehrmacht in Polen 1939*, Frankfurt a.M. 2006, S. 189.

161 Browning, *Die »Entfesselung« der Endlösung* (s. Anm. 1,75), S. 57.

Kapitel 5 – Eliminatorischer Rassismus

1 Daniel J. Goldhagen, *Hitlers willige Vollstrecker. Ganz gewöhnliche Deutsche und der Holocaust*, Berlin 1996, S. 97.

2 Zur ersten Welle von Reaktionen vgl. Julius H. Schöps (Hrsg.), *Ein Volk von Mördern? Die Dokumentation zur Goldhagen-Kontroverse um die Rolle der Deutschen im Holocaust*, Hamburg 1996; als wohlüberlegte Reflexionen über die Debatten vgl. Geoff Eley (Hrsg.), *The »Goldhagen Effect«. History, Memory, Nazism – Facing the German Past*, Ann Arbor 2000.

3 Massimo Ferrari Zumbini, *Die Wurzeln des Bösen. Gründerjahre des Antisemitismus. Von der Bismarckzeit zu Hitler*, Frankfurt a. M. 2003. Zumbinis Werk bietet die erste umfassende Synthese des modernen Antisemitismus in Deutschland, die soziale, kulturelle und politische Aspekt zusammenführt. Vgl. auch Peter Pulzer, *Die Entstehung des politischen Antisemitismus in Deutschland und Österreich 1867–1914*, erw. Neuausgabe, Göttingen 2004, vor allem zur politischen Dimension.

4 Isabel V. Hull, *Absolute Destruction. Military Culture and the Practices of War in Imperial Germany*, Ithaca (N. Y.) 2005, S. 330.

5 So die 1948 von den Vereinten Nationen angenommene Definition des Begriffs »Genozid«. Vgl. dazu die Reflexionen von Robert Gellately / Ben Kiernan in ihrer Einführung (»The Study of Mass Murder and Genocide«) zu dem von ihnen herausgegebenen Band *The Specter of Genocide. Mass Murder in Historical Perspective*, Cambridge 2003, S. 3–28, hier S. 15.

6 Vgl. den Eintrag »Ethnic cleansing« in der 2. Aufl. des *Oxford English Dictionary* (2004).

7 Norman M. Naimark, *Flammender Hass. Ethnische Säuberungen im zwanzigsten Jahrhundert*, München 2004, S. 12.

8 Zu Meineckes Bemerkung zu Rohrbach vgl. Friedrich Meinecke, *Werke*, Bd 2: *Politische Reden und Schriften*, hrsg. von Georg Kotowski, Darmstadt 1966, S. 62 f. Zu Ratzel immer noch am besten: Woodruf D. Smith, *Politics and the Sciences of Culture in Germany 1840–1920*, New York 1991, S. 140–162. Vgl. auch Andrew Zimmerman, *Anthropology and Antihumanism in Imperial Germany*, Chicago 2001, und Jürgen Osterhammel, *Geschichtswissenschaft jenseits des Nationalstaats. Studien zu Beziehungsgeschichte und Zivilisationsvergleich*, Göttingen 2001, S. 151–169. Zu Rohrbach vgl. Rüdiger vom Bruch, *Weltpolitik als Kulturmission. Auswärtige Kulturpolitik und Bildungsbürgertum in Deutschland am Vorabend des 1. Weltkriegs*, Paderborn 1982, S. 73–76, sowie – detaillierter – Walter Mogk, *Paul Rohrbach und das »Größere Deutschland«. Ethischer Imperialismus im Wilhelminischen Zeitalter. Ein Beitrag zur Geschichte des Kulturprotestantismus*, München 1972.

9 Arendt, *Elemente und Ursprünge totaler Herrschaft* (s. Anm. Einl.,19), S. 693.

10 Heinrich von Treitschke, *Politik. Vorlesungen gehalten an der Universität zu Berlin*, hrsg. von Max Cornicelius, 2 Bde., Leipzig 1879, Bd. 1, S. 63. Gemeint sind hier die Juden.

11 Ebd., S. 22. Zu Treitschkes Vorlesungsstil vgl. Hermann Bahr, *Selbstbildnis*, Berlin 1923, S. 180 f.

12 Heinrich von Treitschke, *Deutsche Geschichte im Neunzehnten Jahrhundert*, 5 Bde., 5. Aufl., Leipzig 1907, Bd. 4, S. 58.

13 Heinrich von Treitschke, *Briefe*, hrsg. von Max Cornicelius, 3 Bde., Leipzig 1920, Bd. 3, Tl. 1, S. 334.

14 Ebd.

15 Ebd., S. 355.

16 Zu Treitschkes Memelreise vgl. Isaac Rülf, »Auch eine Kleinigkeit in Sachen Treitschke et Compe«, in: *Der »Berliner Antisemitismusstreit«*, hrsg. von Krieger (s. Anm. 3,141), Tl. 1, S. 416 ff.

17 Heinrich von Treitschke, »Die Maigesetze und ihre Folgen«, in: H. v. T., *Zehn Jahre deutscher Kämpfe. Schriften zur Tagespolitik*, 2. Aufl., Berlin 1879, S. 432–442, hier S. 437.

18 Ebd.

19 Ebd.

20 Ivan Hannaford, *Race. The History of an Idea in the West*, Baltimore 1996, S. 272.

21 Charles Darwin, *Die Abstammung des Menschen und die geschlechtliche Zuchtwahl*, Bremen 2009 (1. Aufl., Leipzig 1871), S. 105.

22 Uffa Jensen, *Gebildete Doppelgänger. Bürgerliche Juden und Protestanten im 19. Jahrhundert*, Göttingen 2005, S. 197–268.

23 Heinrich von Treitschke, »Unsere Aussichten« (s. Anm. 3,141), S. 12.

24 Ebd., S. 15.

25 Ebd., S. 14.

26 Ebd., S. 11.

27 Brief Treitschkes an Friedrich von Meech vom 6. April 1879, in: Treitschke, *Briefe* (s. Anm. 5,13), Bd. 3, Tl. 2, S. 497.

28 Ulrich Langer, *Heinrich von Treitschke. Politische Biographie eines deutschen Nationalisten*, Düsseldorf 1998, S. 330. Zu diesem Problem im allgemeinen vgl. Fritz Sterns Meisterwerk *Gold und Eisen. Bismarck und sein Bankier Bleichröder*, Frankfurt a. M. 1978, S. 621 f. Zur Rezeption von Treitschkes *Deutscher Geschichte im Neunzehnten Jahrhundert* unter den deutschen Liberalen vgl. Andreas Biefang, »Der Streit um Treitschkes *Deutsche Geschichte* 1882/83. Zur Spaltung des Nationalliberalismus und der Etablierung eines national-konservativen Geschichtsbildes«, in: *Historische Zeitschrift* 262 (1996), S. 391–422.

29 »Manifest der Berliner Notabeln gegen den Antisemitismus vom
   12.11.1880«, in: *Der »Berliner Antisemitismusstreit«*, hrsg. von Krieger
   (s. Anm. 5,16), Tl. 2, S. 551–554; vgl. Heinrich von Treitschkes Brief vom
   15. November 1880 an Johann Gustav Droysen, in: ebd., Tl. 2., S. 576f.

30 Heinrich Nordmann, »Professoren über Israel«, in: *Der »Berliner Antisemitismusstreit«*, hrsg. von Krieger (s. Anm. 5,16), Tl. 1, S. 368–387, hier S. 379.

31 Ebd., S. 384f.

32 Der vollständige Titel von Dührings berüchtigtem Werk lautet *Die Judenfrage als Frage der Racenschädlichkeit für Existenz, Sitte und Cultur
   der Völker*, hier zit. n. Zumbini, *Die Wurzeln des Bösen* (s. Anm. 5,3),
   S. 177. Zu Dühring vgl. auch Paul Michael Rose, »›Extermination/Aus-
   rottung‹«: in: *Remembering for the Future. The Holocaust in the Age of
   Genocide*, hrsg. von Yehuda Bauer [u.a.], New York 2001, S. 734f. Rose
   merkt scharfsinnig an, Dührings Text sei mit der Zeit zunehmend brutaler
   geworden und habe immer stärker die Forderung nach gewaltsamer Vernichtung betont.

33 Zit. n. Zumbini, *Die Wurzeln des Bösen* (s. Anm. 5,3), S. 179.

34 Ebd.

35 Zit. n. ebd., S. 358.

36 Als unterschiedliche Sicht der Dinge vgl. Rose, »›Extermination/Ausrot-
   tung‹« (s. Anm. 5,32), S. 731. Die einzig mögliche Ausnahme ist Hartwig
   von Hundt-Radowsky, *Judenspiegel. Ein Schand- und Sittengemälde alter
   und neuer Zeit*, Würzburg 1819, wo diese Begriffe mit echten Vertrei-
   bungsforderungen einhergehen.

37 Ludwig Quidde, »Die Antisemitenagitation und die deutsche Studenten-
   schaft«, in: *Der »Berliner Antisemitismusstreit«*, hrsg. von Krieger (s. Anm.
   3,141), Tl. 2, S. 829–847, hier S. 834.

38 Vgl. *Jüdische Presse* 12 (1881), Nr. 31 (4. August 1881), Beilage; *Allgemeine Zeitung des Judentums* 45 (1881), Nr. 31 (2. August 1881), S. 509. Als
   ausführliche Darstellung vgl. Hoffmann, »Political Culture and Violence
   against Minorities« (s. Anm. 4,64).

39 *Jüdische Presse* 12 (1881), Nr. 3 (24. Februar 1881), S. 79.

40 Vgl. Carl E. Schorske, *Wien. Geist und Gesellschaft im Fin-de-Siècle*,
   München 1994, S. 111–168. Als nachhaltige, vielschichtige Analyse der
   Ausschreitungen in Stettin vgl. Hoffmann, »Political Culture and Vio-
   lence against Minorities« (s. Anm. 4,64).

41 Zum Stil imperialer Politik vgl. Margaret L. Anderson, *Lehrjahre der Demokratie. Wahlen und politische Kultur im Kaiserreich*, Stuttgart 2009.

42 Jan Philipp Reemtsma, »Die Falle des Antisemitismus«, in: *Das Eigene
   und das Fremde. Neuer Rassismus in der alten Welt?*, hrsg. von Ulrich
   Bielefeld, Hamburg 1991, S. 269–282.

43 »Manifest der Berliner Notabeln gegen den Antisemitismus vom 12.11.1880« (s. Anm. 5,29), S. 552.

44 Theodor Mommsen, »Auch ein Wort über unser Judenthum«, in: *Der »Berliner Antisemitismusstreit«*, hrsg. von Krieger (s. Anm. 3,141), Tl. 2, S. 696–709, hier S. 698, 700.

45 Ebd., S. 700, 708 f.

46 Ebd., S. 709.

47 Heinrich von Treitschke, »Zur inneren Lage am Jahresschlusse«, in: *Der »Berliner Antisemitismusstreit«*, hrsg. von Krieger (s. Anm. 3,141), Tl. 2, S. 711–715, hier S. 715.

48 Treitschke, *Politik* (s. Anm. 5,10), Bd. 1, S. 273 ff.

49 Ebd., S. 276.

50 Walter Nugent, *Crossings. The Great Transatlantic Migrations, 1870–1914*, Bloomington 1992. Zur Migration deutscher Arbeiter vgl. Sebastian Conrad, *Globalisierung und Nation im Deutschen Kaiserreich*, München 2006, S. 233 ff.

51 Klaus J. Bade, *Europa in Bewegung. Migration vom späten 18. Jahrhundert bis zur Gegenwart*, München 2000.

52 Die beste Einführung bietet Roger Chickering, *Karl Lamprecht. A German Academic Life (1856–1915)*, Atlantic Highlands (N.J.) 1993.

53 Als Zusammenfassung der Auffassungen Ratzels vgl. Smith, *Politics and the Sciences of Culture* (s. Anm. 5,8), S. 140–161. Zum weiteren Kontext Ratzels vgl. Conrad, *Globalisierung und Nation* (s. Anm. 5,50), S. 60 f.

54 Friedrich Ratzel, *Anthropogeographie*, Stuttgart 1891, S. 180.

55 Zit. n. ebd., S. 438. Ders., »Über geographische Bedingungen und ethnographische Folgen der Völkerwanderungen«, in: F. R., *Kleine Schriften*, hrsg. von Hans Helmolt, Bd. 2, München 1906, S. 35–65.

56 Zit. n. Edward Said, *Kultur und Imperialismus. Einbildungskraft und Politik im Zeitalter der Macht*, Frankfurt a. M. 1994, S. 215.

57 Kevin Repp, *Reformers, Critics, and the Paths of German Modernity. Anti-Politics and the Search for Alternatives, 1890–1914*, Cambridge (MA) 2000, S. 246.

58 Friedrich Ratzel, *Völkerkunde*, 3 Bde., Leipzig 1885–90, Bd. 1 (*Die Naturvölker Afrikas*), S. 9; ders., *Anthropogeographie* (s. Anm. 5,54), S. 347.

59 Ratzel, *Völkerkunde* (s. Anm. 5,58), Bd. 1, S. 10.

60 Ders., *Anthropogeographie* (s. Anm. 5,54), S. 358 f.

61 Ders., »Einige Aufgaben einer politischen Ethnologie«, in: *Zeitschrift für Sozialwissenschaft* 3 (1900), S. 1–19, hier zit. n. F. R., *Kleine Schriften* (s. Anm. 5,55), Bd. 2, München 1906, S. 413.

62 Ebd.

63 Ders., *Anthropogeographie* (s. Anm. 5,54), S. 349 f.

64 Ebd., S. 395.

65 Ebd.

66 Ders., *Völkerkunde*, 2., gänzlich neubearb. Aufl., Leipzig 1894, S. 117f.

67 Ebd., S. 12.

68 Ders., *Anthropogeographie* (s. Anm. 5,54), S. 353.

69 Ders., »Nationalität und Rassen«, in: *Türmer-Jahrbuch* 1904, S. 43–77; zit. n. ders., *Kleine Schriften* (s. Anm. 5,55), Bd. 2, S. 485.

70 Ders., *Völkerkunde*, Bd. 1 (s. Anm. 5,59), S. 14f.

71 Ebd. vgl. auch ders., »Einige Aufgaben einer politischen Ethnologie«, hier zit. n. ders., *Kleine Schriften* (s. Anm. 5,55), Bd. 2, S. 413, wo er diese Verschmelzung als eine durch Offenbarung vermittelte bezeichnet.

72 Ders., *Politische Geographie*, 3. Aufl., München und Berlin 1925, S. 107.

73 Patrick Brantlinger, *Dark Vanishings. Discourse on the Extinction of the Primitive Races, 1800–1930*, Ithaca (N.Y.) 2003, S. 3.

74 Friedrich Ratzel, »Geschichte, Völkerkunde und historische Perspektive«, in: *Historische Zeitschrift* 93 (1904), S. 1–46. Zum Kontext, insbesondere im Bereich der Anthropologie, vgl. Zimmerman, *Anthropology and Antihumanism in Imperial Germany* (s. Anm. 5,58), S. 203–206. Zu Bastian vgl. H. Glenn Penny, *Objects of Culture. Ethnology and Ethnographic Museums in Imperial Germany*, Chapel Hill 2002, S. 18–29.

75 Repp, *Reformers, Critics, and the Path of German Modernity* (s. Anm. 5,57). Vgl. auch Richard J. Evans, »In Search of Social Darwinism. The History and Historiography of a Concept«, in: *Medicine and Modernity. Public Health and Medical Care in Nineteenth- and Twentieth-Century Germany*, hrsg. von Manfred Berg und Geoffrey Cocks, New York 1997, S. 55–80; Richard Weikart, *From Darwin to Hitler. Evolutionary Ethics, Eugenics and Racism in Germany*, New York 2004, S. 196; zum Zusammenspiel von Kolonialismus, sozialdarwinistischem Denken und Eugenik im allgemeinen vgl. Pascal Grosse, *Kolonialismus, Eugenik und bürgerliche Gesellschaft in Deutschland 1850–1918*, Frankfurt a.M. 2000.

76 Francis Galton, *Inquiries into Human Faculty and its Development*, London 1883, S. 17.

77 Alfred Plötz, *Die Tüchtigkeit unserer Rasse und der Schutz der Schwachen. Ein Versuch über Rassenhygiene und ihr Verhältnis zu den humanen Idealen, besonders zum Socialismus*, Berlin 1895; vgl. Alfred Kelly, *The Descent of Darwin. The Popularization of Darwinism in Germany*, Chapel Hill 1981, S. 106.

78 Zur relativen Bedeutung dieser Bewegungen vgl. Edward Ross Dickinson, »Biopolitics, Fascism, Democracy. Some Reflections on Our Discourse About ›Modernity‹«, in: *Central European History* 37 (2004), S. 1–48.

79 Das Interesse an Darwin beschränkte sich auch nicht auf die Mittelschicht. »*Darwiniana*« machten 1898 vier von zehn der meistbegehrten
Titel in deutschen Arbeiterbibliotheken aus; vgl. Repp, *Reformers* (s.
Anm. 5,57), S. 50. Zu dem gesamten Komplex der Populärwissenschaft,
in deren Mittelpunkt die Darwinsche Revolution stand, vgl. Andreas
Daum, *Wissenschaftspopularisierung im 19. Jahrhundert. Bürgerliche
Kultur, naturwissenschaftliche Bildung und die deutsche Öffentlichkeit*,
2. Aufl., Oldenburg 2002.
80 Richard F. Wetzell, *Inventing the Criminal. A History of German Crim-
inology, 1880–1945*, Chapel Hill 2000, S. 15. Die folgenden Ausführungen beruhen weitgehend auf Wetzells bahnbrechendem Werk.
81 Ebd., S. 69.
82 Ebd., S. 101 ff.
83 Detlev Peukert, *Max Webers Diagnose der Moderne*, Göttingen 1989,
S. 104.
84 Ebd.
85 Houston Stewart Chamberlain, *Die Grundlagen des neunzehnten Jahrhunderts*, München 1899, S. 7, 23.
86 Zit. n. Mogk, *Paul Rohrbach* (s. Anm. 5,5), S. 27.
87 Ebd., S. 76–80.
88 Vgl. insbesondere Paul Rohrbach, *Deutschland unter den Weltvölkern*,
Berlin 1903; ders., *Deutsche Kolonialwirtschaft*, Bd. 1: *Südwest-Afrika*,
Berlin 1907; ders., *Aus Südwestafrikas schweren Tagen*, Berlin 1909;
ders., *Die Kolonie*, Frankfurt a. M. 1907.
89 Ders., *Die Kolonie* (s. Anm. 5,88), S. 68 f.
90 Ebd., S. 70.
91 Ebd., S. 98. Zu Konzeptionen der Arbeit in den afrikanischen Kolonien
vgl. Conrad, *Globalisierung und Nation* (s. Anm. 5,50), S. 74–123.
92 Rohrbach, *Die Kolonie* (s. Anm. 5,88), S. 98.
93 Ebd., S. 99 f. Vgl. auch ders., *Deutsche Kolonialwirtschaft* (s. Anm. 5,88),
Bd. 1, S. VII.
94 Ebd.
95 Henry Louis Gates Jr., »Introduction: Writing ›Race‹ and the Difference
it Makes«, in: ›*Race*‹, *Writing and Difference*, hrsg. von F. L. G. Jr., Chicago 1986, S. 1–20, hier S. 11.
96 George M. Fredrickson, *White Supremacy. A Comparative Study in
American and South African History*, New York 1981, S. XII.
97 Rohrbach, *Die Kolonie* (s. Anm. 5,88), S. 40.
98 Ders., *Deutsche Kolonialwirtschaft* (s. Anm. 5,88), Bd. 1, S. 393.
99 Ebd., S. 63.
100 Mary Douglas, *Reinheit und Gefährdung. Eine Studie zu Vorstellungen
von Verunreinigung und Tabu*, Frankfurt a. M., 1988.

101 Rohrbach, *Die Kolonie* (s. Anm. 5,88), S. 30f., 58.

102 Hull, *Absolute Destruction* (s. Anm. 5,4), S. 45–51.

103 Zit. n. Jürgen Zimmerer, »Krieg, KZ und Völkermord in Südwestafrika«, in: *Völkermord in Deutsch-Südwestafrika. Der Kolonialkrieg (1904–1908) in Namibia und seine Folgen*, hrsg. von J. Z. und Joachim Zeller, Berlin 2003, S. 45–64, hier S. 51.

104 Hull, *Absolute Destruction* (s. Anm. 5,4), S. 53.

105 Zit. n. Gordon Craig, *Die preußisch-deutsche Armee 1640–1945*, Düsseldorf 1960, S. 272.

106 Mitteilung von Isabel Hull. Vgl. Hull, *Absolute Destruction* (s. Anm. 5,4), S. 25ff.

107 Ebd., S. 51.

108 Ebd., S. 151f.

109 Ebd., S. 88. Die Zahlen sind bestritten worden, allerdings ohne hinreichende Beweise. Zu der Behauptung, der Völkermord habe nicht stattgefunden, vgl. Günther Spraul, »Der ›Völkermord‹ an den Herero«, in: *Geschichte in Wissenschaft und Unterricht* 12 (1988), S. 713–740. Als Korrektiv zu Spraul vgl. die sorgfältige Arbeit von Henry Harpending/Renee Pennington, »Herero Demographic History«, in: *Minority Populations. Genetics, Demography and Health*, hrsg. von Alan H. Bittles und Derek F. Roberts, London 1992, S. 68–82, die davon ausgeht, dass es 1904 ungefähr 7000 Flüchtlinge gab, die dem deutschen Versuch eines Völkermords entronnen waren; zu genaueren Einzelheiten vgl. Renee Pennington/Henry Harpending, *The Structure of an Africanist Pastoral Community*, Oxford 1993.

110 Vgl jetzt Felicitas Becker/Jigal Beez (Hrsg.), *Der Maji-Maji-Krieg in Deutsch-Ostafrika, 1905–1907*, Berlin 2005. Ludwig Wimmelbücker, »Verbrannte Erde. Zu den Bevölkerungsverlusten als Folge des Maji-Maji-Krieges«, in: ebd., S. 87–99, behauptet, die Verluste hätten sich insgesamt auf 180000 Menschen belaufen (S. 92). Zur Kontinuität des Völkermords als Teil kolonialer Praxis vgl. die umstrittene, aber aufschlussreiche Arbeit von Jürgen Zimmerer, *Deutsche Herrschaft über Afrikaner. Staatlicher Machtanspruch und Wirklichkeit im kolonialen Namibia*, Münster 2002. Vgl. auch ders./Joachim Zeller (Hrsg., s. Anm. 5,103).

111 Zu diesen Debatten vgl. Helmut Walser Smith, »The Talk of Genocide, the Rhetoric of Miscegenation. Notes on Debates in the German Reichstag concerning Southwest Africa, 1904–1914«, in: *The Imperialist Imagination. German Colonialism and its Legacy*, hrsg. von Sara Friedrichsmeyer [u.a.], Ann Arbor 1998, S. 107–124. Vgl. neuerdings die gründlicheren Arbeiten von Lora Wildenthal, *German Women for Empire, 1884–1984*, Durham 2001, S. 131–171, und Birthe Kundrus, *Moder-*

ne *Imperialisten. Das Kaiserreich im Spiegel seiner Kolonien*, Wien 2003, S. 219–280.

112 Zit. n. Walser Smith, »Talk of Genocide« (s. Anm. 6,111), S. 114f.

113 Zit. n. ebd., S. 111.

114 Rüdiger vom Bruch, *Weltpolitik als Kulturmission. Auswärtige Kultur-politik und Bildungsbürgertum in Deutschland am Vorabend des Ersten Weltkriegs*, Paderborn 1982, S. 15.

115 Ebd., S. 73.

116 Paul Rohrbach, *German World Politics*, übers. von Edmund von Mach, New York 1915, S. VIII.

117 Ders., *Der Deutsche Gedanke in der Welt*, Düsseldorf/Leipzig 1912, S. 6.

118 Ebd., S. 56.

119 Ders., *Deutsche Kolonialwirtschaft* (s. Anm. 5,88), Bd. 1, S. 339.

120 Ebd., S. 345f.

121 Ebd., S. 351. Vgl. auch Helmut Bley, *Southwest Africa under German Ruke, 1894–1914*, Evanston (Ill.) 1971, S. 226.

122 Rohrbach, *Der Deutsche Gedanke in der Welt* (s. Anm. 5,117), S. 143.

123 Ebd., S. 142.

124 Hull, *Absolute Destruction* (s. Anm. 5,4), S. 273, 331.

125 Zit. n. Margaret L. Anderson, »Down in Turkey, far away. Human Rights, the Armenian Massacres, and Orientalism in Wilhelmine Germany«, in: *The Journal of Modern History* 79 (2007), S. 80–113, hier S. 109.

126 Zu Class vgl. Roger Chickering, *We Men Who Feel Most German. A Cultural Study of the Pan-German League, 1886–1914*, Boston 1984, S. 286f.; Eley, *Reshaping the German Right* (s. Anm. 1,36), S. 321f. so-wie S. 147–205 (zu dessen radikal-nationalistischem Milieu und seiner Ideologie). Zur Rolle von Class in der Weimarer Republik und während des Dritten Reichs vgl. Rainer Hering, *Konstruierte Nation. Der All-deutsche Verband 1890–1939*, Hamburg 2003, S. 355–365.

127 Als knappe Zusammenfassung des Unterschieds zwischen Class und Treitschke vgl. Stefan Breuer, *Grundpositionen der deutschen Rechten*, Tübingen 1999, S. 40.

128 Daniel Frymann (Pseudonym für Heinrich Class), *Wenn ich der Kaiser wär. Politische Wahrheiten und Notwendigkeiten*, Leipzig 1912, S. 121.

129 Ebd., S. 124.

130 Ebd., S. 8.

131 Ebd., S. 141f.

132 Heinrich Luden, »Das Vaterland, oder Staat und Volk«, in: *Nemesis. Zeitschrift für Politik und Geschichte* 1 (1814) S. 14–39, 192–233,

303–328, hier S. 324. Zu diesem bemerkenswerten Essay vgl. Karl Schlögel, »Kosovo war überall«, in: *Die Zeit* (29. April 1999), S. 15 ff.

133 Eine Ausnahme bildet – in einem veröffentlichten Werk – der Radikaldemokrat Gustav Struve, der im vierten Band seiner 1848 publizierten *Grundzüge der Staatswissenschaft* darüber nachdachte, doch sein Vorschlag, die ethnischen Unregelmäßigkeiten auszugleichen, blieb eine Einzelerscheinung, selbst in seinen eigenen politischen Aussagen. Zu diesem Vorschlag vgl. Brian Vick, *Defining Germany. The 1848 Frankfurt Parlamentarians and National Identity*, Cambridge (MA) 2000, S. 45.

134 Pieter M. Judson, *Exclusive Revolutionaries. Liberal Politics, Social Experience, and National Identity in the Austrian Empire, 1848–1914*, Ann Arbor 1996, S. 269 f.

135 Fritz Stern, *Kulturpessimismus als politische Gefahr. Eine Analyse nationaler Ideologie in Deutschland*, München 1986, S. 89 ff. Zu Paul de Lagarde liegt nunmehr eine maßgebliche intellektuelle Biographie vor: Ulrich Sieg, *Deutschlands Prophet. Paul de Lagarde und die Ursprünge des modernen Antisemitismus*, München 2007.

136 Judson, *Exclusive Revolutionaries* (s. Anm. 5,134), S. 260 f.

137 Selbst innerhalb dieser Milieus blieb die Vorstellung einer ethnischen Säuberung eine extreme Position. Vgl. etwa Otto Tannenberg, *GroßDeutschland. Die Arbeit des 20. Jahrhunderts*, Leipzig 1911.

138 Class, *Wenn ich der Kaiser wär* (s. Anm. 5,128), S. 140.

139 Ebd., S. 141.

140 Zur Bedeutung der Ränder Europas vgl. Dan Diner, *Das Jahrhundert verstehen. Eine universalhistorische Deutung*, Frankfurt a. M. 2000, S. 12, 199.

141 Zit. n. Jackson Preece, »Ethnic Cleansing as an Instrument of Nation-State Creation. Changing State Practices and Evolving Legal Norms«, in: *Human Rights Quarterly* 20 (1998), S. 817–843, hier S. 817.

142 Class, *Wenn ich der Kaiser wär* (s. Anm. 5,128), S. 75.

143 Ebd., S. 76.

144 Chickering, *We Men Who Feel Most German* (s. Anm. 5,126), S. 286.

Schluss – Die Kontinuitäten der deutschen Geschichte

1 Hannah Arendt, *Menschen in finsteren Zeiten*, hrsg. von Ursula Ludz, München 1989, S. 39 f.

2 Geyer, »Resistance as Ongoing Project. Visions of Order, Obligations to Strangers, and Struggles for Civil Society, 1933–1990« (s. Anm. 1,77), S. 340 f.

3 Ebd., S. 341. Zur Vorstellung, Juden und ihre Geschichte seien ein Indikator, vgl. Ronald Schechter, *Obstinate Hebrews. Representations of Jews in France, 1715–1815*, Berkeley 2003, S. 7; dort greift er auf Claude Lévi-Strauss' Aussage zurück, zum Verständnis von Gesellschaften seien Totems ein guter Indikator (»good to think«).

4 Detlev Peuckert, »Die ›Genesis‹ der Endlösung aus dem Geist der Wissenschaft«, in: D. P., *Max Webers Diagnose der Moderne*, Göttingen 1989, S. 102–121, hier S. 104.

5 Ebd.

6 Mit dieser Anonymisierung stand Peukert jedoch keineswegs alleine da. Vgl. die allgemeine Kritik in Alf Lüdtke, »Der Bann der Wörter: ›Todesfabriken‹. Vom Reden über den NS Völkermord – das auch ein Verschweigen ist«, in: *Werkstatt Geschichte* 5 (1996), S. 5–18, hier S. 18. Zur Kritik dieses allgemeinen Ansatzes aus der Perspektive neuerer Täterforschung vgl. Gerhard Paul, »Die Täter der Shoah im Spiegel der Forschung«, in: *Die Täter der Shoah. Fanatische Nationalsozialisten oder ganz normale Deutsche?*, hrsg. von G. P., Göttingen 2002, S. 24–27, 41. Vgl. auch Michael Mann, *Die dunkle Seite der Demokratie. Eine Theorie der ethnischen Säuberung*, Hamburg 2007, S. 352–355. Hier richtet sich die Kritik gegen Zygmunt Bauman, *Dialektik der Ordnung. Die Moderne und der Holocaust*, Hamburg 1994.

7 Browning, *Die »Entfesselung« der Endlösung* (s. Anm. 1,75), S. 199.

8 Vgl. Herbert, »Vernichtungspolitik« (s. Anm. Vorw.,1), S. 57. Mit noch größerer Berechtigung ließe sich dies über den Völkermord im allgemeinen sagen. »Denn letztlich«, schreibt Omer Bartov, »ist Völkermord auch eine Begegnung zwischen Mörder und Opfer, die normalerweise unter den Augen einer ganzen Menge Zuschauer stattfindet«; vgl. ders., »Seeking the Roots of Modern Genocide. On the Macro- and Microhistory of Mass Murder«, in: *The Specter of Genocide*, hrsg. von Gellately/Kiernan (s. Anm. 5,5), S. 75–96, hier S. 96.

9 Zu diesem Argument vgl. jetzt Saul Friedländers Einführung zu *Das Dritte Reich und die Juden*, Bd. 2: *Die Jahre der Vernichtung 1939–1945*, München 2007, S. 15. Mit Blick auf Peuckerts Modernisierungsthese vgl. den frühen Einwand Marion Kaplans, die 1998 während einer Konferenz zum Thema »Reevaluating the Third Reich« geltend machte, es sei »gut, dass deutsche Historiker den Holocaust voll anerkennen, er drohe aber ein Holocaust ohne Juden zu werden«. Das Zitat stammt aus Charles S. Maiers »Vorwort« zu Thomas Childers/Jane Caplan (Hrsg.), *Reevaluating the Third Reich*, New York 1993, S. XIV; Maier fasst dort Kaplans Einwand zusammen.

10 Mark Mazower, »Violence and the State in the Twentieth Century«, in: *The American Historical Review* 107 (2002), S. 1158–78, hier S. 1177.

11 Goldhagen, *Hitlers willige Vollstrecker* (s. Anm. 5,1).

12 Sven Oliver Müller, *Die Nation als Waffe und als Vorstellung. Nationalismus in Deutschland und Großbritannien im Ersten Weltkrieg*, Göttingen 2002, S. 144.

13 Ebd., S. 146. Zur Reaktion der jüdischen Gemeinschaft vgl. Ulrich Sieg, *Jüdische Intellektuelle im Ersten Weltkrieg. Kriegserfahrungen, weltanschauliche Debatten und kulturelle Neuentwürfe*, Berlin 2001, S. 87–96.

14 Dirk Walter, *Antisemitische Kriminalität und Gewalt. Judenfeindschaft in der Weimarer Republik*, Bonn 1999; Michael Wildt, *Volksgemeinschaft als Selbstermächtigung. Gewalt gegen Juden in der deutschen Provinz 1919–1939*, Hamburg 2007. Zur verstörenden Wirkung des Kriegsendes und der Niederlage vgl. Geyer, »Endkampf 1918 and 1945« (s. Anm. 4,141), hier S. 47: »Die Rhetorik des Endkampfs fand ihren mächtigen Feind in der Figur des Juden.« Vgl. auch Wolfgang Schivelbusch, *Die Kultur der Niederlage. Der amerikanische Süden 1865, Frankreich 1871, Deutschland 1918*, Berlin 2001, S. 225–343.

15 Vgl. Herbert, »Vernichtungspolitik« (s. Anm. Vorw.,1), S. 35, 41.

16 Philippe Burrin, *Warum die Deutschen? Antisemitismus, Nationalsozialismus, Genozid*, Hamburg 2004, S. 44, bleibt der interessanteste Versuch, die Frage unter Hinweis auf den Antisemitismus zu beantworten. Er versteht die spezifische Form der nationalen Frage, die religiöse Dimension sowie die positive Bewertung von Autorität und Macht als die drei bedeutsamen strukturellen Faktoren, die antisemitische Folgen zeitigten; Burrin zufolge sind die ersten beiden spezifisch für Deutschland.

17 George M. Fredrickson, *Racism. A Short History*, Princeton 2002, S. 105.

18 Ian Kershaw, *Popular Opinion and Political Dissent in the Third Reich. Bavaria, 1933–45*, Oxford 1992, S. 71 ff.

19 Longerich, »*Davon haben wir nichts gewusst!*« (s. Anm. 4,155), S. 96–100.

20 Zu den Klemperer-Tagebüchern vgl. Henry Ashby Turner Jr., »Victor Klemprerer's Holocaust«, in: *German Studies Review* 22 (1999), S. 385–395.

21 David Bankier, *Die öffentliche Meinung im Hitler-Staat. Die »Endlösung« und die Deutschen: Eine Berichtigung*, Berlin 1995, S. 111; Otto Dov Kulka, »Die Nürnberger Rassengesetze und die deutsche Bevölkerung im Lichte geheimer NS-Lage- und Stimmungsberichte«, in: *Vierteljahreshefte für Zeitgeschichte* 4 (1984), S. 582–624, hier S. 602 f. Vgl. auch Saul Friedländer, *Das Dritte Reich und die Juden*, Bd. 1: *Die Jahre der Verfolgung 1933–1939*, München 1998, S. 145 ff., 180–185.

22 Stapoleitstelle Magdeburg, »Verhalten Deutschblütiger gegenüber Juden« (11.11.1941), in: *Die Juden in den geheimen NS-Stimmungsberichten*

1933–1945, hrsg. von Otto Dov Kulka und Eberhard Jäckel, Düsseldorf 2004, S. 473. Diese bemerkenswerte Sammlung von Dokumenten ist nun der beste Ausgangspunkt, von dem aus Forscher den Versuch unternehmen können, zu einem eigenen Urteil über diese Frage zu gelangen. Als faire Darstellung der Unterschiede in der Forschung, die betont, diese stimme darin überein, dass ein riesiger Unterschied zwischen dem Antisemitismus des Regimes und dem der gewöhnlichen Menschen bestanden habe, vgl. Browning, *Die »Entfesselung« der Endlösung* (s. Anm. 1,75), S. 550–560, 760., Anm. 39 ff.

23 Frank Bajohr, *»Arisierung« in Hamburg. Die Verdrängung der jüdischen Unternehmer 1933–1945*, Hamburg 1997, S. 334 ff.

24 Eric A. Johnson, *Der nationalsozialistische Terror. Gestapo, Juden und gewöhnliche Deutsche*, Berlin 2001, S. 433 f. Johnson bezieht sich hier auf die Forschungen Michael Zimmermanns.

25 Marion Kaplan, *Der Mut zum Überleben. Jüdische Frauen und ihre Familien in Nazideutschland*, Berlin 2003, S. 14.

26 Vgl. jetzt Wildt, *Volksgemeinschaft als Selbstermächtigung* (s. Anm. Schluss,14); Wildt behauptet, die Beteiligung – auf unterschiedlichen Ebenen – an antisemitischer Gewalt und Denunzierung stelle eine Selbstermächtigung der »Volksgemeinschaft« von unten dar.

27 Longerich, *»Davon haben wir nichts gewusst«* (s. Anm. 4,155), S. 194–200.

28 Ebd., S. 194; Friedländer, *Das Dritte Reich und die Juden* (s. Anm. Schluss,9), Bd. 2, S. 327–332.

29 Walker-Bynum, »The Presence of Objects« (s. Anm. 3,33), S. 3.

30 Zit. n. John Lewis Gaddis, *The Landscape of History. How Historians Map the Past*, New York 2002, S. 31.

31 Brian F. Vick, *Defining Germany* (s. Anm. 5,133). Zur fortwährenden Vitalität und Reichweite des konstitutionellen Elements im deutschen Nationalismus nach 1848 vgl. Christian Jansen, *Einheit, Macht und Freiheit. Die Paulskirche und die deutsche Politik in der nachrevolutionären Epoche 1849–1867*, Düsseldorf 2005. Jansen spürt jedoch auch dem Einfluss eines zunehmend ethnisch orientierten Nationalismus nach.

32 Andreas Biefang, »›Volksgenossen‹. Nationale Verfassungsbewegung und ›Judenfrage‹ in Deutschland 1850–1878«, in: *Die Konstruktion der Nation gegen die Juden*, hrsg. von Peter Alter [u.a.], München 1999, S. 49–64.

33 Jens Nordalm, »Fichte und der Geist von 1914. Ein Beispiel politischer Wirkung philosophischer Ideen in Deutschland«, in: *Fichte-Studien* 15 (1999), S. 211–232.

34 Chickering, *We Men Who Feel Most German* (s. Anm. 5,126), S. 253–298; Eley, *Reshaping the German Right* (s. Anm. 1,36), S. 316–334.

35 Vgl. die Darstellung in Margaret L. Anderson, *Lehrjahre der Demokratie. Wahlen und Politische Kultur im Kaiserreich*, Stuttgart 2009.

36 Heinrich Class, *Zum deutschen Kriegsziel*, München 1917, S. 44, 47, 49–53.

37 Zu diesem Pamphlet, dem Class' »Denkschrift« vom September 1914 zugrunde liegt, vgl. Heinz Hagenlücke, *Deutsche Vaterlandspartei. Die nationale Rechte am Ende des Kaiserreichs*, Düsseldorf 1997, S. 53–57. Vgl. auch Fritz Fischer, *Griff nach der Weltmacht. Die Kriegszielpolitik des kaiserlichen Deutschland, 1914–1918*, Düsseldorf 1961, S. 120f., 198ff., der lediglich die von Class vorgeschlagenen territorialen Verschiebungen erwähnt und versucht, einen Zusammenhang mit den Interessen der deutschen Industriellen herzustellen. Ungeachtet der Thesen Fischers bleibt die Frage, ob hier die Ideologie oder die Wirtschaft an erster Stelle steht, offen.

38 Veja Gabriel Liulevicius, *Kriegsland im Osten. Eroberung, Kolonialisierung und Militärherrschaft im Ersten Weltkrieg*, Hamburg 2002.

39 Ebd., S. 206f.

40 Jeremy King, *Budweisers into Czechs and Germans. A Local History of Bohemian Politics, 1848–1948*, Princeton 2002. Als frühe Erörterung über die Bedeutung einer mehrfachen Identität, nicht als Anomalie, sondern als Sache an sich, vgl. Gary B. Cohen, »Jews in German Society. Prague, 1860–1914«, in: *Central European History* 10 (1977), S. 28–54, hier S. 29.

41 Pieter M. Judson, *Guardians of the Nation. Activists on the Language Frontiers of Imperial Austria*, Cambridge (MA) 2006, S. 5.

42 Zu Fichte vgl. Jane Caplan, »This or That Particular Person. Protocols of Identification in Nineteenth Century Europe«, in: *Documenting Individual Identity. The Development of State Practices in the Modern World*, hrsg. von J.C. und John Torpey, Princeton 2001, S. 49–66, hier S. 49. Vgl. Fichte, »Grundlagen des Naturrechts nach Principien der Wissenschaftslehre, Zweiter Theil«, in: J.G.F., *Gesamtausgabe* (s. Anm. 2,71), Reihe 1, Bd. 4: *Werke 1797–1798*, hrsg. von Reinhard Lauth und Hans Gliwitzky, Stuttgart 1970, S. 5–165, hier S. 87; Weichlein, »›Qu'est-ce qu'une nation?‹« (s. Anm. 3,151), S. 79.

43 Ebd., S. 79.

44 Benedict Anderson, *The Spectre of Comparisons. Nationalism, Southeast Asia and the World*, London 1998, S. 36f.

45 Jacob Vogel, *Nationen im Gleichschritt. Der Kult der ›Nation in Waffen‹ in Deutschland und Frankreich, 1871–1914*, Göttingen 1997, S. 284–291.

46 Das Zitat stammt aus Gordon A. Craig, *Deutsche Geschichte, 1866–1845. Vom Norddeutschen Bund bis zum Ende des Dritten Reiches*, München 1980, S. 298. Als Korrektiv vgl. Jeffrey Verhey, *Der »Geist von 1914« und die Erfindung der Volksgemeinschaft*, Hamburg 2000.

47 Benjamin Ziemann, *Front und Heimat. Ländliche Kriegserfahrungen im südlichen Bayern 1914–1923*, Essen 1997.

48 Früh und mit Verve bereits Bartov, *Murder in Our Midst* (s. Anm. 1,72), S. 23.

49 Michael Wildt, *Generation des Unbedingten. Das Führungskorps des Reichssicherheitshauptamtes*, Hamburg 2002, S. 24. Auf S. 45 nennt Wildt die Zahl von fünfundsiebzig Prozent.

50 Michael Kellogg, *The Russian Roots of Nazism. White Émigrés and the Making of National Socialism, 1917–1945*, Cambridge 2005.

51 Mann, *Die dunkle Seite der Demokratie* (s. Anm. Schluss,6), S. 334. Vgl. Eric D. Weitz' kritische Bemerkung, Mann erörtere nicht die dunkle Seite der Demokratie, sondern die des Nationalismus; vgl. Eric D. Weitz' Rezension von Manns Buch in: *The American Historical Review* 110 (2005), S. 1138 f. Zur zentralen Bedeutung des nationalen Denkens, das in Rassenideologie abrutscht, vgl. Eric D. Weitz, *A Century of Genocide. Utopias of Race and Nation*, Princeton 2003.

52 Mann, *Die dunkle Seite der Demokratie* (s. Anm. Schluss,6), S. 351.

53 Christopher R. Brownings Buch *Ganz normale Männer. Das Reserve-Polizeibataillon 101 und die »Endlösung« in Polen*, Reinbek bei Hamburg 1996, ist, wie Gerhard Paul betont, das Werk, das diesen Paradigmenwechsel in der Täterforschung eingeführt hat, unabhängig davon, wie man seine Schlussfolgerungen bewertet; vgl. Paul »Die Täter der Shoah im Spiegel der Forschung« (s. Anm. Schluss,6), S. 41 und 60.

54 Ebd., S. 61.

55 Rachel Margolis / Jim Tobias (Hrsg.), *Die geheimen Notizen des K. Sakowicz. Dokumente zur Judenvernichtung in Ponary 1941–1943*, Frankfurt a. M. 2005, S. 53.

56 John Horne / Alan Kramer, *German Atrocities, 1914. A History of Denial*, New Haven 2001, Anh. 1, wo diese Greuel aufgelistet sind. Vgl. auch Mark Mazower, »Military Violence and National Socialist Values. The Wehrmacht in Greece 1941–1944«, in: *Past and Present* 134 (1992), S. 129–158; Sarah Farmer, *Martyred Village. Commemorating the 1944 Massacre at Oradour-sur-Glane*, Berkeley 1999, S. 20–28; Michael Geyer, »›Es muß daher mit schnellen und drakonischen Maßnahmen durchgegriffen werden‹. Civitella in Val di Chiana am 29. Juni 1944«, in: *Vernichtungskrieg. Verbrechen der Wehrmacht 1941 bis 1944*, hrsg. von Hannes Heer und Klaus Naumann, Hamburg 1995, S. 208–238.

57 Aus meiner Sicht hatte Goldhagen recht, wenn er in *Hitlers willige Vollstrecker* die zentrale Bedeutung der ideologisch motivierten Mörder und der prozentual hohen Grausamkeit der Täter betonte (wobei die Frage gegenüber Browning lautet, wie hoch dieser Prozentsatz war). Er hatte

auch recht, wenn er fragte, warum vor allem die Juden zum Ziel wurden. Nicht zuletzt suchte er zu Recht nach Kontinuitäten. Das bedeutet, dass Goldhagen in sehr vielem recht hatte, insbesondere wenn man bedenkt, dass die Täterforschung noch in ihren Anfängen steckte. Es gibt jedoch zwei Probleme. Das erste betrifft die Art und Weise, in der Goldhagen diese Kontinuitäten betonte, indem er nämlich die verbreitete Akzeptanz des eliminatorischen Antisemitismus vor der Machtergreifung der Nationalsozialisten und selbst im 19. Jahrhundert voraussetzte. Auch betonte er die Kontinuität lediglich in der deutschen Geschichte, obwohl es schwer ist, die Einzigartigkeit des deutschen Antisemitismus nachzuweisen, und der mörderische Antisemitismus zuerst in Osteuropa und nicht in Deutschland aufkam. Das zweite Problem hängt mit seinem Verständnis der »gewöhnlichen Deutschen« und seinen verallgemeinernden Schlussfolgerungen von den Mördern auf die Gesamtbevölkerung zusammen. Man kann durchaus argumentieren, dass, da diese Punkte die zentrale These betreffen, das Buch sehr problematisch ist. Meines Erachtens muss man Goldhagen jedoch zugutehalten, die Frage der unmittelbaren Grausamkeit ins Zentrum der Forschung gestellt und zumindest danach gefragt zu haben, in welchem Maße diese Grausamkeit nicht bloß eine Folge situationsbedingter Faktoren, sondern historisch tiefer verankert war. Als neuere kritische, aber zugleich positive Bewertung des Beitrags Goldhagens vgl. Wildt, *Generation des Unbedingten* (s. Anm. Schluss,49), S. 221 f., und Herbert, »Vernichtungspolitik« (s. Anm. Vorw.,1), S. 11.

58 Eine ausgezeichnete Zusammenfassung dieser Position bietet Benjamin A. Valentino, *Final Solutions. Mass Killing and Genocide in the 20th Century*, Ithaca (N.Y.) 2005.

59 Goldhagen, *Hitlers willige Vollstrecker* (s. Anm. 5,1), S. 201, 204. Goldhagen fügt hinzu: »Es wäre nicht überraschend, wenn es sich um mehr als eine halbe Million Menschen handelte«.

60 Christian Gerlach, *Kalkulierte Morde. Die deutsche Wirtschafts- und Vernichtungspolitik in Weißrußland 1941 bis 1944*, Hamburg 1999, S. 1151. Gerlach schätzt, dass die SS- und Polizeieinheiten, einschließlich der Komplizen vor Ort, nur für fünfundvierzig Prozent der ermordeten Zivilisten verantwortlich waren, während mehr als die Hälfte der Morde der Wehrmacht zuzuschreiben ist.

61 Thomas Kühne, *Kameradschaft. Die Soldaten des nationalsozialistischen Krieges und das 20. Jahrhundert*, Göttingen 2006, S. 205.

62 Zur Propaganda vgl. Herf, *The Jewish Enemy* (s. Anm. 4,158).

63 Eric A. Johnson / Karl-Heinz Reuband, *What We Knew: Terror, Mass Murder, and Everyday Life in Nazi Germany. An Oral History*, London 2005, S. 369, 393.

64 Longerich, *»Davon haben wir nichts gewusst«* (s. Anm. 4,155), S. 222.

65 Christian Jansen / Arno Weckbecker, *Der »Volksdeutsche Selbstschutz« in Polen 1939/40*, München 1992.

66 Browning, *Die »Entfesselung« der Endlösung* (s. Anm. 1,75), S. 604.

67 Ebd., S. 608.

68 David Eltis (Hrsg.), *Coerced and Free Migrations. Global Perspectives*, Stanford 2002, S. 13.

69 Brief Adolf Hitlers an Adolf Gemlich vom 16. September 1919, in: A.H., *Sämtliche Aufzeichnungen, 1905–1924*, hrsg. von Eberhard Jäckel und Axel Kuhn, Stuttgart 1980, S. 89f. Zur Bedeutung der Idee der Vertreibung und der Errichtung von Reservaten vgl. Mark Roseman, *The Villa, the Lake, the Meeting. Wannsee and the Final Solution*, London 2002, S. 9. Im Zentrum stand der Einsatz dafür, »die Juden aus Deutschland herauszubekommen«. Vgl. auch S. 9: »Doch die Flut diskriminierender Maßnahmen, die die jüdische Gemeinschaft mit so atemberaubender Geschwindigkeit verschlang, rauschte in Richtung des Ziels einer judenfreien Gesellschaft, nicht des Mordes.«

Dank

Dieses Buch hätte ohne die Mitwirkung vieler Freunde und Kollegen nicht geschrieben werden können. Den meisten von ihnen habe ich in der englischen Ausgabe gedankt. Für die deutsche Ausgabe möchte ich auch Kathrin Hoffmann-Curtius und Ulrich Herrmann sowie einigen, wenn nicht unkritischen Rezensenten der englischen Ausgabe danken. Ganz besonderen Dank schulde ich Christian Wiese für seine kenntnisreiche und sorgfältige Übersetzung und dem Lektorat des Reclam Verlags. Dessen Unterstützung zu einem Zeitpunkt, als die zentrale These des Buches kontrovers diskutiert wurde, war für mich wichtig und hat dieses Buch zu einem besseren gemacht.

Register